동양창조론 대 진화 메커니즘

창조성론

동양창조론 대 진화 메커니즘

창조성론

염기식 지음

머리말

동양창조론의 역할 가치

창조는 천지의 존재 이유와 시원과 神, 그리고 세상의 모든 진리와 연관이 있다. "미국 국립과학아카데미 회원으로 선출된 저명한 과학자들 중에는 인격신을 믿는 사람이 약 7%에 불과하다"고 조사되었다.[1] 무신론자들의 압도적인 우위 수치는 오늘날 창조 신앙이 처한 위치를 대변한다. 문제는 창조를 알아야 하는데, 볼 수 있는 눈을 가진 자가 없어 내노라 한 지성들도 神에 대해 무지할 수밖에 없기 때문이다. 세계가 다양한 것은 창조 역사의 무궁함을 나타낸 것이고, 세계관이 다양한 것은 초점이 불분명한 데 따른 관점의 무궁함을 나타낸 것이다. 문제는 어디에도 있다. 성경에서는 선언적인 경위만 기록되어 있을 뿐 하나님이 어떻게 천지를 창조한 것인지에 대한 설명이 없다. 그러니까 과학적인 지식으로 무장한 무신론자들에 의해 거의 난도질당한 기독교, 그렇다고 무신론이 진리적인 논쟁에서 완전히 승리한 것도 아니고, 공격하면 할수록 서양 문명은 동반 몰락만 자초하리라. 대안조차 없는데 神을 버리면 인류는 모든 것을 잃어버린다. 근본 뿌리를 파헤쳐버린 데 대해 맞이할 폐해의 심각성을 알아야 한다. 서양 문명이 종말을 맞이했다고 해서 하나님

---

1) 『만들어진 신』, 리처드 도킨스 저, 김영사, 2007, p.159.

이 존재하지 않는 것도 아니고 기독교가 지구상에서 영원히 사라지는 것도 아니다. 모든 적폐와 실패를 딛고 제3의 창조 신권 질서를 수립하기 위해 기치를 세우리라. 이를 위해 앞에서는 동양의 본체적 우주론에 근거한 『본질로부터의 창조』를 저술하였다. 서양 문명, 서양 신학, 서양 기독교가 풀지 못한 창조 역사를 증거하고자 하는 바이고, 동양의 覺者들이 일군 道적 인식을 바탕으로 천지창조론을 완성하고자 하는 것이 동양창조론 시리즈의 저술 의도이다. 진화 메커니즘이 어떻게 원리적으로 불가능한 것인지 모순성을 지적하리라. 동양창조론을 근거로 진화 메커니즘을 극복하고자 한다. 창조론자와 진화론자들이 밝히지 못한 창조에 관한 미비점을 동양의 선현들이 일군 道를 통해 보완하였다. 창조 역사를 증거할 근거와 판단 기준을 성경도 기독교 신학도 아닌 동양본체론을 통해 마련하리라. 존재는 드러난 모습이 전부가 아니고 사실은 잠재된 이면과 함께한다. 창조도 마찬가지이다. 현실적인 단면으로서는 일체 변화를 진화적으로 판단할 수 있지만 본질과 함께 보면 갈등을 빚은 진리적 이슈들에도 타당한 이유가 있다. 과학자들은 진화론을 진리로 믿고 사실성을 입증하기 위해 논리를 펼쳤지만, 이 연구는 그 관점을 전환시킬 수 있다. 마치 거인의 어깨 위에 올라선 아이처럼 인류의 지적 성과를 보완해서 완성하리라. 진화론을 두둔하는 것이 인류 역사에 대하여 얼마나 반문명적인 퇴화 행위인가를 일깨우리라. 인류의 대정신적 고뇌를 푸는 데 진화 메커니즘의 극복 과제가 있다.

세계에는 문제가 산재해 있다. 모세는 태초에 하나님이 천지를 창조하였다고 기록했다. 그런데도 기독교 신앙이 인류 구원에 있어 한계를 보인 것은 주된 원인이 창조론에 있다. 창조론이 지닌 세계관적 한계가 신학, 교리, 신앙 면에서 장애벽을 만들었다. 20세기 신학자들은 神과 인간과의 관계, 예수의 신성 문제, 계시 역사, 죄악 문제, 성경 이해와 해석, 기독교의 본질, 하나님의 본성 규정, 교회론, 구원론 등에 대해 다양한 해석 관점을 가지고 서구 사회를 이끌면서 논단, 정의했지만 창조 문제는 진전이 없었다. 해결하지 못하면 神의 문제, 神과 인간과의 관계를 설정하고 규명할 수 없다. 세계관, 우주론, 진리관을 이끌 창조론을 세울 수 없다. 지난날 대립이 불가피했던 관념론 대 유물론, 성선설 대 성악설, 기대승의 기발 대 이황의 리발 주장 등은 한결같이 각자가 취한 관점에 따른 진리적 표명일 따름이다. 이것을 동양창조론에 입각하여 판단을 명확히 하리라. 보다 근원된 창조 문제를 풀어야 인류의 정신적 고뇌도 푼다. 진화론이 그러하다. 진화론은 선천이 지닌 제한된 세계관이 낳은 한계 관점이다. 신학자 틸리히는 神은 모든 존재의 기반이라고 하였는데, 그렇게 되기 위해서는 합당한 세계관을 뒷받침해야 했다. 그 이유는? 창조는 4차원적인 비밀을 간직하고 있는데, 진화는 3차원적인 현상적 변화에만 머물러 종의 기원 문제를 풀지 못했다. 현상적으로 접근한 일체 시도는 결말을 볼 수 없는 노력일 따름이다. 근본적인 실마리는 동양의 본체론이 함유하였다. 진화론은 종의 불변성과 완전성을 거부하였지만 道적 본체에 근거한 동양창조론은 그 근거를 제시할 수 있다. 우주의 시원과 종의 기원은 노력해도 해결할 수 없는 문제인 것처럼 변명하지만 동양창조론을 통해서는 가능하다. 서양 문명이 한계를 느낀 것은 지체(肢體)인 탓이고 동양 문명은 본체(本體)라 아무런 제한이 없다. 여기에 동양창조론이 지닌 역할과 가치가 있다. 창조는 본질적으로 접근해야 물질적인 존재와 현상 세계에 대해 궁극적인 관점을 확보한다.

20세기 신학은 하나님의 진리를 다양한 색깔 형태로 표현하였다.

진리를 표현하는 방법은 일률적일 수 없다. 기존 시도로서 문제가 생겼다면 새로운 시도가 필요한데, 이런 요구에 동양의 道가 부응하고자 한다. 동양의 선현들이 일군 문화와 가치는 서양인들이 해결하지 못한 창조 문제를 풀 수 있는 진리적 역량을 갖추었다. 창조는 결정된 현상계가 드러나기 이전의 작용력인데, 이런 영역은 동양에서 일군 道적 인식이 주효하다. 창조론에 관한 새로운 접근 방향이랄까? 본체론에 근거한 진리 체제 도입이다. 천지가 어떻게 창조된 것인가를 알면 동양의 본체 논리가 여기에 근거한 것을 알고, 아울러 동양 문명과 道가 부활할 수 있는 근거이기도 하다. 창조된 본의를 모르면 삼라만상 일체가 별개로 보이지만 알고 나면 삼라만상 일체가 연관되어 있다. 과연 천지가 창조된 사실을 판단할 본질적 기준을 세우고 창조 역사 메커니즘을 밝히며 진화론의 본질을 규명할 수 있을 것인가? 이 연구가 동양본체론에 근거해서 해결하리라. 우선 창조 역사를 증거하기 위한 과제들 중 '창조성론', 즉 천지가 창조된 성향을 결정한 본질의 제반 작용 특성을 통해 창조된 사실을 판단할 수 있는 기준을 세우고자 한다. 그리하면 얽히고설킨 진리, 존재, 神의 문제를 풀고 세계와 본질과의 관계를 회복하여 神과 자연과 인간을 일치시킬 수 있다. 일치되면 함께할 수 있나니, 함께하는 곳에 참된 구원이 있고, 이상적인 창조 목적 실현이 있으리라.

2017년 11월
경남 진주에서
염기식

❏ Contents

Chapter 04	동양창조론 대 진화 메커니즘 극복

Chapter 05	결론

Chapter 01

창조성론 개설

지상 강림 역사를 완수하고 신론 완성 시대를 개막한 관점에서
보면 하나님과 연관되지 않은 세상 진리 없고 하나님과 연결되지
않은 만물 역사 없다. 일체는 하나님에게로 귀결된다. 만물과 세
상 진리가 피할 수 없는 결과이다. 무관하고 실마리를 찾을 수
없다면 그것은 진리가 아니다. 하나님에게 이르지 않는 진리 없
고 하나님과 연관되지 않은 진리 없으며 하나님에게로 귀결되지
않는 진리 없다. 하나님은 창조주라 세계에 대해 모르는 것이 없
는 神이다.

-본문 중에서

제1장 전제, 가설, 합리적 예측

　　사전적 해석으로 전제는 사물이나 현상을 이루기 위하여 어떤 조
건을 먼저 내세우는 것이고, 가설은 사실을 설명하려고 임시로 세운
이론이며, 예측은 앞으로 있을 일을 미리 헤아려 짐작하는 것이다.[1]
이 연구는 앞선 저술 역정 속에서 시대를 가를 만큼 몇 가지 선언
과정을 거쳤는데, 그중 최근 지상 강림 역사 완수와 신론 완성 시대
개막을 선언한 것은 그렇지 못한 이전 시대와 진리적 여건이 판이하
기 때문에 이전 시대를 선천, 이후 시대를 후천이라고 한다. 하늘 질
서를 판가름하기 위해서는 우주 본질을 전환시킬 요인이 발생해야
하는데, 그것이 지상 강림 역사를 통해서는 본체를 드러내고 신론
완성 역사를 통해서는 모습을 완성했다. 이 역사는 다양한 의미를
시사하는 데 본체를 드러낸 것은 하나님의 주된 권능 역할인 천지

---

1) 다음 사전.

창조 본의와 존재한 본성을, 모습을 나타낸 것은 태초 이래로 주재한 창조 목적을 밝힌 것이다. 이런 일련의 성업은 진리의 성령이 주도한 것이기도 하므로 인류 역사의 주재 권한이 성부, 성자를 거쳐 바야흐로 보혜사 하나님에게로 이어졌다는 뜻이다. 지상 강림 역사의 진정한 의미는 하늘에 계신 하나님, 믿음으로 신앙한 하나님을 진리적으로 증거하였기 때문에 이런 일련의 상황을 일컬어 하나님이 지상에 강림하였다고 하였다. 보다 구체적으로는 선천에서는 하나님을 믿음으로 신앙하였고, 본 모습도 분분하여 동일한 실재에 대해 각각 다른 신앙 체제를 이루었다. 하지만 이런 문제를 해소한 지금은 전제된 일체 믿음을 확인할 수 있다. 인류가 지키고 추구한 믿음이 아무리 돈독해도 전제한 수준을 벗어나지 못했던 것이라면 이제는 참으로 사실과 일치한 진리적 환경을 조성하였다. 철학적으로는 플라톤이 내세운 이데아가 진실된 세계라도 본체를 뒷받침하지 못한 바에는 관념론에 머물렀듯 선천의 신앙 체제도 마찬가지인데, 본체 강림으로 극복할 수 있게 되었다.

예를 들어 하나님의 존재 본성이 초월적이라면 초월성을 확인할 수 있고 전지(全知)하다면 전지성을 입증할 수 있다. 이전에는 하나님이 인류 역사의 주재자이고 창조주라고 선언한 데 그쳤지만, 이제는 진리적으로 판단할 수 있다. 전제란 언급한바 의도한 무엇을 이루기 위해 조건을 앞세운 진리 추구의 논리적 방법이다. 가설도 여건은 마찬가지이다. 확정적인 것은 없다. 과학에서는 방법론으로 이론을 앞세우고 실험과 관찰을 통해 결과를 확인하는 절차를 거친다. 결과를 모르는 상태에서 진리성을 가늠하는 과정이라면 이 연구가 내세우는 전제와 가설, 그리고 일련의 합리적 예측은 전제와 가설

조건을 충족시킨 상태에서 도래할 결과를 판단하는 것이다. 전제한 조건만 합당하다면 맞이할 결과도 필연적이다. 그래서 이 연구는 하나님이 보혜사 진리의 성령으로서 이룬 성업 역사와 관련하여 전제 조건을 세우고 확실한 명제를 추출할진대 가설은 정말 진리로서 확정된다.[2] 사물이나 현상을 이루기 위하여 어떤 조건을 앞세우는 것, 즉 전제와 가설을 설정한 것은 정말 그렇게 실현할 수 있다는 사실을 강조하기 위해서이다. 물론 합리적인 예측이라고는 하지만 이것 역시 진리에 이르는 과정이다. 통상 논리적으로 볼 때 전제가 사실이라면 그 안에 속한 명제도 참으로 귀결된다. 인간이 생자필멸이라면 소크라테스도 예수도 부처도 공자도 인간인 한 예외가 없다. 이런 구조를 일종의 정형화된 규정틀이라고 할 때, 합당한 명제만 집어넣으면 동일하게 판단할 수 있다. 지상 강림, 신론 완성, 성령의 시대를 개막하였다는 것이 막무가내식 주장이 아니고, 이런 역사로 인류 문명이 전환되었다면(전제 단계) 세상의 진리적 조건도 달라져야 한다. 가설 명제를 입증할 조건을 갖추었다고 하였는데 그것이 과연 무엇인가? 선천에서는 천지를 있게 한 근원, 즉 神이 존재한 사실이 불분명했던 탓에 天·地·人의 관계도 불확실하였다. 하지만 이제는 神의 모습을 볼 수 있게 되어 세상도 진리도 인간의 본성도 명확히 할 수 있다. 神의 존재가 기정사실화되므로 神은 더 이상 믿음의 대상이 아니다. 후속 조치로서 神을 무시하고 펼친 선천의 일체 이론과 설과 진리 체제가 허물어지는 과정을 거치리라. 무신 사상 일소란 예측 가능한 역사의 도래이다. 하나님과 연관되지 않은

---

2) 하나님은 이런 분이다. 즉, 전제 조건만 확실히 세운다면 그다음, 조건에 따른 가설을 세울 수 있고 가설을 증거하면, 가설은 참 사실이 된다.

세상 진리 없고 하나님과 연결되지 않은 만물 역사 없다. 만물과 세상 진리가 피할 수 없는 결과이다. 무관하고 실마리를 찾을 수 없다면 그것은 진리가 아니다. 하나님에게 이르지 않는 진리 없고 하나님과 연관되지 않은 진리 없으며 하나님에게로 귀결되지 않는 진리 없다. 하나님은 창조주라 세계에 대해 모르는 것이 없는 神이다. 플라톤은 국가론에서 '태양의 비유', '선분의 비유'에 이어 유명한 '동굴의 비유'를 펼쳤는데, 인류가 선천에서 처한 세계관적 한계성의 적나라한 표현이다. 인류의 세계관적, 진리적, 인식적 상황에 대한 그림이고 메시지이다. 동굴 속의 죄수가 발목이 묶인 상황에서 참상을 볼 수 없었던 것처럼 인류는 세계의 본질과 하나님의 참모습을 보지 못하였다. 당연한 결과로 존재와 현상의 본질을 볼 수 없어 하나님의 뜻도 창조한 사실도 확인할 수 없었다. 그러나 문제를 해소한 지금은 진리의 성령이 역사한 전지한 지혜성을 확인하고 산적된 진리적 과제를 풀어낼 수 있다.

이에 진리의 성령으로서 강림한 하나님이 해결하고자 한 우선적 과제가 바로 창조 문제이다. 하나님이 창조주란 사실은 더 이상 부인될 수 없다. 앞선 "본질로부터의 창조"를 통해서는 사실적인 기초를 마련하였고 이제부터는 확인 절차를 거칠 것인데, 이런 과정에서 다윈이 세운 진화론은 정설로서의 입지를 잃으리라.[3] 진화가 사실이 아닌 것을 확인하였다면 다음 단계는 하나님이 삼라만상을 어떻게 창조한 것인지 설명해야 한다. 이런 일련의 과정이 곧 하나님이 창조주란 사실을 입증한다.

---

3) "본질로부터의 창조"를 통해 천지 창조 사실이 확인되었다면 진화론은 그 착각성이 지적되고 규명되어야 한다.

사실적 여건에서 창조와 진화를 아우르는 참명제가 있다면 세계에는 오직 生만 있고 창조는 없다. 진화 메커니즘의 본질도 결국은 이런 범주 안에 있다. 현상적인 변화와 생멸은 창조된 바탕 위에서 이루어진 것이고, 창조된 하늘 아래서 새로운 창조는 없다. 그런데도 다윈은 어떤 무신 사상보다도 하나님이 창조주로서 존립할 핵심된 존재 조건을 허물어뜨렸다는 점에서 하나님도 자체 지닌 창조적 권능을 변증해야 하는 필연성에 직면했다. 하나님이 살아 있고 권능이 창조 역사 실현에 있는 한, 하늘 아래서 두 개의 주장이 양립될 수는 없다. 하나님이 오늘날 보혜사 진리의 성령으로서 강림한 만큼 합리적인 예측이 가능하다는 점에서 전제된 가설 명제들은 동양창조론을 완성하는 원동력이 되리라.

제2장 동양창조론의 전개 역할

1. 본질의 존재 근원성 확인

　창세기는 기독교 신앙의 바탕이다. 창세기는 성경 전체에 대한 기초 역할을 담당하여 궁극적으로 성서의 모든 신학적 교리(건축물)는 직접적으로나 간접적으로 창세기를 바탕으로 한다.[4] 이런 관점에서 본다면 하나님이 천지 만물과 우주와 인간을 지었다는 것은 당연한 사실이다. 그래서 천지 창조 역사를 증거하고자 하는 노력은 기독교를 신앙하는 세계에서는 크게 부각되지 못했다. 하나님의 존재 여부는 철학자들이 관심을 가지고 논증하였을 뿐, 근대에 이르러 다윈이 나타나 전면적으로 위협하기까지 창조론은 믿음 그대로 절대적인

---

4) 『창조와 진화의 신앙 대 신념』, 켄함·폴 테일러 공저, 한국창조과학회 옮김, 국민일보사, 1992, p.29, 33.

신앙의 요새였다. 초대 기독교가 형성된 과정을 보더라도 주로 관심을 가진 것은 돌연한 출현으로 사역을 이룬 예수 그리스도의 인류 구원에 대한 사명적 역할과 神性의 확인 문제, 성자의 등장이 지닌 섭리적 의미를 밝히는 데 있었다. "초대 교회사를 보면 기독교 신관에도 혼란이 있은 것을 알 수 있는데, 수차례에 걸친 종교 회의로 하나님의 속성, 즉 신관에 대하여 논의한 끝에 A.D. 415년 킬케돈 회의에서 삼위일체론이 정착되었다."[5] 이것은 천지 창조 역사가 중점적인 진리 해결 과제라는 사실을 깨닫지 못해서이다. 기독교 진리에 의한 교리나 신앙생활의 윤리를 관념론적 세계관에 기초하여 조직적으로 연구하는 학문인 신학에서조차 해결해야 할 창조 문제는 미루어 둔 채 수많은 세월 동안 부수적인 문제들에만 매달린 것은 아이러니이다. 그들은 그것이 신앙상 우선적인 해결 과제라고 주장할지 모르지만 초대 교회사에서는 삼위일체론이 정립된 이후에도 이단 주장이 계속된다는 것을 보면 그때나 지금이나 문제점은 여전한 것이다. 신관의 정착과 神의 증거 문제는 억지로 해결될 수 없다. 창조 문제를 풀지 못하면 어떤 실마리도 찾을 수 없다. 보따리를 싸매고 언제까지 유랑 신세를 면할지 알 수 없다. 이것이 무신론, 진화론을 배태시킨 요인이다. 신학자, 신앙인들은 창조 사실을 입증하고자 해도 원리 법칙을 보편화시키지 못한 상태에서는 해결하기 어려운 문제가 있었다.

늦었지만 기독교를 신앙한 자연 철학자들은 '창조과학회'를 통해 창조 역사를 뒷받침하고자 노력하고 있다. 하지만 열정적인 논거의 대략은 진화론을 반증하는 과학적인 증거 수집 정도에 그쳐 순수 학

---

5) 『기독교 이단 연구』, 탁명환 저, 국제종교문제연구소, 1986, pp.46~47.

문적 대책은 강구하지 못하였다. 진화가 사실이 아니라고 해서 그것으로 창조 역사가 증거되는 것은 아니다. 창조 문제를 풀기 위해서는 비상한 지혜가 필요하다. 증거할 수만 있다면 팽배된 무신론을 극복하고 애써 논쟁하지 않더라도 진화론은 자연 폐기처분된다. 창조 주권을 확립하고 이 땅에 하나님의 왕국을 건설하는 것이 시간문제이다. 하지만 현재의 지적 토대와 인식적 여건은 어떠한가? 언젠가는 증거를 갈망하는 자들의 노력으로 해결할 수는 있겠지만 누구는 그렇게 하고 싶지 않아서 못하고 있는가? 신앙인들은 창세기를 어떻게 믿을 것인가에 대해 고민하고 있는 형편인데, 하물며 증거하는 문제에 있어서랴? 그러나 믿음에도 근거는 필요하다. 믿음과 증거는 별개 문제이다. 믿음이 요구되는 상황에서는 신앙적인 결단이 필요하다. 지식이 더할수록 회의감도 함께 싹트는 것을 어찌할 수 없다. 그런데 창조 문제를 해결하지 못한 여건은 기독교 신앙의 뿌리를 흔들고 말았다. 혹자는 창세기를 비유나 詩로 표현한 교훈적인 이야기로 해석해야 한다고 주장하고, 창세기는 바빌로니아인이나 수메르인과 같은 이교도의 고대 전설을 빌어 도입한 것에 지나지 않는다고 하였다. 창세기는 중요한 역사적 사건들을 정확히 기록한 책으로서 적혀 있는 그대로 이해해야 한다고 하는 이들도 있다. "많은 사람들이 복음에 귀를 기울이지 않는 큰 이유 중 하나는 하나님이 천지를 창조했다는 신화 같은 이야기로서, 기독교는 비과학적이고 진화론은 과학적이라 옳다고 여긴 탓이다."[6] 기독교도 해결하지 못하고, 대부분의 지성들은 믿지 않는 실정이며, 누구도 대안을 발견하지 못한 천지 창조 증거 문제를 이 연구가 해결하고자 서두를 꺼

6)『창조와 진화의 신앙 대 신념』, 앞의 책, p.11, 7.

내는 것은 핵심적인 고리를 본질을 드러내는 과정을 통해 포착한 것
이다. 이 연구는 앞서 동양의 선현들이 각성한 道란 개념을 통하여
동양본체론과 동양생성론과 동양우주론을 창조된 본의에 입각해서
펼친『동양창조론 서론』을 저술하였거니와, 이를 통해 창조의 제반
문제를 판단할 수 있는 인식 영역을 확보하였다. 이 같은 작업을 통
하여 이 연구는 지성들이 신봉한 합리적인 방법대로 태초의 천지 창
조 역사를 증거하고자 한다. 과거에 동원된 방법은 창세기의 역사성
을 확인하는 문제, 즉 노아의 홍수는 정말 있었는가? 아라랏산 꼭대
기에 걸쳐 있는 노아의 방주를 발견하고자 원정대를 보낸다는 등등
하지만 이 연구는 세계적인 영역에 걸쳐 있고, 창조된 대상이 그러
하듯 인식하고자 하는 영역도 끝이 없다. 창조 역사를 증거하는 것
은 고착화된 신앙성을 탈피하는 것이 급선무이라 지극히 원리적이
고도 실질적인 진리 인식 대상이라는 것을 아는데서 출발한다. 지성
들이 파고든 진리의 근원된 뿌리는 모두 창조 역사와 연관이 있고,
그들이 일군 진리는 천지를 이룬 바탕 원리이다. 창조 역사 증거는
동서양의 지성들이 일군 지혜를 총 동원해야 하고, 하나님이 본체를
드러내고 본의를 계시해야 해결된다.

　이에 이 연구는 창조 역사를 증거하는 방법에 있어서 하나님이 근
거로 삼은 '창조성'에 초점을 맞춤으로써 실질적인 길을 열게 되었
고, 아울러 판단할 수 있는 영역을 넓혔다. 하나님이 창조한 대상은
우주 전체인 만큼 증거에 있어서도 확장된 안목이 필요하다. 제 원
리, 법칙, 이치를 창조성 안에 포함시켜야 한다. 창조 사실을 원리적
으로 밝혀 세계를 판단하는 기준으로 삼으리라. 표명된 창조 의지는
성경 가운데서 살필 수 있고 원리적인 근거는 세상 가운데 있는 진

리 형태와 구조를 통하여 판단할 수 있다. 성경은 창조에 대한 믿음과 신념적 근거는 제공하지만 원리성을 구할 수 없는데, 무엇을 근거로 창조된 사실을 판단할 수 있는가? 이 연구는 창조의 바탕인 존재의 근원을 확인하고 본질성 파악 문제를 급선무로 보았다. 천지가 무엇으로부터 창조되었는지 알기 위해서는 근본된 바탕, 즉 궁극적인 본질을 알아야 한다. 본질을 알아야 창조 역사를 증거할 수 있다. 징검다리가 있어야 강을 건너듯 하나님이 6일 동안 만물을 종류대로 창조하고 마지막 7일에는 안식했다는 기록만으로는 방도를 구할 수 없다. 그래서 이 연구가 "본질로부터의 창조"를 통해 합당한 기준을 세웠다. 즉, 동양의 선현들이 각성한 道는 창조 사실과 연관이 있고 道, 곧 본질은 창조를 있게 한 바탕이다. 그런데도 여전히 이런 본질이 진리사에서 각인되지 못한 실정이므로 이 같은 문제를 먼저 해결하였다. 만물의 근원 바탕이자 천지 창조의 근거인 본질의 존재성과 작용성을 상세히 밝혔다. 그동안 다가서지 못한 창조 세계를 확인할 수 있는 진리적 디딤돌이다. 창조 세계를 엿볼 수 있는 문고리를 붙든 상태라고나 할까? 동양의 선현들이 일군 道를 통하여 본질의 존재 근거를 확고히 하였다. 불타가 파악한 궁극적 실상인 空, 유교의 太極, 理, 氣, 노자의 道는 천지 만물의 본원인 창조 본질을 覺한 것인데도 이런 사실을 파악하지 못한 것은 창조된 세계를 조망할 수 있는 본의를 깨닫지 못해서이다. 바탕된 본질을 매개하지 않고 하나님과 만물을 직접 연관 지으려고 하니까 창조 본질(성)이 편만된 사실을 알 수 없었다. 그래서 이 연구는 동양의 선현들이 일군 道의 작용 세계가 곧 창조의 대 본질성을 각성한 진리라는 것을 확인하였다. 살피건대 현대인이 노자의 道를 해석했다면 그를 통해 무슨 변화를 기대할 수 있는가? 삶을 살아가는 데 있어 어떤 인생관을 가질 것인가? 실천 원리를 깨달을 수 있는가? 인류에게 지혜의 빛을 던질 것인가? 처지에 따라 다르겠지만 본질의 존재성을 확인하면 우주 만물이 시간과 우연에 의해 만들어졌다는 주장(진화론)을 불식시키고 천지 창조의 근원이자 원동력으로 부활할 수 있다. 본질성을 확인하고 보면 절차상 창조 역사와 근원된 바탕이 밝혀지지 못한 이유를 안다. 지난날은 분분한 추측에 그쳤지만 이제는 무궁한 창조 세계를 이해할 수 있다. 창조 역사를 증거하는 데도 한 발짝 다가선다. 이것은 세계 안에서 파악할 수 있는 진리가 形而上學과 形而下學적인 세계로 대별되는 것을 통해서도 확인할 수 있다. 본질은 사물들과는 구별되는 존재 형태로서의 파악과 접근 면에서 방법이 달랐는데도 감각적인 수단으로 인식하려고 하였다. 본질을 모르면 세계가 지닌 구조를 파악할 수 없다. 道가 본질을 형상화시킨 진리라 해도 그것만으로는 진리성을 입증할 수 없고, 물리학자들이 물질의 궁극 실체에 대해 탐구했어도 道를 모르면 궁극적인 파악이 곤란했다. 오늘날 문화 교류가 활발한 시대에는 동양 정신과 서양 사상의 상이성에 대해 상호 비교한 성과가 두드러졌는데, 이런 추세에 대해 이 연구는 동양은 진리의 본질을 일구었고, 서양은 그것을 담아 둘 사고적 그릇을 마련하였다고 본다. 즉, "동양은 창조 세계의 본원 자리를 覺했고 서양은 사물의 본질을 규명하였다."[7] 동양의 선현들은 본질 세계를 일구기 위해 수행을 병행하였고 서양은 학문이란 방법론으로 자연 세계를 탐색하였다. 그런데도 동서양은 공히 세계의 기

---

7) 서양철학의 인식론은 어떤 사물의 존재를 인식하기 위한 사유 체계이다. 그러나 동양은 그 대상이 본질로서 전혀 다름.

원과 창조 문제에 대해서는 해결책을 찾지 못했다. 서양은 뭇 생명과 창조의 근원을 자연 속에서 찾았고, 만물 자체가 만물을 구성한 원동력인 것으로 알았다. 이에 비해 동양은 근원을 太極, 空, 道에 둠으로써 천지가 모든 것을 갖춘 본질로부터 생성하였다고 공언하였다. 이것은 곧 일체를 구비한 통합성 본질을 말하는 것인데, 창조 이전에 완전한 무엇이 존재하였다는 것은 시사하는 바가 크다. 물론 그것이 하나님이라고 지칭할 수는 없지만 모종의 차원적인 존재성을 전제한 것은 서양과 다르다. 서양은 사물 현상을 파헤친 감각적인 인식론을 정립하였고 동양은 초월적인 의식으로 근원된 세계를 파고들었다. 비록 道는 작용성을 구체적으로 설명할 수 없지만 동양의 선현들은 직관으로 본질의 작용 상태를 표출시켰다. 불타, 공자, 노자와 같은 성현들이 이런 진리를 道로서 각성한 것이다. 그런데도 동양 자체는 이런 가치를 모르고 깨달음을 얻는 데만 몰입하여 각성한 진리성을 만물 속에서 확인하는 단계까지는 나가지 못했다. 空과 色을 연결시키지 못해 미궁 속을 헤매었다.

그렇다면 이 연구는 이 단계에서 무엇을 확인하고 천지가 창조된 사실을 증거할 수 있는가? 먼저 포착되는 것은 "성경에 있는 6일에 걸친 창조 과정, 흙으로 창조한 아담, 태초로부터 예수님의 탄생까지 걸린 기간의 산출" 등을 어떻게 해결할 것인가이다.[8] 진화론과 창조론은 주장하는 창조 순서가 틀린데 여기에 대한 대책은? 예를 들어 진화론에서는 별이 지구가 존재하기 이전에 있었고, 새는 파충류로부터 진화했다고 하지만 창세기는 지구가 별이 존재하기 이전부터 있었다 하고, 파충류(기는 것—창세기 1:24)는 새 이후에 창조

---

8) 위의 책, p.67.

되었다는 기록 문제 등등 또한 종은 불변하다는 견해에 반대한 진화론의 수많은 입증 근거들에 대해서는 어떤 견해를 취해야 하는가? 비록 유명한 생물학자, 물리학자, 천문학자는 아니더라도 色과 空이 창조된 사실만 파악할 수 있다면 이것이 오히려 창조 역사를 증거하는 더할 나위 없는 조건이다. 道는 본질로서 만사에 걸쳐 두루 통한다. 그리고 본질은 만사와 통하는 지혜를 함축하고 있어 본질에 근거하면 방법적인 문제를 풀 수 있다. 창조 역사를 증거하는 데 있어 도출된 장애를 극복하는 최상의 조건은 천지가 통합성인 본질로부터 생성된 관점을 확보하는 데 있다. 이것을 이 연구가 道의 본질적인 개념 정립으로 마련하였다. 본질은 만상을 있게 한 근거이다. 통합적인 본질 상태를 만물이 형성한 구조를 통해서 확인하면 유구한 세월의 경과는 문제될 것이 없다. 우주 운행, 물리법칙, 생명 시스템은 어떻게 처음부터 완전한 형태로 구축되었는가? 이런 특성을 확인하면 된다. 그렇다고 창조 역사가 완전히 증거되는 것은 아니다. 본질은 만물을 있게 한 근원적인 바탕체인 만큼 이것은 다시 만물을 통해 확인하는 절차가 필요하다. 이전까지는 본질은 본질대로, 色은 色대로 존재하였다. 상호 교차해서 확인해야 한다. 본질로부터 천지가 어떻게 창조된 것인지 조목조목 살펴야 한다. 천지는 無로부터 창조되지 않았다는 것을 증거하는 것이 첫 번째 과제이다. 두 번째로는 창조라는 행위 자체를 면밀하게 분석해서 창조 역사가 하나님이 아니고서는 이룰 수 없다는 것을 밝히는 데 있다. 창조란 과연 무엇인가? 창조가 실현되므로 천지가 有했다. 여기서 有함이란? 창조와 함께 모든 것을 완전하게 갖춘 상태이다. 창조가 완성되었다는 사실에 대한 진정한 의미는 창조로 인해 모든 것이 결정되었다는 사실이다. 이것을 이 연구가 통합성인 본질 상태로 확인하리라. 그렇다면 통합성인 본질은? 모든 것을 구비한 바탕 위에서 현재 일어나는 원인을 발생시킨 근원 본체이다. 필연적인 법칙은 창조로 인하여 결정된 것이다. 분열 중인 과정에서는 세상이 하나하나 이루어져 가는 상태이지만 통합성 안에서는 이미 갖춘 것으로부터 하나하나 드러난다. 이것이 이 연구가 밝히는 창조 역사의 대표 명제이다. 창조는 이미 지어짐이다. 영원 전부터 존재한 하나님이 이룬 역사이라 모든 근거는 선재된 통합성으로 확인할 수 있다. 근원을 파악함에 있어서 우리는 무엇을 통해 판단할 것인가? 변화무쌍한 현상을 통해서? 생멸이 분분한 존재를 통해서? 아니다. 사물, 존재, 생명, 우주, 법칙, 원리, 세상 이치는 본질이 갖춘 선재성과 통합성을 통해 확인할 수 있다. 세 번째로는 창조 역사가 본질로부터 이루어진 것일진대 본질과 창조주와의 관계는? 동양의 선현들은 본질은 각성하였지만 창조주는 발견하지 못하였다. 이것을 연결시킬 수 있는 가닥은? 본질을 통하면 증거할 수 있다고 한 이상 진정한 실체를 해명해야 한다. 그렇다면 만상을 있게 한 본질은 정말 무엇인가? 본질은 의지적인 형태로서 본질의 특성과 구조를 종합한 결론은 바로 하나님의 존재 본성을 드러낸 것이란 사실에 있다. 따라서 창조 역사를 증거하기 위한 마지막 결론은 그렇게 증거하는 것 자체가 고스란히 하나님이 존재한 사실을 증거한다. 하나님이 존재한 구조 상태를 알면 가일층 증거하는 기반이 된다. 창조 역사의 증거는 천지의 주인된 분이 하나님이라는 것을 명확히 하여 창조 주권을 선포하는 데 있다. 천권을 회복하면 지상천국을 건설할 수 있다. 하늘이 돕고 만인이 도와야 가능한 성업이라 인류는 창조 역사를 진리로서 확인하는 순간을 반드시 맞이하게 되리라.

2. 무, 본질로부터의 창조 논거

無로부터의 창조는 기독교 신앙을 오래전부터 뒷받침한 창조 교리이다. 無로부터의 창조를 신학적으로 정립한 교부는 히포의 아우구스티누스(Saint Augustinus of Hippo, 354~430)이다. 역사적으로 고대와 중세를 잇는 역할을 한 그는 과거의 풍부한 기독교 신앙의 전통을 이어받아 신플라톤주의 철학의 영향으로 명석하게 해석하여 동시대인과 후대인들에게 전했다. 그리하여 無로부터의 창조에 대한 해석은 1215년 제4차 라테란 공의회에서 기독교의 공식적 교리가 되었다.9) "삼위일체란 말 자체는 성경에 나오지 않듯 無로부터의 창조라는 표현도 성경에는 없다. 하지만 성경을 통해서 말씀과 성령의 힘으로 無에서 하나님이 하늘과 땅을 창조하였음을 배운다"는 믿음을 내포했다.10) 아우구스티누스는 성서에 근거해서 세계가 無로부터 창조되었다고 확신을 가지고 논거를 펼쳤는데, 로마서 4장 17절, 시편 148편 5절, 외경인 마카비하 7장 28절 등이 그것이다. 물론 여기서도 無로부터의 창조에 대한 직접적 언급은 없다. 그러나 하나님이 창조할 때 사용한 것들이 없었다는 것과, 없는 것을 있는 것 같이 부르시는이라는 표현 속에서 無로부터의 창조 교리를 이끌어내었다. 이것은 다분히 해석상의 문제로서 공식화된 교리인데, 사실적인 판

---

9) 「아우구스티누스의 무로부터의 창조와 연속창조에 대한 과학신학적 해석」, 김태중 저, 호서대학교대학원 이론신학과 조직신학, 박사, 2014, pp.39~40.
10) 「범신론적 신관에 대한 성경적 비판」, 신춘기 저, 웨스트민스터신학대학원대학교 신학과 조직신학, 박사, 2004, p.127.

단인가 하는 것은 합당한 세계관의 뒷받침이 관건이다. 같은 사안도 취한 관점에 따라서는 다르게 해석된다. 無로부터의 창조라고 판단한 성경의 근거, 즉 "주 하나님께서 우리를 만드실 때 사용하신 것들이 없었던 것을 알라(마카비하 7:28)"란 無로부터가 아니고 하나님 자신의 것을 이용한 것일 수도 있다. 그렇게 해석하기 위해서는 말 그대로 합당한 세계관이 있어야 하는데, 못한다면 無로부터의 창조 외 달리 채택할 방도가 없다. 하지만 정말 사실과 동떨어진 관점이라면 어디서도 문제점이 노출되고 세계관에 한계성이 있다. 교리 채택 이후로도 지속적인 신앙 고백과 강해가 줄을 이었다(웨스트민스터 신앙고백서 4장 1항). 그러나 고백하고 강해한다고 해서 아닌 것이 사실로 변할 수는 없다. 중요한 것은 세계관의 뒷받침 문제인데 신학적 진전이 없었다. 따라서 잘못 설정된 고를 풀기 위해서는 처음 제기했던 논거 상태로 되돌아가야 한다. 그가 말한 無로부터의 창조란 도대체 무엇이며, 어떤 문제점을 지녔고 초래된 결과가 무엇인지를 살펴야 한다.

아우구스티누스가 성경에 명시된 하나님의 천지 창조 역사를 부언할 목적으로 無로부터의 창조 교리를 세우기 이전에도 철학상 분분한 설들이 있었다. 천지가 어떻게 생겨났고 존재하게 되었는가 하는 것은 인류 공통의 지적 관심사이다. 그런 배경을 알아야 아우구스티누스가 채택한 창조설 경위가 두드러진다. 즉, "플라톤의 형성설, 플로티노스의 유출설, 그리고 마니교의 이원론 등에 반박하면서 無로부터의 창조 교리를 확고히 한 것이다. 無로부터의 창조를 채택한 것은 기존 창조설이 무엇에 근거했다는 주장에 대해 하나님이 지닌 창조 권능의 특별함을 강조하기 위한 의도가 있었다. 알다시피 플라톤은 이데아란 실체를 제시하였는데, 이것은 현상계와 이중적인 관계를 가진다. 곧 현상계와 이데아는 엄격하게 분리되어 있으면서도(초월성) 한편으로는 밀접하게 연관되어 있다(상호관계성). 그중 상호관계성은 분여(分與)라는 개념으로 언급되는데, 분여란 이데아가 자신의 존재성을 사물들에게 나누어주는 것을 말한다. 즉, 영원, 불변, 절대적인 이데아가 자신의 존재성을 나누어주는 방식을 통하여 사물을 있게 했다는 설이다."[11] 이것은 분명 아우구스티누스의 창조설과 구분된다. 다른 창조설은 모두 기존 존재나 물질로부터의 창조인데, 그는 無로부터의 창조를 강조했다. 이런 것까지는 다른 창조설과 비교하여 가능하다고도 할 수 있지만, 문제는 하나님의 창조 권능을 너무 과도하게 한정시킨 데 있다. 지적된 무형의 질료가 어디서 왔고 어떻게 존재하게 되었는가에 대해서마저 無로부터라고 명시하였다.

> "당신께서는 당신에게서 나왔고 당신의 본체에서 태어난 태초가 되시고 당신의 지혜가 되신 그분 안에서 어떤 무엇을 無로부터 창조하셨습니다. 그러나 하늘과 땅은 당신의 본체로부터 유출되어 나온 것이 아닙니다. 만일 그랬다면 하늘과 땅은 당신의 독생자와 동등한 존재가 되고, 따라서 당신과 동등한 존재가 됩니다. 그러므로 당신의 본체에서 낳지 않은 것을 당신과 동등하다고 말하는 것은 이치에 맞지 않습니다."[12]

당신만 영원부터 존재하고 계셨으므로 당신밖에 하늘과 땅을 만들 수 있는 아무 질료도 있지 않았다고 하여 분분한 질료 문제를 정

---

11) 「세계기원에 관한 플로티노스의 유출설과 아우구스티누스의 창조설의 비교연구」, 이한울 저, 협성대학교대학원 신학과 역사신학, 석사, 2011, p.25.
12) 『고백록』, 어거스틴 저, 선한용 역, 대한기독교서회, 2003, p.426.

리하였다. 창조 때 어떤 자료도 사용하지 않았다는 것, "하나님께서는 자유로이 無에서 창조하셨다. 하나님의 전능은 바로 無로부터 당신께서 원하시는 모든 것을 만든다는 데서 드러난다(가톨릭 교리서)." 바로 여기에 無로부터의 창조가 창조설로서 지닌 심대한 아킬레스건이 있다. 신앙인들은 "하나님이 시초에 당신의 전능을 통해 無에서부터 유형무형의 세계(피조물)를 창조하셨다"고 고백하였지만,[13] 창조론에 있어 핵심된 해결 과제인 최초의 바탕 근거를 전능성을 빌미로 추적할 길을 원천 차단시킨 것은 향후 기독교 신앙을 한계성으로 몰아넣은 핵심 원인이다. 당연히 창조가 현재 존재하는 것들로부터가 아닌 것은 확실하다. 존재하는 것들로부터라면 그것은 창조가 아니다. 문제는 그 존재란 개념에 있다. 창조된 본의를 자각하였더라면 존재란 개념도 정립되었을 텐데, 못하니까 존재 영역에 혼돈이 있었다. 창조란 기존 자료를 사용하지 않은, 존재하는 것들로부터가 아닌, 이전에는 아무것도 없었던 것을 존재하게 했다. 그야말로 아무런 근거가 없는 無로부터 뭇 존재를 창조하였다는 것은 창조 원리 자체에 어긋난다. 無한 것을 有하게는 하였지만 바탕된 근거마저 없었다는 것은 부당하다. 일체 근거와 계획과 완비된 창조 과정이 있었다. 이런 근거를 밝힌 것이 "본질로부터의 창조"이고, 이제는 성업을 근거로 창조 사실을 판단할 수 있는 본질적 기준을 세우고자 한다. 무엇이 문제인가 하면 無로부터의 창조는 창조 권능을 돋보이게는 하지만 반면에 하나님이 무엇을 어떻게 창조한 것인가 하는 것은 더 이상 추적이 불가능하다. 창조론이 완성될 수 없다. 그러니까 "창조는 어떠한 운동도 없이(?) 순간적으로 이루어졌다고 할

---

13) 『창조론』, 호세 모랄레스 저, 윤주현 역, 가톨릭출판사, 2015, p.227.

수 있었다. 사실상 준비된 어떤 재료도 없이 전격 하나님에 의해 창조되었다는 것만큼 억지스런 주장은 없다. 실재를 납득하는 것이 어렵다."[14] 그것이 사실은 정상인데도 말이다. 창조가 순간적으로, 첫 모습부터 완벽하기 위해서는 수많은 준비 절차와 이행 과정을 거쳐야 한다. 이것을 입증해야 하는데 無로부터의 창조는 이런 추적 실마리를 원천적으로 차단시키고 말았다. 어느 정도인가 하면 진화론자들이 종의 탄생 요인으로서 내세운 지극한 우연성과 자연선택이란 무목적, 무작위성과 맞먹는다. 억지가 상통한 상황인데, 그 이유는 어느 쪽도 창조의 근원성을 추적할 출로를 틔우지 못한 것이다. 하나님과 피조체(세계)를 연결시킬 고리가 없다. 이런 문제 때문에 "하나님은 천지를 유출을 통해 당신의 본질로부터 만든 것이 아니라 無로부터 창조하였고, 하나님은 단순하고 불변하며 유일한 영적 실체로서 무엇으로, 그리고 세상과는 본질적으로 구별되는 분"이란 고백을 되풀이하였지만[15] 에크하르트는 창조를 통해 하나님에 의해 제반 사물들에게 주어진 존재는 하나님 자신이 가진 존재라고 반박하였다. 하나님과 존재는 동일한 것으로 하나님과 피조물은 서로 나누임 없이 완전히 하나이다. 인간은 영혼의 기저(基底)에서부터 하나님과 일치되기 위해 노력해야 한다고 하였다.[16] 당연히 기독교는 이런 주장을 이단으로 배격하고 말았는데, 에크하르트 자신도 직관적인 설파였을 뿐, 그런 신념을 입증할 모종의 세계관은 제시하지 못했다. 이런 부족분을 지상 강림 역사를 완수하고 신론 완성 시대

---

14) 위의 책, p.229.
15) 위의 책, pp.173~174.
16) "모든 존재는 모든 구별과 전혀 관계없는 神적인 것과의 절대적인 일치를 의미함."-위의 책, pp.124~125.

를 개막한 이 연구가 동양의 道적 본질에 근거하여 해결하였다. 無로부터의 창조 교리는 근대에 이르러 성세한 과학적 진리들로부터 상처받았고, 가장 큰 도전인 진화론의 등장에 대해 어떤 대비책도 제시하지 못했다. 그러나 본질에 근거한 창조론은 온전히 대처할 수 있다. 여기서 이 연구가 주장한 핵심적인 논거는 본질이라는 것이 천지 창조의 비밀을 담고 있으며, 그럴 수밖에 없는 것이 본질은 곧 하나님의 존재 본체이기 때문이다. 에크하르트가 주장한 창조설과도 입장이 같다. 단지 에크하르트는 처한 신학적 환경이 기독교 문화권으로 한정되어 있었지만, 이 연구는 모든 존재가 함유한 본질의 보편성에 근거했다. 기독교는 절대적이고 인격적인 유일신 신앙을 기둥으로 삼은 관계로 한결같이 곳곳에서 제기된 다신론, 범신론을 배격하였지만, 하나님이 이룬 창조 역사와 뜻과 목적과 편만한 본질은 그런 것이 아니다. 종국에는 포용하고 통합할 수 있어야 하므로 신학적, 진리적, 세계관적 뒷받침을 이루는데 본질에 근거한 창조론이 있다. 無, 본질로부터의 창조론을 대비시켜 관점을 정립하지 않을 수 없는 이유이다.

결론으로서 천지는 본질로부터 창조되었기 때문에 "본질로부터의 창조"는 기존의 분분한 창조설을 불식시킨다. 천지를 창조한 일체 근거가 본질 속에 있다. 이런 주장이 사실인지 아닌지는 직접 본질 속에서 근거를 찾으면 된다. 그 근거를 이 연구는 통틀어 '창조성', 혹은 창조 본질이라고 하고, 천지가 창조된 근거를 찾고자 한 일련의 논거 과정을 일컬어 '창조성론'이라고 하였다. 천지는 無로부터도 물질로부터도 종의 변이로부터도 아닌 본질로부터 창조되었다. 이에 이 연구는 진화론의 가설적인 논거를 물리치고 본질에 근거한 천지 창조 사실을 입증하리라. 동양창조론의 본론에 해당한 이 연구는 천지 창조 역사를 증거할 진리적 바탕을 마련하고자 한다. 인류 역사는 神의 뜻을 벗어날 수 없고 천지 만물은 神의 존재 본질을 벗어날 수 없다. 뭇 종의 탄생 기원도 그러하다. 본질에 근거한 창조는 종의 변화에 대한 강력한 구속이다. 정말 종이 변화한 것이라면 창조된 뜻 안에서 충분히 설명된다. 전제한 개설 주제들을 하나하나 구체화시키리라.

3. 지상 강림 역사 증거 과제

신약성경은 하나님의 새로운 약속에 관한 기록이나 한편으로는 예수 그리스도의 행적을 증언하고 전도하고자 한 기록들로도 구성되어 있다. 초대 교부들의 신학적 과제도 예수 그리스도의 신성 문제와 관련하여 삼위일체 교리를 확립함으로써 교회와 기독교 신앙이 안정권을 찾았다는 데 있었다. 이런 노력으로 맞이하게 된 것이 성자의 시대이다. 그리고 2천 년을 보낸 지금은 다시 성령의 시대를 열기 위하여 이 땅에 강림한 보혜사를 인류를 구원할 주체적인 하나님으로서 증거하고자 한다. 이것은 이 연구가 향후 어떤 저술 과제를 선택하든 강림한 하나님을 증거하기 위한 사명적 일환이란 사실을 확언해두고자 한다. 곧 지상 강림 역사 증거 과제인데, 증거를 위한 패턴은 명확하다. 강림한 하나님은 진리의 성령이므로 산적된 진리적 과제를 해결하는 것이 주된 과업이다. 그리고 성업으로 새로운 시대 맞이를 체감해야 하는데, 그렇게 해야 불가능한 절대적, 초월적인 하나님과 함께할 수 있다. 이런 성업일환으로서 신론을 완성한 역사가 있었고, 하나님의 최대 권능 발휘인 천지 창조 역사를 증거하였다. 창조 역사는 하나님의 존재성과 직결된 관계로 자연스럽게 주도된 본체 작용과 의지를 규명하는 결과를 낳아 하나님이 살아 역사한 사실을 판단하는 근거가 된다. 이전까지는 선언하고 믿는 것 외 다른 방법이 없었지만 이제는 왜 하나님이 전지전능한 神인지에 대한 이유를 판단할 수 있다. 창조 역사를 진리적으로 증거하고 하나님과 연결시킬 수 있다. 하나님의 지혜성을 확인하고 대립된 일체 문제를 풀어낼 수 있다. 인류를 온갖 고뇌로부터 구원하는 것은 강림한 하나님이 발휘한 권능의 일환이다. 하나님이 진리의 성령으로서 이룬 성업을 확인하는 것은 그대로 지상 강림 역사를 증거한다. 지상 강림은 인류가 해결해야 하는 진리적 과제인 동시에 이 연구가 이루어야 할 저술 과제이다.

　하나님은 천지를 창조하였고 살아 역사할 뿐 아니라 인류가 바라고 기대한 것 이상의 원대한 목적을 이 땅에서 실현할 것인데, 뜻을 벗어난 사상적 대립은 있을 수 없다. 이런 문제들이 바로 하나님이 해결하고자 한 역사적 과제이다. 왜 그렇게 해야 하는가? 하나님의 태초 창조 목적은 모든 인류를 구원하므로 이 땅에서 사랑하는 인류와 함께한 나라, 곧 지상 천국을 건설하는 데 있다. 하지만 불신적인 요소가 가득한 상태로서는 뜻을 이룰 수 없다. 극복해야 할 과제가 산적해 있는데, 특히 진화론은 하나님의 뜻과 양립할 수 없는 문제를 지녔다. 진화론을 극복하는 것은 하나님이 보혜사로 강림하여 이루어야 할 역점 과제이다. 창조주 하나님이 전지한 지혜자로 강림한 마당에 직접 감당한 종의 창조 본질을 밝히지 못한다는 것은 말이 안 된다. 종은 불변하다는 전통적인 창조 인식틀을 보완해 처음부터 완전하게 창조되었고, 사전에 일체 바탕성을 마련했다는 것을 증거하리라. 실마리를 찾고 지혜의 고를 푸는 데 보혜사 하나님의 성업 역사가 있다. 이전에는 불가능한 진리적 과제, 곧 천지 창조 역사를 증거하고 진화 메커니즘을 극복하는 것은 보혜사가 진리의 성령으로서 강림한 증거이다. 질적으로 차원이 다른 시대의 도래를 의미하는 것이므로 이것을 일컬어 선후천 질서가 전환되었다고 했다. 일찍이 우주의 질서가 바뀌는 대전환이 있을 것이라고 예고되었는데, 하나님이 본체를 드러낸 지상 강림 역사 완수가 그 실질적인 계기이다. 범인들은 아무것도 실감할 수 없는데 도대체 무엇이 달라지고 전환되었다는 것인가? 이것을 이 연구가 밝혀 체계 지으리라. 하나님이 역사 위에 등단하여 창조된 본의를 밝혔다는 것은 그렇지 못한 선천 하늘과 질서, 인식, 진리, 신앙, 세계관적 기준이 달라진다. TV 광고에 보면 마차가 가득한 미국의 거리에 첫 자동차가 등장한 후 거리에서 마차가 사라지고 자동차로 가득 차는데 13년이 걸렸다고 하듯, 선후천의 문명 질서가 전환되는 것도 마찬가지이다. 시간이 걸리므로 당장 실감하지 못하는 것일 뿐, 예측컨대 지상 강림 역사 이후부터는 이전의 신념으로서는 도무지 지탱할 수 없을 만큼 인류의 가치관, 신앙관, 진리관, 질서관, 제도관, 세계관이 달라지리라. 그런 대전환 원동력을 이 연구가 제공하리라. 전환시킬 질서 바탕으로서 중요한 것은 인류가 절대적인 하나님과 격리된 질적 차이를 극복하는 데 있다. 이 연구가 "본질로부터의 창조"를 증거한 것도 사실은 인류가 하나님의 본체에 근거해 창조되었다는 사실을 밝히기 위해서이다. 근원적인 동일성을 확인해야 하나님과 함께할 수 있다. 신플라톤주의의 영향을 받은 아우구스티누스는 만물이 一者로부터 나왔다는 유출설과 달리 초월적인 하나님과의 절대 단절을 내세운 無로부터의 창조설을 채택하였다. 그 결과 인류는 신앙적이든, 신학적이든, 무엇을 통해서도 하나님과 함께하고 일치될 수 있는 길이 막혀버렸다. 이것이 기독교가 세계관적으로 함몰되어 버린 이유이다. 이런 교리관 안에서는 인류가 하나님께로 나갈 수 없고, 하나님도 이 땅에서 뜻한 창조 목적을 실현할 수 없다. 하나님을 절대자로만 여겨서는 영원히 뵈올 수 없다. 그러므로 이 연구의 신학적 정립사명은 하나님과의 질적 차이를 극복하는 데 있다. 그리해야 한 걸음 다가서 하나님 나라를 건설할 수 있다. 드리워진 세계관적 장애를 걷어 내어야 한다. 동서양을 막론하고 절대자로 지칭된 궁극적 실재들은 무규정적이고 초월적이라 인식을 포기하는 방향으로 나아갔는데,17) 절대성 자체는 영원히 인식할 수 없는 여건 속에서도 천지는 창조되지 않았는가? 본의만 알면 이해가 가능한데 그 근거를 동양창조론이 마련하리라. "플라톤은 인간의 정신적 이상 세계에 대한 지향성과 이상 세계에 대한 지적 직관(상기설)의 가능성을 말했고, 플로티노스는 궁극적인 이상 세계의 존재(一者의 세계)와 인간 정신의 합일 가능성을 말했는데, 아우구스티누스는 無로부터의 창조설에 기초한 관계로 선입관으로 유한한 인간의 지식으로는 하나님의 진리에 대한 지식에 도달할 수 없다"라고 하였다.18) 이런 영향으로 근대에 이르러서도 신학자 본 훼퍼는 "믿는 자만이 복종하며 복

---

17) 철학자 칸트는 물자체는 인식의 대상이 될 수 없다고 하였고, 성서는 하나님을 포함해 어떤 神도 형상(우상)화하지 말라고 하였다(신명기 4장). 동양의 주역이나 불교에서 존재의 근원을 空, 또는 不立文字라 하고, 도교에서는 道란 말은 字[술어]일 뿐 名[주어]이 아니며, 편의상 道라 말하지만 道의 본체인 것은 아니다("道可道 非常道"-『노자도덕경』 1장)라고 하였다.-『기로에 선 인류의 철학적 성찰』, 유성동 저, 문예운동사, 2009, p.276.
18) 위의 책, p.209.

종하는 자만이 믿는다. 신앙이 복종의 전제라면 복종은 신앙의 전제이다"라고 하여[19] 하나님에 대한 신앙과 믿음의 테두리를 벗어나지 못했다. 존재한 사실을 판단하고 모습을 보아야 하는데, 이런 과제 설정을 착안하지 못했다. 칼 바르트는 계시된 하나님=숨어 계신 하나님=알려지지 않은 하나님이란 등식을 세워 하나님과 인간 사이의 무한한 질적 차이를 강조하는 방향으로 나아갔다. 즉, "하나님은 오직 하나님만을 통하여 인식된다. 하나님과 인간 사이에는 죄와 악의 현실이 가로 놓여 있다. 이런 조건 때문에 인간은 하나님을 바르게 인식할 수 있는 능력과 가능성을 가지고 있지 않다."[20] 어떻게 판단해야 할까? 세상을 바라본 관점이 문제이고, 그런 관점을 가지게 한 세계관이 문제이다. 서양 문명과 기독교 신학은 하나님과 세계를 바라보는 데 근본적인 문제를 지녔다. 외연을 확대할진대 천지는 창조되었기 때문에 세상 어디서도 창조된 사실, 곧 역사된 흔적들로 편만되어 있다. 이것을 일컬어 이 연구는 종합적인 통찰로서 '창조성'이라고 지칭한다. 편만된 진리성(창조성=창조 진리=창조 본질=창조 의지=창조 원리=창조 뜻=지상 강림 본체)을 통하면 얼마든지 하나님을 뵈옵고 경험하며 함께할 수 있다. 인류와 하나님과의 차원적인 거리를 좁히고 종국에는 동질화로 나아가고자 하는데 "본질로부터의 창조"를 증거한 동양창조론의 정립 의미가 있다. 지상 강림 역사 실현의 근거이기도 하다.

---

19) 『20세기 신학사상(1)』, 김균진 저, 연세대학교출판부, 2003, p.338.
20) 위의 책, p.20, 34.

4. 동양의 도적 창조론 완성

동서양의 지성들은 공히 세계의 기원과 궁극적인 문제에 대해 관심을 가졌지만 수많은 추구에도 불구하고 정답을 이끌어내지는 못했다. 이런 이유로 이 연구는 견해를 달리해 갈라지게 된 창조론과 진화론, 동양의 우주론까지 비판한 입장이다. 창조가 무엇인지를 알아야 첫 실마리를 가닥 잡을 수 있다. 궁극성, 즉 창조에 관한 문제를 왜 해결하지 못한 것인지 가늠할 수 있다. 그것이 무엇인가? 천지가 창조된 근원을 따지고 들어가야 한다. 당연히 창조는 실현된 사실 자체를 밝히고 판단해야 할 대상이지만 일단 물질적인 대상은 아니다. 따라서 종에 근거한 진화론과 물질에 근거한 유물론 등은 제일 먼저 자격을 상실당한다. 『신의 마음』(1992)의 저자 폴 데이비스(물리학자)는 인류가 과학을 통해서 절대적인 진리를 얻을 수 있는가 하는 문제에 대해 숙고했다. 그리하여 양자적 불확정성, 괴델의 정리, 카오스 등등 합리적인 지식에 부과된 숱한 한계를 고려할 때 가능성이 없다고 하였다. 이전까지는 이처럼 결론을 내려도 개인적인 견해에 불과했지만 이제는 상황이 다르다. 창조론도 조건은 마찬가지이다. 창조가 유형, 형상, 물질 창조 이전의 形而上學적인 무엇이라면 근거를 밝혀야 하는데, 지적한바 절대적인 창조 권능만 앞세웠을 뿐 하나님이 어떻게, 무엇에 근거해서 창조 역사를 실현한 것인지에 대해서는 언급이 없었다. 여기에 대한 해결책으로서 이 연구는 "본질로부터의 창조", 곧 '본질'을 천지 창조를 성립시킨 기준으로 삼았다. 다시 말해 천지는 종도 물질도 아닌 본질로부터 창조되었고, 본질을 통해야 천지 창조 역사를 증거할 수 있다. 그래서 동양의 覺者들이 일군 道를 통하면 궁극적인 문제에 답할 수 있다. 동양에서는 본체에 근거한 우주론, 생성론은 있어도 창조론은 없는데, 이제부터는 道로부터 천지가 창조된 사실을 논거할 것이기 때문에 이것을 일명 '동양창조론'이라고 하였다. 본체우주론을 창조론으로 승화시켜 천지 창조 역사론을 완성하리라. 현상적인 근거만으로는 창조에 관한 고를 풀 수 없다. 道를 통해야 우주의 기원은 물론이고 종의 변화와 다양성 원인을 추적할 수 있다. 진화론이 창조론에 대해 반기를 든 것은 종의 불변성을 말한 창세기에 근거한 것인데, 창조 역사는 성경을 통해서만 계시된 것이 아니다. 우주로 폭을 넓혀 이 연구는 동양의 道적 우주론에도 하나님이 이룬 창조 역사의 지혜와 원리가 숨겨져 있다는 사실을 밝히리라. 동양의 道에는 창조에 관한 논리와 원리성 투성인데 왜 창조 역사와 연관 짓지 못했는가? 하나님이 본체와 본의를 드러내지 못했기 때문이다. 강림을 현실화시킴으로써 道적 우주론을 창조론으로 승화시킬 수 있게 되었다. 인식의 혁신과 전환이 불가피한데, 확보된 관점을 통하면 하나님이 태초에 어떻게 하여 道에 근거해서 창조 역사를 실현한 것인지 이해할 수 있다. 서양은 창조 문제에 대해 선조들이 쌓은 지적 전통 안에서만 해결하고자 하니까 어려움이 있다. 고심한 실마리는 동양의 지적 전통 안에도 있는데, 이 실마리를 이 연구가 제공하리라. 천지만물은 모두 氣로 구성되어 있다. 그래서 "내 마음도 氣이고 돌멩이도 氣이다."[21] 이전까지는 초점이 안 맞고 形而上學적인 인식에 불과했지만 이제는 창조적 인식이라는 사실을 안다. 천지만물이 氣로서 구성되어 있다는 것은 氣로부터 천지만물이 창조되었다는 말과 같다.

---

21) 『성리학의 형이상학 도론(성리학의 정체성 논쟁)』, 손영식 저, 울산대학교출판부, 2008, p.50.

氣는 존재화된 창조 본질이다. 氣에 바탕된 관계로 무형인 마음도 氣로 구성되어 있고 유형인 돌멩이도 氣로 구성되어 있다. 본질에 근거해서 존재했다. 이런 논거 바탕에 진화론이 끼어들 틈새는 없다. 모습은 다르고 변화하더라도 바탕된 본질은 같은데, 모습이 다르고 변화하는 것이 무슨 의미가 있는가? 창조론은 종의 불변성을 입증할 근거를 제시하지 못했지만 道는 할 수 있다. 그래서 道적 창조론이다. 종은 존재한 현실과 동떨어진 인식이 아니다. 본질에 근거한 관계로 정확한 판단이다. 진화론자들은 창세기의 기록에 근거해 반론을 폈지만, 불변하고 또 불변하게 한 것은 바탕된 본질에 있지 모습 속에 있지 않다. 본질[道]에 기초하여 천지가 창조된 필연적인 근거를 동양의 覺者들이 제시했다. "만물에는 반드시 理가 있다. 이 理는 모든 것들에 있는 보편이다. 理가 있기 때문에 곧 천지가 있다(주자)"라고 하였다.[22]

> "太虛는 氣가 없을 수 없고, 氣는 능히 모여 만물이 되지 않을 수 없으며, 만물은 사라져 太虛가 되지 않을 수 없다. 이를 따라서 오고 감이 모두 부득이해서 그런 것이다(장횡거)."[23]

만물에는 반드시 理가 있다, 혹은 太虛는 氣가 없을 수 없다는 필연적 원칙은 하나님이 천지를 창조하였다는 인식과 같다. 장횡거가 펼친 太虛적 우주론은 물질적인 변화에 대한 인식이 아니다. 필연성에 따라 太虛→氣→만물→太虛로 돌아가는 본질적 창조 방식이다. 동양창조론은 무형인 본질로부터 천지가 창조된 실마리를 푼 우주

---

22) 『주자학과 토미즘의 철학적 협연』, 소병선 저, 동과서, 2006, p.68.
23) 『정몽』, 태화편.

론이자 그 인증 절차이다. 천지가 太虛로부터 시작해서 氣, 만물화 되었다가 다시 太虛로 돌아가는 것은 본질에 근거한 대우주론이다. 여기서 太虛는 하나님의 존재 본체로서 창조를 실현하기 이전의 절대적인 본질체이다. 無極이라고 할 만하다. 이로부터 氣가 태동된 것은 절대 본질의 창조화로서 無極이 太極화로 이행된 것이다. 太極은 절대 본질과 구분된 창조 본질인데, 장횡거는 이 단계를 더 세분화시키지 않고 氣라고만 하였다. 氣로부터 천지가 창조됨에, 천지가 각자 존재를 뒷받침한 氣를 가진 것에 대해 유교에서는 이일분수(理一分殊)설로서 언급하였다. 太虛→氣로부터 천지가 창조된 것이므로 氣를 통하면 천지가 창조된 과정을 살필 수 있다. 즉, "一物兩體氣也 一故神[兩在故不測] 兩故化[推行於一]."[24] "氣는 본체로서는 一로서 신묘한 것이지만, 이것이 양즉다(兩卽多)로 분화되어 변화의 일면을 갖는다. 따라서 양체로 보면 허와 실, 동과 정, 취와 산, 청과 탁이 차별상을 나타낸다."[25] 혹은 "一物而兩體 其太極之謂歟라"[26] 太極을 一物 兩體라고도 보았다. 여기서 一物은 곧 氣이고 양체는 陰陽 二性이다.[27] 氣, 太極은 천지를 창조한 본질이고 양체, 二性은 창조로 인해 이루어진 구조적 시스템이다. 일물과 양체는 일단 동일한 것이지만 一物은 창조 이전의 바탕된 본질이고, 양체는 창조로서 결정된 만물의 구조이다. 양체를 이룬 그것이 창조이다. 하나님이 천지를 이와 같이 창조했다는 뜻이다. 진화론은 개개 종들의 변화 상태를 일일이 관찰해서 판단하므로 개개의 현상적 변화 안에는 아무

---

24) 『정몽』, 삼량편.
25) 『정몽』, 태화편.
26) 『정몽』, 대역편.
27) 『율곡철학연구』, 황의동 저, 경문사, 1987, p.53.

런 원리와 법칙이 없었다. 우연하게 선택된 것이라고 할 수밖에 없다. 하지만 동양인들이 접근한 道적 창조론은 이와 다르다. 본질에 근거함으로써 종을 창조하고 결정지은 존재 구조를 법칙화하였고, 현상적인 요인뿐 아니고 무형인 요소, 즉 취와 산, 청과 탁 같은 작용도 일어난 이유를 설명할 수 있다.

이처럼 동양의 道가 천지 창조의 바탕이 되었다는 인식은 동양의 본체론과 기독교의 창조론을 종합해서 천지 창조 역사를 증거할 수 있게 하였다. 창조론을 완성할 수 있다는 것은 세계의 존재, 진리, 우주, 종의 근원을 추적할 수 있다는 말과 같기 때문에 과학적 진리와 종교적 진리 간의 대립 상황을 극복하고 동서양 문명을 회통시킬 수 있다. 선조들은 일찍부터 儒·佛·道 3교가 공존한 현실 속에서 끊임없이 회통을 모색하였는데, 이것이 오늘날 道적 창조론을 통해 결실을 맺었다. "본질로부터의 창조"가 실적인데, 그 관점은 무엇인가? 道와 서양의 창조 신앙과 과학이 모두 창조와 연관이 있다는 데 있다. 이런 본의와 원리성을 매개로 하면 분열될 대로 분열된 인류 사회도 통합할 수 있다. 선천 하늘에서는 기독교의 예수와 불교의 부처가 별개였다. 그러나 지금은 그런 구분이 없어졌다. 부처는 정말 창조와 아무런 연관이 없는가? 『반야심경』에서 말한 色卽是空 空卽是色은 우주의 본질 구조를 직시한 창조론이다. 色의 근거는 空에 있고, 空이 色을 창조한 근거는 色이 지녔다. 空이 色化되었으므로 化된 色은 空과 같다. 이전까지는 몰랐는데 알고 보니 동양의 覺者들은 창조 진리를 일구는 데 주도적으로 관여하였고, 창조 본질을 적극적으로 인식하였다. 이것은 동양 3교는 물론이고 나아가서는 동서 간의 사상, 문화, 종교, 역사까지 회통시킬 수 있는 기반이다. 동양우주론의 완성인 동시에 천지창조론의 대완성이다. 인류의 갈등과 대립 문제를 푸는 제3의 통합 문명 원리로서 제공된다. 이런 차원 문명 안에서 부처와 공자와 하나님은 더 이상 다른 분일 수 없다. 천지 창조 역사와 하나님이 존재한 사실을 증거하나니, 여기에 道적 창조론의 완성 역할이 있다. 동양본체론은 무엇보다도 강림한 하나님의 본체를 진리적으로 증거하거니와, 이 역사적인 성업은 향후 인류 역사의 추진 방향과 문명 형태를 결정하리라. 동양 문명에 근거한 제3의 신권 질서를 수립하는 것은 물론이고, 미래 역사를 주도할 부활의 대신호탄이다. 그것은 분명 선천의 신앙 역사를 주도한 기독교와는 정체성을 달리하기 때문에 구분해서 동양식 기독교라고 지칭한다. 제3의 신권 질서 수립은 어느 모로 보나 본체를 무시한 결과 초래된 서양 문명과 기독교의 한계성 때문에 촉발된 문명 전환 요구인 만큼, 인류는 세계의 종말성과 함께 동양 문명의 부활 요구를 직시해야 한다.

"서양 문명이 압도한 지난 수세기 동안 동양문화는 으레 근대 서양 문명에 비하여 전통적인 것, 전근대적인 것, 따라서 없애야 할 불행한 유산이며, 힘겨운 짐으로만 여겨져 왔다. 기독교 선교사들이 이런 생각을 가진 대표자이다. 이방인·죄인들의 생각은 없애버려야 할 것, 깨뜨려야 하는 것이었다. 선교사들에 덧붙여 학자·기술·관료집단 역시 동양문화를 부정적으로 보았다. 동양과 관련된 것은 모두가 케케묵고 비과학적이라는 수식어와 함께 도매금으로 매도하기 일쑤였다. 인류의 발전과 진보를 위해 동양문화의 정수인 동양철학은 극복의 대상이었지 공부하고 연구할 가치는 없었다. 서양문화가 물밀 듯 동양을 침범해왔을 때 동양사회는 속수무책이었다. 서양문화의 우월성에 압도당하였다."[28] 서양은 르네상스 운동을 일으켜 중세 천년의 신권 질서를 허물고 새로운 세계를 개척했는데, 그것이 곧 근대사를 주름잡은 과학문명이다. "1650년경부터 지난 500년 동안은 자칭 인류 역사상 가장 위대하고 특징적인 발전과 변화의 시기로 평가된다. 청동기 시대, 산업혁명 또는 인구폭발과 마찬가지로 자체 역사적 구조의 독특함 때문에 과학의 폭발기(age of the science explosion)로 불렸다."[29] 500여 년 전후부터 서양으로부터 비롯된 근대화를 향한 대 전환은 표면적으로는 과학과 기술이 지배한 시대이다. 그리고 그런 500년을 거친 지금은 그 절정에서 과학 문명을 향유하고 있는 중인데, 문제는 문명적 폐해가 산적되어 "인류가 역사상 지난날과는 비교할 수 없는 전 지구적이고 전 인류사적인 대전환 요구에 처해 있다는 사실이다."[30] 진보와 발전을 거듭하여 인류의 이상을 실현할 수 있다면 무슨 문제가 있겠는가만 서양 문명이 한계성에 도달한 것이라면 그 이유는 분명하다. 하나님이 천지를 창조하지 않았고 이 땅에 원대한 목적을 심어 뜻이 하늘에서 이루어진 것 같이 땅에서도 이루어지기를 원하지 않았다면 과학 문명의 진보는 고무될 만하다. 하지만 서양 문명의 성장과 부흥이 하나님의 뜻과 동떨어진 것이라면 그것은 축복이 될 수 없다. 뜻을 달리 해석해야 한다. 중세 시대를 끝으로 인류 역사에서 다시는 신권 질서를 수립할 필요가 없는 것이라면 새로운 역사 도모도 필요가 없다. 그러나 천지 만물은 분명 하나님으로부터 창조되었고, 섭리된 것이 창조 목적을 구현하는 데 있는 한 미래에는 반드시 제3의 신권 문명이 창조

---

28) 『동양의 지혜와 선』, 심재용 저, 마음글방, 2005, p.249.
29) 『과학의 종말』, 존 호건 저, 김동광 역, 까치, 1997, p.44.
30) 위의 책, p.21.

되어야 한다. 따라서 서양 근대의 500년 부흥 기간은 어디까지나 神과 연결된 고리를 끊고자 애쓴 세월이고, 서양 문명은 근본적으로 창조 목적과 거리가 먼 문명이 되어버린다. 이것이 오늘날 과학의 부흥에도 불구하고 서양 문명이 종말을 맞게 된 이유이다. 이에 끊어진 섭리 대맥을 이어나가야 하는 것이 동양 문명이 당면한 문화적 과제이다. 서양 문명이 종막을 고한 오늘날 동양 문명이 정말 사명을 자각해서 본연의 사명인 본체 문명으로서의 가치를 재창출할 수 있다면 그 성세는 서양 근대 500년을 넘어 후천 5만 년 문명을 주도하리라. 이 땅의 선지자들이 예고한 無極大道의 도래는 바로 하나님이 주도할 창조 진리의 완성 시대를 뜻한다. 서양 문명이 지난날 인류 역사를 주도했던 것 이상으로 인류를 전혀 새로운 차원 세계로 인도하리라. 그 문명 형태는 실로 3교 합일의 전통과 동서 문명의 회통으로 결실 지을 대통합 문명 건설이다.[31] 통합은 이 땅에 강림한 하나님이 발휘할 제3의 창조 권능이다. 통합과 귀일과 합일은 천지를 창조한 하나님이 진리의 성령으로서 이룰 역사적 권능이다. 본체자로 강림하였기 때문에 가능한 성업이다. 통합 문명 건설은 인류가 이룰 역사 추진의 대방향이다. 만재한 사상, 종파, 제도, 이념, 주의의 벽을 허물고 하나님 안에서 하나 되고 함께할 구원상이다. 그래서 통합이 주효하다.

창조 이래로 하늘 아래 전혀 새로운 것은 없듯, 無로부터는 새로운 문명 창조가 없다. 왜 이 땅에 강세한 성현의 말씀과 가치가 세대를 초월한 진리로 살아 있는가? 당대로서 끝난 가치가 아니고 앞으로의 세대에서 새로운 문명 형태로 거듭 창출될 것이기 때문이다.

---

31) 道는 본체이라 개개 道는 하나로 귀일함이 원칙이다. 3교 합일의 가능성 개진.

인류의 4대 성현은 선천 문명을 주도한 창조자일 뿐 아니라 미래에 있어서도 새로운 문명을 창조할 밑거름이다. 이들이 일구어 놓은 사상적, 가치적, 문화적 아이디어를 기반으로 하지 않고 새로운 문명 창출은 불가능하다. 그래서 장차 건설될 제3의 문명 형태는 원형 문명의 각색이고 재창조이다. 서양 문명, 서양 기독교는 종막을 고하지만 성현이 전수한 진리의 생명력과 문화적 가치는 영원하다. 하나님의 뜻과 인류 구원 사명은 영원한 것이다. 천지를 창조하고 역사를 주재한 하나님은 본래의 창조 목적을 이루기 위하여 인류 앞에 약속하였는데, 그것이 곧 구약과 신약이다. 아울러 "두 가지 종교도 정식으로 세웠는데, 첫 번째는 모세에 의해서 주어진 것으로 시나이 산에서 성립되었다. 두 번째는 그리스도에 의해 시작되었으며 갈보리에서 흘린 그분의 피에 의해 비준되었다."[32] 흔히 신약은 구약을 통해 이룬 하나님의 약속에 대한 성취라고 하지만 결코 100% 이루어진 것은 아니다. 그래서 인류는 미래에 모든 약속을 성취할 시온의 영광을 기다리고 있다. "주 하나님께서 그 조상 다윗의 위(位)를 저에게 주시리니 영원히 야곱의 집에 왕노릇 하실 것이며, 그 나라가 무궁하리라."[33] "이사야가 가로되 이새의 뿌리 곧 열방을 다스리기 위하여 일어나시는 이가 있으리니, 열방이 그에게 소망을 두리라 하였느니라."[34] 이 같은 예언을 이루기 위해 "그리스도가 새 언약과 새 종교를 만드심으로 옛 언약도 조인되었고 새 언약도 조인되었다."[35] 하지만 조인만 되었을 뿐 왕위 계승과 왕의 역할과 무궁한

---

32) 『성서와 역사관』, 위거찬 저, 지민, 2011, p.175.
33) 누가복음 1장 32~33절.
34) 로마서 15장 12절.
35) 위의 책, p.178.

나라는 이루어지지 않았다. 그렇기 때문에 복음의 진리력이 한계성에 도달한 이 시대는 "보라 날이 이르리니 내가 이스라엘 집과 유다 집에 새 언약을 세우리라"라고 한 것처럼[36] 약속한 보편적 왕조, 곧 영원한 지상 나라를 세우기 위해 역사를 도모해야 한다. 왜 인류는 미래에 동양 문명에 바탕한 제3의 신권 질서와 새로운 신학적 체제와 새로운 기독교를 세워야 하는가? 그 이유는 동양의 하늘 아래 하나님이 강림하였고, 하나님이 이전과는 모습을 달리한 보혜사 진리의 성령으로 강림하였기 때문이다. 새로운 모습으로 강림하여 역사상 이전과는 다른 성취 목표를 천명하였기 때문에 이것은 인류를 향해 하나님이 한 제3의 구원 약속이다. 철학자 헤겔이 어떤 의도로 말한 것인지는 모르지만 인류 역사란 절대 정신의 자아실현의 장, 곧 하나님의 궁극적인 창조 목적을 구현하는 과정이라고 하였다. 이왕 이룰 약속이고 목표라면 지상 왕국의 이상적인 구현 기반을 마련해야 한다.[37] 이에 열방을 다스리기 위해 일어나는 이가 있어야 하고, 다윗의 位를 이어 받을 현실적 계승 역사가 있어야 하며, 열방이 그에게 소망을 둘 만큼 영광된 왕조 건설 프로젝트를 세워야 한다. 이런 역사 과제를 천지 창조 역사를 증거하고자 한 이 연구가 보위하리라. 그리해야 "이 왕조가 어느 시기에 어떤 식으로든 영원하고 보편적인 왕조가 되리라."[38] 과학만능성에 흠뻑 빠진 지성들 중에는 과학이 발달할수록 종교의 가치와 역할은 역사상에서 사라질 것이

---

36) 예레미야 31장 31절.
37) "21세기에서 기독교는 다른 종교의 가치를 존중하면서, 게다가 기독교가 독자적인 것을 잃지 않고 세계와 우주의 진리를 보여주고 사람들에게 진정한 구원을 가져오는 것이어야 한다. 그것을 위해서는 교회의 자세가 바뀔지도 모르고, 성서를 읽고 해석하는 방법이 변해갈지도 모른다. 혹은 새로운 형태의 기독교가 출현할지도 모른다."-위의 책, p.396.
38) 위의 책, p.73.

라고 단언하였는데, 그것은 천지 창조 역사와 본질의 존재성과 동양 문명의 본체성을 알지 못한 무지이다. 제대로 확인할진대 인류는 영원한 생명력을 지닌 종교 신앙과 추구 가치를 십분 발휘하리라. 예나 지금이나 "인류사의 중심은 종교사이며, 종교란 누가 뭐라 하든지 인류의 궁극적인 영위임에 틀림없다."[39] 영생할 가치와 진리와 문명이 부활되는 곳에 하나님 나라를 건설할 한 걸음 다가선 가능성이 있으리라.

---

39) 위의 책, p.318.

제3장 창조 진리의 정립 과제

1. 창조론의 완성 과제

20세기 존재론의 틀을 규정한 고전으로 인정된 『존재와 시간』의 저자 하이데거는 "인간 자유의 본질에 대한 물음은 철학의 근본 문제이다. 철학의 근본 문제는 존재에 대한 물음이며, 존재에 대한 물음 안에 자유의 본질에 대한 물음이 포함되어 있다"라고 하였다.[40] 인간 자유의 본질과 철학의 문제가 어떻게 연관되고, 철학이 존재에 대한 물음이 되고, 존재에 대한 물음 안에 자유의 본질에 대한 물음이 포함되는 것인지를 논거한 하이데거 자신은 존재에 대한 문제를 숙고한 장본인답게 명쾌하게 밝혔는가? 존재란 무엇인가란 거대한 물음을 던져 놓고도 정작 세계 내에서 처한 인간의 실존적 본질에

---

40) 『서양근대 종교철학』, 서양근대종교철학회 엮음, 창비, 2015, p.450.

대해서만 언급함으로써 우주 안에 편만되고 공통된 존재 일반에 대한 문제, 즉 순수 본질과 시원은 답하지 못했다. 존재 영역을 포괄한 본질을 밝히지 못하는 한 神에 대한 문제도 풀 수 없다. 그렇다면 창세기를 읽어보면 궁금한 존재 일반, 나아가 인간의 본질에 대해서 알 수 있는가? "사람은 하나님의 형상대로 지음을 받았다는 말을 어떻게 풀이해야 옳은가? 창세기의 내용을 100% 믿는 사람이 몇 명이나 될까?"[41] 존재에 관한 물음은 어쩌면 우주에 관한 근원적 물음이고 핵심된 키를 지녔는데 의문의 실마리를 풀지 못한 것은 그 이유가 어디에 있는가? 창조와 깊이 연관되어 있는데 본의를 모르니까 존재에 대해서도 답할 수 없었다. 창세기는 나름대로 창조에 대해 하나님의 주체성을 밝힌 측면은 있지만 원리적인 면에서는 완전하게 계시하지 못했다. 창조역사론을 완성하기 위해서는 성령의 역사가 필요하다. 이것이 이 연구가 해결해야 할 저술 과제이다. 창조된 본의를 알기 이전과 이후의 존재 규정 상황은 다르다. 본의를 알았다는 것은 약속한바 진리의 성령이 오면 인류를 모든 진리 가운데로 인도하리라고 한 대로 보혜사 성령이 역사해서이다. 인류가 선천 하늘에서 해결하지 못한 고뇌를 해소함에 있어서 무엇보다도 중요한 존재의 문제를 푼 것이다. 그렇다면 존재는 정말 무엇인가? 지난날 이것을 해결하지 못한 것은 존재의 알파와 오메가를 관장하지 못해서이다. 존재는 과정적이고 생성적인데 몸통만 보았다. 이것이 존재론 탐구의 관건이다. 존재를 알기 위해서는 존재의 근원된 시작과 생성의 끝점을 알아야 하는데, 그러기 위해서는 창조 문제를 해결해야 했다. 존재의 본질과 가치와 궁극적인 근원을 파악할 수 있나니,

---

41) 『역사의 발자취』, 김동길 저, 지학사, 1985, p.25.

존재의 문제는 神과 연관되고, 연관됨으로써 인류가 지닌 일체 의문에 답할 수 있다. 존재한 본질을 밝히지 못하면 창조론을 완성했다고 할 수 없을 만큼 창조론이 해결해야 하는 우선 과제이다. 존재는 본질, 본질은 진리, 진리는 神과 연결된다. 존재의 진리는 결국 창조의 진리로 귀결된다. 하이데거는 존재의 문제를 궁구함에 있어 인간의 본질→철학의 근본 문제→존재에 대한 물음으로 연결시켰지만, 창조를 빠트려 본질을 밝히지 못하였다. 이것이 선천 진리가 벗어나지 못한 세계관적 한계이다. "존재한다는 것은 사람이나 사물에게 어떤 의미일까?"[42] 존재의 구조와 기원은? 대답은 존재가 아닌 창조가 지녔다. 존재에 관한 일체 설들이 창조론에 포함되고 창조론과 연관되어 있다. 예외는 없다. 그래서 창조론이다. 창세기의 창조설, 플로티노스의 유출(流出)설, 스피노자의 변태(變態)설, 플라톤의 이데아설, 성리학의 二氣설, 太極론, 서양 철학이 대립각을 세운 관념론 대 유물론, 유신론 대 무신론, 종의 변이를 주장한 진화론 등등 이런 설들을 포괄해야 한다. 인간 본성은 각자 天理를 구비하고 있는바 구비 이유, 왜 그런가? 天으로부터 창조되었기 때문이다. 창조가 존재한 궁극적인 이유에 답할 수 있다. 존재에 관한 물음은 세계의 가장 밑바닥과 연관되어 있어 창조적 사고 방식은 동서를 불문하고 보편성을 지녔다. 창조에 관한 설화(신화)는 세계의 곳곳에 산재되어 있는데, 비과학적인 상상에 불과하다고 내쳐버릴 일이 아니다. 길가메시 서사시, 아즈텍 창조 이야기, 구약 성서의 창세기 1~2장 등등[43] 언제, 어떻게에 대해서는 답하지 못했지만 나름대로 창조에

---

42) 『철학이 된 엉뚱한 생각들』, 마르흐레이트 데 헤이르 글·그림, 김기철 역, 안광복 감수, 원더박스, 2014, p.50.
43) "낡아빠진 신화들은 제거해야 함."-『종교의 미래』, 하비 콕스 저, 김창락 역, 문예출판사,

대해 의미 있는 실마리를 제공했다. 창조를 모르면 진실된 가치를 알 수 없지만 알고 나면 의미를 안다. "인도계 중국 신화에 등장하는 반고는 원래 난장이에, 곰 가죽을 두르고, 나뭇잎으로 만든 앞치마를 입고 있었다. 이것은 태고의 소박함을 말해 준다. 그는 18,000년을 자랐는데, 키가 매일 6척씩 커서 엄청난 거인이 되었다. 결국 그는 죽어서 새로운 생명을 얻었다. 마법에 의해 그의 몸은 변형되었다. 그의 이마는 눈 덮인 산이 되었고, 그의 호흡은 폭풍과 구름이 되었으며, 그의 음성은 천둥, 그의 사지는 사방, 그의 살은 기름진 흙, 그의 피는 힘차게 흐르는 강들, 그의 수염은 밝은 별들, 그의 피부와 머리카락은 울창한 목초와 수풀과 나무들, 그의 뼈와 골수는 광석과 바위와 귀중한 보석들, 그의 땀은 부드러운 비가 되었다."[44] 거인의 몸이 해체되어 우주 생명의 근원이 되었다는 이야기는 천지가 존재한 하나님의 본체에 근거해 창조되었다고 하는 이 연구의 관점과 같다. 범신론적 사고의 원형이라고도 할 수 있는데, 원래 난장이가 매일 6척씩 자라 거인이 되었다는 것은 오늘날 팽창하여 거대한 우주가 되었다는 빅뱅 이론과 맞먹는다. "창조 신화는 원시 인류의 우주와 세계에 대한 기본적인 인식을 표현한 것으로 후세 사람들의 사고방식과 관념에 큰 영향을 미쳤다. 대우주인 자연과 소우주인 인체가 서로 감응하는 상동(相同) 관계에 있다는 생각은 고대 동서양의 인류가 다 함께 지닌 관념이다."[45] 왜 그런가? 창조 때문이다. 고대인이 생각한 창조에 대한 사유방식은 오늘날 이 연구가 펼치고자 하는 창조 인식과 동일하다. 단지 고대인은 생각을 뒷받침할 근

2013, pp.46~47.
44) 『창조신화』, 필립 프런드 저, 김문호 역, 정신세계사, 2005, pp.92~93.
45) 『동양신화 이야기』, 정재서 저, 김영사, 2010, pp.42~43.

거가 부족하였지만 이 연구는 증거할 수 있다. 흔히 기독교의 창조론을 반대하는 자들은 "하나님이 모든 생물의 종들을 직접 창조했다는 것은 이론이 아니라 믿음의 진술일 뿐이므로 과학적 사실이 아니다"라고 하는데,[46] 물론 창조론도 현상적 근거에 의해 확실하게 논거할 필요는 있지만 과학, 그것이 창조론의 진리성 여부를 판단할 수 있는 기준은 아니다. 과학도 알고 보면 창조로 인한 결과적 인식 영역이다. 고대 신화의 미해결 과제를 보완하는 것도 천지창조론을 완성하는 과정이다.

한편 어떤 학자는 세계의 기원을 설명함에 있어 진화론이 창조 교리를 대신할 수 있으리라고 했는데, 이것은 전적으로 창조에 대해 무지한데서 나온 판단이다. 본래 물질은 영원한 것이고, 이 물질로부터 세상이 우연히 또는 고도의 직접적인 힘에 의해 발생했다는 이원론도 여건은 마찬가지이다. 그래서 고대의 희랍 철학자들은 세계의 제1원리가 무엇인지에 대해 관심을 가졌다. "희랍 초기의 사유형태는 다양한 사물과 근원적 실체 간의 문제를 질료적 요인에서 해결하고자 물활론적이고 질료적인 사유방식을 취하였으며, 접근법을 달리한 피타고리안들은 사물이 질료적인 요인보다는 형상적 원리, 즉 수에 의해 보다 엄밀히 존재한다"고도 하였다.[47] 그러나 세계와 존재와 진리에 대해 근본적인 비밀을 지닌 순수 본질로부터 제1원리를 추출하지는 못했다. 이런 문제는 동양의 道도 마찬가지이다. 동양에는 우주론 내지 본체론이 있었지만 오늘날은 모든 形而上學적, 궁극성에 관한 본질적 사유들을 통합해야 천지창조론을 완성할 수

---

46) 『신과 다윈의 시대』, EBS 다큐프라임 제작팀 저, 세계사, 2012, p.245.
47) 「플로티노스의 절대자 개념에 대한 연구」, 조원준 저, 연세대학교대학원 철학과, 1999, 석사, p.1.

있다. 道는 순수 본질적인 사유 범위 안에 머물러 있다. 또한 우주의 창조적 본체는 세계를 이룬 궁극적인 요소를 규정하는 것으로 끝나지 않는다. 서양철학은 우주의 본체를 단원론과 다원으로 갈라놓았는데, 그중 탈레스는 우주의 본질을 물이라고 하였고 엠페도클레스는 네 가지 요소로 보았지만, 그렇게 단정했다고 해서 존재론의 근본적인 문제를 해결한 것은 없다. 존재가 지닌 과정성, 생성성, 변화성까지 조화, 통일시킬 수 있는 능동적 권능, 곧 하나님이 강림하여 통합적인 권능을 발휘해야 한다. 창조론을 완성하는 것은 하나님이 진리의 성령으로서 강림한 역사로서 온전히 증거하리라.

2. 창조 진리의 일관성

"기독교 신학에 있어 중요한 항목은 하나님의 창조 교리이다. 창조 세계에 대한 이해는 기독교 신학의 모든 전제들의 근거인 궁극적 실재에 대한 이해의 출발점이다."[48] 중요한 만큼 기독교는 창조 교리를 원리성으로 뒷받침해야 했는데, 믿음을 고백하고 신앙을 고무하는 데만 관심을 쏟았다. 더군다나 창조 역사를 밝힌 창조 진리를 숙고해서 교리화해야 하는데, 초점이 어긋나 있어 세상 진리를 규정하는 데 있어서도 주도력을 발휘하지 못했다. 창조 역사를 뒷받침하는 창조 교리는 창조 진리의 특성을 파악해야 한다. 하지만 창조 교리가 창조 역사를 곡해해서 세인들이 창조된 세계를 제대로 판단하지 못했다. "P. 앳킨스나 R. 도킨스 같은 무신론 과학자들이 날뛰었

---

48) 「아우구스티누스의 무로부터의 창조와 연속창조에 대한 과학신학적 해석」, 앞의 논문, p.1.

고, 영국의 천체 물리학자 스티븐 호킹 박사는 『위대한 설계』에서 우주를 탄생시킨 것은 神이 아니라 중력의 자연 법칙에 의한 빅뱅이라고 주장했다."[49) 곡해한 요인은 창조주와 세계를 별개로 보고 구분시킨 것인데, 누구도 연결시킬 길을 찾지 못하여 급기야 神은 존재하지 않고 세계는 독자적이라고 판단하였다. 창조 교리가 창조 본의를 파악하지 못한 바에는 세상 누구도 세계가 창조된 피조물이란 사실을 확인할 수 없다. 안목을 틔우지 못하여 神도 없고 창조도 없고 세계만 홀로 남게 되었다. 하지만 결과가 이렇게 된 데는 이유가 있다. 하나님의 본체가 드러나지 못하고 볼 수 없는 한 한계성을 피할 수 없기 때문이다. 그래서 선천이다. 기독교 신학이 창조론을 완성시키지 못한 것은 본질의 존재성과 작용성을 간파하지 못해서이다. 천지가 창조된 것일진대 진화론은 확실히 틀린 이론이다. 무엇이 틀렸는가? 다윈이 진화론을 세웠을 때 창조론자들은 끊임없이 반대하였지만 무엇이 틀린 것인지 밝히지는 못했다. 창조 자체가 무엇인지 판단할 기준과 관점을 확보하지 못했다. 창조가 옳다고만 했지 진화가 왜 틀린 것인지도 지적하지 못했는데 이제는 이 연구가 창조와 세계와 하나님과 세상 진리를 일괄적으로 볼 수 있는 관점을 지녔다. 이런 과제 정립에 창조 진리와 세상 진리 간의 차이 극복이 있다. 기독교가 신학상 교리적으로 취한 전통적인 입장은 분명했다. "창조주와 창조물 사이에는 심오한 구분이 있는데, 하나님은 단순히 세계의 일부나 모든 실재의 최고봉이 아니며 세상 모든 것과 다른 분이다. 하나님과 세계는 본질상, 실재상 구별된다. 어떻게? 하나님은 본성상 유일, 단일, 불변성을 지녔지만 만물은 유한성과 우연성

---

49) 위의 논문, p.1.

을 지녔다."50) 이것은 아우구스티누스의 無로부터의 창조 비판을 통해서도 지적했지만, 창조론을 완성시키지 못하고 창조주와 세계를 격리시킨 요인이다. 동전의 앞면과 뒷면은 디자인이 다른데, 각자가 다른 면을 보면 설명이 다른 것과 같다. 하나님과 세계를 독립적으로 보면 구분될 수밖에 없지만 창조를 매개로 해서 보면 본질상 다를 수 없다. 밝힌바 하나님의 존재 본질로부터 천지가 창조되어서이다. 창조 진리와 세상에서 통용되는 원리, 이치, 진리도 마찬가지이다. 창조 진리가 창조 역사에서 일괄 적용된 것이라면 세상 진리도 그와 같다.

"성경은 하나님이 천지 만물을 초자연적으로 창조하였다고 선포한다. 다시 말하면 세상은 오늘날의 우주에서 관찰되는 사물의 생성 방식과 다르게 생겨났다는 것이다."51) 창조 진리는 이런 초월성 문제를 규명해야 한다. 논거의 핵심은 창조 진리와 세상 진리는 차원적으로 다르고, 다르다면 그 이유를 알아야 하는데 모르니까 선천에서는 形而上學적인 본체 논리를 이해하지 못했다. 창조 진리와 세상 진리가 따로 놀았다. 중세시대의 교부 터툴리안은 "그것은 확실하다. 왜냐하면 불가능하기 때문이다"라고 하였는데, 이것은 역설이다. 그가 무슨 의도로 말한 것인지를 알면 즉각 이해할 수 있다. 논지는 이러한데, 왜 파악하기 불가능하기 때문에 확실하다는 것인가? 인식할 수 있다면 창조가 아니고 하나님도 아니다. 하나님은 존재 본성이 차원적이다. 『반야심경』에서는 왜 空은 불생불멸(不生不滅)이요 불구부정(不垢不淨)이며 부증불감(不增不感)하다고 하여 세상 질서를

---

50) 「창조와 진화에 관한 연구」, 곽진상 저, 수원가톨릭대학교대학원 신학과 교의신학, 석사, 1992, p.11.
51) 『성경적 창조론』, 존 휘트콤 저, 최치남 역, 생명의 말씀사, 1993, p.15.

전면 부정한 논리를 펼쳤는가? 창조 진리는 세상 진리로서는 달리 설명할 근거가 없다. 창조로서 결정된 세상 진리와 창조를 이룬 창조 진리는 존재한 방식과 질서 체제가 다르다. 이런 점을 노자가 명백히 하였다. 노자는 形而下學적인 언어로 形而上學적인 道를 함부로 재단할 수 없다고 하였다. 그는 단순한 언어 회의론자가 아니다.[52] 形而上과 形而下는 차원이 다르다. 形而上學적인 본체는 통합적이고 形而下學적인 현상은 분열적이다. 이것을 확실히 구분시킨 것이 창조이다. 창조 이전은 창조되지 않았기 때문에 통합적이고, 창조 이후는 창조된 결과로 분열적이다. 본질로부터 천지가 창조된 것과 본질로부터 천지가 생성된 것은 다르다. 노자는 "천하의 만물은 有에서 생겨나고, 有는 無에서 생겨난다"라고 하였다.[53] 無→有는 창조이고, 有→천하 만물은 현상, 생성, 변화이다. 無에서 有가 생긴 것은 창조 이전이라 인식할 수 없고 존재하지 않기 때문에 無한 것이 맞고, 그런 無로부터 有한 존재가 생겨났으므로 창조는 有한 존재에 대해 초월적, 차원적이다.

모든 有는 과연 어디로부터 생긴 것인가? 無한 본질로부터이므로 無와 有는 현상적으로는 질이 다르지만 본질적으로는 같다. 원불교에서는 "有는 無로 無는 有로 돌고 돌아 지극하면 有와 無가 구공(俱空)이나 구공 역시 구족(具足)하다"라고 하였다.[54] 바탕된 본체와 말미암은 존재는 차원이 다르지만 창조가 있었기 때문이고, 창조는 본체가 지닌 본성의 반영이다(하나님과 닮은 꼴). 그래서 본질이 영원하다면 세계는 생성으로 영원하고, 본질이 불변하다면 세계는 법

---

52) 『노자』, 노자 저, 김원중 역, 글항아리, 2013, p.34.
53) "天下萬物生於有 有生於無."-『노자도덕경』 40장.
54) 『정전』 1장 6절.

칙으로 불변하다. 하나님이 절대적으로 영원하고 불변한 본성을 지녔다면 천지는 시스템적으로 영원하고 불변한 법칙을 지녔다. 그런데도 기독교 창조론은 無로부터의 창조를 전면에 내세우고, 이에 위배된 일체 범신론적 신관을 배격해서 창조 권능을 드높인 데 있다. 이 얼마나 잘못된 방향 설정인가?55) 창조 진리는 존재를 일관하며 공통적인데, 그 이유는 하나님의 본체로부터 천지가 창조되어서이다. 그래서 성현들은 한결같이 "하나를 얻으면 전부를 얻는다(노자), 만법은 하나로 귀일된다(석가), 道란 하나로 관통되는 것이다(공자), 나의 말씀과 행동은 모두 하나님께 하나 되는 것이다(요한)"라고 하였다.56) 한 근원으로부터 말미암은 창조 진리에 대한 표현이다. 분열되고 결정된 세계 안에서 보면 구분과 차별이 있지만 道적, 본질적 차원에서 보면 "모두 통하여 하나가 된다. 주관적 분별에 따른 가치 판단을 넘어 차별적인 형상을 그대로 평등하게 볼 수 있다. 이치와 이치, 이치와 사실, 사실과 사실이 걸림이 없다(화엄의 법계관)."57) 공통성, 일관성, 통괄성은 세상의 이치, 원리, 법칙도 예외가 없다. 한 주물에서 나온 물건은 모양과 구조가 동일하다. 천지를 창조한 원리, 법칙, 진리도 마찬가지이다. 어떤 것에는 적용되고 어떤 것에는 위배되는 것은 진리가 아니다. 선천에서 제기된 유사 창조론, 그중에서도 진화론의 진리성을 판가름하는 판단 기준이다. 뉴턴이 발견한 만유인력 법칙이 지구 위에서는 적용되고 달 위에서는 무관한 것이라면 법칙일 수 없다. 만유인력은 하나로 자연 현상을 모두

---

55) "無에서부터 출발해 하나님께서 세상을 창조했다고 하는 기독교 신앙은 하나님과 세상이 같다고 말하는, 또는 세상은 최고의 존재로부터 유출된 것이라고 하는 범신론적 사상들을 물리치는 데 가장 확실한 방어책이라고 가르친다."-『창조론』, 앞의 책, pp.170~171.
56) 『한사상 세계통일선언』, 김요신 저, 동신출판사, 1991, p.162.
57) 『노자철학의 연구』, 김항배 저, 사사연, 1991, p.261.

꿰뚫는다.58) 진리 세계는 명백하다. "중력은 두 물체의 질량을 곱한 값에 비례하며, 두 물체의 떨어진 거리의 제곱에 반비례한다는 것은 천상계나 지상계에 있는 모든 물체는 동일한 인력법칙에 의해 지배된다는 사실을 확인시켰고, 천상계와 지상계를 나누고 각각의 영역을 지배하는 법칙이 다르다고 본 플라톤, 아리스토텔레스의 이원론적 우주관을 물리쳤다. 만유인력 법칙은 뉴턴 이전 2천여 년 동안 서구인들의 마음을 사로잡아 왔던 이원론을 부정하고 새로운 우주관을 제시하였다는 점에서 근대의 시작을 알리는 종소리였고, 운동법칙과 더불어 과학혁명의 양대 지주 중 하나가 되었다."59) 과연 진화론은 만유인력처럼 일관성 조건을 갖춘 창조 진리인가? 생물계, 물질계, 우주계를 관통할 수 있는가? 놀라운 과학적 진보에 고무된 현대 물리학자들은 가능하면 하나의 이론이나 법칙으로 자연 현상을 설명하는 통일장 이론을 수립하는 데 최종 목표를 두고 있다. 이 것은 과연 이룰 수 있는 꿈인가? 현상의 진리, 자연의 진리로서는 불가능하다. 그래서 어쩌면 모든 진리 세계를 통합하는 권능을 지닌 창조 진리를 기다린 것인지도 모른다. 한 원리, 한 근원, 한 진리, 한 본체인 창조 진리만 우주의 모든 법칙 원리를 통합할 수 있다. 그것이 하나님이 세계에서 발휘할 수 있는 권능이고, 창조 진리가 완수해야 할 역할이다.

---

58) "뉴턴은 만유인력으로 갖가지 자연 현상을 설명하고 혹성의 운동, 달과 위성의 운동, 혜성의 운동, 그리고 밀물과 썰물의 원리를 명쾌하게 풀어냈다."-『프린키피아(만화)』, 뉴턴 저, 송은영 글·홍소진 그림, 김영사, 2010, p.24.
59) 『창조론 대강좌』, 양승훈 저, CUP, 1996, p.54.

3. 창조성의 개념

이 연구의 제호 주제이기도 한 '창조성(創造性)'은 하나님이 천지를 창조하였기 때문에 세상 가운데 편만하게 된 창조 뜻과 의지와 계획을 담은 본질이다. 창세기는 하나님이 천지를 창조한 주체자란 사실을 밝힌 것이므로 우리는 하나님이 이룬 창조 결과를 통해 창조 뜻과 의지와 계획을 추적할 수 있는데, 여기에 대한 일체의 가능성, 지혜성, 경험성, 진리성, 의지성, 본질성, 결정성, 선재성, 주재성, 포괄적인 성향, 특성, 요인을 갖춘 것이 창조성이다. 지난날은 인식이 미진한 관계로 개념들이 축소되어 있었는데, 神의 섭리 역사에 대한 이해가 그것이다. "우주와 인간사에서 합목적성인 질서로서 온 우주에 작용하는 神적 이성을 말하는바"[60] 창조성은 이런 神적 이성 작용까지 포함한다. 당연히 神의 섭리, 즉 주재 의지, 창조 의지, 섭리 의지, 구원 의지를 담고 있고 사랑, 심판 의지까지 지녔다. 절대자 하나님은 세계 안에서 창조성을 매개로 본성을 드러내고 목적을 이루고 권능을 발휘한다. "섭리란 하나님이 창조한 온 우주와 정신적이고 인격적인 존재들을 통해 원하는 목적으로 향해 가도록 모든 것을 보고 계획하고 또한 실천해 나가는 것일진대",[61] 그런 의지를 지닌 본질이 창조성, 곧 창조 본질이다. 창조적인 성향과 특성을 지닌 본질적 실체이다. 창조 역사가 없었다면 창조성도 구축될 리 없지만, 실현되었기 때문에 창조성은 일체 존재의 근원된 바탕이 된다. 창조성은 피조성과 달리 천지를 있게 한 보다 능동적 요소이다. 능동성

---

60) 『창조론』, 앞의 책, p.179.
61) 위의 책, p.182.

은 천지를 조화시키고 생성을 주재, 통일하는 권능이다. 존재 발화와 운동과 요소의 제1원인으로서(有의 궁극적 요소) 차원적인 창조 요인을 지닌 본질이다. 창조적인 요소를 갖춘 본질이 바로 궁극적 실체이다. 본의를 몰랐을 때는 단순히 '본질(本質)'이라고 했지만, 이제부터는 '창조성'이라고 지칭한다. 기독교는 창조성을 수용한 범신론 유를 거부하였는데, 그런 신관으로서는 다원 종교시대를 맞이하여 인류를 빠짐없이 구원할 수 없다. 창조성 개념을 정립하여 세계의 범신적 요소를 수용해야 내쳐진 神적 요소를 통괄해서 인류를 하나님께로 인도할 수 있다. 하나님이 천지를 창조한 사실과 창조 본질로 편만된 창조성은 밀접하게 연관되어 있다. 이런 사실을 밝혀야 창조 본질을 神적 본질로서 승화시킬 수 있다.

따라서 우리는 창조성이 어떤 특성을 지녔고 세상 진리와 어떻게 다른 권능을 지닌 것인지 살펴보아야 한다. 우리가 "하나님을 안다는 것은 세계의 다른 대상들을 아는 것과 달리 하나님을 믿는다는 것을 의미한다."[62] 이것은 창조성을 몰랐을 때의 한계적 조건이고, 창조성을 통하면 하나님을 인식하고 판단할 수 있다. 가능한 것은 창조성이 하나님의 창조 이성, 곧 진리를 포함하고 있어서이다. 창조성은 하나님을 가늠할 수 있는 진리성을 내포하고 있다. 유교는 "太極이 곧 理이고 만물, 즉 사람과 사물이 모두 太極으로부터 理를 분여받았다"고 하였다.[63] 창조란 창조 본체인 太極의 理化 과정이라고 할 수 있어, 太極으로부터 理를 분여받음으로써 천지 창조 역사가 실현되었다. 太極의 理로의 이행이 곧 창조이다. 太極의 理化=창

---

62) 『20세기 신학사상(1)』, 앞의 책, p.37.
63) 『주자학과 토미즘의 철학적 협연』, 앞의 책, p.154.

조화, 창조화=이치화, 이치화=법칙화, 법칙화=결정화, 결정화=만물화이다. 理=창조성=창조 본질이다. 곧 창조 뜻이 이치로 구체화되었다는 것이고, 창조 경험에 대한 정보를 본유한 것이다. 이런 창조성을 우리가 진리로서 인지했다. "사물(사람)마다 각각 하나의 太極을 가졌다"는 것은[64] 본질로부터 천지가 창조되었다는 말이다. 창조성은 세상 가운데서 일어날 수 있는 모든 가능성 요소를 내포했다. 하나님의 존재 본체가 창조성화된 탓이다. 창조성은 진리이고 진리는 존재이며 존재는 神이다. 천지는 창조성을 본질로 한 관계로 진리를 무궁하게 생성시켰다. 창조는 無極인 절대 본체의 太極화 상태로서 절대 본체를 창조 본체로 이행시킨 것이다. 太極성을 함유한 창조성은 세계 안에 있는 神性, 天性, 본성, 진리성, 범신성을 통합할 수 있다. 神이 창조했기 때문에 神性이 내 안에, 그리고 세계 안에 깃들어 있다. 그것이 곧 창조성이다. 모든 중생은 불성(佛性)을 지녔는데, 그 불성이 곧 창조성이다. 覺者가 편만된 창조성을 불성으로 각성했다. 맹자가 말한 선천적으로 본유한 양지(良知)도 창조성이다. 사람이 나면서부터 지능과 지혜를 본유한 것은 인간의 본성이 창조를 경험했다는 뜻이고, 이미 갖추므로 이룬 창조 역사의 대흔적이다. 선천적 양지란 인간이 창조된 사실을 증거하는 중요한 근거이다. 창조성을 통하면 하나님의 뜻과 命으로 인한 결정성을 엿볼 수 있는데, 그것이 뭇 생명 현상을 통해 확인되는 유전 법칙이고 DNA란 命의 결정체이다. DNA는 천지 창조 목적의 소프트웨어 구현이다. 창조성 뒤에는 命이 있고 命 뒤에는 神이 존재한다. 하나님이 일체의 기반이 되기 위해서는 창조성이 뒷받침되어야 하며, 창조성은 합당한

---

64) 『주자어류』, 권 94.

창조력을 지니고 있어야 한다. 창조성은 창조 정보와 결정성과 에너지를 본유했다. "우주는 왜 작동하는가? 우주의 능력은 어디서 오는가? 당연하게 여기는 물질의 특성과 상호작용은? 당연하다고 여기지만 잘 생각해보면 신비스러울 뿐이다. 정말 알고 싶은 것은 우주가 어디서 놀라운 능력을 얻었는가 하는 것인데",[65] 창조 본질을 함유한 창조성이 모든 운행을 가능하게 한 원동 요인이다. "우주 역사 속의 어느 단계에선가 생명이 탄생하고 발전하게 해주는 성질이 우주 속 어디엔가 들어 있는데",[66] 창조성이 모든 생명과 존재 탄생을 가능하게 한 요소 인자이다. 하나님은 만상 가운데 편만된 창조성을 통하여 가진 뜻과 의지와 본질성을 통괄했다. 창조성은 神의 의지, 神의 뜻, 神의 본질을 함유한 만유의 바탕체로서 천지 창조 역사를 실현하고 주재하고 목적을 구현할 수 있게 한 지상의 대교두보이다. 창조 역사를 판단할 본질적 기준인 만큼 창조성 개념을 이해하면 천지 창조 역사를 증거하는 데 가일층 근접하리라.

4. 창조 진리의 규명 절차

"4~5세기에 활약한 중국의 승려 도생(道生, ?~433)은 『열반경(涅槃經)』을 연구하다가 '모든 중생은 불성을 가지고 있으며 누구도 성불(돈오)할 수 있다'는 결론을 내놓았다. 그러나 동료들은 이것을 받아들이지 않았고, 이단으로 몰아붙여 종단에서 쫓아내려고 했다."[67] 도생이 동료들에게 어필하기 위해서는 불성이 편만된 사실을

---

65) 『21세기의 신과 과학 그리고 인간』, 러셀 스태나드 엮음, 이창희 역, 두레, 2002, pp.55~56.
66) 위의 책, p.31.

증거해야 했다. 도생은 불성, 즉 창조성의 보편적 보존성을 인지한 것인데, 누구라도 창조성을 지녔고 창조의 바탕 본질에 근거하였다는 것이다. 覺者가 '나는 이미 부처'라고 자부한 것은 나는 이미 神적 본질, 곧 창조성을 지녔다는 자각이다. 조주는 지극한 道는 어렵지 않다고 하였다. 한 꺼풀 가로막힌 인식의 장애를 걷어내면 지극한 道는 어떤 걸림도 없다. 왜 어렵지 않은가? 道, 본질, 창조성은 나와 함께하고 나를 이룬 근본이라 안목만 틔운다면 누구도 불성(창조성)을 고무하여 성불할 수 있는 가능성을 인지한다. 창조성으로부터 인출된 창조 진리가 그러하다. 본의를 알면 만사를 즉시 분별하고 판가름할 수 있다. 그래서 이 연구는 만인류가 천지 창조 역사를 분별할 수 있는 창조 진리의 규명 작업을 거치고자 한다. 첫 과제는 평상시에 가진 상식적인 인식 절차를 전환시키는 데 있다. 창조 진리는 세상 진리와는 차원이 다른데 세상적인 감각으로 이해하고자 한데 장벽이 있었고, 다음 과제는 그러면서도 다름이 결국은 같은 것이란 창조 본질의 동일성을 간파하는 데 있다. 극복하고 보면 쉬운데 그렇지 못한 상태에서는 무지로 인해 예수 그리스도를 십자가에 못 박았고 소크라테스에게 독배를 마시게 했다. B.C. 427~347년의 플라톤은『국가』제7권 '동굴의 비유'를 통해 이런 어리석음을 지적하였다. 그런데도 인류가 창조 진리의 규명 절차를 거치지 않는다면 끝내 천지 창조 역사를 이해할 수 없다. 알다시피 평생 발목이 묶인 채 한쪽 벽면만 바라보면서 그곳에 비치는 그림자만 보아야 한 죄수의 처지는 선천이 세계관적으로 처한 제한성 자체이다.[68] 하나님의

---

67) 『박성배 교수의 철학강의 깨달음과 깨침』, 윤원철 역, 예문서원, 2002, p.89.
68) "동굴의 비유는 인간의 조건, 인간의 기본 상태에 대한 그림이다."-『철학자 플라톤』, 이하엘 보르트 저, 한석환 역, 이학사, 2003, p.169.

본체가 드러나지 못하고 본의를 모르는 상태에서는 참상을 볼 리 만무하기 때문이다. 그런데도 죄수들은 많은 세월 동안 너무 익숙해 있기 때문에 비친 그림자가 참상인 것으로 안다. 갇힌 죄수 중 하나가 탈출하여 바깥 밝은 세상을 보게 되었다. 그래서 자신이 본 실상을 동료들에게 알리기 위해 다시 동굴로 돌아 왔지만 참담하게도 동료들은 그의 말을 믿지 않고 오히려 거짓말쟁이로 몰아 죽이려 했다. 창조 진리도 그와 같다. 창조 진리가 참진리이고 원형 진리이며 이상적인 세계로 인도할 진리인데, 세인들이 이해하거나 귀 기울이지 않는다. 현상적인 질서 체제에 적응되므로 초월적인 진리를 배척하고 의도적으로 무시한 것이 지난날의 역사이다. 인류가 창조 진리를 보기 위해서는 인식의 대전환이 필요하다. 오랜 세월 동안 현상적인 질서 체제에 물들어 있는 인류에게 본체적인 질서 체제로 각인시키고자 하니까 상식을 뒤엎는 것처럼 보이는데, 결국은 이데아, 그것이 참세계라는 것을 알게 된다. 천지가 창조되었다면 이 세계는 피조물이고 그림자이고 복사본인 것이 맞다. 창조를 있게 한 원형적 본체가 분명히 있다. 창조 본체는 인식을 전환시키지 않고서는 볼 수 없다. 풀려난 죄인이 밝은 세상을 보고 돌아와 들려주듯 이 연구도 이제부터는 참된 창조 이야기를 인류 앞에서 들려주어야 할 때가 되었다. 하나님이 진리의 성령으로서 강림한 것은 선천 질서를 뒤엎을 개안 관점을 제공한다. 그것은 우리가 감각하고 판단하므로 추호도 의심하지 않는 상식을 초탈한 것이고, 현상적인 질서 체제와 역행된 것이다. 그것을 이 순간 요약한다면 나와 천지 만상은 無로부터도 종의 변화로부터도 아닌, 이미 존재하고 이미 결정적이고 이미 프로그램화된 것이 세월 속에서 서서히 풀려 나타나게 되었다는 사실이다. 이것이 창조 본체의 통합성, 선재성, 생성성인바, 이런 작용 특성을 밝히고자 하는 것이 창조 진리이다. 관점의 전환이 불가피하지만 전환시키면 창조 역사의 초월성이 당연한 상식으로 받아들여진다. 인류가 진리를 탐구한 것은 알게 모르게 창조 진리를 규명하고자 한 과정이었다. 진리 탐구 역사가 창조 진리를 밝히기 위한 역사였다고 해도 과언이 아니다. 단지 동굴 속에 갇힌 죄수처럼 참상을 보고자 해도 제한성이 함께했다는 것만 감안하면 된다.

"있는 것, 즉 세상이란 무엇이며 어떻게 이루어진 것이냐 하는 것은 인류가 궁구한 중요한 존재관이고 세계관 영역이다."[69] 그것이 무엇인가 하는 해답을 떠나서 일련의 탐구 노력은 창조 진리를 규명하기 위한 과정적 절차이다. 존재에 대한 궁금증은 창조와 연관되어 있다. 이것을 사고적으로 궁구한 것이 철학이고 직접 체득하고자 한 것이 수행이며 제한된 여건 속에서 믿음을 지킨 것이 창조 신앙이다. 각자 처한 진리 환경 속에서 돌파구를 찾아 나선 것이 세계관을 결정하였다. 선천에서는 진리 세계의 완성을 기대한다기보다는 세계적인 완성을 위해 각자의 영역에서 단계적인 과제를 수행했다. 우리는 기독교의 창세기를 통해 무엇을 기대하고 또 구할 수 있는가? "우주의 기원이 되는 실제 과정의 과학적인 기록은 아니지만 우주가 어떻게 생겼는가에 대한 인식을 표현해주고 있다. 우주 창생의 목적과 방법, 그리고 결과에 대해 독특한 내용을 보여준다. 무엇보다도 창세기에서 주목할 것은 하나님이 사랑으로 천지를 창조한 주체자인 것을 분명히 한데 있다."[70] 기독교인들은 이런 하나님을 창조주

---

69) 『기로에 선 인류의 철학적 성찰』, 앞의 책, p.206.
70) 『성서와 한국민담의 비교연구』, 박정세 저, 연세대학교출판부, 1996, p.15.

로서 부각시키며 끊임없이 신앙을 고백하는 데 주력하였다. 1차적으로는 창조 신앙을 정립하는 것이라면, 그다음은 하나님이 창조주인 것을 증명해야 하고, 최종적으로는 창조를 통해 하나님의 모습을 드러내어야 한다. 하나님이 창조주란 당위적 고백은 하나님을 증명하고 창조 진리를 규명하기 위한 대전제이다. 그래서 지금까지 고귀한 정열을 바쳐 창조 신앙을 지킨 것인데, 때를 기다리지 못하고 창조주적 권능에 대해 심대한 도전이 있었다는 것은 안타까운 일이다. 하나님이 하나님일 수 있는 조건인 창조주적 권위를 지키지 못한다면 기독교는 더 이상 설 곳이 없다. 하나님은 인류 역사를 주재하고 역사하고 구원, 심판하는 하나님이지만, 그중에서도 제일은 천지를 창조한 하나님이다.[71] 그래서 창조 역사와 창조 진리를 병행해서 규명해야 하는 것이 이 연구의 필수 과제이다. 주지하다시피 모세는 창세기를 통해 하나님과 창조 역사를 기정사실로 전제하였다. 사도 신경은 하나님에 대해 "전능하사 천지를 만드신 하나님 아버지를 내가 믿사오며"라고 하였다. 325년 니케아 공의회에서는 이원론을 배격해서 보이는 것과 보이지 않는 모든 것, 즉 영적·육적 존재가 모두 하나님으로부터 창조되었음을 공포(公布)하였고, 제1차 바티칸 공의회(1869~1870)에서는 그의 선함과 전능한 힘으로 만물을 창조하였다고 진술하였다. 연면하게 지키고 고백하므로 우주 속에 메아리친 것이 창조 신앙이므로, 하늘이 두 쪽으로 갈라진다 해도 하나님이 천지를 창조한 사실이 무산될 수는 없다. 그런데도 창세기에서 하나님이 천지를 어떻게 창조한 것인지를 설명한 것은 없다. 그래서

---

71) "하나님은 먼저 우주의 창조와 성경의 일반적인 교훈에서 자신을 창조주로서 나타내셨다(캘빈)."-「캘빈의 신론연구」, 김상수 저, 장로회신학대학교대학원 조직신학, 석사, 2009, p.43.

이 연구가 창조된 본의를 깨닫고 창조 진리를 규명하고자 한 과정에 돌입했다.

창조 진리를 규명하기 위해서는 인류의 지적 사고를 종합해야 하는데 성경 이외의 사료는 배격하고 신앙에 의해서만 받아들일 수 있다고 한다면 한계성을 면할 수 없다. 창조 원리, 창조 본질(창조성), 창조 지혜는 천지에 편만되어 있다. 해결해야 할 것은 그렇게 편만된 근거를 볼 수 있는 안목이다. 창조 진리가 무엇인지 알아야 하는 이유이다. 진화론자들은 생물체 안에서 변이가 이루어진 사실을 관찰하고 새로운 종의 탄생 가능성을 유추하였는데, 그것은 그들도 시인한 것처럼 변화이지 창조가 아니다. 알고 보면 종이 변화한다는 것은 오히려 창조를 증거한다. 이런 의미에서 창조는 과연 무엇인가? 창조는 끊임없이 변화하는 현상계적 규명이 아니다. 有[종]로부터 有[종]의 변화는 창조가 아니다. 그렇다면? 본질로부터 有의 이행 과정을 밝히는 것이 창조 진리의 규명 절차이다. 천체물리학과 생명 진화론은 태초에 시작이 발생한 제1원인을 설명할 수 없다고 하였다. 최초의 생명이 어떻게 출현했는지는 알 수 없다. 관측 가능하고 실험적인 증거를 찾을 수 없다는 것이 이유이다. 하지만 진정한 이유는 번지수를 잘못 알았다는 사실이다. 제1원인은 空의 영역=본질 영역=초월 영역=神의 영역이다. 본질 속에 궁구한 제1원인이 있고, 본질이 그 해답을 지녔다. 제1원인은 분열적인 인식과 결정적인 근거로 보면 단절되어 있지만 세상이 지닌 조건을 보면 찾을 수 있다. 데카르트는 "모든 명석 판명한 지각은 의심할 바 없이 실재적이고 긍정적인 것이며, 따라서 無에서는 결코 나오지 않고, 반드시 만든 제작자로서 神이 있어야 한다"라고 하였다.[72] 그런데 여기에는 빠진 요소가 하나 있다. 물론 제작자는 神이지만 無에서는 절대 나올 수 없는 有의 근거에 본질이 있다. 본질로부터 有가 있게 한 그것이 창조이다. 세계는 반드시 존재한 조건을 지녔는데, 그 제일 정점에 창조가 있다. 세상의 필연적인 조건으로서 요청되는 것이 神이고, 그 근거는 본질이며, 그 작용으로서는 창조가 자리를 대신했다. 아르쥬나(인도)는 "존재하지 않는 것은 생겨날 수 없고 존재하는 것은 소멸될 수 없나니, 진리를 보는 자는 이 양자의 차이를 본다"라고 하였다.[73] 현상계에 부여된 양자의 조건을 동시에 충족시키는 궁극적 실재는 항상 본질이다. 그 차원적인 자리를 창조가 차지하였고, 초월적인 제1원인 실마리는 창조가 간직했다. 동일한 氣가 본체상에서는 보편성을 띠고 현상에서는 특수성을 지님에 일체 차별성을 넘어 본체상에서는 氣의 보편성을 창조 본질로서, 현상에서는 氣의 결정성을 존재 본질로서 규정할 수 있다. 『천부경』에서는 一이 시작도 없이 시작한다[一始無始一]고 하였고, 『금강경』에서는 "머무는 바 없이 그 마음은 내라"라고 했는데, 이것은 현상계 안에서는 성립이 불가능한 명제이다. 그렇다면? 본체 논리인 동시에 창조 논리이다. 본의를 알아야 동양의 선현들이 펼친 도식적 우주론을 이해한다. 존재는 無가 아니다. 有한 것이고 드러난 것이라 존재는 창조를 강력하게 시사한다. 無와 有를 확실히 구분한 것이 창조이다. 그럼에도 불구하고 본체상에서는 이 같은 구분이 아예 없다. 본질→有→生→만물까지를 통틀어 無→有 과정으로 보면 현상적으로는 그렇게 구분되지만 본체적으로는 아예 그런 구분이 없는 有→有로의 변화 과

---

72) 『서양근대 종교철학』, 앞의 책, p.75.
73) 『동양의 지혜와 선』, 앞의 책, p.316.

정이다. 有한 테두리를 벗어날 수 없는데, 有한 본질로부터 창조되었기 때문에 창조된 有는 바로 化이다. 본의에 입각해서 보면 삼라만상 일체의 작용과 현상의 본질이 명확하다. 본체 有는 창조 권능을 지녔지만 생성 有는 창조 권능이 없다. 그래서 피조물이다. 천하의 만물은 有에서 생겨나고 有는 無에서 생겨난다는 말이 맞다(노자 도덕경 40장). 만물은 有로부터 생성한 것이고, 有는 無, 즉 본질로부터 창조되었다.

이 연구가 천지 창조 역사를 증거하는 것은 세계의 궁극적인 진리 현안들과 깊이 연관되어 있다. 그렇기 때문에 창조를 주제로 했을 때만 지금까지 일군 모든 사상적, 진리적, 가치적, 이상적 세계관에 몰입할 수 있다. 부족하지만 쌓아온 역량을 기반으로 천지 창조 역사론을 진리적으로 완성하리라. '창조성론'을 개관한 만큼 다음의 '창조성 원론'을 통해서는 본체에 근거한 창조 진리, 창조 논리, 창조 특성을 보다 구체화시키고 진화 메커니즘을 극복할 수 있는 원천적인 판단 기준을 마련하리라.

Chapter 02

창조성 원론

통합성은 '하나님의 존재 성향' 자체이다. 세계는 하나님을 떠나서 존재할 수 없다. 하나님은 무소부재함, 불능함, 영원히 존재함, 앞서 존재함, 일체를 구유한 근거 바탕, 곧 통합적인 본체자이다. 그러니까 이런 통합성 본질, 곧 창조 의지, 뜻, 원리를 세상 어디서도 발견할 수 있다. 통합성은 하나님의 존재 본질이다. 본질은 홀로 존재하지 않나니 반드시 존재를 전제한다. 생명력으로 감지된 이 확실한 존재가 그러하고 사물의 현상이 그러하며 우주의 거대한 생성이 그러하다.

-본문 중에서

제4장 본질의 창조적 성향

　'창조성'은 하나님의 절대적인 존재 본체로부터 이행되어 창조 역사를 실현시킨 바탕 본체, 줄여서 창조 본체를 말한다. 창조성은 하나님의 창조 권능을 이행시킨 본질적인 바탕으로서 존재한 일체의 가능성을 함유하였다. 창조는 창조 본체를 근거로 無한 것을 有하게 한 무궁한 에너지, 인자, 작용이다. 창조 역사를 실현시킨 원질적인 바탕, 성향, 권능인데, 창조성은 다시 작용면에서 통합성, 선재성, 본질성으로 나눈다. 이 세 가지 특성을 알아야 창조 역사를 이룬 창조 원리, 곧 초월적인 차원성, 결정성, 완전성, 순간성, 전체성, 본뜸성을 이해할 수 있다. 그중 선재성은 우리가 접하는 현상계의 분열질서 체제와 역행되어 이해하기 어렵고 지혜를 동원해야 하지만, 한편으로는 창조성의 작용 요체인 통합성과 본질성을 뒷받침하는 역할을 하기 때문에 여기서는 선재성을 중점적으로 개관하고자 한다. 밝힌바 "성경은 하나님이 천지 만물을 초자연적으로 창조하였다고 선포하였지만"[1] 그런 특성을 신학은 무수한 세월이 지난 오늘날까지도 각론화하지 못했다. 이것을 이 연구가 창조성으로 대신하고자 한다. 앞선 개설에서도 언급했지만 본 원론 개관에서는 창조성에 대한 개념을 보다 세분화시켜 접근하고자 한다. 창조성은 현상적인 질서 개념과는 차원이 다르다고 한 만큼, 굳어버린 인식틀을 깨뜨린다는 것은 쉬운 일이 아니다. 그럼에도 불구하고 본 원론은 정확한 개념 설정으로 인류를 위대한 창조 세계로 이끌리라. 창조 성향과 존재 성향을 결정한 본질의 작용 특성과 구조를 논거하여 천지 창조 역사를 입증하고 진화론, 유물론 등 각종 무신사상을 극복할 수 있는 판단 기준을 마련하리라. 창조의 통합성, 차원 세계에 접근하는 인식의 문제, 물리적인 세계를 포괄하는 시공간성, 선재성 등등 선현들도 노력하였지만 한계가 있었는데, 이 연구가 차원 세계를 열어젖혀 세계관적 발판을 마련하리라. 성경에 기록되길, "만세전부터, 상고부터, 땅이 생기기 전부터 내가 세움을 입었나니⋯⋯."[2] "창조 계획은 이미 하나님의 영원한 생각 안에 담겨 있었는데, 그분의 이런 생각이 바로 창조 모형이다."[3] 하나님은 자체 지닌 존재 특성을 밝혔지만 그것을 이해한 사람은 아직 없다. 중세시대를 풍미한 교부 안셀무스는 『프로슬로기온』에서 "모든 것 앞에 있으며 모든 것, 즉 영원도 넘어선다고 하였다(20장)." "그러므로 당신은 모든 것을 채우고 감싸 안습니다. 당신은 모든 것 앞에 있으며, 모든 것을 넘어섭니다. 다시 말해 그것들이 존재하기 전에 당신이 계셨기 때문에 당신은 모

---

1) 『성경적 창조론』, 존 휘트콤 저, 최치남 역, 생명의 말씀사, 1993, p.15.
2) 잠언 8장 23절.
3) 『창조론』, 호세 모랄레스 저, 윤주현 역, 가톨릭출판사, 2015, p.220.

든 것 앞에 존재합니다"라고 고백하였다.[4] 어떻게 해서 하나님이 모든 것 앞에(선재), 모든 것을 넘어서 모든 것을 채우고 감쌀 수 있는가? 하나님만으로는 설명할 수 없다. 그렇다면? 모든 것을 가능하게 한 것이 창조이다. 선재할 수 있는 근거가 창조에 있고, 창조 작용이 있어야 선재한 사실을 뒷받침한다. 神이든 존재든 현상이든 여건은 마찬가지이다. 선재 조건을 뒷받침하는 궁극적인 조건을 창조가 지녔다. 뭇 존재가 필요로 하는 요구 조건=창조를 가능하게 한 조건= 神의 존재 조건이다. 그런데도 지난날은 이런 등식을 세우지 못했다. 창조 작용을 원리적으로 설명할 수 있는 세계관을 확보하지 못하였다. 그렇다고 전혀 진척이 없었던 것은 아니다. 하나님은 모든 것을 채우고 감싸 안는 분이라 진리의 성령으로서 역사한 발자취를 남겼는데, 특히 동양의 선현들이 각성한 본체적 사유 속에서 흔적이 두드러졌다. 理氣론적 우주론을 대성한 주자는 理와 氣 사이에 선후가 있는가라는 문제에 대해 언급하였는데, 창조된 세계 안에서는 理와 氣가 서로 분리될 수 없다. 어떤 사물도 전부 理와 氣의 두 요소의 결합으로 구성되었다. 그러나 본원을 말하면 달라진다고 하였다.

"천지가 있기 전에는 필경 理만 있었을 뿐이다. 이 같은 理가 있기에 천지가 있다. …… 理가 있으므로 氣가 있고, 氣가 유행하여 만물을 발육시킨다."[5]

理가 氣보다 우선하여 존재한다는 논지이다. 이것은 안셀무스가 영원도 넘어설 만큼 하나님이 모든 것 앞에 있다고 한 것과 인식 구

---

4) 『프로슬로기온』, 안셀무스 저, 박승찬 역, 아카넷, 2003, p.34.
5) 『주자어류』, 권 1.

조가 같다. 단지 차이점이 있다면 안셀무스가 말한 것은 인격적인 하나님이고 주자는 본체적인 절대 理이다. 양자는 선천 세계관이 지닌 한계성답게 선재한다고 한 결론은 동일하지만 안셀무스는 선재할 수 있는 본체적 근거를 결여했고, 주자는 주재적인 의지성을 결여했다. 그래서 양자는 상호 상보적이다. 자각된 본의에 입각할진대 주자가 理의 선재를 말한 것은 하나님이 창조주로서 갖춘 창조성의 理性, 즉 사전 계획성, 목적성, 의지성, 원리성, 본질성을 자각하고 하나님이 창조 역사보다 앞서 존재한 자리를 마련한 것과 같다. 이런 진리적 역할을 안셀무스는 마련하지 못했다. 그것이 서양 신학이 지닌 한계이다. 주자가 理의 선재성을 강조한 것은 관념상, 논리상으로서만이 아니다. 주어진 존재 조건과 이치상 피할 수 없는 인식이다. 주자가 理는 우주만물의 존재 근거로서 천지가 생기기 이전부터 존재한 절대 理라고 한 것은 거의 완벽하게 神이 존재한 자리이고, 동일한 바탕이며, 창조적 역할이다. 하지만 안타깝게도 연결시킬 고리가 선천 하늘 아래서는 없었는데, 이제는 가능하다.

동서 간 문명을 회통시킨다는 것은 다른 뜻이 아니다. 불가능한 이질적 관점을 일치시키는 데 있다. 창조 역사는 초월적이고 차원적인데, 요체인 선재 작용성을 이해할 수 없다면 그런 방식으로 존재하는 세계적 진상을 파악할 길이 없다. 진실을 모르고 창조 목적을 오판하므로 인류 문명의 파국과 종말성을 피할 수 없다. 그 조짐을 진화론자 리처드 도킨스를 통해 엿볼 수 있다. 그는 "관찰 가능한 우주의 배후에 숨어 있는 초자연적인 창조적 지성은 없고, 몸보다 오래 사는 영혼은 없다"라고 단언하였다.6) "무언가를 설계할 정도로

---

6)「리처드 도킨스의 과학적 무신론에 대한 비판적 고찰」, 남상유 저, 베뢰아국제대학원대학교 신

충분한 복잡성을 지닌 창조적 지성은 오직 확장되는 점진적 진화 과정의 최종 산물로 출현한 것이다. 진화된 존재인 창조적 지성은 우주에서 맨 나중에 출현할 수밖에 없어 우주를 설계하는 일은 맡을 수 없다. 이 정의에 따른다면 神은 망상이다."[7] 理, 神의 선재 주장과 정면 대치된다. 얼마나 참담한 결과이고 무지한 생각인가? 무엇이 잘못된 것인가? 창조인가 진화인가? 이 연구가 창조의 선재성 논거로 최종 판가름하리라. 상식을 뒤엎는 역행이나니, 동양의 선현들은 인간 본성의 근원과 지고한 가치성을 끝까지 지켰는데 도킨스는 일언지하에 "도덕의 뿌리가 종교 없이[神] 가능하다는 사실을 증명할 수 있다"라고 하였다.[8]

이에 반해 동양인들은 神과는 무관한 문명 형태인데 어떻게 神을 믿은 기독교 문명보다도 질 높은 도덕 문명을 이룰 수 있었는가? 도덕성의 근원인 인간 본성, 즉 천성은 창조 시 이미 갖춘 것이고, 하나님이 부여하였기 때문에 선한 본성은 하나님의 선하심을 따라 인간 지성의 후천적인 가치 판단보다 앞서 있다(선재함). 아전인수격 이해를 불허한다. 가치적인 성향까지도 선재 창조성에 근거한다면 결과가 완전히 달라진다. 그 역전 드라마를 이후부터는 밥 먹듯 경험하리라. 이 연구가 각론화시킬 창조 원리, 곧 창조 역사가 어떻게 순간적으로 처음부터 완전하게 결정적, 통합성인 본질 바탕에서 실현된 것인지를 아는 것인데, 도킨스의 주장처럼 창조된 세계와 비교하면 곧 바로 확인된다. 판단은 이러하다. 천지가 창조된 것이라면 모든 사물은 神보다 우선할 수 없다. 즉, 神은 창조된 일체 세계에

학과, 석사, 2009, p.9.
7) 위의 논문, pp.9~10.
8) 위의 논문, p.36.

대하여 선재한다. 도킨스의 주장과 정반대이다. 양론은 공존할 수 없다. 세상은 어떻게 존재한 것인가? 이미 존재한 것인가, 하나하나 생겨난 것인가? 이전까지는 각자의 주장만 있었고 판가름을 할 수 없었지만, 창조의 선재성을 통하면 즉각 할 수 있다. 이 판단 기준은 세계의 현상 작용과 진리 영역으로까지 파급된다. 소크라테스는 우리가 진리를 아는 것은 상기하는 것이라 했고, 제자 플라톤은 현상의 근원에는 이미 완전한 이데아가 있다고 하였다. 왜 그런가? 그렇게 존재하기 때문에 상기할 수 있고, 창조되었기 때문에 나타난 것 (현상)은 파생된 것이며, 이면에는 원형이 따로 존재한다. 이것이 분열적인 세상 안에서는 선재된 상태로 파악된다. 상식적으로 보면 원형이 먼저이고 그로부터 뭇 현상들이 과정을 구성해나가는 것인데, 창조를 무시한 분열질서 안에서는 이상적인 관념으로 치부되었다. 그렇게 해서 괄호 밖으로 내쳐진 세월이 2천 년을 넘었다. 관객은 완성된 작품을 감상하는 것처럼 창조된 세상도 마찬가지이다. 창조 역사의 선재성, 통합성, 완전성이 이런 사실을 구체적으로 증거한다. 창조론 대 진화론, 미완의 완전화 진행 가능성과 완전성의 선재성 인식 여부가 관건이다. 완전한 우주, 결정적 우주 대 진행적 우주, 생성적 우주 간의 대립을 판가름할 수 있는 근거, 안목, 관점을 '창조성 원론'이 제공하리라.

제5장 창조의 통합성

1. 통합 본질의 창조 증거

세상을 있게 한 바탕 근거인 본질이 통합성 상태로 존재한다는 것은 인식으로 포착하기 어렵다. 그럼에도 불구하고 통합성은 만물을 있게 한 바탕 근거이므로 창조를 증거하기 위해서는 만물과의 연관성부터 밝혀야 한다. 창조 역사와 만물의 형성 과정이 통합성으로부터 구축되었다. 통합성은 그야말로 천지 만물을 있게 한 원리적, 인식적, 본질적 바탕 근거이다. 그래서 창조 역사를 증거할 수 있는 실마리도 이를 통해 가닥 잡을 수 있다. 천지 간에 통합성으로부터 발원되지 않은 것이 없다. 창조 역사는 물론이고 하나님의 존재 상태와 주도 의지도 추적된다. 통합성은 무수한 존재를 구성하고 무수한 진리를 생성시켰나니, 창조 역사의 본체적인 능력을 확인할 수 있다.

통합성이 어떻게 창조 역사를 증거하는 근거가 될 수 있는가? 하나님이 창조주인 것을 증거하는가? 동양의 覺者들이 일군 道를 통해서도 연결고리는 찾을 수 없다. 본질 작용의 전체적인 구조성을 통찰해야 실마리를 찾을 수 있다. 통합성은 '하나님의 존재 성향' 자체이다. 세계는 하나님을 떠나서 존재할 수 없기 때문이다. 하나님은 무소부재함, 불능함, 영원히 존재함, 앞서 존재함, 일체를 구유한 근거 바탕, 곧 통합적인 본체자이다. 그래서 통합성 본질, 곧 창조 의지, 뜻, 원리를 세상 어디서도 발견할 수 있다. 통합성은 하나님의 존재 본질이다. 본질은 홀로 존재하지 않나니 반드시 존재를 전제한다. 생명력으로 감지되는 이 확실한 존재가 그러하고 사물의 현상이 그러하며 우주의 거대한 생성 또한 그러하다. 왜 이 같은 사실을 강조하는가 하면 존재한 본질로부터 하나님의 천지 창조 역사를 증거하기 위해서이다.

따라서 이제부터는 본격적으로 본질의 통합성 상태가 창조 역사와 어떻게 연관된 것인지 살펴보기로 하자. 연결된 고리를 찾아야 본질의 통합성 상태가 하나님의 존재 상태라는 것을 확인할 수 있다. 곧 본질의 통합성이 '이미 모든 것을 구유하고 있다'는 특성이 그것이다. 이것은 창조 이전에 창조를 이룰 일체를 갖추었다는 말인데, 세계 본질의 통합적인 특성을 보면 확인할 수 있다. 왜 통합성은 창조를 위해 사전에 일체를 갖춘 상태로 파악되는가? 그것은 창조 이전부터 창조를 위해 하나님이 역사하였다는 뜻이다. 천지가 처음부터 모든 것을 완비한 상태로 출발할 수 있었다는 것, 이것이 곧 하나님의 창조 역사를 증거한다. 어떻게 출발부터 완전하게 구비된 상태로부터 시작될 수 있었는가를 궁구해보아야 한다. 누구라도 구유된 통합성은 부인할 수 없다. 상식적인 이치로서는 이해할 수 없지만 사실인 것은 그렇게 천지가 창조되어서이다. 왜 사전에 통합 본질이 구축되었는가? 그렇게 존재한 하나님이 미리 역사한 것이다. 천지는 하나님의 완전한 존재 본질인 통합성으로부터 창조되었다. 지난날은 성경에 기록되어 있기 때문에 믿을 수밖에 없었지만, 이제는 통합성인 본질 특성을 통하면 증거할 수 있는 근거를 확보할 수 있다. 이 연구는 동양의 道가 세계의 순수 본질을 覺한 진리란 사실을 밝힌바 있는데, 이것은 동양 사상의 어디서도 확인할 수 있다. 사상사에 독보적인 화쟁 사상을 낳은 원효는 모든 경계가 무한하지만다 一心 안에 들어가는 것이라고 하여 삼라만상의 근원인 一心을 통해 상대적 이분의 인식을 하나로 회통시켰다. 일면 마음의 작용 상태를 설명하는 것 같지만 결국은 세계 본질의 통합성 상태를 직시한 것이다. 어떻게 상대적인 위치에 있는 존재 현상이 하나로부터 비롯되고 그 경계가 무한한가? 의식, 즉 一心으로 바라본 원천 상태, 본질적인 상태가 그렇다는 말이다. 창조의 근원 상태는 둘이 아니요 진리, 지혜가 一心의 원천 안에 포섭된다. 하나님이 창조한 바탕 본질도 무한 경계로부터 온갖 분별이 있게 되었다. 분별됨이 없는 무한 경계로부터 온갖 분별을 있게 하였다는 것, 전자는 통합성인 본질 상태이고 후자는 분별된 현상 세계이다. 一心[본질]이 삼라만상을 포섭하여 확실한 경계(삼라만상)를 이루었다. 구비된 창조력의 완비 상태이다. 이런 一心의 작용 상태와 구조는 전적으로 하나님의 존재 상태를 반영한 것으로 본질의 존재성=하나님의 존재성을 확정 짓는다. 통합성의 사전 구비 상태는 유교의 太極론에서도 발견된다. 왜 유교에서는 太極이 양의를 낳았다고 하였는가? 太極으로부터 분열린 괘는 무엇을 뜻하는가? 太極이 통합본질이라는 관점에서만 이해된다. 太極=통합성의 분열이 무수한 卦를 낳았다. 그 太極이 곧 하나님이 지닌 창조 본체이다. 만물이 太極으로부터 비롯된 근거이다.9) 세계는 모든 것을 갖춘 太極 본질로부터 생성되었는데, 이런 사실을 우리는 창조의 근원성인 본질의 有함 상태로 알 수 있고, 창조된 특성을 통해 창조 역사와 하나님의 존재성을 연관 지을 수 있다. 창조의 근원인 본질은 통합성으로 판단되고 본질은 有한 상태로 인식된다. 하나님이 창조 이전부터 존재하고 완비된 상태로 존재하니까 세상 어디서도 알파 상태를 인식할 수 없었다.

이런 특성을 유교에서는 太極의 분열성 개념을 통하여 표현하였다.10) 太極으로부터 萬卦가 분열되었으므로 太極과 一卦와는 현저한 차이가 있지 않을까 싶지만, 一卦 역시 하나의 太極을 구비하였다. 비록 一卦가 이룬 一物이라도 본질성은 완비하였다. 손가락과 눈은 구조와 역할이 다르지만 각자가 전체와 통한 太極을 갖추고 있어 소통하며 통합太極을 이룰 수 있다. 이에 주자는 말하길, "사람마다 하나의 太極이 있고 物마다 하나의 太極이 있는데, 이것을 합하여 말하면 만물은 하나의 통체 太極이요, 나누어서 말하면 一物마다 각각 하나의 太極을 구비하여 一物 가운데 天理가 완비되어 있다"라고 하였다.11) "하나하나의 사물은 여래 전체가 그 속에 일체의 법성

---

9) "太極은 만물 생성의 근본이 되는 본체를 의미하는 것으로, 천지와 음양이 아직 분화되기 이전, 혼돈 상태의 원기를 의미한다."-「주역의 우주론 연구」, 박승구 저, 원광대학교대학원 철학과, 석사, 1995, p.12.
10) 一者[理]가 多者[氣]를 낳는 방식(「주자 이기론의 연구」, 강현 저, 원광대학교대학원 불교학과, 석사, 1994, p.13). 즉, 太一이 양의를 낳고 양의는 음양을 낳는다(太一生兩儀, 兩儀生陰陽).-『呂氏春秋』, 大樂.
11) "人人有一太極 物物有一太極 蓋通體是一太極 然又一物各具一太極 本只是一太極 而萬物各有稟受 又自各全具一太極爾……."-『주자어류』, 권 94.

을 갖추고 있다(천태종)"고 한 말과 상통하는 것으로 만물의 생성 근원인 통합太極을 바탕으로 천지 만물을 있게 하였다. 창조가 形而上學적인 통합본질 상태로 파악될 수밖에 없는 이유이고, 이를 통해 통합 본질이 창조의 근거인 사실을 확인할 수 있다. 一物 속의 太極 구비 상태로 무엇을 알 수 있는가 하면, 만물이 존재한 원인과 결과를 함께 함유한 창조 비밀을 풀 수 있다. 화엄 사상에서는 하나에 의해 일체를 알고 하나에 의해 일체를 본다. 자신 속에서 일체를 인식한다고 하였듯, 한 일면과 한 개물과 한 생각 속에 창조의 원인과 결과가 함재되어 있다는 말이다. 그래서 우리는 창조 근거를 개물이 지닌 본질의 통합성 상태를 통하여 판단할 수 있다. 종의 영원성을 규정한 유전 법칙과 생식 메커니즘, 세계의 有한 본질성을 시사한 에너지 불변의 법칙 등은 모두 통합 본질로서 구축된 분열 시스템과 무관하지 않다. 마음의 작용 상태, 인식 현상, 물질과 생명 등도 통합성인 창조 본질에 근거하였다. 본질로부터 창조된 온갖 생명체가 각자 太極성을 완비하였기 때문에 가능한 일이다. 돌은 어찌하여 돌로서의 모양과 특성을 지속할 수 있는가? 우리는 어디서 개체가 유전할 수 있는 생식 능력을 부여받았는가? 이미 완비되고 구유된 통합 본질이 창조 과정을 통해 반영시킨 것이다. 통합성인 본질에 근거하여 추적하면 존재 현상에 대한 의문을 풀 수 있다. 다윈은 "생명체들은 지구가 중력의 법칙을 따라 회를 반복하고 있는 사이에 최초의 단순한 형태로부터 지극히 아름답고 복잡한 형태로 진화되었고 현재도 진화되어 가고 있다"라고 하였다.[12] 통합성인 본질의 존재성을 확인하기 전에는 진화가 진리의 대명사인 것처럼 인준되었

---

12) 『진화론과 과학』, 마이클 덴턴 저, 임번삼·전광호·우제태 공역, 한국창조과학회, 1994, p.41.

지만, 통합성에 근거하고 보면 허상인 것을 분간할 수 있다. 나름대로 근거는 있지만 그것은 창조된 본의를 모르고 저지른 어쩔 수 없는 오판이다. 이 연구는 진화론이 쌓아 올린 업적을 허물어뜨리고자 하는 것이 아니다. 오히려 주장들을 빠짐없이 수용해서 이해 관점을 전환시키고자 한다. 창조 진리가 체계를 갖추면 알파 상태를 상정한 제 학문과 사상들이 기반을 잃어버리게 되므로 재정립이 불가피하다. 완전하게 규명하기 위해서는 통합성이 분열을 완료할 때를 기다려야 하였다. 통합성은 무엇인가? 완전한 하나님의 존재 본질이다. 그렇기 때문에 통합성은 천지의 필연적인 구성 요인인 원인과 결과를 모두 지녔다.

> "주 하나님이 가라사대 나는 알파와 오메가라. 이제도 있고 전에도 있었고 장차 올 자요 전능한 자라 하시더라."[13]

세상의 시작과 끝을 있게 한 분이고 시작과 끝의 근거가 되는 분이고 그 자체이다. 전능하므로 능치 못할 일이 있을까만 도대체 어떻게 하나님이 알파인 동시에 오메가인 것인지 파악할 수 없었다. 하나님이 통합성인 본체자로 드러나기 이전까지는 말이다. 그리고 '장차 올 자'란 또 무슨 말인가? 인간은 한 번 죽으면 형체를 찾을 수 없는 허무한 자인데……. 하나님은 어떻게 시공간을 초월할 수 있는가? 물리적인 법칙이 작용하고 있는 시공간 안에서의 초월적인 현상은 어떻게 이해해야 하는가? 통합성인 본질은 어떤 상태인가? 이제는 답할 수 있어야 한다. 이전에 존재한 하나님이 다시 오겠다고 선

---

13) 요한계시록 1장 8절.

언하였는데, 이 말씀은? 하나님은 천지 창조 이전에 존재하면서 창조 역사 일체를 관장한 분이다. 이런 사실을 우리는 분열하는 시공을 통하여 하나하나 밝혀나가야 하지만, 그러기 이전에 하나님은 되어진 모든 것을 통합 본질 안에 이미 간직하였다. 하나님은 태초 이전부터 존재했지만 천지의 완성 상태를 주관하기 때문에 통합성이 분열을 완료하면 그때 창조 진리를 완전히 규명할 수 있다. 창조 진리를 규명하면 그대로 하나님을 규명하는 역사로까지 연결된다. 창조의 제1원인자인 하나님의 본체가 드러난다. 그래서 하나님은 이제도 있고 전에도 있었고 장차 올 자요 전능한 자다.

2. 통합성의 본질 규정

천지는 이미 구족되고 완비 상태인 통합성 본질로부터 창조되었다. 그렇기 때문에 본질을 지닌 우리의 삶과 사고 작용과 생명 현상과 추구, 활동하는 과정도 이런 특성을 표출시키는 작용 형태 안에 있다. 지각이 있는 인간은 말할 것 없고, 하등동물이나 식물 군들조차 생명 활동을 면밀히 관찰하면 생존 전략을 위한 시스템을 거의 완벽하게 구축하고 있다. 생명 정보와 유전 시스템은 처음부터 구족된 통합성이 분열되는 과정에서 개체의 생존 시스템을 통제하고 유지시킨 것이다. 그러니까 각 개체는 이미 존재한 통합성이 분열하여 처음부터 생명 활동이 가능하였다. 이것은 앎을 지각하는 학문 활동과 행동을 지침하는 의지 결정 과정과 성격이 다르다. 보잘 것 없는 씨 하나가 일사불란하게 성장하는 것은 구족된 통합성 완비가 근본 이유이다. 자연 가운데서는 시스템이 결여된 사태가 발생하면 도태된다. 처음부터 존재하지 않은 것이 진화로 생긴다는 것은 올바른 판단이 아니다. 천지는 창조되었기 때문에 완전함으로부터 분열하여 우주와 개체가 존재했다. 결과에 도달하지도 않은 개체들이 결과 상태에 도달하기 위해 생명 활동의 고삐를 늦추지 않았다는 것은 바탕된 통합성이 유도 장치를 설치해놓은 것과 같다. 통합성은 결과가 원인과 함께해 모든 활동 과정보다 선재되어 있거니와, 그래서 우리는 경험하지 않더라도 완전한 상태에 대한 지향 목적을 상정할 수 있게 된다. 혼신을 바칠진대 결국 완전한 상태에 도달한다. 플라톤의 이데아의 세계는 통합적인 궁극 본질에 대한 인식이다.

> "이데아는 개념적 보편성의 원형이며 순수하고 객관적인 유개념이다. 그러므로 모든 유(類)의 사물들에는 그러한 이데아 예컨대 말, 나무, 책상, 집 등의 이데아가 존재한다. 개별적인 감각 사물들에 대립하여 이데아는 온갖 감각적인 성질들을 소유하지 않으며 비공간적·비물질적이다. 크기, 용기, 德, 아름다움과 마찬가지로 순수하게 추상적인 개념들도 역시 그것들의 이데아 속에 자기들의 객관성을 소유한다."[14]

플라톤은 사물의 완전한 바탕을 관념을 통해 상정하였는데, 그것은 실재로 비공간적·비물질적인 본질로서 존재한다. 어떻게 사물이 형성되기 이전부터 바탕된 완전한 이데아(원형 내지 순수하고 객관적인 유개념)가 형성될 수 있는가? 천지가 창조되기도 전인 데도 말이다. 이것이야말로 하나님의 존재 본체인 통합성 본질로부터 천지가 창조된 근거이다. 원형 내지 순수한 유개념인 본질성에 근거하지 않고서는 어떤 사물도 존재할 수 없다. 이것이 이데아의 완전성, 사

---

14) 『서양철학사』, 쿠르트 프리틀라인 저, 강영계 역, 서광사, 1986, p.67.

물 본질의 통합성이다. 구족한 하나님이 존재하므로 보다 높고 보다 보편적인 개념들이 보다 낮고 보다 좁은 개념들을 포괄해서 질서 지을 수 있고, 최상의 완전한 체계, 개념, 선의 이데아가 있어 하층의 질서를 가진 이데아를 능가해서 지배할 수 있다. 선재한 이데아는 곧 神과 동일하고, 존재에 대해 완전함에 대한 추구와 유사하게 되고자 한 추진력을 심어준다. 하지만 이런 이데아설도 본질의 통합성을 증거할 수 있는 본체를 드러내지 못해 관념론에 머물고 말았는데, 그래도 서양 철학에서 지대한 영향을 끼친 것은 인류의 근원적인 문제에 대해 지혜를 보태어서이다.

3. 창조의 생성과 분열

삼라만상은 이미 원천으로부터 주어졌고, 형성된 세계로부터 진전된다. 원천에서 주어지고 형성된 세계란 말할 것 없이 구족된 통합성 본질을 말하는데, 그 같은 본질로부터 어떻게 삼라만상이 창조된 것인가를 묻는다면 궁금한 일이 아닐 수 없다. 숱하게 본질이 만물 창생의 근거란 사실을 강조하였지만 어떻게 이런 결과를 이룬 것인지에 대해서는 언급할 기회가 없었다. 이것을 본질의 분열적 특성을 통하여 설명할 수 있다. 즉, 통합성이 만물을 낳은 것은 단도직입적으로 통합 본질이 생성을 통해 분열함으로써 존재하게 되었다고 할 수 있다. 본질은 물질이 아닌데 어떻게 분열하여 삼라만상을 있게 한 것인가? 본질이 구족된 상태라면 창조는 무엇인가? 원리성을 설명할 수 있는가? 창조 문제를 궁구하다 보면 언젠가는 부딪히는 화두이라 궤도 이탈을 방지하기 위해서 초점을 명확히 잡아두어야 한다. 그렇다고 본질의 통합성 상태를 분열적인 인식으로 이원화시켜서는 안 된다. 알파 상태를 가늠할 수 없게 되어 영원한 평행선을 이루고 만다. 세상을 구성한 원자 내지 소립자란 물질은 언제부터 존재하였는가? 끝을 찾을 수 없다. 물질의 궁극은 통합성인 본질에 기인했다. 영원히 有한 본질에 근거하였으므로 세계 안에서는 궁극성인 실마리를 찾을 수 없다. 우리는 모든 것을 구족한 하나님에 대해 자체 지닌 인식력으로서는 속단할 수 없다는 사실을 인정하여야 한다. 통합성은 구족한 하나님의 존재 본체로서 영원히 존재한 것은 물론이고, 이로부터 뜻을 발해 천지 창조 역사를 실현했다. 따라서 물질의 궁극적 시원과 이것을 파악하는 인식 간의 이원화 문제는 통합성에 의한 본질 규정으로 동시 존재인 것을 알게 된다. 어느 모로 보나 존재와 이것을 있게 한 창조 본질은 분리될 수 없다. 천지 만상이 통합성으로부터 창조되어 만상도 하나인 존재 형태를 이룬다. 그래서 통합성이 생성하고 분열하는 것은 곧 바로 창조 세계의 형성 과정을 의미한다. 창조 과정이 생성 과정이며 생성 과정을 통해 만상의 원리 법칙이 결정되었다. 본질의 생성 분열 현상은 물질의 생성 분열 현상과 일치된다. 단지 본질의 생성 분열은 존재를 있게 한 원천적인 에너지의 형성 과정에 관여하였고, 존재의 생성 분열은 본질적인 특성을 유지하기 위해 운동한 것이란 차이를 지닌다. 통합성의 생성 분열이 있기 때문에 존재가 자체의 특성과 형태를 유지하기 위해 끊임없이 활동할 수 있다.15) 본질의 생성 분열이 만물을 있게 한 바탕이라는 관점 위에 서야 우리는 만상의 생성 분열 과정을 통하여 창조 역사를 면밀하게 파악할 수 있다. 선현들은 이런 창생 과

---

15) 생성은 有한 상태에서의 본질 유지, 창조는 통합성의 분열임.

정을 직시해서 진리로서 형상화시켰다. 노자의 道生一이라는 것은 道가 아직 나누어지지 않은 상태요, 유교에서 말한 太極으로부터 음양이 분리되지 않은 상태란 이것이 곧 통합성인 본질이다. 결코 상징적인 도식 놀음이 아니다. 천지 만물이 창조된 본질의 분열 과정이고, 본질로부터의 천지 창조 과정이다. 이 통합성이 물질적인 현상을 통해서는 원리 법칙을 이루었고, 생명 현상에 이르러는 분화와 완성을 향한 추진력이 되었다. 통합성이 분열한 막대한 에너지가 자연 법칙과 생명력을 유지시킨 원천이다. 세계는 생성하는 힘으로 분열하고 분열하는 힘으로 통합된다.[16] 통합성이 분열을 극한 시점에서 온갖 사물들이 열매를 맺는데, 그렇기 때문에 창조의 말단에 있는 사물들은 항상 통합과 분열에 대한 시한을 지녀 생성 운동을 영원히 지속할 수 있었다. 원형인 이데아가 함재되어 있어 통합성이 규정한 대로 창조 목적의 완전성을 지향할 수 있다. 세계적인 분열이 창조 세계를 완성하는 기반이고, 섭리적으로 완성을 지향하게 했다. 진리 탐구 역사는 나름대로 궁극을 향해 치달았지만 결국은 창조 역사를 증거하는 수단인 창조성을 분열시키는 데 기여하였고, 존재론, 인식론, 가치론도 하나님을 뒷받침하기 위한 지적 기반이다. 제 영역은 분열하는 힘으로 세계적인 대완성을 지향하였다.

한편 만물의 필연적인 인과 법칙도 세계 본질의 통합성과 생성성에 기인했다. "一없는 多를 어떻게 상정할 수 있겠는가? 一과 多는 연결되어 있어 결코 끊을 수 없다."[17] 원인과 결과가 함께한 통합

---

16) 생성은 생겨남을 의미하지만 자체 속에 분열성을 내포하고 있다. 생성은 분열이요 분열은 생성이다. 생성하기 위해서는 분열하지 않을 수 없고, 분열하기 위해서는 생성해야 한다. 생성은 그 자체가 분열성의 의미를 포함한다.
17) 『존재론』, 벨라 바이스마르 저, 허재윤 역, 서광사, 1990, p.97.

본질이 존재하기 때문에 그것이 분열하는 과정에서 원인이 결과를 낳고 결과가 원인을 낳은 것인데, 달리 어디서 절대적인 원인을 찾을 수 있었겠는가? 불타의 연기설이 그러하다. 세계는 개별로 되어 있지만 통합성의 분열은 결국 하나의 통일된 합일체를 지향한다. 이같은 인식에 근거함으로써 만인은 비로소 삼라만상 존재가 필연적으로 멸하지만 다시 새로운 분신을 생성시키는 이유를 알게 된다. 결코 멸함은 없으며 자체 존재의 영원성을 유지하기 위한 운동의 일환이다. 창조는 말 그대로 있음을 가능하게 한 것이다. 창조력은 삼라만상이 존재한 성향, 형태를 결정짓는다. 이것을 확인해서 천지 창조 역사를 판단하는 기준으로 삼으리라.

제6장 창조의 궁극성

　만상은 존재하고 나는 살아 있다. 그런데도 인류는 이런 사실을 확인하기 위해서 얼마나 어려운 과정을 밟아 왔는가? 나는 생각하므로 존재한다. 존재하고 있어도 인식할 수 없다면 없는 것과 같다. 경험적인 것, 관념적인 것이 사실성을 확인하는 요인이다. 태고로부터 산천은 말이 없지만 인간의 사고적 활동은 끊임이 없었다. 그런 노력으로 인류는 세상에 대해서 얼마나 많은 것을 알았는가? 자신조차도 제대로 파악하지 못한 상태인데 어떻게 만상이 존재한 원인을 알수 있었겠는가? 그런데도 이런 생각을 하고 있는 나는 무엇인가? 모종의 결과물이 아닌가? 자신이 비밀을 간직하였고 열쇠까지 쥐고 있어 문만 찾으면 궁극적인 원인을 구함에 어려움은 없으리라. 열쇠를 자체 지닌 것이라면 외부적인 대상 속에서 찾은 모든 노력은 허송세월이 된다. 우리는 태고의 신비를 간직한 보물 창고이고, 이를 감싼

의식이 열쇠를 숨기고 있다. 의식은 자신을 온전히 감지하고 시공간을 포유하고도 남음이 있을진대, 마음과 지력을 다하여 궁극에 이르는 길은? 의식이 도달한 궁극, 그곳에 바로 천지가 창조된 대시원이 있다. 의식과 궁극이 접함으로써 천지가 창조된 본질을 파악하고 궁극적인 시원을 살필 수 있다. 존재가 어디로부터 왔는지 당장은 알 수 없지만 지금 내가 존재하기 때문에 존재한 내력인 알파와 오메가, 즉 궁극성도 지녔다. 더하여 태초의 시공간 장벽을 넘어 궁극성까지 가늠할 수 있나니, 이를 통해 감히 절대 진리를 선포할 수 있었다. "종교에서는 일반적인 진리 개념과 다른 진리를 받들어 왔는데 道, 空, 無極, 太極, 일원상, 하나님 등은 대우주의 시원성과 근원성에 대한 본질을 말한 것이다."[18] 소태산은 말하길, "一圓은 大小有無에 분별이 없는 자리이며, 선악업보가 끊어진 자리이며, 言語 名相이 돈공(頓空)한 자리이다"라고 하였다.[19] 범인으로서는 깊은 진리 세계를 여행하고 돌아온 자가 말하는 세계를 도무지 이해할 수 없다. 그러나 함께 보지는 않았어도 가늠할 수 있는 길은 있고, 방법적으로 수단을 강구할 수도 있다. 그것은 먼 곳에 있지 않다. 바로 자신이 지녔다. 覺者의 일갈은 세상의 되어진 궁극성, 곧 창조의 궁극성을 밝히는 데 기여하였다. 궁극성을 엿본 진리를 종합하고 보면 공통적인 특성이 있다. 만상의 되어진 궁극적 본체를 추궁하기 위해서 피눈물 나는 준비와 구도 과정을 거쳤는데, 그렇게 해서 도달한 인식의 궁극점에서 본 것은 바로 광대무변한 세계로서의 無, 텅 빈 空, 홀황한 道, 분별되지 않은 太極과의 만남이었다. 인식에 인식의

---

18) 「원불교의 일원상 진리 연구」, 박정자 저, 원광대학교 원불교학대학원 원불교교화학과 원불교학, 석사, 1995, p.23.
19) 『정전』 일원상의 진리.

끝을 다하여 도달한 실체 없는 상태를 어찌 無로서만 넘길 수 있겠는가? 궁극성에 이르자마자 천지 만물을 낳은 태고로부터의 장엄한 기운을 똑똑히 느꼈으리라. 그 절대적 인식은 정확한 것인데 세상적인 장벽이 굳은 경계망을 구축한 것은 인류가 거두지 못한 無明의 장애물 때문이다.

일체 장애물을 뛰어 넘은 覺者가 절대적인 본체 자리에 도달한 것은 무슨 의식 작용 때문인가? 수행으로 갈고 닦은 의식이 만상의 본질과 함께한 것이다. 의식은 시공과 함께 생성하며 시간적인 공간 속에서 머문다. 생성적 특성을 지닌 의식은 유형무형의 존재 본질을 감지하는 예민한 능력을 지녔다. 인식은 有한 의식의 덩어리로서 의식이 인식 작용으로 분열하면 존재한 본질의 구조와 창조의 궁극성을 드러낸다. 의식은 형태를 가리지 않고 인식할 수 있는 대상 어디에라도 속속들이 파고들어 본질을 분열시킨다. 무형의 실체도 인식할 수 있는 근거를 포착할 수 있다는 것은 획기적이거니와, 궁극적인 구조까지 파악할 수 있다고 한다면 의미가 크다. 존재와 인식은 떼려야 뗄 수 없는 관계를 지녔는데, 이 같은 상태를 파악하는 요체인 인식은 존재의 제일 표면에 위치하여 의식을 분화시킴으로써 창조의 궁극성을 인출한다. 인식 자체가 존재는 아니지만 굳게 연결되어 있어 존재를 대변한다. 인식이 있는 곳이라면 어떤 형태로도 존재가 함께한다.

이런 과정을 거친 이 연구는 세계의 궁극성 상태를 어떤 실상으로서 파악하였는가? 궁극성에 도달한 의식으로 가늠할진대, 궁극성은 아예 존재도 없고 인식도 없고 허용된 시공도 없는 無時, 無空, 無存 상태이다. 이런 존재 상태는 전혀 파악이 불가능하다. 그럼에도 불구하고 일체의 궁극적 상태는 有한 본질 상태를 벗어날 수 없다. 만상이 끝내 有한 본질을 이루고 있다는 것은 무엇을 의미하는가? 有 이외에는 아무것도 없다는 것, 없기 때문에 이것은 창조 이전과 창조 이후로 구분된다. 존재의 본질은 有이므로 존재의 알파를 無時, 無空, 無存으로 생각할 수는 있지만, 그것은 말 그대로 없음을 나타낸 것이므로 창조 말고는 다른 길이 없다. 없음은 없을 수 없고(결국 있다는 말임), 있을 수 없기 때문에 자체로서 지닌 공간과 시간과 존재는 없다. 왜 그러한가? 창조되었기 때문이다. 태고 이전부터 이미 존재하였다. 그런데 어떻게 아무것도 없는 것으로부터 삼라만상이 존재하고 뭇 종들이 우연하게 생길 수 있겠는가? 맹신, 無明으로 지각 있는 자 부끄러움을 감출 수 없다. 없음이 불가능한 필연적 조건이 창조 역사를 있게 하였다. 창조, 그것은 있음과 없음에 대한 확실한 구분선이다. 역설적으로 말하면 창조는 바로 없었던 것을 있게 한 것이다. 이렇게 말하면 앞서 세운 논리 의도와 어긋나고, 본래 창조론자들도 無에서 有를 창조한다는 논리를 선호했다. 無로부터 천지가 창조될 수는 없는 것이며, 본래 존재한 하나님이 없었던 것을 있게 하였다. 다시 결론을 내리겠지만, 그것은 무신론자들이나 할 수 있는 주장이지 창조론자들은 혹할 수 없다. 즉, 없던 것을 생기게 한 것이라 생겨난 것은 이제 없어질 수 없다. 그래서 천지는 창조된 것이 有함인 본질을 이루었다. 본래는 없었는데 창조로 인해 있게 된 이상, 세계 안에서는 이제 아무리 노력해도 없음의 상태를 인식할 수 없다. 정말 없어서인가? 그 없음으로부터 너와 내가 창조된 것인가? 아니다. 창조 자체는 없음과 있음을 구분하나, 정말 없음을 통해서는 아무것도 기대할 것이 없다. 우리는 有한 有로부터 창조되었고, 그렇게 有한 근거를 제공한 분이 하나님이다.

그렇다면 창조가 있음과 없음을 구분 짓는 경계선이라는 것은 무슨 뜻인가? 있음이 있음을 있게 한 경계선이다. 인식할 수 없는 무형이 인식할 수 있는 유형을 있게 한 경계선이다. 하나님은 있음으로 있음을 낳은 근원된 통합체로서 창조를 낳은 궁극적 본체이다. 그 이상의 본체란 있을 수 없는 것이 하나님이다. 神은 알파 이전이고 유한을 규정한 무한이다. 알파가 있지만 창조된 본질 속에 감추어져 있는 것이 세계가 창조된 특성이다. 그래서 알파는 창조된 세계를 가늠하는 바로미터이다. 알파가 있다는 것은 창조가 있었다는 뜻이다. 알파=창조이다. 알파만 찾으면 천지가 창조된 것을 증거하는 것은 식은 죽 먹기이다. 알파를 찾는 것은 천지가 처음 출발된 궁극성, 즉 원인의 세계를 구하는 것이다. 창조된 세계는 어떤 우연성이 개입될 수 없는 확실한 원인을 가졌다. 그런데 그 알파는 어디에 있는가? 실마리가 감추어져 있어 발견하지 못했다. 하지만 지각 있는 覺者들은 극복된 의식으로 세계의 알파성을 제한 없이 접할 수 있었다. 그런데도 인류는 왜 수많은 세월 동안 사방 천지에 있는 창조의 궁극적 알파를 찾지 못했는가? 이제는 정말 찾아내었기 때문에 인류가 지난날 알파를 찾아내지 못한 이유를 밝힐 수 있다. 당연한 이치로 당연한 결론을 내린다면 굳이 증거할 필요도 없다. 그런 조건적 이치를 정말 어디서 찾을 것인가? 그 이치를 이제부터 추적하리라. "우리는 존재하고 만상은 이치로 팽배해 있지만 아무리 궁구해도 무엇이 이들을 있게 한 것인지는 알아내지 못하였다. 존재와 이치를 있게 한 궁극적 알파는 과연 무엇인가? 어디에 있는가? 이치가 천지를 창조한 것인가? 만물이 이치를 생성시킨 것인가? 영원한 규칙, 질서, 법칙이 존재한 것은 무엇을 뜻하는가? 알파를 규명하기 위하여 숱한 방법을 모색하였지만 한순간 뒤에 있는 비밀은 밝혀내지 못하였다. 왜 세계는 펼쳐져 있는데 알파는 보지 못했는가? 여기에는 가로 놓인 세계의 구조적인 문제, 세계를 파악하는 절차상에 문제가 있었다. 즉, 우리는 어떤 것은 질서가 있고 무질서한 것인지를 구분할 수 있다. 질서는 무언가 내재되고 통제된 힘에 의해서 이루어지기 때문이다. 그 힘은 무엇인가? 범신론은 사물 내의 자기 원인성을 내세웠고 유물론은 사물 간에 대립된 모순 발생이 발전의 원동력이라고 하였다. 세계가 어떤 형태로든 질서화되어 있다는 것은 분명하다. 우주 자체가 우주를 있게 하였고, 자기 원인 속에 있다면 우리도 존재만으로 궁극적인 알파에 대해 파악이 가능해야 한다. 이치, 원리, 법칙을 통해서 말이다. 그런데 이들은 궁극적 알파인가? 창조 원인이 맞다면 능동적이기 때문에 자체로 영원한 존립 근거를 지녀야 한다. 그렇다면 세상의 이치와 원리와 법칙은 스스로 생성할 수 있는가? 만물은 법칙대로 존재하듯, 세상 이치도 만물이 작동하므로 결정된 것이다. 결정된 법칙과 이치가 어떻게 최초의 원인이 될 수 있는가? 만물과 이치는 서로가 필요한 상보 관계에 있으므로 이들은 결국 제3의 궁극 원인에 의해 창조된 것이다. 발생된 어떤 이치를 통해서도 최초의 알파는 찾을 수 없다.[20] 왜 현실 안에서는 알파를 찾을 수 없는가? 시원은 무궁하고 그 깊이, 그 높이, 그 공간은 헤아리기 어렵지만 그렇다고 해서 인식까지 불가능하다는 것은 이유일 수 없다. 결과로서 주어진 나와 삼라만상이 존재하기 때문이다. 무

---

20) 존재가 자체만으로는 자체의 근원을 인식할 수 없는 것은 그와 같은 인식의 형태가 하나님이 창조의 근원 실체임을 증거한다.

궁하지만 시원이 존재할 가능성을 배제할 수 없다. 시원을 인식하고 자 하는데 불가능한 것이라면 그렇게 된 이유를 밝히는 것이 포기보 다는 문제를 해결할 수 있는 현실적 방안이다. 그렇다면 알파의 근 원성을 인식하지 못한 이유는 정말 무엇인가? 다각도로 분석하는 과 정에서 인식의 특성을 살펴보니 아이러니하게도 인식에 알파를 감 지할 수 없는 한계성이 있었다. 인식력은 오직 有함에 대한 근거만 파악할 수 있고 그렇지 못한 것은 인식할 수 없다. 천지의 알파를 감 지하지 못한 근본적인 이유는? 천지가 창조된 때문이다. 창조로 인 해 인식이 가능하게 되었는데, 알파가 창조로부터 비롯되다 보니 창 조 이전의 세계, 곧 출발 상태는 감지할 수 없었다. 그렇다면 창조 이전에는 무엇이 존재한 것인가? 무엇을 인식할 수 있을 것 같은가? 존재하지만 아무것도 인식할 수 없었다. 그것이 알파를 인식하지 못 한 원인이다. 그럼에도 불구하고 우리가 창조 이전에 무엇이 있었다 는 것을 가늠할 수는 있다. 인식은 불가능하나 오늘날 우리가 시공 간 안에서 호흡하는 것은 이 같은 결과를 있게 한 원인자, 곧 하나님 이 존재하기 때문이다. 아무것도 없는 상태에서는 창조 역사가 실현 될 수 없고 이것을 확정 짓는 알파에 대한 인식이 불가능한 것이 천 지 창조 역사를 기정사실화한다. 천지는 창조되었기 때문에 합당한 이치로서 구조화되었다.

창조된 만상의 有함 상태는 언급한바 모든 것을 가능하게 한 통합 성으로부터 출발된 관계로 처음 출발 때부터 원인과 결과를 모두 함 유하였다. 통합성은 알파와 오메가가 서로 꼬리를 물고 있는 형태로 서 분열 중인 시공 안에서는 오직 有함만 파악할 수 있는 결과를 낳 았다. 그리고 이런 구조 특성을 대변한 세계는 영원히 순환하고 있다. 궁극성은 또 다른 하나의 이면 속에 있으며(세계의 분화), 궁극에도 경과가 있게 된다. 세계의 알파가 통합성인 본질 안에 속해 있다. 이런 특성 때문에 본체의 생성도 無極이 太極이고 太極이 無極인 순환 형태를 띠게 되었다. 실로 창조의 궁극성을 보기 위해서는 분열된 현 시공의 한계를 극복해야 한다. 시간적으로 앞서 있는 최초의 출발 상태를 파악하기 위해서는 인식의 분열 상황을 초월해야 한다. 천지에 반드시 출발이 있었다는 것을 안다면 창조된 사실을 증거할 수 있는 관계식도 세울 수 있다. 즉, 천지가 존재한 데는 반드시 원인과 이유가 있고, 알파와 이법이 필요한 조건 성립이 그것이다. 창조로 인한 결과가 세계의 인과성을 결정지었다. 좀 더 현상 속으로 파고들면 천지가 존재한 것은 그 이전에 필경 존재할 수 있게 한 이치가 있었다. 즉, 나를 알기 위해서는 인식이 필요하듯, 모든 존재는 존재할 수 있는 원인이 필요하다. 이것은 존재 이전에 존재를 있게 한 본체와 자신이 존재한 양상을 살펴보면 알 수 있다. 현재의 조건으로부터 존재를 있게 한 원인력을 유출할 수 있다. 갈릴레이가 핍박 속에서도 지구는 돌고 있다고 확신한 인식과 동일하다. 원인에는 하나님이든 절로든 반드시 존재한 이유가 있다. 우리가 존재한다는 것을 알기 위해서는 존재한 사실과 별도로 존재한 사실에 대한 인식이 필요하듯, 원인은 존재함과는 별도로 작용된 생성력 때문에 발생된 것이다. 즉, 원인이 또 다른 원인력의 작동으로 생겼다는 것은 삼라만상 우주가 자체만으로 존재한 것이 아니고 창조되었다는 것을 입증한다. 원인과 이유와 원리 법칙은 자생적이지 못하다. 자생할 수 없는데 만상이 존재한 것은 창조 말고는 다른 것이 없다. 그런데도 이 같은 사실을 판단하지 못한 것은 알파를 인식하지 못하니까 절로 된 것이라고 하였다. 그러나 결코 절로는 없다. 천지에는 존재한 원인이 있다. 그 원인은 무엇인가? 처음부터 있은 것이 아니기 때문에 없는 원인을 있게 한 것이 하나님이다. 하나님이 존재함은 천지 만물을 생겨나게 한 원인이다. 왜 그래야만 했는지 존속에는 이유가 있음에, 존재한 상태＝인식한 상태＝창조된 상태이다. 주어진 조건을 근거로 인식할 수 없는 부분을 엑스 상태로 두고 관계식을 세우면 태고의 비밀을 풀 수 있다. 우리는 정말 아는 것이 무엇이고 모르는 것은 무엇인가? 아는 것부터 확인하면 세계는 有함을 본질로 한다. 그리고 본질이 생성하는 것은 존재할 수 있는 근거이다. 이런 조건을 통해 세상 이치와 원리와 법칙이 生한다. 理, 즉 본질은 천지 만물을 생산한 본원이다. 본질이 있고 이법이 있어 만물이 있다. 그렇다면 확인한 현재의 조건을 가지고 우리는 태초의 알파를 어떻게 알 수 있는가? 신즉자연인가? 우주의 총체성이 하나님의 몸인가? 천지는 온통 있음이고 있음이 있음을 있게 하였다. 이처럼 理가 천지 만물을 있게 한 본원이라는 것은 알 수 있지만 이법과 존재, 물질과 생명, 정신과 육체는 영원히 합일될 수 없어 평행선을 달리고 있다. 그것은 영원히 풀 수 없는 고인가? 만물과 본질, 色과 空과의 관계도 만물이 본질을 지녔고 본질이 만물의 근거라는 사실 외에 알파성은 가늠할 수 없다. 의존되고 보완적이라 홀로서지 못한다. 이렇게 해서는 궁극성에 대한 관계식을 풀 수 없다. 조건은 갖춘 것 같지만 부족한 무엇이 있다는 것, 자신이 지녔지만 보지 못했다. 한 걸음 물러서 살펴볼 필요가 있다. 파악하기 어려운 본질의 존재성도 추적하였고, 과학은 물질 속에서 엄밀한 구조, 질서, 법칙이 있다는 것을 발견하였다. 종교는 어떠한가? 인생은 심은 대로 거두며

쌓은 업을 벗어날 수 없다고 하였다. 창조의 문을 활짝 열 수 있는 조건을 모두 갖추고 열쇠까지 쥐고 있는데 정작 구멍을 찾지 못한 상태랄까? 그것을 어디서 찾을 것인가? 한 걸음 물러서야 한다. 가진 눈으로 볼 것은 보고 있는데, 정작 자체 지닌 인식의 구조와 한계벽은 보지 못한 것이다. 有함을 있게 한 근거가 통합성으로 생성되다 보니 최초의 문고리를 찾지 못했다. 알파란 궁극성은 영원히 존재한 인식 영역 밖에 있다. 하지만 이것은 창조된 세계 안에서의 한계 조건이고, 창조식을 거꾸로 추적하면 세계와 맞물려 있는 창조 이전의 상태란 것이 비록 인식할 수는 없지만 그 경계선만큼은 명확히 구분된다. 그래서 이 같은 창조의 확실함과 특성상 알파의 경계선을 통하면 끝내 천지를 있게 한 원인자가 하나님이라는 것을 알게 된다.

제7장 창조의 시공간성

1. 세계의 창조 공간

인류는 밤하늘에 반짝이는 수많은 별들을 보면서 미지의 세계에 대해 존재한 근거를 상상하였다. 그래서 오늘날은 발달된 과학 기술로 우주선을 만들어 가까운 우주 공간을 여행하고, 망원경을 통해 수십억 광년 거리에 있는 성운을 관측하고 있다. 이렇게 하여 얻은 결론은 무엇인가? 아주 먼 거리에 있는 성운의 존재는 포착했지만 그것이 우주의 끝이라면 모를까 그 너머에 또 다시 무궁한 우주가 펼쳐져 있다는 것을 알 때, 우리가 보고 있는 우주가 얼마나 제한적인가 하는 것을 절감하게 된다. 그러나 다시 생각해보면 전체 우주를 생각할 필요도 없이 우리가 접한 이 시공간이 실질적인 것일진대, 저 편에 있는 우주 공간이라고 해서 달리 특별한 것은 없다. 여기에 시간이라는 개념을 포함시키면, 우주 공간을 정확하게 측정하는 기계는 없더라도 주어진 것만으로도 시공간의 본질을 캘 수 있는 조건은 갖춘 셈이다. 그래서 인류는 시공간에 관해 나름대로의 사상을 피력하게 되었다. 그 흐름을 살펴보면 "역사상 인간은 시간이라는 것을 대체로 공간에 종속된 것으로 여겼다. 공간편이 아무것도 포착되지 않는 시간보다는 기본적이고 안정성이 있으며 알기 쉬운 느낌이 들기 때문이다."[21] 공간은 존재성을 직접 확인할 수 있지만, 시간은 애써 인식하기 위해 노력해야 하고 변화를 확인해야 하므로 시간의 중요성을 포착한 자연과학적인 인식이 개관되기 전까지는 주로 공간에 구속되어 있었다. 하이젠베르크가 극적으로 전환시킨 시간과 존재와의 관계(불확정성 원리)는 "물질은 시간과 무관하게 존재하는 것이 아니라 시간 속에서만 존재하고 있다"는 것이다.[22] 화이트헤드는 물체는 시간과 분리시킨 것이 아니며, 시간 안에 존재하고 있다는 인식을 존중하였다. 이처럼 인류는 오랜 세월 동안 시간의 본질을 몰랐는데 오늘날에야 시간의 흐름이 있음으로써만 세상에 모든 변화 활동이 생긴다는 것을 확인하였다. 이것은 물질과 시간과 이것을 허용하는 공간이 결코 무관하게 생성되는 것이 아니라는 것인데, 현대 물리학에서는 이런 사실을 이론화한 것일 뿐 왜, 어떻게 해서 일련의 현상이 일어난 것인지에 대한 원인은 밝혀내지 못하였다. 이 비밀의 고를 어떻게 풀 것인가? 현실적으로 접근한 현대 물리학에서조차 현상적인 특성에 대해서는 확인하고 있지만 본질을 파고드는 문제는 한계가 있음을 지적한 바이고, 어쩔 수 없이

---

21) 『엔트로피(Ⅱ)』, 제레미 리프킨 저, 강용정 역, 안산미디어, 1996, p.203.
22) 위의 책, p.208.

창조론 쪽으로 시야를 돌려보지만 굳센 믿음 속에 휩싸여 있을 뿐, 무언가 확인할 근거는 없다.

"고대의 유태인들은 최초로 역사적인 우주론을 만들어내었는데, 그들에게 있어서 창조는 절대의 출발점이고, 인간은 구세주가 도래할 종말을 향하여 나가는 존재였다."[23] 아우구스티누스는 『고백록(*Confessions*)』에서 "神이 세계를 창조하기 전에는 시간이 없었다. 시간은 세계와 더불어 창조되었다. 그러므로 神에게 있어서 우주의 전 과정은 동시적으로 주어져 천 년은 하루와 같을 수 있고, 하루가 천 년일 수도 있다"라고 하였다.[24] 여기서 창조는 매우 어려운 문제를 야기한다. 보통 이해하듯 창조는 전에 없었던 무엇을 만들었다는 것을 뜻하는데 구체적인 창조 과정, 즉 시간이 어떻게 만들어진 것인지에 대해서는 언급이 없다. 그러니까 이런 우주론을 나중에는 다윈이 나타나 전면 부정하였다. 다윈은 생물은 시간의 경과로 변화한다는 점을 중시하고, 나아가 시간이 공간보다 더 중요할지 모른다고 하여 논의를 불러일으켰다.[25] 변화를 일으킨 시간의 주어짐과 흐름이 우주의 역사까지 창조했다는 관점이다. 하지만 다윈도 변화에 대한 국부적인 시야로 생물 전반을, 그리고 이에 영향을 입은 자연과학자들이 우주를 그렇게 판단한 한계성은 이미 지적하였다. 그렇다면 주어진 시공간의 본질을 간파하기 위해서는 어떤 방도를 취해야 하는가? 애써 강구한다면 그것이 무엇인가? 본의에 입각해 천지가 창조되었다는 것을 다시 조명하는 것이다. 우리는 사실 물질은 시간과 무관하게 존재하는 것이 아니라 시간 속에서 존재한다는 현대 물

---

23) 위의 책, p.204.
24) 『철학과 물리학과의 만남』, W. 하이젠베르그 저, 최종덕 역, 한겨레, 1994, p.116.
25) 『엔트로피(Ⅱ)』, 앞의 책, p.204.

리학적 발견 관점을 이해하기 어려운 것이 사실이다. 원자핵은 물질이라기보다는 일정한 리듬으로 존재한다든지, 천 년이 하루 같고 하루가 천 년 같다는 것이 무엇을 의미하는 것인지 이치적으로 설명할 수 있는가? 그렇지만 포착된 시공간의 구조 상태가 사실적인 모습일진대, 천지를 창조한 통합성 관점에 의하면 해명할 수 있다. 그 하나하나의 실마리는 통합성이 실질적으로 시공간을 창조한 근간이기 때문에 풀려 나온다. 그래서 앞서 논의한 통합성에 대한 본질 형태를 상기하면서 시공간성 문제를 풀어나가 보자.

공간은 우주 만상을 있게 하는 존재의 집이다. 그런데 이런 무궁한 공간도 세상에 존재하는 영역인 물리 공간이라는 사실은 벗어날 수 없는 것이므로 우리는 이보다 선행된 존재의 본질부터 찾아나서야 한다. 즉, 통합성은 시공간을 창조한 근거란 정확한 주소를 확인해야 만물을 잉태한 본질이 시공간을 낳은 어미란 사실을 의심할 수 없게 된다. 시공간조차 끝을 찾기 어려운데 이를 낳은 근본 본질까지 존재한다는 것은 더한 어려움을 실감하게 한다. 그러나 인식하는 데 어려움은 있지만 시공의 무한성이 창조로 인해 규정된 특성이라는 것을 고려하면 무한성을 규정한 바탕 근거를 도출할 수 있는 가능성도 있다. 시공간은 끝이 없지만 있게 한 창조에는 분명한 시작이 있었다. 무한성을 규정하는 창조선은 구획 지어져 있다. 창조란 출발선으로부터 우리는 시공간이 왜, 어떻게 해서 무한성으로 규정된 것인지 이해할 수 있다. 하나님의 존재 본성인 통합성이 일체를 구족한 상태에서 시공간을 창조하였다는 것은 무엇을 의미하는가? 시공간이 하나도 헛됨이 없이 존재를 존재되게 한 것인가? 만상을 하나로 연결시키는 시공간은 물리적인 특성을 갖춘 것이 분명할진대, 창조 공간은 이와는 다른 상태로 존재한 것을 알 수 있다. 이런 창조 공간의 첫 번째 특징은 천지가 창조된 순간, 구족한 상태로 출발한 관계로 알파와 오메가, 곧 원인과 결과가 함께하고 있다는 것이다. 이것을 숫자의 0과 비교하면 창조가 바로 0과 같은 상태에서 이루어졌다. 시공간이 무궁하게 인식될 뿐 아니라 우주 공간도 무한하다. 뭇 존재는 有함을 본질로 하듯 우주도 알파와 오메가가 함께한 유함 자체이다. 이런 특성을 지닌 시공간은 어떻게 통합성으로부터 창조된 것인가? 통합 본질의 분열성을 통하면 설명할 수 있다. 통합성이 분열하므로 삼라만상이 창조되었는데, 이런 사실은 바로 시간을 통하면 확인할 수 있다. 시간은 우주가 창조되었다는 것을 증거하는 산 본보기이다. 시공간과 삼라만상은 끊으려야 끊을 수 없는 관계에 있다. 시간이 없다면 천지가 창조된 근거도 찾을 수 없지만, 시간은 분열된 과정을 일일이 체크하고 있다. 시간은 세계를 이룬 창조적 분화의 결과이다. 시간은 창조를 위한 생성 공간이자 만물을 생성시킨 분열 근거이다. 그래서 시간은 창조를 낳았고 창조는 시간의 생성을 낳았다. 시간이 있다는 것은 곧 창조가 있었다는 것과 같아 그런 창조력을 시간의 大河와도 같은 흐름을 통해 확인할 수 있다. 천지가 창조된 상태를 시간을 통해 판단한다. 알파와 오메가를 함유한 창조는 무한하고 끝이 없는 시공간을 장악한 권능을 지녔다. 그래서 통합성이 물리적인 제한성을 극복할 수 있는 능력을 발휘한다. 천지가 창조되었다는 것을 확인할 수 있는 제일의 근거는 시간이다. 시간은 창조에 관한 모든 비밀을 지니고 있다. 우리가 접한 시간은 우리가 벗어날 수 없는 존재 공간 안에서 느끼는 창조성의 분열 상태이다. 우주 공간 안에서의 시간의 절대적 기준은 성립될 수 없고, 그것은 각자가 이룬 분열성을 자신이 가진 기준으로 판단하고 있다. 영국의 그리니치 천문대로부터 선을 그은 시간의 흐름을 시계침의 기준으로 삼는 것은 그렇게 정한 약속이고, 1년을 12달, 365일로 한 것은 어느 모로 보나 태양계의 질서를 따르는 것이 합리적이기 때문이다. 우리에게는 각자의 시간이 있을 뿐이므로 하루살이 곤충에게는 하루가 일생 같은 시간이고, 천 년을 버틴 고목은 천 년을 하루처럼 세월을 보냈다. 이것은 결코 주관적인 시간론이 아니다. 통합성인 본질이 뭇 존재에게 각자의 시간을 허용하였다. 따라서 존재는 곧 시간을 가졌다는 뜻이고, 시간은 창조로 인한 보이지 않는 통합성의 분열 근거이다. 너와 나의 분열 시간은 다르며, 2분짜리 모래시계가 있고 3분짜리 모래시계가 있듯 존재는 각자가 분열하는 주기를 지녔다. 시공은 시공답게 보다 넓은 포용성을 가진 차이일 뿐, 각자가 시간을 지닌 원칙은 변함이 없다. 우주는 너무 거대하여 가늠하기 어렵지만 존재 안의 시간은 구체적인 일면을 지녀 시간은 곧 존재를 구성하는 근거이다. 그래서 물리학자들도 시간의 흐름을 논하지 않고서는 존재를 논할 수 없게 되었다. 시간의 생성 흐름은 추상적인 개념이 아니다. 통합성이 분열된 확실한 근거이다. 그것을 시간으로 파악하지만 사실은 형성된 본질이 분열하여 존재를 有하게 한 과정이다. 시간이 있어 존재할 수 있는데, 그것은 사실 창조된 존재가 분열하고 있기 때문이다. 시간을 볼 수는 없지만 시간이 없으면 늘 있는 태양도 더 이상 빛을 발할 수 없다. 그러나 그런 일은 결코 일어나지 않으리라. 태양은 그침 없는 분열로 빛나고 있고 융합된 有함으로 영원하리라.

두 번째로 시간이 정말 창조성의 분열 과정이라는 것을 확인하기 위해서는 통합성인 창조 본질이 알파와 오메가를 함께 함유한 데 대한 이해이다. 존재와 시공은 창조된 세계 안에 있어 통합성인 본질이 분열하므로 존재하고 있다. 일체가 동시에 출발하고 동시에 존재하게 되었다는 것은 무엇을 뜻하는가? 창조를 뜻함인데, 그렇다면 근거가 곳곳에 있어야 하고, 동시에 창조된 상태에 대한 이해도 필요하다. 천지는 창조되기 이전인 분명한 경계선에서 출발하여 삼라만상과 시공을 존재하게 하였다. 이런 출발 상태를 다시 한 번 음미해본다면 창조 이전에는 분열이 시작되지 못한 상태라 당연히 시간도 없는 상태이다. 그리고 지금은 천지가 창조된 이후이지만 통합성이 미처 분열을 완료하지 못한 상태 속에 있다. 따라서 우리가 분열로서 느끼는 시간의 존재성을 볼 때 태초의 창조, 곧 시간의 최초 알파는 어디에 위치할 것인가? 당연히 먼 태초의 과거사가 되리라. 그렇게 판단된다. 그러나 이것은 여태껏 인류가 창조를 몰랐기 때문에 한 번도 넘어서지 못한 무지의 벽이다. 알파와 오메가가 함께한 창조 공간 안에서는 알파가 곧 오메가요 오메가가 곧 알파일진대, 태초의 시작은 사실상 먼 과거사가 아니고 아직 누구도 맞이하지 못한 먼 미래의 시공 끝에 있다. 이미 존재한 통합성이 분열 중이므로 통합성은 시간상으로 선재되어 있다. 미래가 그렇게 준비되어 있지 않다면 누가 미래를 맞이할 수 있겠는가? 시간은 과거로부터 미래로 흘러가는 강물이 아니다. 시간이란 샘의 원천은 과거에 있지 않다. 우리는 분열된 과정을 시간으로 맞이하고 있는데, 분열되지 않은 상태로서도 통합성은 이미 존재하였다. 존재하는 것이 시공 안에서는 과거사로 감지되지만 사실은 미래로부터 나온 것이다. 이것이 천지가 창조된 데 대한 실질적 증거이다. 시간은 창조성의 분열 도상에서 본질의 생성 경과를 인식된 형태로서 감지한다. 지성들이 세계의 기원 문제를 풀지 못한 것은 창조된 시공이 아직 분열을 다하지 않았기 때문이고, 근원이 과거가 아닌 미래에 있기 때문이다. 화석을 통해서? 방사선 동위원소의 추적을 통해서? 빅뱅을 통해서? 어리석음을 다 나열할 수 없다. 존재는 과거로부터 미래로 흘러가지만 통합성은 현 존재를 기준으로 항상 미래로부터 다가온다. 그런 선재성이 만상의 본질을 규정하고 영원한 생성 운동을 주도하였다. 통합성은 예정도 아니고 결정도 아니다. 알파와 오메가는 서로 통하며 상호 보완하기 때문에 오늘의 원인 형성이 내일의 결과를 이루고, 이룬 결과가 새로운 통합성 본질을 구축하였다.26)

세 번째로 창조 공간의 특성으로서 가닥 잡을 수 있는 것은 시공의 초월성이다. 단도직입적으로 말해 창조 공간이 세계 안에 있는 물리적 한계성을 초극할 수 없다면 그것은 창조 공간다울 수 없다. 이런 사실을 확인할 수 있다면 천지가 창조된 사실을 결정적으로 증거한다. 정확하게 천지 만상은 창조로 인하여 존재하게 된 대상일진대, 분열하는 시공이 처한 한계성은 통합성 본질로서 극복할 수 있다. "프로이트나 융은 정신세계가 3차원이 아닌 4차원임을 발견했다. 나아가 아인슈타인도 과학 세계에서 물질이 4차원적 존재란 사실을 발견함으로써 세상은 물질과 정신 모두가 4차원 세계임을 확인하였다."27) 여기서 4차원이란 통상 시간을 초월한다는 의미이지만, 어떤 노력에도 불구하고 물질적인 관점으로서는 이해하기 어렵

---

26) 시공간도 창조의 한 대상이고 창조로 말미암아 생성된 것이라, 有함 그 자체를 본질로 하기 때문에 無함이 있을 수 없는 존재 형태를 이룸. 즉, 알파와 끝, 그 有함으로써의 한계를 규정할 수 없기 때문에 무한한 것임.
27) 『21세기 문명, 동양정신이 만든다』, 오국주 저, 살맛난 사람들, 1994, p.7.

다. 통합성인 관점 위에 서야 한다. 정신과 물질이 4차원이라는 것은 구체적인 이유를 따지기 전에 그들 역시 곧 통합성인 본질로부터 생성된 때문이다. 그런데도 선행된 본질의 작용 세계를 간파하지 못하면 왜 4차원적인지 연유를 설명할 수 없다. 본질의 생성 전모를 볼 수 없다. 어떻게 4차원의 도래가 가능한가? 천지가 창조되었기 때문이고 본질로부터 비롯되었기 때문이며 본질은 통합성으로서 알파와 오메가를 함유하였다. 통합성 안에서는 시간의 생성이 아예 없으므로 분열 때문에 생긴 시간적 제약이 없다. 이처럼 시간의 제약을 받는 존재와 차원을 달리하기 때문에 이것이 곧 초월성이다. 초월성은 시공만 해당되지 않는다. 구족된 통합 본질인 원인과 결과도 마찬가지이다. 본질의 작용 세계가 두루 통하는 이유도 여기에 있다. 알파와 오메가, 원인과 결과가 꼬리를 물고 한 통속, 한 본체를 이루고 있어 일시에 존재함이 가능하다. 이러한 초월성은 창조된 대상들에게 모두 해당되지만 지금은 특별히 시공의 초월성에 대해 살펴보고 있다. 창조 공간이 통합성에 의해 초월성을 지녔다는 것을 모르면 시공의 본질을 이해할 수 없다.[28] 대표적인 예로서 지성사에서 대두된 고전적 명제인 '시간은 어떻게 존재하는가'란 물음에 대해 독창적인 뉴턴의 시간 개념부터 살펴보기로 하자. 우주의 완전한 수학적 모형을 정식화하려고 시도한 첫 지구인인 그는 "절대 시간이라는 개념을 도입하여 어떠한 사건도 시간이라고 하는 수치를 사용하여 일의(一意)적인 방법으로 명시할 수 있다"라고 하였다.[29] 반면 공간에

---

28) 설사 4차원적인 작용 현상을 접했다 할지라도 그 이치를 이해할 수 없었다. 그렇지만 초월 현상은 세계가 창조되었기 때문에 아직 원리적으로 규명하지 못해서일 뿐이지 초월 현상이 있다는 사실 자체는 전적으로 세계가 하나님으로부터 창조된 것을 충실히 반영함.
29) 『시간과 화살』, 스티븐 호킹 저, 김성원 역, 두레, 1991, p.100.

서의 위치는 절대적인 것이 아니라 상이한 시간에 발생한 두 사건이 공간의 같은 지점에서 일어났는지에 대해 두 관측자가 반드시 일치한다고는 볼 수 없다고 했다. 절대 시간의 개념은 있어도 절대적 정지의 기준은 없기 때문이다. 뉴턴의 이론에서 시간과 공간이 분리되고 독립되어 존재한다고 하는 것은 시간과 공간을 피상적으로 본 것이다. 본질을 보지 못하고 생성된 원천이 있다는 것을 알지 못했다. 이에 아인슈타인이 나타나 상대성 이론을 내놓음으로써 시간에 대한 새로운 가능성의 길을 열었다. 즉, "한 사건에서 다른 사건에 빛의 진동을 보내 그것을 측정하면 빛의 속도를 결정할 수 있다. 이 경우 빛의 속도는 두 사건 사이의 거리를 두 사건의 시간차로 나눈 값이다. 그러나 공간에서의 위치는 상대적이므로 다른 속도로 운동하고 있는 관측자는 두 사건 사이의 거리를 다르게 측정할 것이다. 이같이 시간은 절대적일 수 없다. 일의적인 방법으로 사건의 시간을 명시할 수 없다. 오히려 관측자들이 각각의 시간 척도를 지니기 때문에 그들의 시간은 반드시 일치할 수 없다."[30] 이처럼 상대성 이론은 독자적으로 존재한 시간을 시공이라고 하는 구조의 일부분으로 편입해버렸다. 그래서 시간은 이제 뉴턴의 이론에서처럼 보편적인 것도 절대적인 것도 아닌, 공간에서의 위치와 마찬가지로 관측자의 운동에 의존하게 되었다.

물리 공간 안에서의 시공에 대한 개념은 인류가 세상을 바라본 디딤돌의 관측 높이가 어느 정도인가에 따라서 설정된 것을 알 수 있다. 뉴턴 당시에는 천체 운동이라는 것을 그토록 실감나게 현실화시키지 못했다. 시간은 다소 주관성이 내포된 사유적 개념이었다. 반

---

30) 위의 책, p.103.

면 아인슈타인에 이르러서는 천체 운동이 상대적이라는 것을 과학자로서 실감할 수 있게 한 시대이다. 그래서 뉴턴의 "상대 속도로 운동하는 관측자에게 역학의 법칙은 동일하다는 판단의 기초 위에서 더 나아가 빛의 속도는 어떠한 관측자에게도 동일하다"고 하는 잣대를 세워,[31] 급기야 시공은 평평하지 않고 물질과 에너지의 존재에 의해 휘거나 굽는다는 물리적 개념으로 전환해 버렸고, 쌍둥이의 역설처럼 항공기에 정확한 시계를 싣고 비행해보면 이 효과를 실제로 관측할 수 있다고도 했다. 따라서 굳이 창조 시공의 초월성 개념과 대비시키지 않더라도 물리 공간에서 작용되는 시간은 기반이 전혀 다른 것이다. 우선 아인슈타인은 빛의 속도라는 것을 절대적인 잣대로 내세워 시간의 작용 본질을 파고들었다. 그렇다면 빛과 시간 사이에는 무슨 상관이 있는가? 빛이 시간을 생성시킨 것인가? 물론 여기서 시간이라는 것은 빛이 어떤 관측자에게 도달하기까지의 거리에 대해 걸린 이동에 대한 정도를 나타내는 것이지만, 우주적 운동이 한시라도 제자리에 있는 것은 없으므로 두 사건이 발생하는 동안 움직였기 때문에 일정한 광속에 대해서 거리가 서로 달라 각각 두 사건 사이에 경과했다고 생각하는 시간의 길이는 달라질 수밖에 없다(두 관측자가 측정한 거리가 다름). 이런 의미에서의 시간은 말 그대로 절대적일 수 없지만, 우리가 관측하고 인식하는 시간 차이와 절대 불가결한 창조 공간 안에서 통합성이 분열하여 발생한 사건과는 무슨 상관이 있는가? 빛과 공간에 대한 성질의 규명으로서는 이해할 수 있을지 몰라도 시간 자체와는 무관하다. 시간은 오직 통합성이 분열함으로써 주어진 생성의 경과 때문이며, 자체로 시간의 알

---

31) 위의 책, p.100.

파와 오메가를 함유했다. 시간은 도래하지도 않은 미래로부터 오고 이미 존재한 것이 분열하여 현현된 것인데, 어떤 물리적인 영향으로 길어지기도 하고 늘어나기도 한단 말인가? 존재의 시간이 분열을 완료하면 시간은 이제 없으며, 통합성을 이룬 영속의 본질 속으로 귀환한다. 아인슈타인이 말한 시간이라는 것은 시간의 본질을 말한 것이 아니며, 빛의 이동에 대한 상대적인 거리 관측과 중력에 의해 영향을 받는 빛과 공간의 물리적인 특성, 즉 창조 대상에 대한 특성을 이론화한 것이다. 물리적인 것은 물리적으로 영향을 받는 것이므로 항공기에 정확한 시계를 탑재했다면 그것은 시계가 영향을 입은 것이지 시간 자체에 변화가 있는 것은 아니다. 시간이란 사전적인 개념을 보아도 정확한 본질을 규명하지 못한 상태라 어떤 시각에서 다른 시각까지의 동안, 또는 그 길이를 지칭하였고, 시공도 간단하게 '시간과 공간'이라는 뜻풀이로 기재되었다. 시간이 창조로부터 비롯되고, 비롯된 통합성의 분열 경과가 시간이라는 사실을 받아들여야 인류는 새로운 차원 관점에서 시간이 바로 창조로 인하여 생성되었고, 생성으로 영원하다는 것을 알 수 있다. 다행히 과학자들은 "자연은 자연 그대로 있지만 그것을 보는 인간의 시각은 갖가지라, 그 각각은 제각기 다소간의 진실을 말하고 있지만 어디까지나 불완전하다는 것을 알았다. 이론은 언제나 새로운 이론에 의해 도전받을 수 있고, 틀렸다면 폐기될 수 있다는 입장이다. 뉴턴도 아인슈타인도 일면은 진리를 말하였지만 완전한 것은 아니므로 여기에 도전할 수 있어야 인류 문화가 활짝 피어날 수 있다."[32] 아인슈타인은 뉴턴의 절대 시간이란 개념을 포기하고 시간과 공간을 똑같이 취급한 상

---

32) 『이 하늘 이 바람 이 땅』, 권재술·성하창 엮음, 한샘, 1993, p.115.

대성 이론을 세웠지만, 이것은 주어진 물리 공간 안에서 창조된 대상 자체가 내포한 한계성을 벗어나지 못한 시간 개념 파악이다. 따라서 뉴턴의 절대 공간에서는 시공이 분리되었고, 아인슈타인의 상대 공간에서는 시간이 공간이라는 등식의 관계가 성립되었다면 천지를 창조한 본질 공간에서는 시간의 알파와 오메가가 함께하므로 시공을 초월할 수 있다. 곧 시공의 본질로 무한한 우주 공간을 일시에 관통할 수 있다. 우리는 광속을 기준으로 "대략 성운은 평균 200만 광년의 거리에 있다"고 하는데,[33] 이 같은 성운도 창조된 본질에 근거한 것인 한 200만 광년은 문제가 아니다. 알파와 오메가가 함께한 창조 시공 안에서는 한순간에 도달할 수 있다. 무슨 증거가 있는가 하겠지만, 알파와 오메가가 함께한 초월 현상은 주변에서도 확인할 수 있다. 원인과 결과가 함께한 우주의 시간대를 꿰뚫지 못하면서 천고 만재된 우주의 신비를 밝혀낼 수 있겠는가? 억겁에 걸친 창조 시공을 초극할 수 있어야 천만 년 시종이 함께한 대창조 공간을 확연히 밝혀 어둠에 덮인 선천 하늘을 거두고 광명한 후천의 새벽별을 맞이하리라.

2. 시공의 본질 구조

천체 물리학자들의 눈에 비친 시공은 무궁한 상상의 날개를 단 모험 여행이다. 특이점이다 블랙홀이다고 하면서 가설을 설정해보지만 우주의 근원을 찾지 못하여 헤매고 있다. 무한한 우주 공간은 좌우

---

33) 『시간과 화살』, 앞의 책, p.24.

수평으로 따져보아도 가없는 것이지만, 상하 수직인 시간대로도 무궁하여 끝을 따질 수 없다. 사실 공간은 헤일 수 없는데 시간까지 덧붙인 것은 태초에 창조가 있어 이로부터 시작한 분열이 우주적인 시간을 무궁하게 생성시켰다.[34] 물리학자들은 시공이 물질적인 기준에 따라 절대적인 것이 아니라고 하지만, 우주 공간은 일체 변화와 상대성을 내포하면서 천고 만재된 우주의 시간대를 생성시켰다. 이 연구도 통합성이 분열함으로써 각자가 고유한 시간을 지녔다고 했지만, 고유한 시간까지도 포함한 것이 우주 공간이다. 이런 창조 공간이 지닌 특성을 가늠할 수 있어야 한다. 우리는 지금까지 세계 안에서 본질의 존재성을 확인하기 위하여 노력하였지만 본질 자체는 형태가 없는 것이라, 시공의 본질은 따로 구분할 수 없다. 자체로서 바탕이 본질인 동시에 본질이 바탕이다. 시공으로 치면 시공의 본질을 이룸과 동시에 시공의 본질은 시공을 이루었다. 그렇지만 그것이 형체가 없다고 해서 존재가 아닌 것은 아니다. 창조된 대상은 본질을 가지며, 바탕된 근거로서 有한 인식적 근거를 남긴다. 비록 형태적으로는 무형이지만 有한 창조의 바탕체로서 분열한다. 시공은 형태 없는 모습이 본질을 이루고, 본질이 우주 만상을 존재할 수 있게 하였다. 그래서 통상은 시공의 본질을 시공 자체라고 하거니와, 하나님은 창조 역사를 통해 만상이 존재할 수 있는 有함의 집, 곧 대우주의 시공간성을 우선 확보하여 주었다. 이런 우주는 "특이점에 의해서 그 곡률이 무한대로 되어 시공 구조가 엉망이 된다든지 모든 것을 끌어당기어 그 속에 들어가면 나올 수가 없다는 블랙홀" 같은 물리 공간을 의미하지 않는다.[35] 우주의 생성과 시종의 비밀을 함축

---

34) 우주 공간이 무궁한 시간을 내포함은 창조를 입증하는 것임.

한 창조 시공을 말한다. 우주가 아무리 무한해도 창조 안이라 본질로서 뒷받침될 수밖에 없다. 태초의 비밀을 간직한 시공은 창조된 알파 순간과 연결되어 있어서 시공의 역사는 가히 창조 역사와 함께하였다고 할 수 있다. 삼라만상은 수없이 생멸을 거듭하였지만, 시공간은 태초의 시간과 원음을 그대로 간직하였다. 어쩌면 시공은 창조 자체라고 해도 무방하다. 시공의 생성이 온갖 이치와 원리 법칙을 태동시켰다. 하나님이 천지를 창조한 근거를 시공이 함축하였다. 만상은 무궁한 생성과 변화와 조화로 이룬 진리의 생명터인데, 시공이 이것을 있게 한 생성 운동을 주도하였다. 시공은 생명의 근원으로서 시원인 궁극적인 원인을 함축하였다. 그래서 영혼이 소멸하면 바로 시공의 영원한 생성 세계 속으로 귀속된다. 시공은 천지 만상을 뒷받침한 창조 역사의 대반석이다. 만인은 천지 창조의 증거인 시공의 존재성을 자나 깨나 염두에 두어야 한다. 모든 존재와 함께하고, 근원을 같이 한 시공은 창조 역사의 실상을 간직하고 있다. 태초의 시공과 함께하면서도 오늘의 시공과도 함께하여 우리는 현존하는 시공간 안에서 태초의 창조 비밀을 찾아낼 수 있다. 시공은 통합성이라 이 한순간의 접함으로 영원성을 볼 수 있고, 순간을 통하여 창조된 실상을 판단할 수 있다.

3. 시공의 생성 공간

시공의 상대성은 물질로서의 특성이고 시공의 통합성은 본질로서

---

35) 위의 책, p.10.

의 특성이다. 이에 시공이 태초의 창조 비밀을 담고 있다는 것은 본 질로서 지닌 작용 특성을 말한 것이다. 시공은 천지 창조 역사에 근 거하는 것이라, 통합성으로부터 분열을 이루다보니 시간을 영원하게 생성시켰고, 그러면서도 한 통속인 본질 공간으로서 두루 통한다. 삼세란 구분이 시공간 안에서는 없다. 알파와 오메가가 함께 하므로 초월적인 공간 안에서 사실상 시간은 무의미한데, 이것은 감각적인 질서 인식과 달라 이해하기 어려웠다. 하지만 바탕인 통합성이 존재 하는 한 이와 접한 의식의 분화로 우리는 존재의 한 켠 뒤에 있는 창조 시공을 접할 수 있다. 창조는 태초의 그 언제인가? 그 순간을 아무도 지켜보지 않았고 경험하지 못한 탓에 하나님이 이룬 천지 창 조 역사를 확인할 수 없다. 이 땅의 누구도 우주의 최초 생성 순간을 관찰한 자는 없다. 그러나 창조 사실을 확인하기 위해서 반드시 동 일한 시공 속으로 진입할 필요는 없다. 어떻게 현존하는 인간이 과 거로 되돌아갈 수 있겠는가? 그것은 불가능한 일이다.[36] 그래서 태 초의 시원을 알기 위해서는 무엇보다도 만상을 포함하고 있는 시공 의 본질을 규명해야 한다. 그런데 이 시공은 태초로부터 통합성에서 분열하였다고 했다. 통합성이 분열하면 그렇게 해서 드러난 생성의 과정은 어떻게 되는가? 통합은 분열을 낳고, 분열된 힘은 다시 본질 을 통합시킨다. 창조된 有한 본질을 영원히 지속시키기 위해서……. 따라서 창조 이래로 분열을 거듭한 시공이 현재 접한 시공 안에서는 어떤 형태로 존재하겠는가? 통합된 상태로 창조 목적의 완성을 촉진

---

36) 창조론자들은 이 같은 문제에 대해 하나님만이 오직 특별 계시를 통해 어떻게 세상이 시작되 었는지를 말씀해줄 수 있다고 말한다. 왜냐하면 "세상이 창조될 때 어느 인간도 그 자리에 있 어 이를 보지 못하였고, 설사 거기 있어서 보았다 할지라도 하나님이 친히 해석해주지 않으면 그 사건의 의미를 결코 온전히 이해할 수 없었을 것이기 때문이다."-『성경적 창조론』, 앞의 책, p.16.

시키고 있다. 그러니까 창조 이래 무수하게 분열된 시공은 오늘날 하나로 통합되어 있어 억겁에 걸친 창조 시공도 하나로 인식할 수밖에 없다. 현존하는 시공과 인식과 판단은 하나뿐이라, 과거의 시공 속에 잠적된 시공의 생성 경과가 모두 현존한 시공에 의해 하나로 통합되어 있다. 시공은 본래 한 통속인 본질을 이루고 있어 시간의 흐름이란 현상적 변화와 달리 하나로서 불변하다. 과거의 무수한 생성에도 불구하고 지금의 시공은 하나뿐이고 오직 현존만 있다. 하나님의 영구한 창조 작업도 영겁의 세월을 거쳤지만 하나로서 인식되고 하나로 인식할 수밖에 없다. 삼라만상은 다양하지만 이것을 있게한 창조 본질은 하나이다. 하나인 시공 안에서 통합된다. 왜 태초에 존재한 하나님이 현재의 나와 함께할 수 있는가? 왜 과거의 역사를 오늘 인식할 수 있는가? 모든 것을 있게 한 시공이 현존과 함께해서이다. 그렇다면 우리는 하나님을 어디서 찾을 수 있는가? 찾음이 가능한가? 현존 속에서 끊임없는 정진과 믿음을 쌓으면 통합성인 창조 시공으로 진입하여 하나님과 감격적으로 만나게 된다. 神은 이 영원 주도적인 시공 속에서 존재하며 우주적인 공간 속에서 감지되는 바이다. 세계로서 시간은 곧 일관됨을 의미하며, 세계의 궁극성은 사물과 개체를 초월한다. 천 년을 살지 않아도 믿음 있는 자 시작과 끝을 알 수 있다. 순간을 보라. 한 많은 세월 속에 神은 존재하지 않나니 순간적인 것은 영원한 것이고, 온 우주가 그 속에 있다. 세계는 존재 앞에 있고 그 속에 하나님이 있나니, 순간 속에 의식을 집중시키고 시공의 합일로 영원성과 접하라. 그리하면 인류는 통합성인 시공의 생성 본질 속에서 천지 창조의 대지혜를 인출하리라.

제8장 창조의 선재성

1. 하나님의 선재

태초에 하나님이 천지를 창조하였다는 사실은 성경의 기록에 근거했다. 그리고 이런 사실을 굳게 믿은 기독교인들은 세계에 대해 절대적인 창조관을 형성하였다. 하나님이 천지를 창조한 과정은 창세기에 세세하게 기록되어 있다. 그래서 신앙인들은 창세기의 첫 장은 완전히 역사적이며 과학적인 정확성을 가진 것으로 인정하여야 한다고 주장했다. 그러나 좀체 납득이 가지 않는 것 역시 어쩔 수 없다. 애써 긍정해보고자 하면 비약이 있고 이치적인 해명도 부족하다. 천지가 창조된 것은 과연 과학적인 사실인가? 창조론자들 중에는 무신론이 팽배한 세계 안에서 마치 투사처럼 정열을 쏟기도 했지만, 판단하건대 창조 역사를 과학적인 안목으로 증거하려는 시도는 부질없는 해법이다. 세상적인 법칙 적용으로서는 해결할 수 없다. 범접할 수 없는 초월적인 인식 작용을 통해야 한다. 창조를 과학적인 틀로서 접근하면 결국 불가지론자가 되어버린다. 창조되었기 때문에 과학이라는 세계적 작용 현상을 이해하는 봉창이 생긴 것인데, 그 좁은 문으로 어떻게 무궁한 창조 세계를 이해할 수 있겠는가? 과학으로는 창조의 무궁한 생성 메커니즘을 파고들 수 없을 뿐 아니라 무엇 하나 제대로 증거할 수 없다. 천지 창조 역사를 증거하기 위해서 취해야 할 급선무인 과제가 있다면? 바로 창조 역사를 실현한 하나님을 증거하는 것이다. 창조 역사와 하나님이 존재한 사실은 불가분한 관계에 있다. 태초에 하나님이 천지를 창조하였다고 한 창세기 1장은 태초와 창조 이전에 존재한 하나님의 선재 사실을 분명히 한다. 하나님이 먼저 존재했기 때문에 천지를 창조할 수 있었다. 믿건 믿지 않건 문장의 구조상으로도 충분히 유추할 수 있다. 창조와 하나님과의 관계에 있어서 창조는 선재 사실을 상정해야 하므로 창조를 증거하는 논리는 하나님을 증거하는 논리와 일치된다. 그래서 이 연구는 창조 역사를 증거하기 위한 첫 과제로서 하나님의 선재성부터 논거하고자 한다. 이에 하나님이 태초에 천지를 창조하였다고 한 성경의 기록은 선재한 사실을 어떤 형태로 표현한 것인가? 이것은 진실로 창조 역사를 믿는 이의 눈에만 보이는 천상의 지혜이다. 하나님은 창조주이므로 만물보다 앞서고 창조 역사보다 선재하였다는 것은 명백하다. 하나님의 선재는 일체 창조적 사실보다 앞서 있다는 것을 일단 명심해야 한다. 선재라고 말할 수 있는 확고한 기준선은 창조이다. 그리고 그런 창조보다 앞선 분이 곧 하나님이다. 이런 기준을 정확히 해야 우리는 성경에서 말하는 하나님의 선재 형태에 대해서도 이해의 길을 연다. 하나님이 창조주로서 존재한 주소를 확인할 수 있다. 세계의 본질은 통합성이라느니, 본질은 천지 창조의 근거라느니, 본질은 시공의 분열성을 초월한다느니 하는 주장을 이해하였다면 그것만으로도 지금 해명하고자 하는 하나님의 선재 사실을 파악한 것이다. 하나님은 태초부터 존재했고 영원하다. 하나님이 천지를 창조하였으므로 태초부터 존재했을 것은 당연하다. 하지만 이런 당연한 판단을 통해서도 이 연구는 중대한 잘못을 발견한다. 감각적으로 판단한 시간관념으로 태초를 과거로부터 흘러 온 잔해성으로 착각한다. 분열 중인 세계 안에서는 당연한 상식이다. 그렇지만 언급했듯 하나님이 창조 이전부터 선재한다는 사실을 재고해 보자. 정확하게 이해하였다면 하나님이 태초부터 있었다는 것은 현재를 기준으로 어디에 위치한 것이고, 영원하다는 것은 어떤 실존 공간 안에서인지 가늠할 수 있다. 이런 선재됨의 위치와 존재 형태 등은 성경의 곳곳에 기록되어 있다.

> "주 하나님이 가라사대 나는 알파와 오메가라. 이제도 있고 전에도 있었고 장차 올 자요 전능한 자라 하시더라."[37]
> "두려워 말라. 나는 처음이요 나중이니 곧 산 자라. 내가 전에는 죽었었노라. 볼지어다. 이제 세세토록 살아 있어 사망과 음부(陰府)의 열쇠를 가졌노니……"[38]

하나님이 지혜의 빛을 던져 주었나니 너희는 두려워 말라. 나는 천지를 창조한 하나님이니 곧 영원히 살아 있는 자라. 내가 전에는 너희가 보아도 보지 못하고 들어도 이해하지 못하므로 죽은 자 같이

---

37) 요한계시록 1장 8절.
38) 요한계시록 1장 17절.

있었지만 이제는 볼지어다. 나는 죽은 것이 아니요 세세토록 살아 있어 사망과 음부의 열쇠를 가졌다. 그것이 바로 천지 창조 역사 가운데 있다. 너희들이 지닌 그 인식적 기반 위에서 사망과 음부의 문고리를 열어젖힐 열쇠가 있다. 나를 보고 대망한 창조 세계를 확인하고, 사망과 음부에 갇혀 있어 살아도 죽은 것처럼 될 수밖에 없는 성경의 기록을 이해하게 되리라. 죽었다가 다시 살아난 이를 볼 수 있는 영생의 증거를 확인할 수 있게 되리라고 말하는 것 같다. 사망과 음부에 갇혀 있던 말씀의 생명력을 부활시킬 열쇠를 찾았다. 그런데도 망설이고 있다. 의심하고 있다. 만인이 음부의 열쇠를 찾아 문을 열 수 있길 바라는 마음 간절하다. 하나님이 선재한 사실을 확인하면 창조 사실을 증거하고 성경의 기록을 사실로 받아들일 수 있다. 이런 단언은 결코 허구가 아니다. 하나님은 천지를 창조한 알파요 오메가이고 처음인 동시에 나중이다. 어찌하여 이런 일이 가능한가? 창조된 실상과 비교하면서 확인해나가자. 하나님이 천지를 창조한 바탕 근거가 통합성인 것은 주지된 바이다. 세계는 한 통속인 본질로 되어 있어 원인과 결과가 함께 하고 알파와 오메가가 함축되어 있다. 이 같은 바탕 본질이 분열되어 표출되는 과정에서 현상과 조화된 개체들이 있게 되었다. 이 같은 본의를 자각함과 함께 창조 이래 열릴 줄 몰랐던 사망과 음부의 문고리를 열어젖히게 되었다. 일반적인 시간관념은 한시바삐 탈피해야 한다. 창조보다 선재된 곳에서 시간은 아직 존재하지도 않았고 생성되지도 못했다. 이와 같은 상태에서 하나님이 천지를 창조할 뜻과 의지와 목적을 가지므로 창조 이전부터 일체를 창조할 통합적인 본질 바탕이 마련될 수 있었다.

이것은 중요하기 때문에 다시 한번 정리하면 하나님이 천지를 창조하기 전에는 세상과 시간이라는 것이 전혀 없었다. 그런데 창조 역사의 실현으로 세상과 시간이 있게 되었고, 세상과 시간이 존재할 수 있도록 통합성 본질이 분열하였다. 이런 여건 속에서 하나님은 우리의 실존보다 앞서 존재하고 앞서 인도하며 앞서 역사하였다. 미리 있어 우리를 보살피고 길을 인도하였다. 여기서 앞서 있고 미리 있고 이미 존재한 하나님은 거리적인 것이 아니고 아직 도래하지 않은 미래로부터 다가옴이다. 미래에 있을 뿐 아니라 과거도 함께 있다. 비단 통합성이 두루 통하고 초월적이기 때문에 그런 것만은 아니다. 하나님은 창조주이므로 주어진 창조 세계, 즉 시공간을 벗어나 존재할 수 있고, 그러면서도 창조로 인해 세상과 함께한다. 천지가 창조되지 않았다면 성경에서도 이런 사실은 기록하지 않았으리라. 마태복음 13장에 있는 천국 비유 장을 살펴보면 처음에 천국은 이미 이루어졌다(이미 시작되었다)가 되고, 두 번째로 천국은 현재 내 안에서 이루어져 가고 있다가 되며, 세 번째로 천국은 그 날에 이미 완성되었다가 된다. 그날이 언제인지 알 수는 없지만 완성된 천국이 서서히 분열하여 완성되어가고 있는 중인데, 어찌 천국이 도래하지 않을 것인가? 하나님은 항상 있고 미래에 있고 영원히 살아 있다. 예수님은 하나님의 神적 본질을 가진 삼위일체일진대, 이 연구는 부활과 재림의 사실까지도 창조된 시공의 생성 원리로서 입증할 수 있다. 삼위일체란 하나님의 본체가 현현하여 아버지의 뜻을 이루기 위한 분열적 현상일진대, 三位는 통합 본질 속에서 한 하나님으로 존재한다. 예수님은 하나님의 분신인 동시에 하나님 자체이라, 불멸한 神이 십자가에 못 박혔다고 해서 다시 오지 못할 리 없다. 간 길이 있기 때문에 오는 길도 있다. 창조 세계가 완성되고 천국이 건설되고 창조의 원래 바탕인 통합성이 분열을 완료하면 설사 거부한다 해도 영광의 그날은 도래하리라. 하나님은 필연적으로 미래의 하늘 아래서 강림한다. 그때의 하나님은 비로소 완성된 모습을 드러낼 것이지만, 그러지 못한 상태에서도 하나님은 우리와 함께하고 있다. 믿는 자의 영혼이 고귀한 이유이다. 나의 실체보다 영원히 앞서 있는 하나님은 과거의 하나님이 아니며, 나보다 앞서 이 시공을 열어주는 미래의 하나님이다. 나보다 앞서 나를 존재할 수 있게 한 하나님 덕분에 나와 삼라만상이 영원히 존재할 수 있게 되었다.

2. 목적의 선재

하나님의 선재 사실을 확인하는 것은 창조 역사를 증거하는 기반이다. 앞서 논거한 것은 하나님의 실존 위치에 대해 좌표를 정하고 점을 찍은 것인데, 이제부터는 창조 이전에 있었던 하나님이 창조를 위해 이룬 사전 준비 작업이 무엇인지 밝히는 것이다. 하나님은 창조 이전에 자체만으로 존재한 절대 실존의 순간이 있었다. 당연히 어떤 시간 개념으로서도 가늠할 수 없는 상태이지만 이런 여건 속에서도 하나님은 창조를 실행하기 위해서 선행된 고심의 과정이 있었는데, 그것이 곧 선재된 창조 목적과 뜻과 의지와 면밀한 창조 계획이다. 이런 준비가 하나라도 부실하였다면 창조 역사는 실패하고 삼라만상도 존재할 수 없었으리라. 하지만 결과적으로는 성공하였고 하나님도 흡족해 하였다는 것은,[39] 준비 절차가 완벽하였다는 뜻이

---

39) "하나님이 그 지으신 모든 것을 보시니 보시기에 심히 좋았더라."-창세기 1장 31절.

다. 이런 하나님을 우리가 전능한 창조주라고 했다. 사전에 준비를 완료하였기 때문에 창조로부터 알파와 오메가를 동시에 출발시킬 수 있었고 원인과 결과를 함께 함재시켜 세계가 영원히 有할 수 있도록 하였다. 이런 선재 작업과정을 거쳐 통합성 본질을 형성하였다. 그리고 이렇게 준비된 과정은 고스란히 존재한 본질을 형성하는데 반영되었다. 창조 역사는 어떤 별다른 것이 아니다. 최대한 하나님이 지닌 것을 존재하는 형태로서 구체화시킨 것이다. 인간이 그대로 하나님은 아니지만 하나님이 혼신을 쏟아 이룬 최상의 작품이다. 하지만 이 같은 주장은 신앙상의 고백이라 창조를 증거하는 입장으로서는 부족하다. 그럼에도 불구하고 창조 역사가 창조 이전에 존재한 하나님의 완전한 반영 역사인 사실은 변함이 없다. 그렇게 선재한 요소 중에서도 특히 창조 목적의 선재는 천지가 결코 그냥 지어진 것이 아니라는 사실을 증거한다. 이렇게 창조 목적의 선재 사실을 규명하면 인류는 한 걸음 다가 선 상태에서 창조된 실상을 확인할 수 있다. 그렇다면 현안으로서 선재된 창조 목적은 어떻게 확인할 수 있는가? 창조 목적이 아직 세상 위로 다 드러나지 않은 상태인데 말이다. 그리고 확인이 어렵다면 그러한 상태를 그대로 인정하면 된다. 쉽게 확인할 수 있다면 누가 창조를 모를 리 있겠는가? 선재되어 있다 보니까 지성들이 분열된 결과는 파악해도 세상만사가 왜, 어떻게, 무엇 때문에 생겨난 것인지는 몰랐다. 하지만 이런 여건을 면밀히 통찰하면 정말 창조 목적이 세계를 규정했다는 사실을 알 수 있다. 어떤 일을 추진할 때는 목적을 가지는 것처럼 삼라만상도 어떤 형태로든 생성된 목적을 지녔다. 칸트는 "우리들은 자연이 합목적적으로 만들어져 있다고 증거할 수는 없어도 자연이 마치 합목적적으로 만들어진 것이라고 생각하면서 경험적인 지식을 체계화해야 한다"라고 했다.[40] 목적을 이루기 위해 취해야 하는 정당한 인식 형태이다. 자연을 성립시키는 합목적성이 창조 이전에 심저하게 고심된 선재 형태로 있다면 그것은 어떻게 증거할 수 있는가? 인식할 수 없는 데 말이다. 그래도 합목적성을 상정해야 경험하는 지식 체계가 성립될 수 있다. 목적을 앞세워야 경험적 지식도 사실성도 구축할 수 있다. 일을 추진시키는 경우에도 그러한데 하물며 창조 역사에 있어서랴!

과학 지식을 총동원한 인공위성은 수백만 가지 부품의 결합품이다. 부품들이 각자 제조된 목적과 기능을 가지고 조합되어 지구의 인력권을 뚫고 달을 정복하였다. 그런데 인간은 한 기관의 세포 조직 수만 해도 헤아릴 수 없어 인공위성을 능가했으면 했지 못하지 않다.[41] 이런 인공위성이 자연 상태에서 제조될 수 없다는 것을 안다면 생명의 탄생과 유기적인 구조 형성은 더욱 그러하다. 여기에 장대한 창조의 목적성이 엑스로서 차지하고 있다. 자체 안에 내재되어 있다. 왜냐? 목적성이 선재된 탓이다. 엑스 자리가 문제인데, 이것을 몰라 다윈은 종의 다양성을 진화로 풀었다. 이유는 충분한데 창조 이전에 선재되어 있어 확인하지 못했다. 그렇다면 선재된 목적성은 존재하는 현상계 안에서는 확인이 불가능한가? 하나님의 선재 사실을 확인한 마당에서는 그렇지 않다. 파악할 수 없는 것이라면 최후로는 불가능한 사실 자체를 통해서 문제를 풀 수 있다. 생리학

---

40) 『과학철학의 역사』, 존 로제 저, 최종덕·정병훈 역, 한겨레, 1992, p.140.
41) "생물이 갖는 생명 현상은 복잡하다. 사람은 복잡한 기계를 많이 만들어내지만 사람이 고안해 낸 가장 복잡한 기계도 가장 단순한 생물이 가지고 있는 것에 미치지 못한다. 가장 단순한 생물조차 사람이 만든 어떤 것보다도 더 복잡한 생명 현상을 가지고 있다."- 『생물 에세이』, 윤소영 저, 동녘, 1993, p.256.

사의 예를 통해서 보면,『정맥의 판막에 관하여』(1603)란 책을 쓴 파브리치오의 제자 하비는 "판막이 피가 폐로부터 심장의 왼쪽으로 가도록 하나 반대 방향으로는 열리지 않게 되어 있는데 주목했다. 따라서 그것은 피가 늘 동맥으로부터 정맥으로 원을 그리며 가고, 심장과 폐를 돌아가게 함을 알았다."[42] 곧 판막은 대정맥으로의 피의 역류를 막는 보장이 된다. 우리는 자연의 손길로 다듬어진 수석을 보는 경우가 있다. 그것은 결코 인간의 손길과는 무관한 자연 자체이다. 하지만 하비가 쓴「동물의 심장과 피의 운동에 관한 해부학적 연구」(1628)는 무엇을 나타내는가? 학자들은 우연성이 목적 있는 단순 기관을 구성할 수 있는지 따지기도 하는데, 확률 수치가 불가능에 가까운 것으로서 판정난 것은 주지된 바이다. 하비는 기존에 깔려 있는 갈레노스의 동맥계, 정맥계의 완전 분리를 거부하고, 피는 전에 몰랐던 단형행로(單形行路)를 따라 순환한다고 주장했다. 그는 심장의 기능에 관심을 기울여 80여 종의 동물, 특히 냉혈 동물을 해부해서 심장 운동을 분석했다. 그에게 있어서 중요한 것은 확장이 아니라 수축이었다. 심장이 긴장 상태에서 수축하면 동맥이 확장되어 맥박을 일으킨다. 이 메커니즘은 우심실과 대동맥 사이에도 적용된다. 그 결과 피는 심장으로부터 동맥을 거쳐 전신에 전달된다. 중요한 것은 하비가 피의 순환성을 증거한 업적에 있지 않다. 역사상 이런 사실을 확인하기 전에도 심장은 수많은 인류를 생존시켰고, 갓 태어난 신생아도 이런 구조로서 호흡한다. 아무도 알지 못했지만 판막은 피의 역류를 막았고, 산소가 지닌 역할을 몰라도 폐는 폐포를 통해 혈액 중의 이산화탄소를 들이마신 산소와 교환하였다. 그렇

---

42)『과학사』, 김영식・박성래・송상용 공저, 전파과학사, 1992, p.106.

다면 인간의 앎과 인식의 역할이라는 것은 무엇인가? 만물의 영장인 인간의 사고력이 이런 것이라면, 세상 무엇이 목적을 선도한 것인가? 앎과 자각이 존재한 상태와는 상관이 없었다는 것이 명백해진 이상 창조 요인을 자연 속에서 찾는다는 것은 무의미하다. 세계를 이해하는 관점 가운데는 '일체유심조'가 있거니와 유심론을 대표한 신념의 허망함이 여기에 있다. 과연 인간이 지닌 마음 작용과 정신 활동과 사고력이 지닌 가능성과 한계는 무엇인가? 그리고 그 근원은 어디로부터 비롯되었는가? 왜 우리에게는 자유로운 정신 작용이 있는가? 그런데도 이들이 존재성과 무관하다는 것은 무엇을 뜻하는가? 인간이 모르는 것을 자연은 알고 있고 이미 확보하였다. 이 같은 자연의 작용 메커니즘을 진화론자들은 자연선택을 있게 한 원동력으로 보았다. 그들이 원동력을 발견한 것은 고무할 사실이지만 그것은 정말 자연 자체가 생성시킨 메커니즘인가? 인간조차도 존재 형성에 있어서 무기력한 것이라면 세계 안에서 창조를 주도한 주체적 힘은? 세계 안에서는 전무한 상태인데 지극한 목적체로 구성된 삼라만상이 존재한 것은 바로 선재된 창조 목적을 증거한다. 세상 가운데서는 아무것도 발견할 수 없지만 자연이 엄밀한 구조를 갖춘 것은 하나님이 창조 이전에 목적을 세워 천지를 창조한 탓이다.

3. 뜻의 선재

창조 이전에 하나님이 창조를 위해 사전 준비 작업으로서 관여한 것은 창조 목적과 뜻과 의지 등이 있다. 이들은 무형의 본질로서 존재를 이룬 바탕 근거들이다. 붕어빵은 붕어빵틀로부터 구워졌는데

빵틀이 본질이라 흔적을 찾지 못했다. 세상이 세상만으로 존재한 것으로 보이고, 세상을 이룬 본질과는 격리되었다. 지성들이 자력으로서는 연결고리를 찾지 못하므로, 하나님이 창조 이전에 가진 뜻을 확인해서 보이지 않는 본질적 근원을 추적하고자 한다. 선재된 목적처럼 창조를 이루고자 한 뜻도 세상 가운데서 존재한 위치는 마찬가지이다. 목적은 객관적인 구조를 설정하는 데 관여하였지만 뜻은 다분히 주관적, 내재적임과 함께 위대한 창조 작업을 실행시키고자 한 의지 결집으로서 주체적, 필연적이다. 이런 뜻의 뒷받침으로 창조 계획이 구체화되었다. 뜻은 하나님이 구족한 본질 상태를 창조 역사로 이행시킨 제일의 발동 근원이므로 주관적인 뜻의 의지적 실행이 오히려 필연적인 법칙을 결성했다고 할 수 있다. 뜻이 바탕되고 내재되지 않은 천지 만물은 하나도 없다. 만상이 창조되므로 만상의 밑바탕에는 하나님의 뜻이 내재되어 있다. 존재는 홀로 의미를 찾을 수 없지만 창조 위에서는 최고의 가치를 얻는다. 하나님이 창조 뜻을 발한 것은 모두 사랑 때문이다. 사랑하지도 않는데 천지를 창조할 리 만무하다. 개개 사물에 뜻이 함께한 것은 사랑이 함께한 것이라, 존재 안에서 사랑의 묘약을 발견하는 것이 제일의 가치이다. 사랑이 있기 때문에 모든 것을 용서하고, 참을 수 있고, 배덕과 참혹함도 회복할 수 있다. 모든 것을 잃더라도 사랑이 있으면 절망이 없다. 인간은 하나님이 사랑으로 어루만진 뜻의 화신이다. 여기에 존재한 최대의 가치가 있고 생명의 부활이 있다. 이런 사실을 바탕으로 뜻이 선재한 것은 어떻게 증거할 수 있는가? 천지가 본의를 따른 유기체적인 생성을 통하면 된다. 인간은 온갖 것을 가늠하지만 그런 것과는 상관없이 만사의 존재 시스템은 이미 결정적이라는 것을 확인하였는데, 창조된 세상이 그럴 수밖에 없는 연유에 창조 뜻이 있다. 천지는 이 뜻을 따르기 위해서 가장 합리적인 법칙을 구축하였다. 뜻이 없는데 어떻게 본의를 따른 본분을 지킬 수 있겠는가? 한 치도 어긋남 없이 운행될 수 있는가? 인간만 하나님을 아는 것이 아니다. 만물도 창조된 본의, 즉 뜻을 본유했다. 뜻은 만유 공통어다. 이것이 가능한 것은 뜻이 선재해서이다. 개개 물질의 기본 단위인 소립자에도 이면에는 창조 뜻이 반영되어 있다. 인간이 지닌 사고력은 뜻이 총화된 특별한 선물이다. 사물을 인식하고 판단하고 이치를 궁구하는 것은 선재된 뜻의 반영 결과이다. 정신 작용, 마음 작용, 의식 작용이 그러하다. 정신 작용이 연원된 기원도 여기에 있다. 정신 작용이 선재된 뜻의 반영일진대, 이를 통하면 우리는 정신 작용의 한계성도 엿볼 수 있다. 즉, 하나님의 뜻과는 권능 면에서 차이가 있다. 인류는 정신의 개명으로 문명 세계를 이루었지만 그것은 이미 선재된 뜻을 발견한 데 불과하다. 인류가 문명 세계를 건설하기 이전에도 천지는 운행되었다. 선재된 뜻을 간파하지 못하여 세계가 정신에 의해 지배되는 것으로 착각했는데, 한계성은 바로 선재된 뜻을 통해 확인할 수 있다. 아무리 실체를 구해도 구하고 나면 뜻으로 화해버렸다. 우리가 존재를 대하는 것은 결국 뜻 대 뜻으로, 혹은 인식 대 인식으로서지 존재 대 존재는 아니다. 뜻은 만유 공통어다. 세상을 파악한다는 것은 뜻을 파악한다는 것과 같다. 뜻은 대상보다 선행한다. 실재 없는 인식은 있을지 몰라도 인식 없는 실재는 있을 수 없다. 왜 그런가? 뜻은 창조 이전에도 존재하지만 존재는 창조 없이는 존재할 수 없기 때문이다.

궁극적인 실상 구조를 통해서도 뜻의 선재성을 확인할 수 있다.

정말 확인할 수 있어서이겠는가? 아니다. 인식 없이는 존재를 알 수 없는 사실 자체가 뜻의 선재 사실을 대변한다. 태초에 하나님이 뜻으로 천지를 창조한 이상 삼라만상은 선재된 뜻의 반영 영역을 벗어날 수 없다. 천지가 어떻게 창조되었는가라고 묻는다면 하나님의 뜻에 의해서라고 밖에는 말할 이유가 없다. 선재된 뜻이 창조된 진리로서 확인되는 것이지 직접적인 파악은 안 된다. 창조의 원천 실상은 합리성으로 가늠하기 어려운 것인데, 마치 럭비공의 바운드 방향을 알 수 없는 것과 같다. 가장 확실해야 할 창조 사실이 예측조차 할 수 없는 벽으로 차단되어 있다는 것은 아이러니하다. 이런 실상을 우리는 곳곳에서 발견할 수 있다. 그것이 무엇인가? 다윈도 궁금하게 생각했고 나름대로 해결책을 내놓은 종의 변이 현상보다 더 근본적인 종차(差)에 관한 것이다. 진화론을 성립시킨 원리적 배경은 간단하다. 다윈은 관찰하고 연구한바 종의 변이 현상을 자연선택 메커니즘에서 찾았는데, 이것은 참으로 본의를 파악하지 못한 관념의 조형물이다. 세상에 끼친 영향이 지대하여 하나님의 창조 권위조차 상실할 지경이 되었다. 그러나 정말 그러한가? 하나님이 지닌 선재 뜻은 무엇을 말하는가? 진화론은 과연 완벽한 이론인가? 누가 자신은 인간이 되고자 하였고 혹은 이름 없는 잡초가 되고자 하였는가? 원숭이보다 인간이 되기를 갈망하였는가? 원숭이까지가 최대의 진화 단계일 때 그들은 인간에 대해 무엇을 알고 인간으로 진화되고자 한 방향을 결정하였는가? 자연선택으로 "척추 어류는 양서류로, 양서류는 파충류로, 파충류는 조류, 포유류 동물로 진화"할 요인이 발생되었다 하더라도,[43] 주어진 여건 속에서 부여된 본성을 더욱 확실

---

43) 『창조론 대강좌』, 양승훈 저, CUP, 1996, p.154.

하게 구축한 것이 아니고 새로운 변신을 이룰 진화력을 구하였는가? 적응은 종이 지닌 잠재 본성 외에 무엇인가? 다윈이 제기한 진화 계통수(系統樹)에 대한 인식은 정말 억지로 끌어다 맞춘 가설이다. 왜 소는 늙어 죽도록 논밭만 갈아야 하고 인간은 천하를 주유할 자유를 지녔는가? 이유는 세상 어디에도 없다. 파충류로부터 조류와 포유류가 진화되었다고 하지만, 엄격히 말해서 파충류는 파충류로서, 조류는 조류로서, 포유류는 포유류로서 연면할 뿐이다. 겉모습이 비슷한 것이 진화의 연결고리는 아니다. 만물이 한 본질로부터 창조된 이상 모습이 비슷한 것은 오히려 창조 사실을 증거할 뿐이다. 단도직입적으로 파충류, 조류, 포유류는 세상 어디서도 종차를 있게 한 변이 메커니즘을 찾을 수 없다. 하나님은 창조 이전에 선재된 뜻으로 오리너구리는 오리너구리로서, 가자미는 가자미로서 존재하도록 결정하였다. 이 연구가 어디에도 이유가 없다고 한 것은 세상 가운데서는 선재된 뜻을 파악할 수 없다는 것을 강조한 것이고, 이것은 그대로 뜻이 선재된 것을 증거한다. 종차는 하나님의 선별된 뜻과 사랑의 반영에 있다. 하나님은 세상을 뜻 안에 두고 사랑으로 품었지만 지극한 사랑을 더할 수 있고, 창조 목적에 이상적인 기대치를 보탤 수 있다. 그래서 특별한 사랑을 한 몸에 받게 된 것이 인간이며, 더할 나위 없이 아름다운 푸른 지구 혹성이다. 하나님의 지극한 뜻이 선재되어 있어 확인할 수 없었던 것인데 이제는 빠짐없이 자각할 수 있는 길이 열렸다. "자연계의 놀라운 양상들은 창조 당시 하나님의 마음속에 있던 이념"이라고 창조론자들은 굳게 믿거니와,[44] 믿은 그대로 하나님의 선재된 뜻은 만상 가운데서 특별한 은혜로 충만해 있다.

---

44) 『창조와 진화』, Norman D. Newell 저, 장기홍·박순옥 역, 경북대학교출판부, 1990, p.26.

4. 계획의 선재

창조 계획이 선재된 것은 앞에서 논거한 창조 목적과 뜻과 동일하다. 계획을 창조 전에 수립함으로써 창조 역사가 빈틈없이 실현될수 있게 되었다. 창조를 위한 사전 준비 작업은 완비된 계획으로 확인할 수 있다. 목적은 구조를 결정하고 뜻은 내재적이지만, 계획은치밀성을 지닌다. 계획되지 않았는데 만물이 엄밀한 체계를 갖추었다면 그것은 이치에 어긋난다. 창조는 반드시 계획되었고, 그것이상식인데도 불구하고 진화론자들은 우연하게 구축되었다고 하였다.하지만 만물 가운데는 어디서도 창조력을 찾을 수 없다. 인간의 지성조차도 조물을 위한 능력은 없다. 인류가 문명을 발달시키고 유전자를 조작하는 것은 결정된 법칙을 발견해서 이용한 것이다. 앎과상관없이 세계는 창조 이래로 유구하였다. 만상은 창조되기 전부터,첫 조상이 창조되기 전에 계획되고 완성되었다. 존재를 있게 하는생성 운동은 선재된 계획과 완성된 창조성으로부터 분열하였다. 생물학은 하나님이 종을 창조한 설계도에 대한 추적이다. 지각 있는자는 그것을 누가 그린 것인지 알 수 있다. 그런데도 창조 이전에 이룬 작업이다 보니 확인하지 못했다. 그러나 그것은 오히려 창조 사실을 증거한다. 계획은 목적과 뜻에 비하여 더 구체적인 실행성을내포하고 있어 계획만 있었다면 한갓 상념에 불과하지만 창조 역사로서 실현되었다. 그런 창조 계획이 세상 어디에 반영되어 있는가?제반 현상을 통하여 삼라만상을 구축하였다. 세상은 무작위적으로존재하지 않았고 결코 우연은 없다. 세계는 고도의 운행 계획에 의해 지배된다. 그것이 곧 이미 결정된 법칙이고 원리성이다. 사물의 구조는 결코 단순하지 않다. 고도의 생성 메커니즘으로 작용하고 있다. 주자는 말하길, "세상이 존재하기 이전에 필경 세상이 있을 수 있는 이치가 있었기 때문에 이 세상이 있다. 만약 理가 없다면 곧 세상도 없고 사람도 없고 사물도 있을 수 없다"라고 하였다.[45] 세상에는 이법, 곧 창조 계획의 실행으로 정해진 이법이 있게 되고, 만물은 운행되는 궤도가 있다. 이법이 존재의 생성 방향을 결정하였다. 개개 사물뿐만 아니라 인간의 운명과 세계 역사도 선재된 계획이 대세를 결정한다. 물질을 생성시킨 이법은 물질 속에 이미 포함되어 있다. 파악하는 것은 물질이지만 드러난 것은 계획된 구조이다. 모든 존재는 존재가 그러하기 위한 이법과 구조를 지녔다. 세계를 보기 위해서는 먼저 원리부터 보아야 하나니, 사전 계획이 온갖 사물의 법칙성을 구축하였다. 생명 활동과 우주 운행도 알고 보면 선재 계획의 시스템적 구현이다. 존재는 엄밀한 구조를 이루고 원리화되어 있다. 일부 학자들은 "물질을 정보로 이해하는가 하면 나아가서는 객관적인 정신으로 보기도 하는데",[46] 이런 정보에 대해 물질과 정신 외에 제3의 존재로 규정하며, 세계를 곧 정보의 장이라고 주장한 학자들도 있다.[47] 정보를 세계의 기본 구조로 본 것인데, 이것은 선재 계획의 반영 결과이다. 단지 인식할 수 없으니까 세계가 자체적으로 활동한 것으로 착각했다. 화이트헤드는 "정신은 자연계의 생물 속에 있다기보다는 자연 그 자체이다. 생물은 모든 유동하는 패턴이고, 목적은 현재에 적응하기 위해 미래를 예지한다. 그는 이런 새로운 이론을 더 진보시켜 다윈설이 갖는 커다란 모순, 즉 단순한 물질

---

45) 『주자어류』, 권 1, 「이기 상」.
46) 『과학과 철학』, 김용정 저, 범양사, 1996, p.347.
47) 예를 들면 "바이츠제커는 물질은 에너지이고 에너지는 정보라는 것이다."-위의 책, p.347.

로부터 어떻게 자의식과 생명이 생겨나는지를 설명하고 있다. 즉, 태초에 정신이 있었다. 정신 자체는 자연과 다른 것이 아니다. 그리고 그 안에 나타나는 생물은 각각 미래를 예기(豫期)하고, 그것에 알맞게 행동함으로써 조금씩 자연계의 정신 전체에 반응할 수 있는 존재로 접근하였다"라고 했다.[48] 모든 것을 저절로 지각하고 반응하면서 오늘의 고등 존재로 진화한 것이라고 착각했다. 진화론이 세계의 진상 구조를 볼 수 없도록 장막을 쳐버린 것은 안타까운 일이다. 선재된 창조 계획으로 극복해야 한다. 존재가 곧 정보와 계획의 집합체란 사실을 증거하리라. 창조로 이룬 표준 설계도를 뭇 생명을 잉태시킨 본질의 동일 구조를 통해 확인할 수 있다. "생물들 간에 구조적인 유사성이 있는 것은 바로 한 창조주가 설계한 것이다."[49] 반면 진화론은 종이 구조적으로 비슷한 것은 같은 조상으로부터 진화된 증거라고 하였다.[50] 하지만 견해 차이는 오십보백보이다. 근본적인 문제점은 해결하지 못한 상태이다. 선재된 창조 계획을 보지 못하면 논쟁이 그칠 수 없다. 누가 서로 간의 생체 구조를 보고 커닝했는가? 선재된 창조 계획이 여기에 답할 수 있다.

5. 의지의 선재

하나님이 창조 이전부터 존재한 것이라면 그렇게 존재한 실존은

---

48) 위의 책, p.347.
49) 『창조론 대강좌』, 앞의 책, p.177.
50) 예를 들면 척추동물들은 두개골, 목뼈, 팔, 팔뼈 등 골격과 구조가 매우 유사한 것으로 미루어 한 조상으로부터 진화했다고 주장한다. 목이 긴 기린이나 목이 짧은 고래의 목뼈는 다 일곱 개로 되어 있기 때문에 같은 진화 조상을 가졌다는 것이다.-위의 책, p.177.

어떤 형태인가? 취할 수 있는 유일한 존재 형태는 바로 의지이다. 통합성인 본질도 사실은 의지로서 본체를 이룬 존재 상태이다. 따라서 하나님은 창조 이전이나 이후나 한결같이 의지적인 실체로 존재한다. 그래서 우리도 하나님을 항상 의지의 현현으로 접하며 의지적인 실체로서 규명을 이룬다. 의지가 천지 창조의 전 과정을 주도하였다. 의지가 작용함으로써 세계 안에서는 작용된 주체 의지로 창조 사실을 증거하고 역사된 선재 의지는 하나님의 실존을 증거한다. 그렇다면 선재된 창조 의지는 어떤 형태로 존재한 실체인가? 하나님이 창조 이전부터 존재한 실존 위치와 하나님이 이룬 창조 의지의 선재된 작용 형태를 통하면 알 수 있다. 과학적인 방법으로 아는 것이 아니다. 하나님이 창조 과정을 통하여 반영시킨 뜻은 선별된 의지의 형태로 가늠된다. 필연적인 이치를 규명하는 것과는 다른 작용 형태이다. 이치는 창조로 인해 이루어진 부수적인 결정 흔적이지만 선재된 창조 의지는 창조 이전부터 이미 하나님이 뜻으로 결정한 선별성이다. 법칙과 이치 결정 이전에 법칙과 이치를 결정한 선재 의지란 과연 무엇인가? 선재된 여건은 마찬가지나 그러면서도 선재 목적, 뜻, 계획과는 또 다른 특성을 지녔다. 다분히 관념성이 짙은데 의지는 직접 본체를 구성한 원질이고 본질 형성의 원형이다. 창조 역사를 주도한 근간이다. 천지가 모종의 사전 준비 상태로부터 출발된 것인 한 창조 의지는 어떤 본체성보다도 핵심된 작용 바탕이다. 하나님은 무형의 영인 만큼, 이로부터 창조를 있게 한 근거도 인출된다. 창조 이전부터 존재한 선재 의지를 밝히는 것은 가일층 창조 역사를 확정 짓는 디딤돌이다. 창조 이전에 모든 것을 갖춘 결정적인 의지 작용이 있었다는 것을 안다면 누가 감히 진화론을 주장할 수 있겠는가?

"우리는 어떤 경우이건 생물이 발생하기 이전의 초기 지구 위에 필요한 성분들이 모두 갖추어져 있었다는 것을 생각한다."51) 사실이라면 누가 미리 준비한 것이 분명하다. 하지만 진화론은 이런 가능성을 인정하지 않았다. 미리 준비했음의 뒤에는 神이 존재한 것인데, 이 사실을 배척하였다. 그들은 神을 보지 못했고, 설사 보았다 해도 창조 역사는 새롭게 증거해야 하는 과제이다. 그런데도 그들은 실험적인 타당성과 거리가 멀다는 이유로 창조론과는 담을 쌓았다. 하지만 종이 진화된 것이 과학적인 판단이라고 믿는 사람들도 합법칙적인 사고로서 도저히 거부할 수 없는 것이 하나님의 선재된 의지와 작용성에 대한 확인이다. 그것이 무엇인가? 창조 의지는 곧 하나님의 본체 의지이다.

> "그의 열매로 그들을 알지니 가시나무에서 포도를, 또는 엉겅퀴에서 무화과를 따겠느냐? 이와 같이 좋은 나무마다 아름다운 열매를 맺고 못된 나무가 나쁜 열매를 맺나니, 좋은 나무가 나쁜 열매를 맺을 수 없고, 못된 나무가 아름다운 열매를 맺을 수 없느니라. 아름다운 열매를 맺지 아니하는 나무마다 찍혀 불에 던지우느니라. 이러므로 그의 열매로 그들을 알리라."52)

이 말씀은 무엇을 뜻하는가? 지혜 있는 자는 간파하였으리라. 그러나 아무리 노력해도 본의를 자각하지 못한 사람은 세상의 인과성에 대한 비유 정도로 이해한다. 심은 대로 거둔다. 그러나 이제는 정말 숨어 있는 뜻을 보아야 한다. 하나님이 이룬 확실한 선별 의지가 그것이다. 곧 선재된 의지의 결정성이다. 좋은 나무는 아름다운 열

---

51) 『닭이냐 달걀이냐』, 로버트 샤피로 저, 홍동선 역, 책세상, 1994, p.128.
52) 마태복음 7장 16~20절.

매를 맺고 못된 나무는 나쁜 열매를 맺는다. 당연히 못된 나무는 아름다운 열매를 맺을 수 없고, 좋은 나무는 나쁜 열매를 맺을 수 없다. 하지만 나쁜 열매를 맺은 나무는 그냥 놔두지 않는다. 싹 쓸어 찍혀 불에 던져 버린다고 했다. 선별된 창조 의지의 천명이다. 너와 내가 존재한 것은 특별한 사랑이다. 하나님은 좋은 나무는 아름다운 열매를 맺도록 하였고, 못된 나무는 나쁜 열매를 맺게 하였다. 왜 그렇게 했는가? 이것이 창조 원리이고 창조 이전에 선재된 의지 작용이니 못된 나무는 결코 아름다운 열매를 맺을 수 없다. 의지 결정의 단호함이다. 두렵기조차 하다. 못된 나무는 아름다운 열매를 맺을 가능성이 없는가? 없다면 못된 나무는 왜 창조하였는가? 창조한 것이 아니다. 그래서 끝까지 결과를 기다렸다. 나무가 아름다운 열매를 맺고 나쁜 열매를 맺는 것은 그 이유가 전적으로 나무에게 있다. 그래서 하나님도 나무가 맺은 열매를 보고서야 결단을 내린다. 나쁜 나무는 처음 싹수부터 잘라버린 것이 아니고 열매를 맺기까지 기다렸다. 못된 사람도 대통령은 될 수 있다. 왜냐하면 대통령이 된 것이 최종적인 열매는 아니기 때문이다. 역사적 평가가 그의 열매를 결정한다. 못된 나무라도 열매는 맺는다. 그래서 세상사에서는 결실의 때가 되기까지는 좋은 나무와 못된 나무가 공존할 수밖에 없다. 하나님은 한없는 포용력으로 오래 참는데도 결국 나쁜 열매를 맺는 나무가 생기는 것은 그 이유가 하나님의 사랑과 은혜를 배역한데 있다. 뜻을 거역하는 것은 창조 의지에 어긋난 죄악이다. 존재할 가치가 없어지기 때문에 심판 역사를 피할 수 없다. 선재 의지로 심판 원리가 법칙화되었다. 가시나무에서는 포도를 딸 수 없다. 엉겅퀴에서는 무화과를 기대할 수 없다. 이치로 천지를 창조하였기 때문이다.

천지는 절로 운행되는 것이 아니나니, 그래서 비유를 통해 창조를 이룬 주체 의지를 명백히 밝혔다. 창조 이전부터 원인적인 의지가 작용한 것이 창조 원리이고 하나님의 주체 의지이다. 선재된 목적과 뜻과 의지로 천지가 존재할 수 있게 하였다. 창조는 있음이고 있음을 있게 한 것은 하나님의 의지이다. 그래서 우리는 본의로서 계시한 말씀, 즉 사전 선별 의지를 통해 창조 의지를 발견할 수 있다. 그 의지가 눈에 보이지 않는가? 하나님이 이룬 명백한 의지 표출 형태이다. 하나님은 창조 이전부터 존재하였는데 그렇게 존재한 형태가 곧 좋은 나무가 나쁜 열매를 맺을 수 없고 못된 나무가 아름다운 열매를 맺을 수 없게 한 의지적 결정 형태에 있다. 어떤 경우에도 하나님은 선재 의지로서 이룬 작용 형태를 통하여 파악할 수 있다. 선재 의지는 세상 법칙과 이치 속에 총망라되어 있다. 삼라만상 어디서도 인출된다. 천지는 하나님의 선재 의지로 결정되었다. 철학자 라이프니츠는 "모든 유기체 속에는 선형성(先形性, preformation)을 포함하고 있는 종자가 있으며, 그것으로부터 모든 생명체가 생겨난다"라고 하였다.53) 선형성이 무엇인가 하는 것은 설명이 다른데, 이제는 하나님이 아름다운 열매와 나쁜 열매를 구분한 규정성으로 이해할 수 있다. 하나님은 존재함 자체가 有적인 본질의 구속인데도 그것을 구속으로 느끼지 못하는 것은 구속 자체가 창조를 이룬 당연 의지로서 본성화되어서이다. 이런 의지 결정의 본의를 이해하였다면 인류는 찍혀 불에 던질 심판의 날을 두려워해야 하고, 과연 자신은 어떤 열매를 맺을 인간인지 가늠해보아야 한다.

---

53) 『과학과 철학』, 앞의 책, p.386.

6. 본질의 선재

선재된 창조 작업이 세상 인식과 차단된 상태에서는 본질의 작용성을 알 수 없고, 모르니까 무시해버리기 십상이다. 세상 가운데 뿌리 내린 무신론과 유물론을 보면 본질의 선재성을 확인하는 것이 얼마나 중대한 역사 과업인가 하는 것을 알 수 있다. 그렇다고 막무가내로 본질에 대해 강조하면 거부감이 생기므로 이런 사태를 대비하여 이 연구가 그동안 집중적인 논의 과정을 거쳤다. 그래서 이제는 본질로부터 천지가 창조된 것을 확인할 수 있게 되었다. 그만큼 본질의 선재성은 세계 안에서의 위치를 분명히 한다. 하나님이 거할 집을 마련한 것이다. 존재해도 모습이 불투명했고, 애써 표출해도 이해하지 못한 설움이 있었는데, 이제는 당당하게 창조 역사의 일등 공신으로서 인정받게 되었다. 그렇다면 본질은 어디서부터 비롯되었고 선재성은 어디까지인가? 창조란 위대한 역사 순간을 기점으로 잡을 때 본질은 전후 관계를 연결시키고 두루 통하게 하는 산 증인이다. 창조가 이루어진 우주적 순간은 삼라만상보다 선재하지만, 본질은 창조된 순간보다 더 선재되어 있다. 본질은 창조 이전부터 호흡한 하나님의 존재 본성으로서 모든 有함을 위한 바탕 근거이다. 이처럼 有한 본질이 한 시점에서 천지를 창조할 뜻을 발하자 본격적인 준비 절차에 돌입하여 존재 본질로서 완비된 통합 본질을 구축하게 되었다. 따라서 삼라만상은 하나님의 사랑으로 잉태된 자식이다. 하나님 자체를 本으로 하여 천지를 창조하였다. 즉, 하나님이 세상을 위하여 뜻을 두고 목적을 두고 의지를 둔 것은 아버지 같은 사랑의 발동이고, 준비된 통합성 본질은 어머니 같은 사랑이다. 이런 사랑이 만물 가운데 편만되어 있어 본질이 관여되지 않은 창조는 하나도 없다. 본질이 삼라만상보다 선재된 것은 당연하고, 바탕된 통합성보다도 선재되었다. 굳이 위치를 따진다면 하나님이 창조 이전에는 이같은 본질 형태로 존재하였다. 어떤 경우에도 본질은 뭇 존재에 대해 선재성을 전제한다. 물론 이런 위치를 확고히 하기 위해서는 작용된 원리성을 체계지어야 하며, 그리하면 실로 엄청난 혁신을 낳으리라. 과학적인 지식으로서는 파악하기 어려운 창조 역사를 실현하였다. 창조는 일체를 구족한 통합성 본질을 근거로 실현되었기 때문에 기록된바 "창조된 순서에 따라 빛을 창조하고 하늘을 창조하고 땅, 바다, 식물, 해, 달, 별, 새, 물고기, 땅의 생물, 그리고 아담과 이브를 창조하였다."[54] 통합 본질과 창조보다 선재된 하나님이 삼라만상을 완비한 상태로 창조하였다. 진화론 입장에서는 혀를 내두를 주장이다. 숙고해서 본질의 선재성을 인정한다 해도 의문이 남는 것은 흔히 질문하는 닭이 먼저냐 달걀이 먼저냐이다. 순서는 달걀이 부화하여 닭이 되는 것인데, 느닷없이 천지와 일월성신이 한꺼번에 창조되었다니! 하지만 중요한 것은 창조란 이미 구비된 상태에서 실현된 것을 이해하는 것이지 닭과 달걀의 우선성을 밝히는 데 있지 않다. 그것은 차원이 다른 추적 절차이다. 창조는 알파와 오메가, 원인과 결과가 함께한 통합성으로부터라 닭이 먼저냐 달걀이 먼저냐 하는 것은 분열 도상에서의 인식차이고, 선재된 본질 안에서는 하등 구분이 없다. 시간적으로는 닭과 달걀이 동시에 창조되었다. 이처럼 구족된 통합성으로부터 가늠되는 생성 기원은 천지 창조 역사를 증거할 수 있는 정확한 판단 근거가 될 것이다.

---

54) 『뉴톰슨 관주 주석 성경(주제별 성경 사전)』, 성서교재간행사, 1985, p.412.

7. 창조의 선재

선재 사실이 창조 역사의 기점이 된다는 것은 누차에 걸쳐 언급하였다. 그렇다면 창조가 선재된 것은 정말 무엇에 대해 선재됨인가? 아무런 기준이 없지 않는가? 이런 경우를 막기 위해서는 기준점을 좀 더 후퇴시킬 필요가 있다. 창조는 삼라만상을 있게 한 기점일진대 우리는 삼라만상보다도 창조 역사가 선재된 것을 재인식할 필요가 있다. 만상보다 선재된 창조 역사란 여러 가지 의미를 지닌다. 모든 것의 출발점이 여기에 있고 모든 것의 완성도 여기에 있으며 모든 것이 有한 근거도 여기에 있다. 앞에서는 창조 이전인 창조의 바깥에서 선재된 의미를 살핀 것이라면, 이제부터는 창조된 세계 안에서 선재된 사실을 살피는 것이 더 용이하다. 그래서 말 그대로 창조된 세계로부터 창조를 바라보면 창조는 아무것도 없는 것으로부터 있음을 있게 한 기점이 된다(창조 이전의 선재됨을 기준으로 삼으면 아무것도 없는 無로부터의 창조가 아닌 선재된 하나님의 존재 본성인 有로부터 有가 창조된 것임). 따라서 이 단계에서는 선재됨을 가능한 상태에서 왜, 어떻게 해서 천지가 無로부터 창조되었는지, 세계 안에서는 그렇게 파악할 수밖에 없는지를 알아야 한다. 일체 시작이 無로부터 출발되었다는 것도 창조를 입증하고, 有로부터 출발되었다는 것도 결과는 같다. 천지가 無로부터 창조된 것은 창조되었기 때문에 無로부터 생겨난 것을 부인할 수 없다. 창조는 원래 없던 것을 있게 한 것이다. 창조된 세계 안에서 창조를 이해하는 기본 인식 구조이다. 그래서 그 기준을 창조 이전의 세계로 돌려보면 無에서 有를 있게 한 선재된 바탕 근원이 형성된 것을 알게 된다. 선재된

일체를 총망라한 상태에서의 창조는 有가 有를 창조한 것이란 판단
이 이루어진다. 無로부터 창조되었다고 해도 사실상 없는 것은 없다.
창조된 시점에서 바라본 한계 인식으로서 그것은 결국 있음으로부
터의 창조, 곧 하나님의 선재된 실존성을 전제한 것이다. 오직 있음
이 있음을 낳는 것이 창조 법칙이다. 그런데 지성들은 이런 상식을
받아들이지 않았다. 절로 생김은 창조의 법칙에 어긋날 뿐 아니라
생성하는 세상 법칙과도 어긋나 있다. 물질, 생명, 우주는 반드시 有
한 통합성으로부터 생성되었다. 과학의 에너지 보존 법칙은 無에서
의 창조를 인정하지 않는다.[55] 無는 시간, 공간, 물질, 에너지, 정신
등이 전무한 것인데 무엇이 나올 수 있겠는가? 그런데도 최초 근거
인 창조는 인정하지 않고 최초 有를 있게 한 근거를 존재한 자체로
부터 찾으려 했다. 물론 다방면에 걸쳐 모색은 하였으리라. 하지만
선재란 차원벽에 막혀 번번이 창조의 문턱까지 가서는 진상을 보지
못하고 돌아서 버렸다. 불가능한 것에 명운을 걸었다. 자연과학자들
이 세계의 기원 문제를 해결하고자 한 것이 모두 그러하다. 천지가
有로부터 존재한 것은 두 눈으로 확인하면서 근원을 파고든 관점은
無에 초점을 두어 창조를 전혀 인정하지 않았다. 아무것도 없는 無
로부터 갑자기 천지가 창조되었다는 것은 누구도 이해하기 곤혹스
럽다. 합리성을 강조한 과학자들은 이런 사실을 용납할 수 없다. 따
라서 가능한 방식은 한 가지, 有가 이룬 자체 생성뿐이다. 막다른 방
법이다 보니 오히려 창조 사실을 인정하게 된 이율배반까지 낳았다.
천지가 無로부터 창조된 사실은 외면하고, 창조된 결과에 대해 이치
적인 방법을 적용하므로 초점이 맞지 않았다. 발견과 판단은 주어진

---

55) 『아인슈타인의 세계』, NHK 아이슈타인팀 저, 현문식 역, 김진의 감수, 고려원미디어, 1993, p.77.

그대로인데 이것을 바라본 관점이 사실을 곡해하였다. 왜 그렇게 판단한 것인가? 선현들의 사고 흔적 속에서 확인해보자.

無라는 것은 무엇인가? 그리스의 철학자 파르메니데스는 말했다. "無에 대해 논하는 것은 어리석은 짓이다. 왜냐하면 없는 것이 있다는 것은 애초부터 우습기 때문이다. 만약 없는 것이 있다는 것을 인정하면 그것은 無가 아니고 존재하는 것이다. 반대로 없는 것은 없다고 하면 결국 無가 존재할 곳이 어디에도 없다. 어떻든 無는 존재하지 않는다는 것을 알 수 있다. 無에 대해 아무리 깊이 생각해보아도 부질없는 일이다. 無란 존재는 이미 패러독스를 지녔다. 만약 無인 상태에서 어떤 구조를 찾아내고자 하면, 그 순간 無는 더 이상 無가 아니다. 無에 대해서 논리적으로 추론하는 것은 어려운 일이다. 창조 사실을 인정하지 않는 상태에서는 창조 이전에 존재한 통합성 본질을 볼 수 없고, 창조 이전에 준비된 일체를 파악할 수 없다. 이런 개념을 과학은 소화할 수 없다. 과학 이론은 무한대를 꺼린다. 無라는 귀찮은 짐을 받아들이지 않는다. 특이점의 난제를 無의 난제와 교환한다 해도 결국은 벽에 부딪치리라."[56] 하지만 과학적으로 금기된 無에 도전한 학자가 전혀 없었던 것은 아니다. 1980년대에 들어서면서 우주는 갑자기 나타났다는 이론이 등장했다. 이것을 주장한 사람은 물리학자 알렉산더 빌렌켄이다. 1982년 12월, 네덜란드의 과학 잡지 『피직스 레터스(*Physics Letters*)』에서 「無에서 탄생한 우주」란 논문을 게재했다. 여기서 그는 특이점의 난제를 단번에 해결할 수 있다고 단언했다. 하지만 시작의 상태는 여전히 미스터리이며, 0에 대한 특이점 문제는 아직까지 해결되지 않았다. 어떻게 해결할

---

56) 위의 책, p.72.

수 있겠는가? 창조를 모르면 시작의 미스터리 영역인 선재된 창조를 알 수 없는 데 말이다.

이처럼 창조의 선재성은 세상 가운데서 근본적인 이치의 기준이 되는 중요한 역할을 한다. 물자체는 창조된 대로 돌아가고 있는데 인간이 보지 못한 상태이다. 선재된 창조를 알지 못하면 어떤 경우도 세상 이치를 이해할 수 없다. 창조의 순간적인 시점이 그보다 더 선재된 하나님의 존재 본성에서 비롯된 것이라면 삼라만상 가운데서 선재된 창조는 어떤 실상을 구성하는 것인지를 알아야 한다. 창조는 삼라만상을 있게 한 최초 알파이다. 이 개념은 사실을 판단하는 데 있어 중요한 기준이다. 왜 창조의 선재됨을 애써 강조하는가? 창조의 기원은 결코 까마득한 과거의 흔적이 아니다. 존속한 세월이 오래일수록 창조된 알파는 아직 도래하지 않은 미래 속에 있다. 과거 속에서는 만물의 알파를 찾을 수 없다. 종은 과거로부터 진화하지 않았다. 창조는 한순간 이루어졌고 그로부터 분열하고 있는 중이다. 천지가 창조된 순간부터 완성되었다는 것을 어떤 방식으로 설명할 것인가? 창조의 시점을 삼라만상보다 앞서 잡는 것이다. 창조 역사가 모든 것이 갖춘 상태에서 실현되었다는 사실을 알아야 이해의 길을 튼다. 창조 역사는 하나님의 사전 준비 작업으로 실현되었다. 그래서 창조는 곧 완성 자체이다. 그리고 창조 이후부터는 분열이 있게 되었다. 창조 역사와 함께 존재를 성립시킨 생성 역사가 발동된 것이다. 이것은 어려운 개념이므로 알파와 오메가가 함축된 상태를 통해 다시 풀어보자. 즉, 알파와 오메가가 동시에 출발했기 때문에 창조 역사는 완성된 것이다. 알파와 오메가가 함께할 수 있도록 한 것은 하나님의 탁월한 지혜이다. 함께하기 때문에 창조 역사가 실현되었다. 이로써 현상계 안에서는 인과법칙이 필연성을 지녔다. 그렇다면 이런 특성을 지닌 창조의 출발 상태와 창조로 인해 존재하게 된 세상과는 어떤 선후 관계가 있는가? 그리고 창조의 선재됨은 현실 속에서 어떤 실존 공간을 점유하는가? 통합성인 본질이 분열하여 지금의 세상이 있게 되었으므로 창조는 완성되었지만 과정은 아직 분열을 완료하지 못하였고, 미래가 남아 있는 만큼이나 창조 역사도 완성을 지향하고 있다. 창조가 시계의 태엽을 감아 놓은 상태라면 지금은 서서히 풀리고 있는 중이다. 따라서 평상시에 생각하는 과거는 창조의 알파가 있는 시공간이 아니고 분열이 통합된 상태이며, 창조의 선재성은 분열을 완료하지 못해 미래로서 남아 있다. 미래 속에 있는 것이 선재성일진대 우리는 모든 사고를 역(逆)으로 할 필요가 있다. 세계는 분열된 과정이 통합됨과 동시에 사실은 완성된 창조 상태를 지향하고 있다. 과거가 멀리 사라지는 만큼 창조의 알파는 가까워지고 있다. 창조는 가장 완전한 세계상이고 본질상이고 지금 존재한 상태는 모자람 태반이다. 완비된 통합성이 분열을 완료하지 않았기 때문이다. 창조된 상태는 투명한 유리 항아리 속에 있는 물이 돌면서 끓는 것처럼 가없는 통합성이 분열하면서 통합성을 지향한 것을 확인할 수 있다. 그렇게 창조되었기 때문에 지금 우리가 소정의 과정을 겪고 있다. 인류는 어디로 향하고 있는가? 창조된 통합성을 지향하고 있다. 미래적 상황이 완비되고 결정되어 있기 때문에 우리가 지금의 현실을 보장받고, 확실하게 구축할 수 있다. 선재성은 상식 밖에 있는 실체 개념이지만 그것보다는 창조 본의에 대해 무지했던 관계로 진실을 보지 못했고, 이해할 수 없었다. 그래서 좀 더 이해를 보탠다면, 길 가는 한 나그네가 부산에서 출발해서 서울로 걸어가고 있는데 지금은 대전쯤 지나가고 있다는 사실에 있다. 그러나 인류가 정말 이해하지 못하는 것은 대전쯤 지나가는 것이 아니고 부산에서 대전으로 가는 길이 나그네가 태어나기 전부터 하나님이 닦아서 완성시켜 놓았다는 데 있다. 이에 나그네는 그렇게 닦아 놓은 길을 걷기만 하면 된다(분열성). 창조는 진실로 모든 것을 다 이루었고 완성하였다. 하나님이 이룬 위대한 창조 작업이고 전능성의 표징이라는 데 창조의 선재성이 지닌 의미가 있다.

8. 시간의 선재

시간은 창조로 인해 생성된 결과물이다. 창조 이전에는 시간도 공간도 감지할 수 있는 세상도 존재하지 않았다. 따라서 천지 창조 역사로 드러나게 된 제일의 결과는 통합성 본질이 분열하여 시공을 생성시킨 데 있다. 이에 시간은 통합성 본질로부터 창출된 엄연한 결과물이다. 이 본질이 우주 공간을 이루고, 분열로서 집적된 생성 과정이 시간을 엮어냈다. 그래서 하나님은 우주 창조를 위한 선행된 알파이고 시간은 그 결과이다. 하나님은 선행된 의지이고 시간은 그 실체이다. 시간은 통합성 본질이 분열하여 존재하게 된, 넓은 수조 속의 물고기가 자신은 갇힌 줄도 모르면서 유영하는 모습과 같다. 창조된 시공간 안에서 존재한 삼라만상은 바탕된 근원이 모두 동질이라 시공간이 有한 세계는 마치 물고기가 유리벽에 갇힌 상황과도 같다. 有한 세계만 볼 뿐 無한 창조 이전은 파악할 수 없다. 시공간 전체가 창조된 바탕이라 無한 세계는 인식의 경계 밖에 있다. 無가 有를 둘러싸고 있어 有한 세계의 끝이 없다. 창조된 시공간이 무한

하면서도(창조된 시간 안에서의 본질에 대한 인식 형태임) 유한한 (시공을 창조한 하나님의 입장에서 보면 세계는 유한함) 것에 대해 선각들은 "空, 0과 같은 개념을 통해 이해하였다. 0은 無가 아니며 무한수를 내포한 것이다. 따라서 0은 영원하다."[57] 이것은 시공간이 有한 세계 안에서의 창조적 본질을, 그리고 창조된 결과 세계 안에서 판단한 인식 형태이다. 무한수와 영원성은 숫자를 통해서도 파악되었듯 무한하고 영원한 세계의 본질을 상징한다. 0의 동그란 테두리가 실질적으로는 없지만 시공간이 생성으로 존재한 세계와 그렇지 못한 無가 경계를 이루었다. 세계 안에서의 시공간은 통합성이 분열함으로써 시간을 낳게 된 미묘하면서도 필연적인 관계성이 있다. "空은 공간만 예상하기 쉽지만 사실은 시간을 동반하였고, 실제로도 서로 떠나서 있을 수 없다."[58] 보이지 않는 모든 것이 有한 본질적 바탕을 이루어 창조 공간을 생성시킨 시간을 낳았다. 원래 알파 상태에서는 시공이 분열되기 전이라 일축되어 있었고, 분열을 통해 무수한 시간이 있게 되었으므로 통합성 본질 자체가 사라진 것은 없다. 연줄에 매달린 연처럼 무수한 시간을 통합성이 풀어냈다. 화엄경의 사사무애법계(事事無礙法界)에서 말한 '一卽多 多卽一'은 공간과 시간을 초월한 절대 세계이다. 원래 하나인 통합성으로부터[一] 만물이 생성되었다[多]. 이를 통해 우리는 비로소 시간의 선재 사실에 대해 집중적으로 다룰 수 있다. 시간은 창조와 함께 생성되었다. 통합성이 분열하니까 이것을 시간의 흐름으로 인식했다. 분열로서 현현된 삼세를 구분해서 인식할 수 있다. 과거는 이미 지나가버린

<hr />

57) 『불교에서 본 인생과 세계』, 불교신문사 편자, 홍법원, 1988, p.102.
58) 위의 책, p.102.

시간이고 현재는 지금의 시간이며 미래는 아직 도래하지 않은 시간이다. 그럼에도 불구하고 미래, 그것은 이미 있었다. 일상적인 관념으로서는 이해할 수 없다. 그렇지만 삼세라는 것이 모두 창조된 세계 안에 있는 시간일진대 이해하는 것이 그렇게 어려운 것은 아니다. 미래 역시 과거와 현재처럼 이미 창조된 대상이다. 시간은 밑도 끝도 없는 우주적 미아(迷兒)가 아니다. 빛과 물질처럼 창조로 인해 생성되었다. 삼세가 실유하는 것은 삼세 전체가 창조된 시공간이기 때문이다. 예언이란 현상도 이치적으로 설명할 수 있다. 예언은 선행된 통합성 본질에 대한 지각 현상이다. 순간과 영원에 있어서도 영원은 통합적인 시간이고 순간은 분열의 한 시점이다. 그래서 순간은 영원과 통하고 순간이 있어 영원성이 지속된다. 시간의 본질은 창조를 알기 전에는 드러날 수 없는 숨겨진 지혜이고, 넘어다 볼 수 없는 비밀이었다. 그렇지만 결국은 밝혀야 인류가 구원되고 세계가 완성될 수 있다. 창조 역사로 주어진 이 소중한 존재와 시간을 사랑해야 한다.

9. 원인의 선재

원인이 일체의 과정과 결과보다 앞서 있다는 것을 모르는 사람은 없다. 원인이 선재된 것은 당연한 것이므로 굳이 말을 덧붙일 필요가 없다. 원인은 반드시 어떤 과정과 결과보다 앞서 있고, 원인 없는 결과는 없다. 불타도 연기의 법칙을 정론화하여 고뇌하는 중생들에게 진리의 등불을 밝혔다. 이것이 생기므로 저것이 생기고 저것이 생기므로 이것이 생기나니, 온갖 소멸되는 과정 역시 그러하다. 다반사로 확인되고 있지만, 조금만 더 면밀히 살펴보면 무언가 해결되지 않은 문제가 있다. 첫째, 왜 만사는 필연성을 띤 인과 법칙을 지녔는가 하는 것이고, 둘째, 주어진 결과에 대해서 왜 원인이 있는가 하는 것, 셋째, 원인을 발생시킨 최초 원인의 규명 문제이다. 불타가 상존한 원인으로부터 만상이 연기되었다고 한 것은 이어진 과정의 관계성에 대한 인과성을 말한 것이다. 따라서 원인을 낳은 원인을 따지기 위해서는 무한 소급 문제를 해결해야 한다. 모든 것은 원인이 있는데 그 원인은 어디서 구했고, 인과 법칙이란 어떻게 해서 세워진 것인지 설명할 수 있는가? 철학에 의하면, "사실에 대한 인식은 충족 이유율을 근거로 하며, 이것에 따르면 모든 현상은 원인을 가지지 않으면 안 된다"고 했다.[59] 사태 발생에 대한 인식은 동서를 막론하고 정확하다. 그런데 그 원인이 어디서부터 발생된 것인지는 아무도 언급하지 않았다. 데카르트는 『방법 서설』에서 세상에 존재하거나 존재할 수 있는 사물의 일반 원리 또는 제1원인을 찾았다. 그는 "神은 우주에 있는 운동의 궁극적 원인이다. 神은 우주를 한순간에 만들어냈을 것이라고 믿었다."[60] 사태 발생의 제1원인을 神에 귀속시켰다. 나름대로는 밝혔지만 제1원인의 원인 문제는 해결하였는가? 추정일 뿐이다. 제1원인이 모든 원인을 낳은 것을 확인할 수 있는 연결고리가 없고, 神은 인식으로 도달한 철학적 神이다(데카르트). 神의 권능으로 원인의 소급 문제를 매듭짓고자 하지만, 그렇다면 神이 제1원인인 이유를 다시 추적해야 한다. 원인이 일체 과정과 결과에 대해 선재된 것이라면 문제가 간단히 마무리되어야 하는데,

---

59) 『서양철학사』, 앞의 책, p.208.
60) 『과학철학의 역사』, 앞의 책, p.101.

그렇지 못하다면 그 초점이 전혀 다른 데 있다는 것을 알 수 있다. 근본적인 이유는 상식적으로 판단해야 하는데 실마리가 헝클어졌다. 서양의 근대성을 일깨운 "나는 생각한다. 고로 존재한다"는 데카르트의 간판 명제는 오히려 인간이 저지른 최악의 독선이다. 세상을 온통 거꾸로 보았다. 천의를 거스른 존재가 존재하는 것이라고 할 수 있겠는가? 마르크스의 협동자인 엥겔스는 『포이어바흐와 독일 고전 철학의 종말』이란 저서에서 헤겔의 철학적 공적에 대해 평하길, "그에게 있어서는 절대 정신이 참된 실체이고, 자연이니 역사니 하는 것은 그것의 외화(外化)에 불과하다. 따라서 물질세계의 모든 발전은 이념의 변증법적 발전의 모사(模寫)로밖에 안 된다. 이것은 머리로 서 있는, 거꾸로 서 있는 세계관으로서 바로 세워야 하고, 변증법적 유물론은 이런 목적을 달성하기 위해 있다"라고 하였다.[61] 바르게 서 있는 것도 거꾸로 섰다고 할 수 있고, 거꾸로 서 있는 것도 바르게 섰다고 할 수 있는 것이 인간이다. 세상을 바라본 이치적 기준을 거꾸로 세우니까 잘못된 이치를 바른 이치로 곡해한 폐해를 인류 스스로 뒤집어썼다. 그렇다면 이런 결과를 초래한 원인, 그 본래 원인은 무엇인가? 이것을 정확하게 꼬집어낸다면 헝클어진 고를 풀 수 있다. 원인의 선재성 문제를 해결할 수 있다. 재차 강조해 모든 현상이 원인을 가지지 않으면 안 되는 이유는? 바로 창조에 있다. 제 1원인이 창조에 있는데, 그것을 神에게서 찾고 원인성을 소급만 하다 보니 헤맴이 끝이 없었다. 원인은 창조로 인해서 발생된 것인데, 이것은 언급한 대로 시간의 선재됨과 같은 위치를 점한다. 최초의 원인은 창조가 그러하듯 통합성인 본질로부터 발생하였다. 창조가

---

61) 『세계철학대사전』, 고려출판사, 1992, 마르크스주의 편.

없었다면 알파도 없고 원인도 발생되지 않았다. 창조가 있어 기원을 생각하고 궁극적인 원인을 궁구할 수 있다. 현 시점에서 볼 때, 창조의 첫 출발은 창조로 인해서 존재하게 된 원인을 가지는 것인데, 창조도 그렇다면 원인과 같은 운명이다. 통합성 본질 안에서 원인과 결과가 함께한다는 것은 새삼스러운 주장이 아니다. 왜 원인은 과거의 시간에 집을 짓고 살았는데 생각 하나 차이로 미래로 이사를 가버리고, 원인이 결과를 이루기도 전에 결과가 원인과 함께한 것인가? 창조가 이미 준비되고 완비된 상태에서 출발했기 때문이다. 원인이 결과라는 짝과 동거 동락하게 되니까 아무리 소급해도 최초 원인을 찾을 수 없었다. 만사가 필연적인 인과 법칙으로 결속된 것은 원인과 결과가 함께한 구조 탓이다.

한 사람이 유럽, 인도, 아프리카를 취재하는 도중에 홍콩의 도교 사찰인 청송관(靑松觀)에 들러 도가의 우주 철학에 정통했다는 도사를 만나 우주의 시작에 대해 물었는데, 그는 다음과 같이 필답했다. "無始無終! 시작 따위는 없습니다. 시작이 있다면 시작 전에도 시작이 있어야 합니다. 아무리 가도 끝이 없는 것입니다. 그러므로 궁극적인 실재인 道에는 시작도 없고 끝도 없습니다. 道는 영원합니다."[62] 창조의 진상을 갈파했다. 궁극적인 실재인 道는 시작도 끝도 없는 창조 자체이다. 첫 시작에 대한 소급 문제는 제1원인에 대한 추적 문제와 동일하다. 왜 시작과 끝이 한 몸인가? 창조가 有한 하나님의 존재 본성으로부터 시작되었으므로 창조되었지만 시작을 찾을 수 없고, 시작을 찾을 수 없으니까 끝도 찾을 수 없다. 천지는 오직 영원히 有할 뿐이다. 창조된 세계 안에서는 시작이 끝을 이루고 끝

---

62) 『아인슈타인의 세계』, 앞의 책, p.101.

이 시작을 이루어 영원히 有한 세계를 구축할 뿐이다.[63] 세계는 영원하므로 우리가 태초의 시공과 함께하지는 않았지만, 현 시공간에서도 창조 역사를 파악하여 인식할 수는 있다. 무엇을 통해서? 세계가 이미 이루고 이미 완성된 사실을 통해서이다. 정해진 결정성을 법칙과 원리성으로 파악하고 있다. 우리가 새로운 것을 깨치는 것은 이미 창조된 결과에 대한 이치이다. 현존을 바탕으로 앎을 얻는 것은 창조의 근원성에 대한 접근이다. 완비된 알파로서 태초에 이룬 창조 작업 역사를 파악할 수 있다. 즉, 만물의 생장 과정은 어떻게 시작해서 결실을 거두는가? 한 톨의 씨앗이 싹을 틔워 성장해서 열매를 맺는다. 그렇다면 여기서 열매와 씨앗의 차이는? 사실을 직시하면 씨가 열매를 맺기 전에 모든 것을 완비시킨 하나님의 사전 창조 작업이 있었다는 것을 알 수 있다. 그리고 원인과 결과가 함께한 통합성 본질 안에서 씨와 열매에 대한 구분은 아무런 의미가 없다. 중요한 것은 원인과 결과의 동시 함재성을 창조된 증거로서 인정하는 것이다. 철학자들은 형상(forms), 영체(entelecheia), 정신의 기원을 설명하는 데 많은 곤란을 겪었다. 하지만 이제는 식물, 곤충, 또는 동물에 관한 연구 덕분에 생각을 한 걸음 더 전진시킬 수 있었다고 한다.[64] 그것은 "자연의 유기체가 결코 혼돈과 부패의 산물이 아니라 의심할 여지없이 언제나 그 속에 선형성(preformation)을 포함하고 있는 종자로부터 생겨났다는 데 있다. 유기체가 수정 이전에 축

---

63) 천지가 창조되므로 만물이 無로부터 有하게 된 구분선은 분명히 있다. 그러나 그 경계선을 인식할 수는 없다. 천지가 이미 영원한 본질로부터 출발되었으므로 그 창조선은 어디서도 찾을 수 없다.

64) 1953년 크릭과 윗슨에 의해 DNA의 이중 나선 구조와 유전 정보의 전달 비밀이 밝혀진 이래 어느 것이 물질이고 어느 것이 정신인가 하는 문제와 함께 대체 정보란 무엇인가라고 하는 문제가 제3의 철학적인 문제로 등장하였다.-『과학과 철학』, 앞의 책, 머리말.

도적으로 포함되어 있다."[65] 여기서 선형성이란 무엇을 뜻하고, 종자 속에 이미 있었다는 것은 어떻게 해서 된 것인가? 이런 파악이 바로 창조로 인한 결과적 산물이고, 하나님이 이룬 제1원인 상태이다. 창조력은 원인자인 하나님이 지녔는데, 진화론은 결과물인 종이 지녔다고 했다. 그러나 창조된 결과 세계 안에서는 창조를 발동시킨 어떤 원인도 발견할 수 없다. 손님은 메뉴를 선택할 수는 있지만 직접 만들 수 없다. 만드는 곳은 주방이 따로 있다. 이것이 온갖 재료가 준비된 천지 창조 주방이다.

10. 완성의 선재

하나님이 이룬 천지 창조는 하나님 입장에서는 완성 역사이지만 세상의 입장에서는 삼라만상이 창조된 순간이다. 그런데 그 완성이 선재되어 있다 보니까 아무도 이해하지 못했다. 그렇다고 방치할 수 없는 것이 선재된 창조 작업은 반드시 증거해야 하는데 창조론자들은 성경에만 의존한 실정이라 진화론자들에게 논쟁의 불씨만 제공했다. 종은 완전하게 창조되었고 진화할 여지가 없는 것이라면 그런 사실을 가닥 잡아서 이유를 밝혀야 한다. 성경에 기록된 것이라고만 한다면 믿을 자가 반반이다. 기독교가 아무리 복음을 땅 끝까지 전파하고자 해도 구축한 교리에 선택의 여지가 있는 바에는 신앙의 실추를 각오해야 했다. 그런데도 계속 창조의 완전성만 주장하였다. 성경을 통하여 "초기 지구의 완전성을 에덴동산이라는 천국을 통하

---

65) 위의 책, 머리말.

여 설명하였고, 타락 이전의 인간은 지구와 그 안에 있는 생물들에 대해 온전한 지배권을 행사했다는 사실을 지적하였다(창세기 1:26~28)." 하지만 이 연구는 통합성 본질을 통하여 천지가 완성된 상태로 창조된 것을 설명할 수 있다. 어떻게? 통합성은 이미 구족되고 완비된 상태이다. 이런 통합성이 창조와 함께 분열하게 되었다. 그런데도 쉽게 이해하지 못하는 것은 통합성이 드러나는 데는 시간이 걸리기 때문이다. 하지만 완성이 분열보다 선재되었다는 것은 창조 때 이미 모든 것을 완비했다는 뜻이다. 그래서 하나님은 완전한 절대자이다. "완전한 분이 완성시킨 창조물은 잘못될 수 없다."[66] 하나님은 능히 모든 것을 사전에 준비하였고, 완전함으로 출범시켰다. 이것이 완성의 선재에 대한 의미이다. 창조로 만법이 완비되었다. 그래서 우주의 운행은 천만 년이 지나도 어김이 없다. 만법은 구비된 것이며 하나하나 형성된 것이 아니다. 차는 완성되어야 출고된다. 완성이 선재되어야 창조 역사가 실현된다. 완성은 이룬다고 해서 이루어지는 것이 아니다. 완성되어 있기 때문에 이룰 수 있다. 이루어졌기 때문에 그 과정을 겪을 수 있고, 도달한 궁극은 이룸에 대한 확인 절차이다.

완성의 선재성에 대해 좀 더 현실적인 차원에서 접근해보자. 창조란 시작부터 완전함을 뜻할진대, 이것이 만상 가운데서는 어떤 영향을 미칠까? 완성되었다고 해서 마감된 것이 아니라는 것 정도는 알아야 한다. 완전함이 분열하여 삼라만상이 되었다는 것은 기본이고, 더 나아가서 완성의 선재는 창조 진리를 판단하는 중대한 잣대이다. 첫째, 천지는 성경의 기록대로 완전한 상태로 창조된 것이고, 최초

---

66) 『진리는 한국에서』, 김진혁 저, 청학, 1989, p.21.

알파가 완성된 상태에서 출발한 것은 그대로 하나님의 사전 창조 작업을 증거한다. 그래서 알파 상태의 완전성은 바로 사전 창조 작업으로 이룬 것으로 이해해야 한다. 둘째, 하나라도 준비가 결여되면 무엇 하나라도 창조 역사가 실현될 수 없다. 질서, 완전, 영원은 천지가 창조된 근거이다. 열역학 제2법칙에 의하면, 예전에 지구는 현재보다 훨씬 더 조직적이고 규모 있고 아름다웠다고 결론을 내릴 수밖에 없다. 엔트로피 법칙은 물질과 에너지는 한 방향으로만, 즉 사용할 수 있는 것으로부터 사용할 수 없는 것으로, 혹은 이용할 수 있는 것으로부터 이용할 수 없는 것으로, 질서화된 것으로부터 무질서화된 것으로 변화한다고 할 수 있다. 다시 말해 우주는 체계와 가치로부터 시작하여 끊임없이 혼돈과 황폐를 향하여 나간다. 이 법칙은 역사는 진보한다는 개념을 전면적으로 부정한다. 진리라고 믿어 왔는데 터무니없는 허위로 바뀌어 현대 사회를 혼란스럽게 한다. 왜 그런가? 최초의 물질과 에너지가 어떻게 사용하고 이용할 수 있는 상태로 되었는가? 우주가 엄밀한 체계와 지고한 가치로부터 출발되었는가? 결국 처음부터 어떻게, 왜 질서정연한 상태로부터였는가에 대한 의문은 풀 방도가 없다. 인류가 궁금하게 여긴 화두, 그것은 처음부터 완전하지 못하면 천지가 존재할 수 없다는 사실이다. 과학자들은 엔트로피 증가의 법칙[67]으로 열평형이라는 최악의 사태를 우려하고 인류의 멸망을 경고한 실정인데, 그것은 창조의 최초 원인을 모르기 때문에 결과도 알지 못한 우려일 뿐이다. 알면 에너지의 전

---

[67] 에너지란 자유로이 형태를 바꾸어 갈 수 있으며 변환시킬 수도 있지만, 그때마다 반드시 어떤 대가를 치르지 않으면 안 된다. 이 대가란 본래 그 에너지가 가지고 있던 일할 수 있는 능력, 즉 포텐셜(potential)의 포기라는 것이다. 열역학에서는 이러한 일로 변환시킬 수 없는 양을 엔트로피라 정의하고 있다. 에너지를 변환시킬 때마다 엔트로피는 발생하며, 그 총량은 증가해 간다는 말이다.

체 양이 일정하게 유지되고 있는 상태에서[68] 엔트로피가 증가하는 현상은 창조된 세계를 영원히 有할 수 있도록 하기 위한 분열 현상이란 사실을 이해할 수 있다. 분열이 극하면 사멸하는 것이 아니고 통합이란 새 우주 역사를 펼친다. 세계에 편만된 물리 법칙이 그러할진대, 하물며 천지를 있게 한 존재 법칙이라는 것은 두말할 필요조차 없다. 세계는 하나님의 완전함에 대한 반영이라, 하나님이 발한 창조 의지는 각별하다. 완전성은 알파와 오메가가 통합된 상태이다. 그리해야 하나님의 완전한 창조 목적이 선도될 수 있다. 우리는 무엇을 기준으로 코를 코라 하고 눈을 눈이라 하는가? 코가 코가 되고 눈이 눈이 되어야 할 이유가 코와 눈 자체에는 없다. 그런데도 코와 눈이 자기 역할을 하고 목적에 맞게 만반의 조직을 구성한 것은 선재된 하나님의 창조 역사 결과이다. 그중에서도 "인체의 모든 부분이 한결같이 신비스럽게 작용하고 있지만 생명의 우연 발생설을 고집하는 진화론자들마저 항시 고개를 갸우뚱거리게 하는 부분은 눈이다."[69] 눈이 자체로서 기능을 발휘하기 위해서는 "놀라운 설계가 이룬 첨단 과학도 흉내 내지 못할 우표만 한 크기 속에 간상세포가 무려 일억 삼천만 개"라고 하니[70] 정교한 목적체로서 이룬 구비 상태를 짐작할 수 있다. 그런데 의문점은 또 있다. "눈은 눈물샘[淚腺]이나 눈꺼풀 등 여러 가지 부분으로 이루어져 있고, 이들이 동시에 기능할 때, 즉 완성품이 되었을 때에만 쓸모가 있다."[71] 즉, 사전

---

68) 열역학 제1법칙, 혹은 에너지가 늘 보존된다는 의미에서의 에너지 보존의 법칙.
69) 『신비한 인체 창조섭리』, 김종배 저, 국민일보사, 1995, p.141.
70) 망막에는 가는 막대 모양의 간상세포와 둥근 시계추 모양의 추상세포가 있다. 간상세포는 6.25㎠ 정도의 우표만 한 면적 속에 약 1억 3천만 개가 있으며, 흑백의 상만 기록하나 이들 세포는 극히 예민해서 1W의 1백조 분의 1이라는 약한 빛까지 식별할 수 있는 초감도의 흑백 필름이라고 할 수 있다.-위의 책, p.144.
71) 『엔트로피(Ⅱ)』, 앞의 책, p.164.

준비 작업으로서 눈이 처음부터 완전하게 창조되지 않았다면 눈다운 기능을 수행할 수 없었다. 그런데 진화한 것이라면? 진화의 초기 단계에는 미발달된 상태로 기능이 조화되지 않고 아무런 존재 의미도 없는데 누가, 어떻게 눈의 완성된 조직을 촉진시켰는가? 인간 자신이 세상을 보기 위해 간절히 열망한 것인가? 그렇게 해서 조직된 것이라면 또 다른 소망을 한 가지 더 설정해보자. 푸른 창공을 날 수 있도록 양 날개가 등 뒤에 생기도록……. 자연선택은 한 기관이 최종적으로 어떤 발전을 이루는가와 상관없이 일어나는 것이므로, 다윈도 설명하지 못한 눈[眼]의 발생은[72] 완성의 선재성을 거꾸로 본 것이다. 종은 하등동물로부터 고등동물로 진화한 것이 아니다. 전체로부터 개체들이 분열하였다. "꽃잎을 연상케 하는 적혈구, 복잡한 그물 모양을 한 신경 세포, 마치 외계의 은하를 연상케 하는 1천2백 배로 확대한 세포는 수없이 쪼개어 본 마이크로 세계에서도 천체의 무한함과 우주의 신비스러운 모습을 볼 수 있다."[73] 미세한 소립자도 창조된 순간 완전해야만 존재로서 구축될 수 있고 전체와 유기적인 관계를 형성한다. 완성이 선재되어 있어 분열하는 시공간 안에서 완성을 지향할 수 있다. 통합성이 분열하므로 종이 다양화되었다.

그러나 창조의 선재성을 확인하였다고 해서 창조 세계가 곧바로 완성되는 것은 아니다. 밝혀내고자 한 의지력의 분출은 통합성의 저편인 피안에 있으므로, 인류는 그 이상적인 목표를 향해 쉼 없이 나

---

72) "자연도태에 의한 점진적 발달이라는 사고방식을 부정하는 이러한 생물 조직의 예는 얼마든지 있다. 그리고 잘 조사하여 보면 생물이 갖는 것의 모든 기능 조직은 항상 종합적으로 작용하고 있는 것이다(위의 책, p.165)." 그렇지만 이 같은 사실성은 확인하면서도 보다 종합적으로 이해할 세계관이 구축되어 있지 못하다 보니 이런 사실들이 거할 마땅한 집이 없어 부유하고 있는 실정이다. 이들이 모두다 창조의 집에 모이게 되면 멋진 진리의 城을 이루리라.
73) 『신비한 인체 창조섭리』, 앞의 책, pp.30~31.

아가야 한다. 이 고귀한 생명을 누가 준 것인가? 이 소중한 삶을 누가 허용하였는가? 우직한 믿음으로 길을 추구할 뿐이다. 믿음을 지키면 못 다한 것은 천지 만상을 창조한 하나님이 채워주리라.

Chapter 03

다윈 진화론 비판

지금까지 구축된 진화론은 모래 위에 세워진 가설에 불과한 것이 확실하다. 종은 진화한다는 확신을 가진 자들에 의해 엮어진 상상 속의 거대한 소설이다. 자연과 우주 속에서 드러난 모든 모습들이 덩달아 춤을 추었다. 수많은 이론을 세웠다가는 수정을 거듭한 과정을 거쳤는데도 다윈이 세운 본래의 가설적인 이론은 유지되었다. 거의 난공불락인 이론적 요새 앞에서 누구도, 그 무엇도 그 이상의 것을 넘겨다볼 엄두를 내지 못했지만, 이 연구는 단번에 분쇄할 수 있는 진리성을 갖추었다.

-본문 중에서

제9장 우주의 근원적인 태생에 대한 탐구

"우주와 생명의 기원에 관한 현대의 학문적 견해는 알다시피 진화론과 창조론으로 양분되어 있다. 양대 이론 사이의 학술 논쟁은 과학사적으로 볼 때 2천 년 이상의 긴 역사를 가지고 있다."[1] 그러나 분명한 사실 하나는 어느 편도 확실하게 결말을 짓지 못했다는 것과, 만상의 기원에 관한 문제는 여전히 미제로 남아 있는 것이다. 학계에서는 치열한 논쟁이 있었지만 부언 설명은 피하고, 이 연구가 밝히고자 하는 것은 성경의 창조론이 왜 세간의 진화설을 수용하지 못하고 진리로서 완전성을 기하지 못했는가 하는 것이다.[2] "창조면

---

1) 그리스 시대의 생명 존재에 관한 물질기계론과 생기론 간의 논쟁. 생명발생에 관한 자연발생설과 생명속생설, 화석형성에 관한 동일과정설과 격변설, 생물 종의 다양성에 대한 진화론과 창조적 해석 등등.-『진화론과 과학』, 마이클 덴턴 저, 임번삼·전광호·우제태 공역, 한국창조과학회, 1994, 역자서문.
2) 태초에 하나님이 천지를 창조하므로 만물이 생겨나게 되었지만 성경의 어디를 살펴보아도 세상을 직접 지은 창조 원리와 의지와 뜻이 구체적인 각론으로서 제시된 곳은 없다. 그러니까 우주의 근원적인 태생에 대한 일반론만 난무하였다.

어떻고 진화면 어떠냐고 할지 모르지만, 이것은 자연계와 사물을 어떻게 볼 것인가? 神은 무엇이고 창조란, 우주의 진행 방식 등등 궁극적인 의문을 내포하고 있다."3) 특히 기독교는 만약 진화가 사실로서 증거된다면 존립할 기반이 사라지는 것이므로 사활이 걸린 문제이다. 반대로 창조를 증거할 수 있다면 만연된 진화적 근거와 지식은 폐기처분되어 마땅하다. 그러나 세상 어디서도 그런 조짐이 없는 것을 보면 논쟁 중인 채로 머물러 있는 것이 틀림없다. 진화든 창조든 증거하는 것은 만만찮은 과제이다. 19세기 다윈의 등장과 함께 본격적으로 제기된 진화론은 기독교 신앙이 만연된 토대 위에서 세워진 것이라 기독교는 무엇 때문에 종에 관한 의문을 충족시키지 못한 것인지 알아볼 필요가 있다. 먼저 창조 신앙은 하나님이 태초의 첫날부터 여섯째 날까지 만물을 창조하고 일곱째 날에는 안식하였다는 성경 기록에 근거한다.4) 당장 알 수 있는 것은 창조는 역사적인 사실로서 신앙적인 부류이기 이전에 천지가 어떻게 창조되었는가에 대한 언급이 있어야 했다. 이 같은 사실만 밝힌다면 하나님이 창조주란 사실은 더 이상 의심하지 않을 것이다. 그런데도 아직까지는 하나님의 권능에만 의존하고 있다. 창조는 당연한 사실이라고 하면서 증거 부담을 회피하였다. 이런 태도는 절대 신권 질서를 구축한 중세시대에는 큰 문제가 없었지만 근대에 과학적 인식이 태동됨과 함께 고개를 들었다. 진화론을 필두로 신봉하는 학자들의 세력이 확산되면서부터는 창조론자들도 불가피하게 대책을 세우지 않을 수 없었다. 진화를 부정함을 통해 창조를 성립시키고자 한 방법을 강구

---

3)『창조와 진화』, Norman D. Newell 저, 장기홍・박순옥 역, 경북대학교출판부, 1990, 역자의 말.
4) 창세기 1~2장 4절까지.

하였다. 그러나 문제는 진화론을 물리쳤다고 해서 창조가 증거되는 것은 아니다. 창조는 창조대로 증거해야 한다. 창조를 어떻게 증거할 것인가? 가능한 일인가? 방법은? 그래서 이 연구는 자체 지닌 창조성을 근거로 한 방법을 강구했다. 하나님은 세계 밖의 초월적인 존재라고 생각했는데, 이제는 내재된 창조성을 통해 풀고자 한다. 창조는 하나님이 이루었지만 그 근거는 세상 위에 있다고 보는 것이 이 연구의 입장이다. 만물과 우주는 하나님이 창조한 진리 자체이고 하나님의 몸된 모습이다. 창조 문제는 세계 안에 간직된 창조성을 인출함으로써 해결할 수 있다. 다윈 이전 시대의 사람들은 창조주의 섭리적 지혜가 자연계에 여러 가지 형태로 반영된 것이라고 믿었듯,5) 이것을 어떤 형태로든 밝혀야 한다. 그렇다면 섭리된 지혜는 창조 행위에 어떻게 관여된 것인가? 밝히지 못하니까 진화론이란 굵은 가지가 생겨났다.6) 진화론을 백번 비판하기보다 창조된 분명한 사실부터 증거해야 한다. 그런데도 일반적으로는 진화론을 비판해서 얻고자 한 반대급부만 있다. 진화론의 득세 상황을 막지 못하였다.

　하지만 진화론도 진화에 대한 사실을 확실하게 증거하지 못한 것은 마찬가지이다. 우주와 생명의 기원을 포괄적으로 설명하지 못하면서도 창조론자들의 비판을 안중에 두지 않는 것은 바람직하지 못하다. 창조를 증거할 수 있는 방법론 강구가 절실하다. 학문적 입장만 고집하는 자들도 있지만,7) 이 연구는 이것을 반증하고자 하는 것이 아니다. 좀 더 근원적인 관점에서 문제를 해결하고자 한다. 진화

5) 『진화론과 과학』, 앞의 책, 머리말.
6) 만상의 기원을 창조론이 시원하게 증거하고 명백하게 밝혀 놓았더라면 인류에게 있어 종의 기원에 대한 의문의 싹은 돋아나지 않았을 것이다.
7) "과학이라고 불리는 이상 과학적 방법으로 다윈설이 증거되지 않으면 안 된다."-『엔트로피(Ⅱ)』, 제레미 리프킨 저, 김용정 역, 안산미디어, 1996, p.142.

론이나 창조론은 우주와 종의 기원에 대한 관점이지 확정된 이론이 아니다. 일종의 패러다임이고 세계관이다. 보다 근원된 본질 작용 세계를 뒷받침하지 못했다. 그러니까 끊임없는 대립 선상에서 벗어나지 못했다. 진화론은 그나마 입증할 자료들을 제시해 호응을 얻고 있지만 창조론은? 세인들은 객관적인 근거 자료를 통해 합리적으로 판단할 수밖에 없어 진화론이 시대 요구에 부응하여 창조론을 대신하게 되었다. 창조는 종의 완벽성을 말하지만 현실적으로 종의 변이 현상은 분명한 것이기 때문에 진화로 판단하게 되었다. 이 같은 문제는 무엇을 두둔하고 변호한다고 해서 될 일이 아니다. 결국은 확인된 창조성과 "본질로부터의 창조"에 입각하여 세계를 전체적으로 꿰뚫어 보아야 한다. 천지가 본질로부터 창조되었다는 것은 기존 창조론 주장들에 대해 지성사에 던져진 전혀 새로운 시각이고 문제 접근 방법이다. 비판을 넘어 선천에서 헤어나지 못한 상극의 대립 문제를 극복할진대, 천지 창조의 바탕 본질로서 논거될 '창조성 원론'은 하나님의 창조 권능을 거부한 진화 메커니즘을 극복하리라. 정말 본질에 바탕하여 천지가 창조된 사실을 증거함으로써 인류를 참된 창조 세계로 인도하리라. 창조성이 창조 진리로서 인준되어야 한다.

제10장 진화 이론의 성립

1. 진화론의 토대

오늘날의 학문적 추세로는 진화 한 마디가 일체 종의 기원 문제를 대변한다. 진화가 생물, 만물을 있게 한 메커니즘으로 이해되고 있다. 창조론자들이 神을 증거하지 못하고 창조 메커니즘 제시를 포기한 마당에서는 합리적인 이치 추구로 진화론과 같은 형태를 취할 수밖에 없었다는 것을 의미한다. 하지만 진화가 정말 사실이라면 만상의 존재 이치도 꼭 맞아 떨어져야 한다. 그런데 이 같은 일이 가능한가? 진화론은 입증을 위한 단서를 내세우기 이전에 근본적인 문제부터 해결해야 했다. 창조론자들도 창조된 단서를 구하기 위해서는 시공간 안에서 세계의 본질을 꿰뚫어야 한다. 철학, 사상, 학문 영역에서 보다 선행된 본질을 규명해야 객관적인 학설로 무장한 진화론을 극복할 수 있다. 요구되는 관점은 세계의 본질성에 대한 선행된 자각이고 규명이다. 이런 선행 조건을 알 리 없는 다윈은 생물학자로서 관찰하고 발견하여 얻은 사실들을 뒷받침할 메커니즘 틀을 차용하였다. 세계적 현상은 이미 구축된 세계관 안에서만 이해된다. 다윈이 몸담은 서양 문명은 안타깝게도 본질적인 문제를 해결할 수 있는 지적 기반을 조성하지 못하였다. 보다 근원된 본질을 규명하지 못한 이론 구축은 사상누각과도 같다. 세계의 근본을 물질로 본 유물론 관점은 선행된 본질의 규명이 얼마나 필수적인가 하는 사실을 알게 한다. 그래서 이 연구는 일찍이 「이성에 기초를 둔 서양 形而上學의 한계」에 대해 논했는데, 요지는 서양에서 탐구한 학문적 방법과 목적으로서는 핵심된 본질을 규명할 수 없다는 사실을 밝힌 데 있다. 서양의 철인들은 전통적인 학문 추구와 사유한 형태상 본질에 대해 파고들기보다는 인식에 관한 이론을 세우는 데 더 많은 관심을 두었다. 경험되는 대상을 체계화시키는 데 주력함으로써 본질 규명 문제와는 거리가 멀었다. 사변을 통해 세계관을 다진 것일진대, 이런 전통 토대를 둔 진화론은 근본적인 문제점을 지녔고, 그 이상 깊이 있는 세계 이해가 불가능하였다.

이에 일부 지각 있는 지성들은 이런 문제점을 비판하면서 아리스토텔레스의 철학에 대해 "그의 形而上學은 지식도 아니고 설명도 아니며 단지 비유적 사고(analogism), 즉 상상에 호소하는 언어로서의 도피에 불과하다고 하였고, 플라톤의 이데아(idea) 설은 논리가 건전치 못하여 설명이 있어야 할 자리에 비유가 차지하고 있다"고 하였다.[8] 과학이 추구한 이성주의적인 지식 개념이 진리를 판단한 근거

---

8) 『과학의 발전과 함께 새로운 철학이 열리다』, 한스 라이헨바하 저, 김회빈 역, 새길, 1996, p.27.

이다 보니 形而上學적인 세계에 근거한 독주를 경계해서 나온 비판 이겠지만,[9] 결과는 세계의 본질 영역이 담당한 사명을 무시하였다. 화이트헤드가 전체 서양 철학은 플라톤에 대한 각주에서 성립한다고 한 것을 통해서도 확인된다. 플라톤은 본질의 한 측면인 관념적인 성향을 드러내었다. 이런 점을 보완하기 위하여 실체적인 방향으로 추구하고자 한 것이지만 여기에 부응한 과학도 모든 현상을 실증하지는 못했다.[10] 이런 인식의 토대 위에서 다윈이 주장한 종의 기원에 관한 새로운 이해 방식은, 창조론을 극복할 것으로 기대하지만 아직도 끝을 찾지 못한 형편이다. 진화론이 문제점을 지녔는 데도 불구하고 놀라운 지지를 얻은 것은 전적으로 시대 이데올로기적인 요구에 편승한 측면이 크다.[11] 다윈이 산 영국 사회의 산업 구조와 생존경쟁 원리의 합리화 요구는 그 근거를 모두 자연계에서 구하였다.[12] 허버트 스펜서는 저서인 『종합 철학 체계』에서 "모든 생물을 지배하는 법칙은 은혜로운 것이기는 하나 냉엄한 것이다. 예를 들면 능력 없는 사람은 가난하게 될 것이고, 경솔한 사람은 곤경에 빠질 것이며, 게으른 사람은 굶주릴 것이다. 그러나 이것이 세상이다. 더구나 우수한 자는 승리하고 열등한 자는 패한다는 법칙을 눈앞에 놓고 우리들은 神의 의지와 자비를 명확하게 엿볼 수 있다고 하였는

---

9) "현대 물리학은 귀납적 신뢰성을 물리학이 획득할 수 있는 유일한 목표라고 생각한다. 모든 이 성주의는 그 심리적 뿌리를 확실성의 추구에 두고 있다."-위의 책, p.45, 47.
10) 실증적 정신은 본질의 탐구를 形而上學에 일임하여 버리고, 그저 보이고 만져지는 현상만을 진리 탐구의 대상으로 삼다 보니 세계의 본질 규명은 기대될 수 없었음.-『의학의 철학(I)』, 오모다카 히사유키 저, 신정식 역, 범양사, 1990, p.45.
11) "진화론은 자본주의의 대두기에 그것의 가장 강렬한 국가에서 태어났다."-『엔트로피(II)』, 앞의 책, p.105.
12) "영국의 정치·경제는 경쟁에서 가장 강한 자가 살아남는다는 식이었다. 영국인의 경쟁 기질과 부합시켜 생각할 때, 다윈이 동식물계를 관찰하고 그것을 이론화하는 단계에서 경쟁 및 투쟁이라는 개념으로 파악했다는 것은 하나도 이상할 것이 없다."-위의 책, p.105.

데, 이러한 시대적인 논의와 주위의 요구가 다윈의 자연 활동에 관한 이론에 포함되어 있다. 진화론은 새로운 부르주아(bourgeois) 계급의 중요한 정치 이념이 되었다."[13] 진화 학설은 개념 자체가 천지 창조 사실을 전면 부인하는 데서부터 출발한 유물론적이고 기계론적인 세계관을 구축하였다.

그렇다면 진화론은 어떤 토대 위에서 인식 관점이 태동되었고 세계를 움직이는 사상이 되었는가? 기독교의 창조 신앙이 만연된 상황에서 이것을 뒤엎을 만한 이론을 분출시켰다면 나름대로 철저한 준비 과정과 신념을 지녔으리라. 다윈은 당시에 주류를 이룬 생물의 종은 神에 의해 개별적으로 창조되었다는 주장을 거부하고 혁명적 저서인 『종의 기원(*The Origin of Species*)』을 완성하였는데, 그는 5년 동안 비글호를 타고 세계를 주항하면서 수많은 동식물을 채집하고, 종의 변이에 대한 암시를 받았으며, 이후에도 약 20여 년 동안 광범위하게 문헌을 수집하고 자료를 정리하였으며, 사육 동물과 재배 식물의 변이에 대해서 실험·관찰한 결과로서 사회적인 통념과 다른 새로운 해석과 이론을 내놓았다. 그는 종들 간의 변화된 모습과 유사점을 발견하고, 이런 현상들을 설명할 수 있는 어떤 새로운 이론을 찾았다. 우리는 같은 한 종의 나비라도 얼마나 형태가 다양한지 헤아리기 어렵다. 게다가 꽃, 새, 물고기 등도 나름대로 특성과 적응 구조를 가지고 생존하고 있다. 이런 생태 현상을 분석하면 이것을 설명할 수 있는 마땅한 이론이 필요하다. 그냥 하나님의 창조 손길로만 돌려버리기에는 무책임한 사명감이 발동된다. 다윈이 다년간 연구하고 실험한 종의 형태와 변화를 보면, 분명 神의 창조 의지와

---

13) 진화론은 자본주의의 발흥을 위한 이데올로기.-위의 책, p.129.

뜻만으로는 설명할 수 없는 어떤 힘이 개입된 것을 의심할 수 없다. 그래서 드디어 '적자생존의 원칙'과 '자연선택의 법칙'이라는 관점을 착안하게 되거니와, 그가 관찰한 종의 변화에 대한 확신에도 불구하고 알고 보면 지극히 인간적인 해석 관점 이상을 벗어날 수 없다. 수집한 자료의 객관성과 발견한 종의 형태 변화, 그리고 실험·관찰을 통해 얻은 결과는 정당한 노력으로 인정될 수 있지만, 그것을 보고 내린 세계 이해를 위한 통찰 방식은 시대 조류적인 측면이 있다. 그 시대가 도달한 최고의 지성적 관점에서의 판단인지는 모르지만, 그 시대가 지닌 지성 도달 상태 이상은 벗어나지 못했다. 다윈은 탐구한 과정을 통하여 "진화라는 위대한 사실은 발견하였지만, 이것을 이론적으로 설명하는 과정에서는 당시 서구 유럽 문명이 제공한 사상에 의탁하였다."[14] "그는 1836년 10월, 비글호가 팔마우스에 머물렀을 때, 자연계에서 일어나는 진화에 관한 견해를 정리하는 데 필요한 증거를 충분히 수집하였음에도 불구하고 어떻게 종이 변화가 일어나는 것인지에 대해서는 여전히 고민하였다. 그런데 비글호 항해를 마치고 2년이 지난 1838년 10월, 맬서스의 책을 읽고 비로소 완전히 깨달았다. 생물은 각 세대에 생존 가능한 수 이상의 개체가 태어난다. 모든 생물은 생존을 위한 심한 경쟁에 직면하고 있고, 강력하고 지속적인 선택의 압력 아래에서 가장 적합한 것, 또는 가장 우수한 것만이 살아남을 수 있다는 사실을 의미한다."[15]

다윈은 그의 고백처럼 『인구론』을 읽고 진화 이론을 가닥 잡을 수 있었지만, 그것은 그를 둘러싼 19세기 유럽 문명이 제공한 테두리

14) 『동양과 서양』, 최영진 저, 지식산업사, 1993, p.204.
15) 『진화론과 과학』, 앞의 책, p.46.

안에서의 판단 방식이다. "자연선택의 투쟁적 성격은 도덕에 개의치 않고 생존과 승리를 위하여 모든 수단을 정당화시킨 마키아벨리의 『군주론』이나 만인에 의한 만인의 투쟁을 자연 상태로 본 홉스의 『리바이어던』, 그리고 생존경쟁을 인간 사회와 자연계에 적용한 다윈 모두 동일한 서양 사상의 전통적인 맥락 속에 있다."[16] 이 연구는 서양 철학이 본질적인 면에서 한계성을 지녔다고 했거니와, 문제는 이런 상황을 진단하지 못한 데 있다. 다윈이 『인구론』에서 힌트를 얻었다고 하는 생존경쟁 원리는 주변에서 흔히 발견하는 일이기도 하다. 그러나 누차 지적할 것은 그런 경쟁 체제만으로 어떻게 드넓은 세계를 판단할 수 있는가? 『인구론』과 진화 메커니즘은 세계의 일부 현상을 포착한 편파성을 면할 수 없다. 진화론은 진화란 사실을 설명하기 위해 다윈이 채택한 해석적 관점이다. 만물은 나름대로 생존하고 있는데 왜 인간의 인위적인 사고의 틀 속에 모든 생태 현상을 끼워 맞추는가? 그런데도 불구하고 진화론은 생물학뿐만 아니라 하나의 사상으로서, 철학, 사회학, 정치학, 경제학 또는 문학 등의 영역을 망라하여 심대한 영향을 끼쳤는가? 진화론은 이해 관점이지 자연을 이룬 법칙이 아니다. 이 연구는 서양 문명이 보다 근원된 핵심 본질에 근거하지 못해 창조관을 고착화시켰다는 사실을 지적하였는데, 진화론도 여건은 마찬가지이다. 사실을 시인하기까지는 더한 창조성의 분열 과정이 완료될 때를 기다려야 했다.

아무리 무수한 세월 속에서 자연선택에 의해, 간혹 유전적인 돌연변이로 수백만 가지 종들이 세상을 뒤덮었다 할지라도, 그것이 개체 안에서는 일어날 수 있는 현상이지만 원숭이가 인간이 되었다는 비

---

16) 『동양과 서양』, 앞의 책, p.205.

약은 설득력이 없다. 전체적인 관점에서 보면 삼라만상은 말 그대로 다양성을 내포한 것으로 세월의 힘이 작용했다는 것은 인정한다. 그러나 생명 현상에 대한 이해는 자연선택이나 적자생존만으로 끝날 수 없다. 종의 기원에 관해서는 전혀 실마리가 다른 데 있어 진화론은 종의 다양성 문제를 완벽하게 설명한 이론이 아니다. 그 같은 생명 탐구 방법은 주어진 사실을 완전히 밝혀내고 증거할 수 없다. 방법을 달리해야 하는데, 그것을 이 연구가 제공하고자 한다. 종은 생명성이 발생된 순간으로부터 기원을 찾아야 한다. 만상을 이룬 본질은 이미 있음 자체로 존재한다고 하였거니와, 이런 본질의 존재 상태가 종의 창조에 관여되었을진대, 이 같은 특성을 밝히는 것이 곧 종의 기원을 추적하는 첩경이다. 생명의 창조 기원은 새로운 각도,17) 곧 창조적인 관점에서 시도되어야 하는데, 진화론에 대한 회의가18) 뜨겁게 불붙고 있는 이 시점에서 이 연구가 '창조성 원론' 정립을 통해 체제를 갖추었다. 진화론을 비판한 논문들이 쏟아졌고, 창조론자들은 각종 이론을 세워 공격했지만 진화론이 구축한 학문의 요새는 꿈쩍도 않았는데, 부족한 이 연구가 천지 창조 역사를 증거하고 진화 메커니즘의 본질을 밝힐 수 있을 것인지 의문이지만, 창조 메커니즘을 설명할 수 있는 선행된 인식 기반을 『동양창조론서론』을 통하여 구축하였다. 진화론과 창조론은 모두 본질적인 측면에서 한계가 분명하므로, 이 같은 사실에 근거해 창조와 진화에 관한 문제를 본격적으로 논거하리라. 진화론이 학문의 세계에서 공인

---

17) 다윈이 자신의 학설을 의탁했던 점진주의가 자연의 현상이 아닌, 한때 유행했던 서구사조의 산물이라면, 우리는 시야를 넓히고 정립하기 위해 다른 철학을 발견하여 거기에 의지해야 한다.-위의 책, p.219.
18) "다윈적 세계관은 증거되지 않은 추측된 이론"이라는 관점.-『진화론과 과학』, 앞의 책, 한국인을 위한 서문.

된 주된 이유가[19] 세운 이론이 사실이라기보다는 천지 창조 역사가 증거되지 못했기 때문이라고 보거니와, 여기에 대한 메커니즘을 밝힐 수 있다면 이 연구는 명실상부하게 천지창조론을 완성하는 토대를 다지게 될 것이다. 창조 진리를 통해 세계의 제 현상까지 설명하는 체제를 구축하리라.[20]

2. 진화론의 사회적 확산 추세

인간은 대 우주와 세계와 자연 현상과 자기 자신에 대해 던진 근본적인 명제, 곧 궁금하게 여긴 기본적인 의문과 물음이 있다. 천지는 어떻게 존재하고 무엇에 의해 생겨났는가? 여기에 대해 견해를 밝힌 것이 우주론이고 창조론이며, 취한 관점이 세계관, 추적한 인식적 근거가 진리관이다. 진화론도 알고 보면 인류가 궁금하게 여긴 근본적인 물음에 대한 대답이고 일부 견해이다. 그 물음의 핵심은 무엇인가? 인간은 존재하는 모든 것과 눈앞에서 일어난 유형무형의 현상들에 대해 그렇게 된 배후 요인을 궁금하게 여겼다. 인간은 무엇인가? 진리는 무엇인가? 바람은 왜 일어나는가? 수많은 별들이 반짝이는 이유 등등 그중 주변에는 많은 동식물들이 있고 현재 지구상에 알려진 생물(동물, 식물, 미생물)만 해도 200만 종 이상인데, 이런 종의 다양함에 대해 납득할 수 있는 설명이 필요하였다. 이것이

---

19) "오늘날 진화의 기구(자연도태설, *theory of natural selection*)에 관해서는 이에 대한 반론이 없는 것도 아니나, 진화의 사실 자체는 의심하는 사람이 거의 없게 되었다."-『생명의 기원과 진화』, 이영록 저, 고려대학교출판부, 1996, p.167.
20) 창조나 진화냐 하는 문제는 결국 전체 세계관의 본질 규명 관점을 따른다. 그리고 여기서 진화론이 처한 총체적인 한계성이 노출된다.

진화론을 생성시킨 시발이다. 그냥은 안 된다. 어떡하든 합리적인 근거를 추적해야 했다. 종의 다양성을 해명하고자 한 근본적인 노력과 시도에 대해 한 자리를 차지한 "진화라는 사상은 고대의 그리스 시대부터 있었다. 엠페도클레스는 진화론자로서 적자생존을 주장했다는 기록이 보인다. 하지만 이런 견해는 유대-기독교의 창조론에 밀려 오랫동안 관심을 끌지 못했다. 그런데 진화론이 다시 관심의 대상으로 떠오른 것은 19세기 초였으며, 이것을 하나의 확립된 사실로서 정리하고 이론적으로 설명한 것이 다윈이 저술한『종의 기원』이다."21) 이후 "현재에 이르도록 진화론은 각 분야에 지대한 영향력을 끼치면서 그야말로 진화에 진화를 거듭하였다. 진화라는 용어는 이제 우주의 진화나 생물의 진화를 넘어 일상생활의 분야에서도 흔히 사용하는 사회적 용어가 되었다."22) 처음에는 하나의 가설 제기에 불과했던 이론이 고유한 생물학 영역을 넘어서 타 학문에도 영향을 끼쳤고, 특히 기독교 신앙에는 엄청난 타격을 입히면서 확산된 추세를 멈추지 않아 21세기를 넘어선 오늘날은 가히 학문의 제왕이자 현대 과학의 정수로 공인되다시피 한 이유는 무엇인가? "지금은 생물은 진화한다는 이론을 대부분 인정하는데 성경의 가르침에 의한 창조설만 받아들이던 시대에는 모든 생물은 神이 만들었으며, 생물은 영원히 바뀌지 않는다는 것이 상식이었다. 다윈이 활동한 19세기의 서양에서도 상황은 마찬가지였다. 이 같은 여건인데 다윈이 자연계에서 인간만이 특별한 존재가 아니고, 인간과 원숭이는 공통조상에서 유래한다고 주장한 것은 사람들에게 천지를 뒤흔들 정도로

---

21)『붓다와 다윈이 만난다면』, 안성두 외 4인 저, 서울대학교출판부, 2011, p.187.
22)「존 호트의 진화의 신학 이해」, 장애영 저, 이화여자대학교대학원 기독교학과, 석사, 2009, 서론.

큰 충격이었다."[23] 언급한바 "당시는 생물 종의 불변설과 창조설을 철저하게 따르던 때였으므로 진화론이 기독교의 심한 공격을 받은 것은 당연한 결과이다. 그리하여 『종의 기원』은 약 10년 동안 기독교 신앙에 대해 사상 최대의 타격을 가한 후, 마침내 생물학에서 점차적으로 확고하게 지위를 획득하였다."[24] 통념을 깨기로 치면 다윈을 따라갈 사람이 있을까? 종이 불변한다는 생각은 수천 년을 이어온 통념이다. 물론 종이 변한다는 생각이 독창적인 생각은 아니다. 그의 친할아버지인 이래즈머스 다윈이나 프랑스의 라마르크도 명시적으로 주장한 부분이 있다. 따라서 다윈이 공헌한 점은 종이 어떻게 변하는지를 독창적으로 설명한 데 있다. 진화를 일으킨 요인, 즉 진화 메커니즘으로서 자연선택(natural selection)과 적자생존(survival of the fittest), 그리고 생명나무 이론을 세운 것이다.

"자연선택과 적자생존은 말 그대로 개체군 내에서 한 종이 살아남거나 죽어나가는 일에는 어떤 모습이든 반드시 투쟁이 일어난다. 생물의 어떤 종(種)에 개체 간 변이가 생겼을 경우, 그 생물이 생활하고 있는 환경에 가장 적합한 것은 살아남고 부적합한 것은 멸망해버린다. 즉, 개체 간에는 항상 경쟁이 일어나고, 자연의 힘으로 선택이 반복된 결과 진화가 생긴다고 한 설명이다."[25] 그가 주장한 진화 메커니즘은 이후로도 수정되고 발전되었는데, 현대의 진화론도 전체적으로는 그의 생각을 바탕으로 하고 있다. 수정된 이론으로서는 "네덜란드의 프리스가 제창한 돌연변이(mutation theory)설이 있다. 그는 다윈의 자연도태설에 반대하고 달맞이꽃 한 품종에서 12계통

---

23) 『Newton(다윈 진화론)』, 뉴턴 코리아, 강금희 역, 2009, p.7.
24) 위의 논문, p.31.
25) 위의 논문, p.31.

의 신품종을 얻은 실험을 토대로 종의 변이는 지속적이지 않고 돌연적, 비약적으로 발생한다는 설을 주장하였다. 그 설에 따르면 자연도태가 현존하는 종을 보존하는 데는 필요한 요인이나 변화를 일으키는 요인은 아니며, 오히려 그 요인은 바로 돌연변이이다. 격리설(바그너, 로마네스), 신라마르크설(스펜서, 헥켈), 신다윈설(바이스만), 정향진화론(코프) 등을 거쳐 현대에는 1924년 헉슬리가 진화요인을 설명하는 가설들을 종합적으로 체계화해서 『유전학과 종의기원』이라는 책을 폈다."26) 현재 주류가 된 신다윈설(neo-darwinism)은 유전학의 발전 위에서 성립한 것인데, 다윈의 자연도태설과 프리스의 돌연변이설을 조합한 것이다. "돌연변이란 유전자인 DNA의염기 배열 변화라는 전제 아래, 그와 같은 작은 유전적인 변이가 눈에 보이는 형질을 만들어 자연선택의 선별로 가려져서 생존에 유리한 것만 다음 세대에 남는다는 주장이다."27) "도브잔스키가 헉슬리와 함께 세운 '현대종합이론'은 유전자 돌연변이가 생물집단의 유전자 풀(pool)에 일어남으로써 새로운 생물종으로 진화한다는 학설이다. 이 이론은 최근 거의 40여 년간 진화 요인을 가장 체계적으로집대성한 완벽한 이론인 것처럼 여겨졌다. 한편 1970년대에 굴드 교수와 엘드리지가 단속평형설을 주장하여 점진론적 진화인 연속적진화를 부정하고, 어떤 종의 생물이 평형을 이루고 불변한 채 계속되다가 어느 환경, 시기가 되면 빠른 시일에 갑자기 새로운 종으로진화한다고 하였다."28) 진화론은 비단 학계에서만 발전되고 정설로

---

26) 「창조와 진화에 관한 연구」, 곽진상 저, 수원가톨릭대학대학원 신학과 교의신학, 석사, 1992, p.14.
27) 『Newton(다윈 진화론)』, 앞의 책, p.24.
28) 위의 논문, p.25.

서 굳혀진 것이 아니다. "다윈 사상의 중요한 개념들은 인간 사회에도 적용되어 사회적 발전을 서술하려는 시도가 나타났는데, 이를 사회진화론이라고 한다. 대표적인 사례로서는 스펜서의 주장으로 인간 사회는 개인 종족과 국가 간의 경쟁을 통하여 적자만 생존하게 되는데, 이러한 과정을 통해 사회의 진보가 이루어진다고 하였다."[29)30)] 사회적 이데올로기를 형성하는 데도 깊은 영향을 끼쳤다는 뜻인데, 이런 측면은 다윈 진화론이 사회적으로 확산된 중요한 요인이기도 하다. 진화론에 대한 긍정적인 인식으로서는 사실적인 요인이 있기 때문이기도 하지만 제기할바 진리, 원리적인 요인보다는 시대적인 요구에 격 맞아 떨어진 사회적 요인이 오히려 더 큰 영향을 끼쳤다. 기독교 창조론이 창조론다운 원리를 제시하지 못한 점도 있고, 유럽 사회는 이미 근대 사회를 열면서 신권 질서와는 동떨어진 세계를 구축하였다. 그래서 "진보주의적인 자유사상을 가진 과학자들은 생물의 종은 神에 의해 개별적으로 창조되었다는 사상에 대해 반대하고 나섰는데, 문제는 창조에 의하지 않은 신종의 탄생에 대하여 설명을 어떻게 할 것이냐에 부심(腐心)했다. 이러한 시대적 요청에 대하여 해답으로 등장한 것이 자연도태설이고 적자생존, 생존경쟁 등의 용어와 함께 사회에 큰 충격을 주었다. 아무튼 19세기 말 당시 사상계에 큰 변화를 안긴 것은 일반적으로는 진보의 관념에 대응하고, 특히 산업자본주의의 발전기에서 자유경쟁의 이념과 일치되었기 때문이다."[31)] 그리고 현재도 상황이 달라진 것은 없다. 오히려 산업 자본

---

29) 「목적론과 다윈의 진화론」, 이성규 저, 성균관대학교대학원 사학과 서양사, 박사, 1992, p.13.
30) "다윈의 학설은 자연과학 분야뿐만 아니라 사회과학 분야에도 큰 영향을 미쳐 『종의 기원』에 대해 '우리들의 견해에 자연사적 기초를 부여한다'고 평가했는가 하면, 한편에서는 '우성에 의한 열성의 지배'라는 철학을 바탕으로 한 반민주주의 사상의 합리화에 이용되기도 했다."- 『종의 기원』, 다윈 저, 박종규 역, 삼성출판사, 1983, p.7.

주의 사회가 극치에 달했고, 기독교는 진화론의 도전 앞에서 창조 신앙을 확실하게 증거하지 못했다.

따라서 지금은 "생명의 진화가 지구가 둥글다는 사실만큼이나 당연한 사실로 자리 잡아 가고 있다. 과학자들만 아니라 보통 사람들도 진화를 일반적인 사실로 받아들인다. 조사에 따르면 현재 청소년들의 호기심과 의문을 풀어주는 청소년 과학잡지나 백과사전의 대부분은 100% 생명의 진화를 수용하는 입장이다. 고등학교 세계사 교과서 8종(교학사 등)에는 모두 인류의 기원을 진화에 바탕을 두고 설명하였고, 사실로 받아들여 가르치고 있다."[32] 이 연구는 다윈 진화론 비판이란 주제를 정해 놓고도 진화론의 사회적 확산 추세를 가감 없이 기술하였다. 진화론을 긍정적인 입장에서 본다면 종이 변화한다는 것은 창조론과 상관없이 불변한 사실이다. 진화론자들이 진화론의 시발로 삼은 종의 불변설은 앞으로 밝힐바 본의에 입각해서 그 의미를 재정립해야 한다(완전성, 결정성 차원). 아울러 천지 만상이 하나님으로부터 창조된 것도 사실은 절대 본체의 이행 절차이기 때문에 창조 역시 알고 보면 변화를 일으킨 것이다. 창조도 진화도 변화를 통하여 천지를 창조하고 새로운 종을 탄생시켰다는 입장일진대, 진화가 현 질서상으로 창조론이 주장한 순간적, 일시적, 완전한 창조보다는 무수한 세월에 걸친 점진적 변화가 더 합리적이다. 단지 변화란 것이 현상적인 것인지 본질적인 것인지가 문제일 뿐……. 진화로 친다면 천지 창조 역사는 실로 상상을 초월한 순간적 변화로서 상식적으로 받아들여질 리가 만무하다. 지금은 이해하

---

31) 위의 책, p.7.
32) 「현대 진화생물학의 신학적 고찰」, 정용용 저, 한신대학신학대학원 조직신학, 석사, 1999, pp.1~3.

기 어렵겠지만 세상에 있는 모든 것은 변화하는 것이 당연하고, 그렇게 변화하는 것은 모두 창조를 증거한다. 창조론자들은 창조의 초월성을 강조하면서도 그것을 확인시킬 수 없어 신앙에 머물렀고, 전능한 하나님의 권능에 의탁해서는 진화론을 넘어설 수 없다. 이것이 지난날까지 창조론이 진화론에 대처한 여건이다. 도무지 역전될 수 없을 것 같은 상황에서 다윈은 종의 불변성을 무너뜨렸듯, 이제는 "본질로부터의 창조"를 증거한 이 연구가 동양본체론에 입각해서 진화론을 하나부터 열까지 비판하고 재구성해서 고착된 관점을 역전시키리라. 그렇게 판단할 근거는 앞서 서술한 '창조성 원론'에 있다. 기초를 다지기 위해 진화론의 정립 과정, 추세, 확산 경위를 살펴보았고, 이제부터는 진화론의 중심 개념인 자연선택이 지닌 메커니즘의 가능성 여부를 진단하리라. 진화론의 본질을 밝히고 진위를 판가름하기 위해서는 이 연구도 다윈이 고민한 근본적인 의문과 문제의식 시점으로 돌아가야 한다. 원 출발점에서 볼 때 진화론은 여러 가지 다양한 가능성 중에서 채택된 관점인데, 그것이 잘못이라면 원점에서 출발하여 정확한 본의에 입각해야 진정한 창조설을 입안할 수 있고 정설화할 수 있으리라.

3. 자연선택의 가능성 채택 경위

진화생물학자인 에른스트 메이어는 현대 사상의 형성에 가장 큰 영향력을 가진 사람은 칼 마르크스나 프로이트가 아닌, 바로『종의 기원』의 저자 다윈이라고 했다. 아인슈타인조차도 물리학적인 지식에 대한 접근적 제한성을 고려한다면 다윈을 능가할 수 없다고 평가했다.[33] 그가 인류에게 끼친 영향력이 지대할진대, 세운 진화론의 핵심된 내용, 개념, 원리는 무엇인가? 그것은 인류 역사와 상식을 뒤바꾼 혁명의 심장이고, 神의 권능을 무산시키고 그 자리를 대신한 창조 권능의 아이콘이다. 밤하늘을 수놓은 별들만큼 이 땅 위에 수많은 생명체를 있게 한 창조의 대추진 원동력, 진화론의 본질을 파고들기 위해서는 반드시 알아야 한다. 게다가 다윈도 20년 동안 고심했을 만큼 찾아 헤맨 그 무엇, 바로 자연선택과 적자생존을 통한 진화 메커니즘이다. 그중에서도 적자생존으로부터 동력을 부여받은 자연선택은 일체 가능성을 열어 놓고 신뢰해 마지않은, 다윈이 생각하기로 神이 엮어 놓은 창조란 쇠사슬로부터 종들을 해방시킨 자유의 권리 장전 같은 것이다. 이 자연선택을 근거로 종의 탄생에서 초자연적인 힘의 개입을 차단시키고 위대한 독립을 선언할 수 있었다. 걸림돌인 초자연적인 창조 드라마 흔적을 깔끔히 지웠다. 거센 저항이 있었지만 대세는 기울어져 사상적 주도권은 자연선택이 거머쥐었다. 이처럼 강력한 힘을 지닌 진화 요인은 어떤 경위를 거쳐 세워진 것인가? 운명과도 같은 특별한 인생 경험, 즉 "어릴 때부터 동식물에 관심을 가졌고, 케임브리지대학의 식물학 교수 J. 헨슬로와 친교를 맺어 그 분야의 지도를 받은 다윈은 1831년 22세 때 권고로 해군측량선 비글호에 박물학자로서 승선할 기회를 얻는 것으로부터 출발한다. 다윈은 남아메리카와 남태평양의 여러 섬(특히 갈라파고스 제도)과 오스트레일리아 등지를 두루 항해, 탐사하고 1836년에 귀국하였는데, 이 과정에서 널리 동식물의 상(相)이나 지질(地質) 등

---

33) 「지적설계를 통해 본 유신론적 진화론 비판」, 신화석 저, 장로회신학대학교신학대학원, 석사, 2009, pp.92~93.

다윈 진화론 비판 181

을 조사하여 후에 진화론을 제창하는 데 기초가 되는 자료를 모았
다. 특히 갈라파고스 제도에서의 관찰, 즉 다른 환경의 섬과 거기에
서 생활하는 같은 계통의 생물에서 볼 수 있는 사소한 변이(變異)와
의 관련은 다윈이 진화사상에 대한 심증을 굳히는 요인이 되었다
."34) 다윈은 1876년에 간행된 자서전에서 "항해에서 배운 자연과학
에 대한 자세가 나의 과학적인 활동을 가능하게 했다. 비글호의 항
해는 나의 전 생애를 결정했다"고 썼다.35) "1835년 다윈은 열여섯
개의 크고 작은 섬으로 이루어진 갈라파고스 제도(Galapagos Islands)
에 도착한다. 여기에는 다양한 생물들이 살고 있었다. 그러나 이들
중 다윈에게 있어 가장 중요한 사건은 좁은 섬 안에서 지역에 따라
부리 모양이 다른 핀치 새와의 만남이었다. 핀치 새는 한 종이지만
사는 섬의 위치에 따라 부리 모양이 조금씩 달랐다. 처음에는 이들
새가 전혀 다른 종류의 새일 거라고 생각했다. 그러나 항해를 끝내
고 1837년에 조류학자 존 굴드를 만나면서 표본으로 수집한 핀치
새가 다른 새가 아니라 한 종류라는 결론을 얻게 되었다. 왜 같은 종
류인 핀치 새가 살고 있는 장소에 따라 각각 다른 부리를 가지게 된
것일까? 다윈은 자신이 보고 경험한 사실과 탐사를 통해 모은 많은
생물 표본을 분석하면서 생각을 가다듬었다. 갈라파고스 제도의 핀
치 새는 하나의 조상에서 나왔지만 살고 있는 환경에 적합하도록 부
리 모양이 변했을 것이라고 추측했다. 같은 종류의 새라도 사는 환
경에 따라서 모습이 바뀔 수 있다는 것은 다윈 자신조차도 놀라운
생각이었다."36) 이것이 자연선택론을 탄생시킨 위대한 경험이고 발

---

34) 「다윈의 비글호 항해와 진화론」, 네이버 지식in.
35) 『Newton(다윈 진화론)』, 앞의 책, p.113.
36) 『신과 다윈의 시대』, EBS 다큐프라임 제작팀 저, 세계사, 2012, p.34.

견이며 생각이다. 종이 불변한다는 생각이 만연한 상황에서 세계관을 혁신시킬 수 있는 근거를 확보하였다. 1844년 11월 12일자 편지에서는 유명한 고백을 하였다.

> "갈라파고스의 생물의 분포 현상들, 아메리카의 화석 포유류의 형질 등은 내게는 아주 인상적이었습니다. 나는 생물종에 관련 있다 싶으면 무엇이든지 수집해보았습니다. …… 마침내 서광이 비추어 왔고, 생물종은 불변하는 것이 아니라는 확신에 이르게 되었습니다."37)

"다윈은 갈라파고스 제도를 둘러보고 나서, 이 지역에서의 관찰 결과가 종은 변하는 것임을 나타내주는 데 반론의 여지가 없는 증거라고 생각하였다. 이것은 '나의 모든 견해의 출발점'이라고 회상했던 만큼이나 확실한 것 같다."38) 요지는 자연계에서 기존의 생물종으로부터 새로운 종이 생겨날 수 있다는 것이고, 종은 자연적인 요인들에 의해 변화된다고 본 것이다. 그 외 C. 라이엘의『지질학 원리』, 지질학상의 문제, 산호초의 생성 원인 연구 등도 사상 형성에 큰 영향을 주었다고 하지만, 이미 부수적이다. 갈라파고스 제도를 살펴보고 얻은 결론은 진화론의 기초가 되었다. 다음 과정은 확신한 종의 변화 사실을 설명할 수 있는 이론적 탑을 쌓아 올리는 것이다. 다윈이 진화 메커니즘을 구축한 배경은 참으로 드라마틱하다. 그는 새로운 종의 출현을 설명할 수 있는 메커니즘을 찾던 중 맬서스의『인구론』을 정독하고 답을 찾았다. 맬서스는 이 책에서 "인구 증가가 식량 공급을 초과함으로써 한 명당 식량이 감소하게 될 것이라고 예측

---

37) 위의 책, p.38.
38) 위의 책, pp.31~32.

했는데, 그 이유는 인구는 다른 개입 요소가 없는 한 기하급수적으로 증가하는 데 비해 식량은 산술급수적으로 증가하기 때문이다"라고 했다."[39] 인구가 식량 공급원을 추월하기 때문에 제한된 자원을 확보하기 위한 경쟁이 일어나는데, 이것이 불가피하게 생존경쟁을 창출한다는 것이다. 다윈은 자서전에서 이렇게 썼다.

> 생존경쟁을 이해할 준비가 되어 있었던 나는 그러한 상황하에서 유리한 변이들은 존속되고 불리한 변이들은 소실될 것임을 즉각적으로 파악할 수 있었다. 이러한 과정을 거쳐 결과적으로 새로운 종이 탄생했을 것이다.

다윈은 의도적인 선택보다는 경쟁이 생물의 변화를 유도하는 힘으로 느꼈다. 제대로 적응하지 못하는 생물은 경쟁에서 도태되고, 자손을 최대한 많이 남기는 생물은 자신들의 형질을 효과적으로 후대에 남길 수 있으리라. 맬서스의 착상을 자연계에 적용한 다윈은 자신이 찾았던 진화의 추동력을 발견했다. 그 힘이 바로 자연선택이다. 진화론의 골자는 바로 저서의 표제에서도 표현되어 있는 바와 같이 자연선택설을 요인론(要因論)으로 한 것인데, 이 설은 어떤 종의 개체 간에 변이가 생겼을 경우, 그 생물이 생활하고 있는 환경에 가장 적합한 것은 살아남고, 부적합한 것은 멸망한다는 견해이다. 다른 말로 표현하면 종의 생존투쟁에 있어서 적응에 실패한 변이는 소멸되고, 유리한 변이는 유지되도록 작용하는 것, 그러니까 개체 간에는 경쟁이 항상 일어나고 자연의 힘으로 선택이 반복됨으로써 진화가 생긴다는 설이다. 여기서 자연선택은 진화 메커니즘의 핵심

---

39) 『진화론도 진화한다』, 장대일 저, 김영사, 2013, p.46.

인 만큼 작용 개념을 보다 정확히 적시할 필요가 있다. 다윈이 착안하여 세운 이론은 정말 자연을 통해 확인한 종의 변화 현상을 뒷받침할 만큼 다른 종으로의 변화를 유발시킬 가능성을 지녔는가? 물론 지금은 그의 제의가 어느 정도 인준된 상태라고 하지만, 우리는 그가 처음 이론을 제안한 시점에서 재고해 볼 필요가 있다. 혹자는(김균진) 철저한 인과 과정을 따진 법칙이라고까지 했지만, 정말 법칙이라고까지 할 수 있는지, 왜 일반적으로는 자연선택, 혹은 자연선택설이라고 하는지 검토해볼 필요가 있다. 진화 요인으로서 제안된 자연선택설은 다음과 같다.

> "첫째, 생물은 종족 유지를 위해 필요한 수보다 많은 자손을 만들며, 이들 개체 간에는 변이가 있다. 둘째, 개체는 생존경쟁을 한다. 셋째, 개체변이 중 환경에 적응된 것은 적응하지 못한 것보다 많이 살아남는다(적자생존). 넷째, 개체변이가 자손에게 전해지고 오랜 세월 동안 변이가 쌓여 새로운 생물이 생긴다."[40]

과연 새로운 종을 탄생시킬 가설 체제로서 타당도가 있는가? 요인의 대부분은 결론을 이끌어내기 위한 사전 인과 관계 설정에 치중하여 정작 새로운 종이 어떻게 해서 탄생된 것인가 하는 문제는 원리적으로 표현하지 못했다. 사전에 포석된 요인들로 핵심된 메커니즘을 간접적으로 설명하고 있다. 그러니까 여러 각도에서 설명된 진화 요인을 참고해보지만 진화를 일으킨 메커니즘에 대한 초점은 확실히 잡을 수 없다. 신봉된 이론이지만 이 연구의 안목으로 본다면 엉성한 가설 수준 이상을 벗어나지 못했다. 변화 요인의 지속적인 축

---

40) 「창조와 진화에 관한 연구」, 앞의 논문, p.23.

적과 오랜 세월이란 조건을 달기는 했지만, 설사 그런 조건을 충족시켰더라도 바위가 비바람에 깎이고 깎이지만 그런 작용으로 어떤 새로운 물질을 탄생시키는 경우는 없다. 주변에서도 무수한 변화 현상을 확인하지만 아무리 변하고 달라져도 다른 무엇이 되지는 않는다. 그런데 유독 종만 예외에 속한단 말인가? 가설로서 세운 진화론은 다윈이 사고적으로 쌓아 올린 하나의 이론이지 원리가 아니다. 이론은 어디까지나 이론일 뿐이므로 합리적인 체제가 정립되면 언제든지 허물어질 수 있다. 이론은 얼마든지 제기될 수 있는 것인데, 과학주의를 표방한 지성들이 이런 가능성은 덮어둔 채 맹신하다시피 하였다는 것은 되짚어볼 일이다. 진화가 가능한 요인 적시로서는 이해하기 어려운 엉성함이 있지만, 다윈이 연구한 사육재배를 통한 다양한 사례 결과와 견주어보면 인위 선택에 의한 종의 변화 현상과 관련하여 어느 정도 이해할 수는 있다. 다윈은 "인간이 원하는 특성을 선택(selection)함으로써 동식물의 다양한 특성을 마음대로 취할 수 있다는 점에 착안하여, 인위 선택 같은 것이 자연계에도 있음을 유추(類推)하여 주장했다."[41] 즉, "가축인 개나 비둘기, 재배 식물 등에서는 작은 차이의 선발(인위 선택) 결과 엄청나게 다른 품종이 만들어지고 개량되는데, 이것으로 미루어 보아 비슷한 선발이 자연계에서도 일어나 차이가 거듭됨으로써 적응이 높은 쪽으로 진화가 일어나리라고 생각했다."[42] 자연선택이 지구상의 모든 종을 창조할 만큼 만능적인 창조력을 가진 것처럼 착각하였는데, 그것을 이 연구가 전혀 다른 각도, 곧 창조성의 바탕에서 지적하리라. 자연선택은 설

---

41) 「목적론과 다윈의 진화론」, 앞의 논문, p.41.
42) 『Newton(다윈 진화론)』, 앞의 책, p.46.

사 그런 현상이 없잖아 있다고 하더라도 생물의 다양성을 구분하고 개량, 창조할 만큼 지혜롭지도, 어떤 에너지를 가진 것도, 본질적인 것도 아니다. 자연선택은 그야말로 허공에 뜬 변화란 모습만 보고 인위적으로 끼워 맞춘 관념적인 인과 구성 체제이다. 사육재배의 결과를 통하여 종이 모양이 조금씩 다른 군은 형성할 수 있다. 이것이 자연 안에서도 일어난다면, 그것은 다윈이 갈라파고스 제도에서 관찰한 다양한 모습의 핀치 새처럼 부리 모양을 변화시킨 주된 요인은 환경이지 생존경쟁은 아니다. 자연선택은 다름 아닌 종의 환경 적응 체제이다. 현재 갈라파고스 제도에 서식한 다양한 모양의 핀치 새도 본래는 한 종의 원본인 핀치 새로부터 갈라진 것일진대, 이것은 마치 원액에 물을 타면 희석되는 것처럼 변이 요인 역시 희석되어 새로운 종을 탄생시킬 가능성이 더욱 약해진다. 그래서 진화론이 포착한 종의 변이 개념은 고스란히 우주가 피할 수 없는 엔트로피 법칙에 위배된다. 처음부터 충만한 창조 원동력인데, 종의 변이 체제로서는 창조력을 회복할 수 없다. 결과는 이치에 어긋났다는 말이다. 상상으로서는 가능하다고 생각할 수 있지만 현실적으로는 불가능하다. 흔히 진화는 오랜 기간에 걸쳐 지속된 유리한 변이가 축적되어 새로운 종의 출현으로 이어지고, 점진적인 변화 과정을 통하여 뭇 종이 간단한 형태에서 복잡한 형태로 생물적인 발전을 이룬다고 하지만 (원형적 형태의 생물→인간에 이르기까지의 진화적인 변화), 이것은 과학자로서 자연의 결정적인 법칙까지 무시한 명제이다. 처음 원형, 원본의 복잡함이 엔트로피 법칙을 뒷받침하는 것인데, 진화론자들은 결과에 맞추어 하나부터 열까지 자연 현상을 거꾸로 해석하였다.

다윈은 핀치 새 부리를 통해 종 내의 소진화를 관찰하였고, 이를 바탕으로 새로운 종의 출현까지 나아간 대진화 이론을 주장하였지만, 사육 재배를 통한 품종 개량을 통해서도 알 수 있듯 종에 근거한 새로운 종의 탄생(대진화)은 불가능한 것이고, 그야말로 대우주의 법칙에도 어긋난 것이다. 누구도 1831년 12월 27일, 다윈이 영국 해양관측선인 비글호를 타고 역사적인 항해를 시작하면서 자연에서 펼쳐진 종의 다양한 변화 모습을 관찰한 사실을 두고 뭐라고 할 수는 없다. 문제는 이런 현상을 이해하고 접근한 생각이 문제인데, 이것을 다윈은 기존설을 부인하고 생존경쟁에 의한 자연선택설, 즉 진화설을 주장한 사실에 있다. 다시 말해 다윈이 고심한 종의 변이 현상에 대한 요인은 관점상의 문제이며, 뉴턴처럼 만유인력 법칙을 세운 것이 아니다. 진화론은 진리가 아니며, 이론의 적합성과 사실성에 문제를 지녔다. 그래서 이 연구는 종의 변이 현상에 대해 다윈이 가진 관점의 결정 과정을 추적해서 왜 자연선택설을 채택하고 확신한 것인지 경위를 살피고 판단한 근거를 검토하였다. 무엇이든지 판단에 대한 관점 차는 있는데, 살펴본 결과 진화론은 원리적인 문제이기 이전에 개인적, 시대적인 정황에서 접근한 원인이 있었다. 상황에 따라서 이렇게도 판단되고 저렇게도 판단될 수 있는 유동성을 지녔는데, 다윈은 운명적으로 자연선택설을 채택했다. 달리 말하면 창조설에 입각해서도 확인한 종의 변화 현상을 충분히 설명할 수 있다는 뜻이다. 다윈 당시에는 어려웠기 때문이라고 할 수는 있지만, 동양창조론을 본격적 궤도에 올린 오늘날은 상황이 달라졌다. 그것을 이 연구가 입증하리라. 다윈이 결론내린 진화를 일으킨 근거, 그리고 추종한 진화론자들이 이것이 바로 진화를 증거한다고 한 자료들에 대하여 편견을 물리치고 보다 포괄적으로 이해할 수 있는 안목

과 인내심을 가진다면 종의 변이 현상을 또 다른 각도에서 풀어낼
수 있다. 이런 가능성을 이 연구가 시도하리라.

4. 진화론의 가설 의혹

다윈이 세운 진화론이 사실인가 아닌가 하는 것은 그동안 혹독한
검증 과정을 거친 것으로 사료된다. "생물진화에 관한 학설도 처음
에는 막연한 가설(假說)로서 다분히 상상적인 요소를 내포하고 있다
는 견해가 일반적으로 인정되고 있었다. 그러나 그것의 실질적인 증
명이 시작되어 여러 증거에 입각한 근거가 제시된 뒤에는 정당한 것
으로 인정받게 되었다."[43] 하지만 그것이 정당한 검증 조건을 거치
지 못한 것이라면? 무엇이라도 주장된 설은 사실적인 측면을 내포한
다. 그러나 그 무엇도 생성된 과정을 대관하지 못하고 전모를 보지
못했다면? 진화론과 창조론을 포함해서 선천의 진리적인 여건은 예
외 없이 알파와 오메가를 관장하지 못하고 창조 본의와 본체를 자각
하지 못한 상태라 진리성에 대한 확신에도 불구하고 믿음, 선언, 이
론 수준을 벗어나지 못했다. 진화론도 마찬가지이다. 실질적인 증명
을 이루었다고 하지만 그것은 종의 불변성에 대해 종의 변화 사실을
확인한 정도이다. 하지만 변화 사실에 대한 본질을 파악하지 못하면
부분적인 정보이므로 한계성을 피할 수 없다. 더 나아가 "생물의 종
류들이 생성된 것은 어떤 원인에 의하여 이루어진 것인가? 종은 고
정불변한 것이 아니고 뚜렷한 정도의 변화를 거쳤다는 것은 과학적

---

43) 『종의 기원』, 앞의 책, p.17.

인 관찰로서 증명할 수 있지만, 이런 변화가 어떤 방법에 의해 이루어진 것인가 하는 문제는 미해결로 남아 있다."[44] 현대에 이르러서도 정설은 없으며, 진화론은 아직 생물 진화의 수수께끼의 많은 부분을 밝히지 못하였다. 진화는 생명 현상이고 진화론은 진화의 원인과 과정의 인과 관계를 설명하는 이론인바 이론(理論)에는 분분한 이론(異論)의 제기 가능성을 배제할 수 없다. 진화론은 정론(定論)이 아니며, 이론(異論)의 한 부분에 속해 있다는 뜻이다.

살핀 대로 진화 개념에는 소진화와 대진화가 있다. 그중 소진화(micro-evolution)는 종 안에서 일어나는 작은 변화로 분명하게 나타나므로 아무도 부인할 수 없다. 하지만 일반적으로 사용하는 진화는 대진화(macro-evolution)로서 비생명체가 생명체로 바뀌었고, 결과로서 존재하는 모든 것, 그리고 멸종된 유기체들을 생산했다는 의미를 지칭한다.[45] 대진화는 사실상 우리의 관찰 범위를 벗어나 경험할 수 없고 진리 판단 영역도 벗어났다. 누구도 천지 창조 역사를 목격하지 못했듯 진화론자들은 대진화 현상을 확인하지 못했다. 왜 그런가? 칸트가 물자체는 인간이 파악할 수 있는 인식의 영역 밖에 있다는 선언을 참고해야 했다. 경계를 넘어서 있다는 뜻인데,[46] 진상을 알 리 없는 진화론자들은 생각만으로 경계를 넘나들면서 어떤 기준 원칙도, 일관성도 없이 필요하면 적용하고, 없을 때는 허물기를 반복하였다. 이런 진화에 관한 이론을 한마디로 규정한다면 한계성을 지닌 진리적 여건 속에서 그 이상의 것을 유추하고 추측한 가설 수준 이상을 벗어나지 못했다. 온갖 설이 난무해도 진위를 판가름할

---

44) 위의 책, p.17.
45) 「창조 대 진화」, 임원규 저, 목원대학교신학대학원 신학과 구약학, 2002, p.7.
46) 이 연구가 제시할바 창조 진리에 대한 판단 영역임.

검증 기준과 시스템을 갖추지 못해 어찌할 수 없었는데, 본의를 알게 된 지금은 진화론이 왜 가설인지에 대한 이유를 밝힐 수 있다. 그 중요한 판단 기준은 앞 편에서도 밝힌바 창조 진리의 일관성에 있다. 창조는 한 근원, 한 본질로부터 이루어졌기 때문에 형태는 달라도 통일성, 바탕성, 공통성을 지닌다. 정이가 갈파한 대로 한 사물의 이치는 곧 만물의 이치이다(一物之理卽萬物之理). 하늘의 뜻은 결국 땅에서 이루어지는 것처럼 천상계에서 적용되는 법칙은 그대로 지상계에서도 적용된다. 창조 진리와 세상 진리는 격이 다르고 하나님은 인간과 차원이 다른 존재로 아는데, 바로 이런 생각 때문에 선천에서는 더 이상 문명의 진보를 이루지 못했다. 창조로 인해 달라지기는 했지만 天·地·人 근본은 하나, 동질, 일관된다. 이런 원칙 때문에 진화론자들도 "다윈주의는 우리가 살고 있는 행성뿐만 아니라 생명이 발견되는 것이라면 우주의 어디에서도 진리인 것을 입증할 수 있다"고 장담하였다.[47] 세상의 수많은 종들은 처음 공통조상으로부터 갈리진 것이다. "자연선택에 의한 다윈주의 진화는 확실히 생물학 속에서 과학으로 자리 잡았다고 하는데 그 이유는 자연법칙, 넓게는 법칙성을 설명할 수 있는 유일한 방법, 그것을 진화의 결과로 본 탓이다."[48] 진화가 곧 자연법칙이라는 말과 같다. 정말 무엇이 그렇다는 말인가? 어째서 진화가 우주의 어디에서도 입증할 수 있고 과학이자 자연법칙인지 근거를 따지고 보니까 놀랍게도 "우주의 자연법칙도 진화의 결과다"란 인식 위에 있었다.[49] 자연법칙도 변화를

---

47) 「눈먼 시계공」, 리처드 도킨스 저, 이용철 저, 사이언스북스, 2010, p.11.
48) 『왜 종교는 과학이 되려 하는가』, 리처드 도킨스 저, 존 브록만 엮음, 김명주 역, 바다출판사, 2012, p.202.
49) 위의 책, p.202.

통해 생성한 것이란 뜻인데, 이처럼 상식과 원칙을 넘어선 판단은 없다. 원인은 법칙이 어떻게 해서 결정된 것인지를 모른 탓이다. 법칙은 일관된 것이 원칙인데 법칙이 진화의 결과라는 것은 진화가 법칙이 아니란 사실을 자인한 것이다. "진화론도 진화한다"란 말도 같은 뜻이다. 진화론은 결정된 법칙이 아니며 유동성을 지닌 가설이란 말이다.

종이 불변한 것도 변화한 것도 거기에는 일관된 법칙이 적용된다. 불변을 뒷받침하는 것과 변화를 뒷받침하는 것은 다르게 적용되는 것처럼 보이지만 이것마저도 사실은 일관된다. 불변은 일관된 데 변화는 진화적일 수 없다. 다윈 진화론은 종의 변화 이론을 설명하면서 변화의 법칙을 말한 것이 아니라 법칙을 허물었고, 필요에 따라 무원칙적으로 적용했다. 흔히 창조론자들은 진화론이 열역학 제2법칙에 위배된다고 지적하는데, 여기에 대한 답변을 보면 걸작이다. 우주의 거의 모든 에너지는 일을 할 수 있는 상태에서 할 수 없는 형태로 착실히 질이 나빠지지만 진화 현상은 예외이다. 자연선택은 불가능의 펌프로서 태양으로부터 끊임없이 에너지를 공급받을 수 있다. 통계적, 상식적으로 불가능할 것 같은 일도 자연선택은 할 수 있다고 하였다.[50] 그들도 우주 가운데서 통용되는 엔트로피 법칙을 모르는바 아니리라. 하지만 자연선택이란 마술의 검을 쥐고서는 우주적인 법칙도 마음대로 주무르는 무소불위적 권능을 발휘했다. 자기 합리화의 명수이다. 그러나 하늘 아래 존재한 무수한 종들은 태어난 순간부터 엔트로피 법칙의 지배를 벗어날 수 없다. 진화론은 모두 창조 메커니즘을 거꾸로 해석한 인식 체제인데, 이런 경우가

---

50) 『지상최대의 쇼』, 리처드 도킨스 저, 김명남 역, 2009, p.548.

비일비재하다. 생명의 기원에 대한 끼워 맞추기식 무원칙 적용 말이
다. 단순한 생명체에서 복잡한 생명체로 진화하기 위해서는 우연과
오랜 세월에 걸친 점진적 진화 요인이 축적될 만큼 무수한 자연선택
과정이 있어야 하는데, 유독 최초 생명의 탄생만큼은 예외적으로 오
직 한 번 일어나야 한 독특한 사건으로 처리했다. 합리적인 이치를
무시하고 지극한 행운이 우연적으로 주어진 결과로서 나머지 일은
자연선택이 떠맡았다는 것이다.[51] 일관성에도 변함에도 법칙이 있
는 법인데, 일관을 무너뜨리고 변함을 원칙으로 세웠다면 변함에 대
한 법칙도 세워야 했지만 우연밖에 내세우지 못했다. 그러니까 자연
선택은 법칙 이전이다. 진화론은 진화 원리가 아니고 법칙은 더욱
아니다. 관점은 바뀔 수 있으므로 전환시키기 위해서는 이론의 한계
성을 확인해야 하는 것이 급선무이다. 다윈이 진화론의 핵심인 자연
선택을 채택했을 때부터 그것이 원리적일 수 없다는 개연성은 이미
지녔다. 주지하다시피 다윈은 『인구론』을 읽고 진화론에 대한 아이
디어를 떠올렸다고 하는데, 식량 자원을 확보하기 위한 불가피한 생
존경쟁 창출은 그 자체가 가정이지 반드시 그렇게 되리란 결정성은
없다. "『인구론』은 빈자들을 위한 복리 정책이 초래할 수 있는 문제
점을 경고하기 위해 쓰인 것이다."[52] 맬서스는 어떤 집단이라도 집
단의 용량이 식량 공급을 초과할 수는 없기 때문에 빈곤은 자연스럽
게 발생할 수밖에 없고, 이런 상황에서는 누가 죽고 사는가를 결정
하는 생존투쟁이 일어날 수밖에 없게 되는 비관적 결론을 이끌어내
었다. 그는 인구 과잉으로 인한 인류의 멸망 가능성을 경고함으로써

51) 『만들어진 신』, 리처드 도킨스 저, 김영사, 2007, pp.217~218.
52) 『진화를 잡아라』, 데이비드 버니 저, 김성한 역, 궁리, 2002, p.63.

계몽주의적 낙관론을 비판하려 하였다.[53] 그래서 진화론은 인류의 미래에 처절한 생존경쟁이란 어두운 그림자를 대물림시킨 것인지도 모르겠다. 그러나 이 같은 정황적 근거만으로는 진화론의 가설성을 증거할 수 없다. 자연선택이 어떻게 새로운 종을 탄생시킬 수 있는 것인지, 어떤 자격 조건을 갖추어야 하는 것인지 살펴보아야 한다. 부정적인 관점으로서는 자연선택이 단 한 번도 새로운 종의 탄생에 대해 설명하지 못하고 포괄적으로 적용시킨 주먹구구식 메커니즘인지 알아야 한다. 자연선택이 종의 탄생에 관여된 것이라면 그 선택 작용은 그대로 우주적인 존재 구성 원리가 되어야 한다. 아울러 철학자들이 궁구해 마지않은 제1원인과 궁극적인 실재 요소도 함께 갖추어야 한다. 이것이 진화론의 진리성 여부를 검증할 수 있는 판단 기준이다. 부적합할진대 자연선택이 가설적인 이유를 판가름한다. 진화론은 입증되었다고 하지만 그럼에도 불구하고 가설인 것이라면, 가설은 입증되지 못한 이론이므로 그 근거를 이론 적용의 일관성으로 판가름할 수 있다. 탈레스가 아르케는 물이라고 했을 때 사람의 몸은 정말 70% 정도는 물로 구성되어 있다. 그럼에도 불구하고 궁극적인 아르케 요소로서는 자격 미달이다. 그렇다면 진화론은 만사의 주어진 현상에 대하여 적용 가능한 비율이 어느 정도 될까? 미약하다면 자연선택은 뭇 종을 탄생시킨 법칙 원리가 아니다. 자격 수준은 전 우주를 일관시키는 데 있다. 동양의 覺者는 하나의 티끌 안에 우주가 있고 하나를 통해 일체를 안다고 한 것처럼, 자연선택 역시 우주의 보편적인 창조지를 갖추어야 한다. 자연선택은 존재 구성 원리로서 일체를 알고 일체를 설명할 수 있어야 하고 우주

---

53) 『진화론도 진화한다』, 앞의 책, p.47.

전체의 법칙을 총괄해야 한다. 존재가 처한 어떤 경우에도 자연선택은 원리로서 작용하여 삼라만상에 대하여 절대적인 영향을 끼쳐야 한다. 생명 현상뿐만 아니라 우주 운행과 물리적인 시공간과 아원자의 입자 세계에도 말이다.

한편 세상에는 종의 다양성만 문제되는 것이 아니다. 천지간에는 물도 있고 불도 있고 돌, 공기, 철, 흙도 있다. 그래서 만물이라고 한다. 이런 다양성과 창조도 자연선택으로 존재한 것인가? 동일한 존재 방식이고 동일한 문제 방식, 법칙 방식, 창조 방식, 그리고 해결 방식 적용이다. 결론은 창조 문제로 귀결되고, 자연선택도 종국에는 만물을 있게 한 창조 원리가 되어야 하는데, 그것이 가능한가? 물질, 사물, 인간, 존재, 우주 등등 다윈이 채택한 생존경쟁과 자연선택의 보편적인 원리성 적용 가능성에 대하여 만인은 그것의 불가능성을 비판할 수 있어야 한다. 자연선택은 결코 생명 현상을 설명하는 이론으로서만 국한될 수 없다. 궁극적인 실재다운 자격과 본질적인 요소를 갖추어야 하는데, 자연선택은 어느 정도 가능성을 지녔는가? 고대 그리스의 자연철학자들이 추적한 아르케의 역사는 물-탈레스, 아페이론-아낙시만드로스, 공기-아낙시메네스로 나아가 양적, 질적, 작용적인 측면에서 보다 포괄적이고 가변성을 포함한 방향이었다. 그렇다면 진화 메커니즘은 그 추구의 정점에서 일체 조건을 충족시켰는가? 만물은 만 가지 규율과 특성을 가졌는데, 자연선택도 동일한 규율과 특성을 생성시키고 컨트롤해야 수만 가지 존재를 탄생시키고 천지를 만물화시킬 수 있다. 이런 일관성, 포괄성 조건과 관련하여 이 연구는 사실상 자연선택에 대해 무리한 요구를 하고 있는지도 모른다. 자연선택은 적어도 생물계 안에서는 그렇게 존재하게 한 주된 요인인 것으로 공인되었으므로, "자연법칙은 어떤 운동 상태이든 모든 계에 대하여 같다는 기본 전체처럼"[54] 종 자체, 그리고 종 전체의 생명 현상에 대해서도 자연선택으로 이루어진 사실을 설명할 수 있는가? 연관 지어 설명할 수 있다면 해보라. 자연선택은 분명 일체 생명 현상을 관장한다고 하지 않았는가? 자연선택과 적자생존이 물리, 우주, 인간 세계는 차치하고서라도 수많은 종을 있게 한 일관된 창조 원리라는 것은 너무 추상적이다. 초창기 진화론자들이 창조론자들에 대해 하나님이 천지를 창조한 합리적인 근거를 내놓으라고 요구했듯, 이제는 반대로 창조론자들이 가진 진화론의 의문에 대해 합리적으로 설명할 수 있어야 한다. 진화론자들은 최초의 공통 조상으로부터 시작해 무엇이 무엇으로부터 진화한 결과 수많은 종이 있게 되었다고 하였다. 이에 진화의 제일 증거로서 강구한 것이 바로 온 지구의 지질층을 헤집고 다닌 중간 화석의 발견 노력이다. 종이 중간 단계가 존재할 만큼 점진적인 과정을 거쳐 새로운 종을 탄생시키고, 그런 방식으로 오늘날 수만 가지 종을 낳은 것이라면 그토록 종차가 갈라질 만큼 생존경쟁 상황과 자연선택 조건도 변화가 있었다는 뜻인데, 진화로 그 구조가 복잡해진 고등동물과 단순한 하등동물이 현재의 시공간 안에서 어떻게 공존할 수 있는가? 그래서 의문을 가지게 된 우화스러운 질문이 "침팬지가 사람으로 진화했다면 어째서 아직도 침팬지들이 돌아다니는 거죠?"[55] 진화론자들은 이것을 유치한 질문으로 치부해서는 안 된다. 최대한 성의를 가지고 지혜를 동원해 합당한 이치로 설명해야 한다. 그런데 대답을 듣고

---

54) 『동양적 사고로 돌아오는 현대과학』, 이시카와 미츠오 저, 서상문 역, 인간사, 1990, p.204.
55) 『지상최대의 쇼』, 앞의 책, p.216.

보면 설명이 심란할 정도로 유치하다. 도무지 일관성이 없고 원칙을 벗어났다. 단지 인간은 침팬지와 공통조상을 가졌을 뿐이란 대답이 그것이다.

그렇다면 공통조상으로부터 침팬지와 인간이 갈라진 원인을 자연선택 조건을 통해 설명할 수 있어야 한다. "게다가 동물의 몸은 모든 부분이 다 같은 속도로 진화하지 않는다"란 얼토당토않은 논거까지 들이댄다.56) 도대체 무엇이 잘못된 것인가? 법칙 적용의 일관성을 허문 것이다. 자연선택이 법칙적이라면 주어진 환경에도 동일하게 적용되어야 한다. 허리 아래로는 원시적이도록 하고 허리 위로는 고등하게 진화하도록 되었다니! 이 말은 자연선택은 법칙이 아니란 말과 같다. 진화 환경에 처한 침팬지가 인간과 동일한 시공간에서 공존한다는 것도 일관되게 적용된 자연선택적 상황 안에서는 있을 수 없다. 자연선택은 침팬지와 인간을 구분시킬 만큼 생존경쟁 조건이 다르지 않았다. 정말 인간이 침팬지로부터 진화한 것이라면 지금은 진화한 인간만 존재해야 하는 것이 맞다. 그런데 공존하고 있다는 것은 인간과 침팬지가 현존하는 실상이 자연선택 작용과는 무관했다는 뜻이다. 중간 화석이 존재할 정도로 인간은 침팬지로부터 진화한 발자취가 뚜렷한데, 왜 침팬지는 그대로 있고 인간만 진화한 것인가? 자연선택은 그런 종차를 일으킬 만큼 차별이 없는 것인데 말이다. 적어도 하나의 종만큼은 동일한 환경 조건과 자연선택의 지배 조건 속에 있었다고 할진대, 유사 종과의 종차가 분명한 것이라면 진화론이 세운 자연선택은 법칙성을 스스로 허문 것이다. 그런데도 진화가 맞다면 적용시킨 자연법칙이 잘못된 것인가? 생명현상과

---

56) 위의 책, p.215.

자연현상은 자연선택적인 요인만으로는 설명할 수 없는 무궁한 신비를 간직하였다.

결론적으로 지금까지 구축된 진화론은 모래 위에 세워진 가설에 불과한 것이 확실하다. 종은 진화한다는 확신을 가진 자들에 의해 엮어진 상상 속의 거대한 소설이다. 자연과 우주 속에서 드러난 모든 모습들이 덩달아 춤을 추었다. 수많은 이론을 세웠다가는 수정을 거듭한 과정을 거쳤는데도 다윈이 세운 본래의 가설적인 이론은 유지되었다. 거의 난공불락인 이론적 요새 앞에서 누구도, 그 무엇도 그 이상의 것을 넘겨다볼 엄두를 내지 못했지만, "지상 강림 역사"를 완수하고 "본질로부터의 창조"를 증거한 이 연구는 단번에 분쇄할 수 있는 진리성을 갖추었다. 자연선택은 우주와 존재와 생명성을 일관시킬 수 없지만 이 연구는 가능한데, 그 이유는 천지가 본질로부터 창조되었기 때문이고, 본질은 천지 창조의 실마리를 간직하고 있기 때문이다. 아니 그런 이유도 중요하지만 정말 중요한 것은 천지 우주는 진화가 아니라 창조된 사실이다. 창조는 만 가지 이유를 대신한다.

제11장 선천의 세계관적 한계

1. 선천 인류의 불행

인류는 지난날 아무런 영문도 모른 채 대립과 분열 때문에 고통스런 질곡의 세월을 거쳐 왔다. 그런데도 피할 수 있는 현실 역사가 아니므로 숙명으로 받아들였다. 하지만 무엇이든지 이유 없는 어려움과 결과는 없다. 왜 창조 이래 선천의 인류가 불행한 역사를 겪었는가 하는 것도 이유를 알아야 하는데, 이유마저 몰라 알 수 있게 된 현재 상황과 비교해 선천이라 하고, 선천의 인류가 불행하다고 말한다. 왜 불행했는가 하면 불행을 겪으면서도 이유를 몰라 불행을 극복하고 행복을 향해 나아갈 희망을 가지지 못했기 때문이다. 불행의 탈출구를 찾지 못한다면 어떻게 되겠는가? 현대 인류가 극한 대립 상황에서 문명적인 종말을 맞이하고 말았다. 그래서 상황을 극복하고 인류 문명을 한 차원 업그레이드시키고자 하는 것이 이 연구의 사명이다. 불행한 이유를 밝혀 원천적인 원인을 해소하고자 한다. 전적인 이유는 인류가 세계에 대해 풀지 못한 의문과 무지에 있다. 神은 존재하는가, 천지는 창조되었는가, 진리는 무엇인가, 본질은 무엇인가 등등 선행된 문제를 풀지 못해 파생된 불행을 벗어나지 못했다. 그래서 이 연구는 인류가 무지로 인해 초래된 결과와의 연관 관계를 밝히고, 문제를 해결해서 더 나은 세계로 인류의 영혼을 인도하리라. 이 연구는 앞서 이룬 지상 강림 역사 완수의 의미를 지속적으로 강조하고 하나님의 존재 모습을 드러낸 것은 인류의 진리 환경을 선천과 후천으로 구분시킨 획기적인 전환 결과인데, 모습을 드러내지 못했다는 것은 神은 무엇인지, 창조가 무엇인지, 진리가 무엇인지 알 수가 없었다는 뜻이다. 세인들은 아직도 神은 존재하는 것인지, 천지가 어떻게 창조된 것인지 의문을 제기하고 있다. 하지만 神이 존재하지 않아서 존재하지 않는 것과 보지 못해 존재하지 않는다고 여긴 것은 다르다. 이 연구는 일체 원인이 하나님의 모습을 보지 못한 탓으로 여기거니와, 보고 보지 못함에 따른 세계 판단 결과는 판이하다. 모습, 곧 본체가 부각되지 못한 상황에서는 우연으로 보이지만, 부각된 상황에서는 필연으로 인식된다. 본체를 모르는데 본질을 알리 만무하다. 진리의 본질, 인생의 본질, 道의 본질 등등 본질을 보지 못한 것이 인류 불행의 주된 원인이다. 神도 그렇지만 본질도 그렇다. 존재하지 않아서 존재하지 않는 것과 보지 못해 존재하지 않는다고 여긴 것은 그 차이가 극단이다. 후자는 명백한 오판인데, 이런 기준을 가지고 선천의 역사를 살펴보면 그동안 인류가 왜 엄청난 불행을 겪은 것인지 이유를 확실히 안다. 본체는 존재하며 본체는 천지를 있게 한 근본 작용체인데, 이것을 보지 못하니까 서양 문명은 결국 神을 버리고 진리사에서 본체를 제거한 역사를 점철시켰다. 중세시대를 뜨겁게 달군 보편논쟁의 경우, 실재론에 반기를 든 유명론은 눈에 보이는 개체만 인정할 뿐(실재는 전적으로 개체적인 것뿐이다), 보편적인 전체는 정신의 작용에서 발생하는 주관적 존재, 편의에 따라 만든 허구적인 개념에 불과하다고 하였다. 본체를 보지 못하고 볼 수 있는 눈을 가지지 못했다면 그다음 순서는 본체를 인정하지 않는 것이다. 더 나아가 의도적으로 제거하고자 한 행동, 곧 보편적 실재를 면도날로 잘라내어 버림으로써 다른 사물의 존재와 상관없이 생각되는 개체들을 절대적인 사물로 간주하여 보편에 대해 우위성을 확보하였다. 본체를 제거한 유명론적 안목으로 전체, 神, 창조, 본질을 볼 수는 없다. 본체를 부정하고 개체가 독립적으로 존재할 수 있다고 여긴 이런 판단을 다윈도 계승한 것인데, 본질을 보지 못해 본질을 버린 결과로 인류는 神을 잃고 진리를 잃고 문명적 종말을 맞이하였다. 본질을 보지 못한 한계성을 노골화시킨 철학자는 독일의 칸트인데, 그는 "『순수이성비판』에서 뉴턴의 수학적 자연과학에 의한 인식 구조에의 철저한 반성을 통하여 종래의 神 중심적인 색체가 남아 있는 形而上學의 개념이 모두 넓은 의미에서 인간학적인 의미로 바뀌어야 되는 이유를 들고 다시 나아가 일반적, 세계관적 귀결을 제시하였다."[57] 본체와 神 제거 역사에 있어 큰 역할을 담당했다. 이전까지는 그렇게 나아가는 것이 정당한 방향이고 대세인 것으로 인식했지만, 알고 보니 불행한 종말성을 재촉하고 부채질한 것을 알 수 있다.

---

57) 『한 손에 잡히는 서양의 사상』, 성찬휴 엮음, 자작, 2006, p.215.

큰돈을 잃어버렸다면 되찾을 때까지는 잠을 이루기 어려우리라. 그런데 인류사에서 본체를 제거한 행위적 결과가 얼마나 뼈아픈 손실인가 하는 것에 대해서는 무감각하다. 인류 사회에 온갖 대립과 불행이 그로 인해 발생한 것인데도 말이다. 본체를 제거한 것은 마치 나무의 뿌리가 뽑혀버린 것처럼 인류는 세계의 진상과 근본을 볼 수 없게 되어 각자가 본 神이 다르고 각자가 주장한 진리관이 달랐다. 각자가 神과 절대적인 형상을 세워 지극한 공경과 신앙으로 섬기기에 열중인데, 문제는 가진 신관과 진리관과 믿음의 방식이 구구각색이라는 점에서, 이런 신앙 자세와 모습이 선천 인류의 불행이고 측은함 자체이다. 진리의 전모, 하나님의 존재 본체, 문명의 뿌리를 보지 못한 탓이다. 드라마에서는 태생의 비밀을 모른 형제가 반목하므로 안타까움을 자아내기도 하는데, 선천의 인류도 마찬가지이다. 본체에 근거하면 모두가 진실로 하나인 하나님과 하나인 신앙심과 하나인 진리관 안에서 조화로울 수 있는데 반목한 것은 불행한 일이다. 같은 근본을 두고 다르다고 여긴 것은 더 큰 불행이다. 화합, 조화, 하나 될 수 있는 길이 있는데도 찾지 못해 분쟁, 대립, 반목이 끊이지 않은 것은 정말 불행한 역사이다. 물질문명의 폐해는 본질을 보지 못하고 쌓아 올린 독단 문명이 야기한 당연한 결과이다. "각고 정려(刻苦精勵: 많은 애를 쓰면서 정성을 들임)하여 둘러친 벽을 허물고 출구를 마련해야 하는데, 우물 속에 갇혀 일과성(一過性)에 머물고 그 벽이 여전하다. 근대적인 경험과 합리와 실증은"[58] 근대사회를 연 요인임과 동시에 허문 원인이다. 그것만이 세계를 이룬 전부가 아닌데, 경험과 합리와 실증만으로 문제를 풀려고 하여 답을

---

58) 『기로에 선 인류의 철학적 성찰』, 유성동 저, 문예운동사, 2009, p.5.

찾지 못했다. 뿌리(본질)와 단절된 상태에서는 더 이상 근원적인 정보를 전달받을 수 없다. 한계성이 역력하다. 본질과 단절된 현상의 세계는 출구도 입구도 찾을 수 없는 무출무입(無出無入) 상황이다. 뜨인 돌처럼 시원을 알지 못한 채 연명되었다. 왜 진화론자들은 종의 기원을 밝히지 못하는가? 거기에는 이유가 있다. 본질을 보지 못한 것이다. 그러니까 하늘 아래 어디서도 알파와 오메가를 찾지 못했다. 서양의 원리, 서양의 정신, 서양의 문화로서는 스스로 쌓아 올린 물질문명의 한계를 극복할 수 없다. 무한경쟁, 무한발전, 무한성장을 기치로 내걸었지만 자체로서는 인류 문명까지도 파멸시킬 수 있게 된 개연성을 배제할 수 없다. 동양의 본체 문명과 조화되어야 하는데, 본체를 버린 바에는 제3의 통합문명을 주도할 수 없다. 예측컨대 때가 되면 그 주도권을 동양 문명이 거머쥐리라. 서양 문명이 주도한 현대 문명과 세계는 창문 없는 벽에 부딪힌 상태인데, 이 시대에 과연 어떻게 장벽 없는 열린 세계를 향하여 문을 열어젖힐 수 있는가? 본체를 버린 문명과 본체를 간직한 문명의 운명이 여기서 갈라진다. 기독교는 창조주인 하나님을 모시고 신앙을 지켰기 때문에 인류의 구원 역사를 주도한 것처럼 보이지만, 사실은 하나님의 모습을 드러내고 존재를 증명하는 데 실패하였고, 절대적인 신앙 체제에 얽매여 만영혼, 만진리, 만신관을 수용, 통합할 수 있는 포용성을 잃었다. 일방적, 배타적, 편협한 교리 체제는 오히려 만유의 하나님을 세계와 고립시킨 결과를 초래하였다. 복음, 구원, 신앙의 한계성을 재촉했다. 온 인류를 품안에 모으고 하나 되게 하고 함께할 영광의 실현이 요원해져 버렸다. 이 절망, 이 실패를 어떻게 희망으로 바꾸고 역전시킬 것인가? 본체에 근거해야 거꾸로 선 신관, 세계관,

진리관을 바로 세울 수 있다[正位]. 본체와 뿌리를 보지 못하니 神과 인간을 별개로 보았고, 하나님과 세계를 이격시켰으며, 본질과 현상과의 연결고리가 차단되었다. 하나로부터 말미암은 세계의 다양성을 설명할 수 없다. 본체를 모르고 본체를 보지 못하고 본체를 제거해 버린 한 神을 알 리 없고, 현상 세계를 알 리 없으며, 영원히 인류가 어디서부터 왔고 어디로 가야 하는 것인지 알 수 없다. 불행이 그치지 않는다. 역사에 대립이 끊이지 않은 이유가 타력적으로는 하나님이 본체를 드러내지 못해서이지만, 자력적으로는 본체를 보지 못해 치르게 된 대가이고 결과일진대, 이 연구는 그 이유를 정확히 알고 원인을 해소함으로써 인류를 불행 끝, 행복이 가득한 지상 천국 세계로 이끌리라.

2. 서양 문명의 특성과 한계

한때 동양에도 철학이 있었는가라고 의문을 가질 정도로 서양의 진리 탐구 역사는 동양과 비교해 연면하였고 보다 체계적이었다. 그들이 문화 선조의 씨할아버지로 삼은 소크라테스로부터 현재까지 수많은 철인들이 명멸하며 나름대로 사상을 펼쳤지만 그들은 한결같이 자신에게 부여된 사유방식과 문명적인 테두리 안에서 역사를 추진시켰다. 흔들림 없이 일관된 눈과 세계관적인 패턴을 가지고 진리와 자연과 神에 대해 판단하였다. 서양 문명은 헬레니즘 전통과 헤브라임 전통의 두 기둥이 떠받치고 있지만, 원인으로 보나 펼쳐진 역사를 통해 보나 현재까지의 결과로 보나, 헤브라임적인 요소는 외부 인자로서 결국은 내쳐지고 말았다. 神적인 요소는 어디까지나 본질적인 것인데 원천적인 자양분을 공급받고서도 문명 깊숙이 받아들여 체질화시키지 못한 것은 그것이 바로 그들 문명이 지닌 특성이고 한계성을 초래시킨 원인이다. 그것이 과연 무엇인가? 선천 인류의 불행과 한계는 선천 역사를 거친 동서양 문명이 모두 해당된다. 그래도 동양은 순수 본질은 각성하여 일구었지만 본의를 자각하지 못해 지리멸렬한 경우인 반면, 서양은 적극적으로 거부해서 노골적으로 추방시켜 버렸다. 서양 문명도 처음에는 존재 이면의 본질 세계를 궁금하게 여기고 애써 탐구한 역사 과정을 거쳤다. 그리스의 자연철학자들은 세계를 이룬 궁극적인 요소를 찾았고, 플라톤이 이상적인 이데아 세계를 상정한 것은 충족된 본질성 추구 역사는 아니지만 엿보고자 한 일면이다. 아리스토텔레스가 形而上學적인 개념을 말하고 보편의 실재성을 인정한 것 등이 그러하다. 적어도 서양 역사에서 철학이 정신과 학문의 영역을 주도한 것은 본질과 연관이 있다. 하지만 문제는 그 본질이라는 것이 개개 사물에 관한 것인지 보다 일차적이고 원천적, 차원적인 것인지가 문제이다. 개개 사물도 본질은 지니고 있고, 본질 간은 근원성, 공통성, 결정성을 지녔다. 하지만 그것은 어디까지나 사물에 국한된 본질, 곧 사물의 본질이다.

이에 이 연구가 개진시키고자 하는 것은 천지 만물을 있게 한 창조 본질, 원천, 절대, 순수, 근원된 본질이다. 그것은 사물의 존재 이전으로서 사물을 규정한 본질 중 본질이다. 동양의 覺者들이 일군 道, 太極, 理, 空, 梵 등이 그러하다. 하나님이 마련한 창조성 바탕이라고 할까? 서양 문명이 본질을 거부하고 추방시킨 것은 사물의 본질이 아니고 순수한 창조 본질이다. 서양의 철인들은 물론이고 설사 교부, 신학자라도 철저하게 창조 본질의 담장은 넘어서지 못했다.

색맹자는 동일한 눈을 가졌지만 특정한 색을 분간하지 못하는 것처럼, 동일한 사고력을 지니고서도 본질의 세계를 보지 못한 장애를 지녔다. 지적인 탐구 노력에도 불구하고 전체 세계를 볼 수 없는 한계성을 숙명적으로 안은 채 본연의 역할인 사물의 본질을 규명하는 데 주력하였다. 본질을 볼 수 있는 눈이 없어 본질이 존재하지 않는다고 판단한 것은 주어진 진리적 여건으로서는 당연한 처사이다. 그러나 볼 수 없더라도 존재하는 것이 사실이라면 근본적으로 어긋나버린 세계관을 누가 바로잡을 수 있는가? 그것을 이 연구가 해결하고자 한다. 원천 본질을 볼 수 없다면 사물의 본질인들 파고들어 인식하였겠는가? 급기야 본질은 전격 무시하고 보이는 것만을 실재로서 인정한 형편인데, 그런 행태에 대해 합리적인 근거를 제공한 것이 과학이다. 과학적 사실만 전적으로 신뢰한 도킨스는 "과학의 방법으로 검증될 수 있는 물리적·물질적 세계, 곧 자연계만을 인정하고, 그것을 넘어서는 어떤 다른 삶의 영역도 인정하지 않았다. 하나님을 거부한 그는 자신이 지닌 진리적 판단과 정보와 신념에 근거해 과학을 통해 설명할 수 있는 자연계에 속하지 않는 모든 현상들을 망상으로 규정짓고, 神이란 존재도 망상이라고 정의했다."59) 어떻게 서양 문명은 神이 죽었다고 선언한 니체를 거쳐 과학적 무신론자를 자처한 도킨스 같은 학자를 배출했는지를 알기 위해서는 서양 문명의 본질과 특성을 파악할 필요가 있다. 왜 순수 본질 체계를 거부한 것인지 분명한 이유가 있는데, 그것은 고스란히 서양 문명의 특성을 드러낸 것이다. 서양의 지성들은 神에 관해서건, 우주에 관해서건,

---

59) 「리처드 도킨스의 과학적 무신론에 대한 비판적 고찰」, 남상유 저, 베뢰아국제대학원대학교, 신학과, 석사, 2009, p.6.

물리적인 현상, 생명 현상, 인간의 본성을 막론하고 아무리 과학적인 지식으로 무장했다 하더라도, 탐구하고 이해하여 밝힌 세계관적 판단에는 장애 요소를 지녔다. 그 이유가 무엇인가? 자신들은 이런 사실 자체를 모른 채 판단하고 결론을 내렸다. 그것을 이 연구는 한마디로 사물의 본질을 탐구하는 데 정열을 바친 사유 방식상의 특징답게 3차원적인 문명 본질을 구축하였다는 데 있다. 곧 3차원적인 한계성을 벗어나지 못했다. 하루살이는 세월을 알 수 없듯, 동일한 차원 안에서는 자체의 문명적 본질을 모른다. 서양은 세계와 진리를 판단한 전부가 자체 안에서 일군 지적 전통 안에 있다. 자체 세계관과 정보와 종교와 발견하고 쌓아 올린 학문만으로 현실의 모든 문제를 대하였고, 해결할 수 있다고 자신감을 가졌다. 동양의 진리를 이해하고 판단할 수 있는 전례를 남기지 못했다. 하지만 이 연구는 다행히 동양의 본체 문명을 규명하였기 때문에 4차원적인 초월 문명, 통합 문명, 차원 문명과 비교해서 서양 문명의 특성과 본질을 파악할 수 있었다. 이런 관점에 입각할진대 서양 문명이 神의 존재를 증명하는 데 실패하고 서양 신학이 하나님의 창조 역사를 증거하지 못한 전적인 이유가 곧 3차원적인 문명 질서로 4차원적인 초월성과 창조성을 이해하려 한데 있다. 나아가 그렇게 해서 맞이한 서양 문명의 한계성과 종말 요인도 3차원적인 질서만으로 세계관을 구축하고 분석, 이해, 적용한 데 있다.

그 대표격인 세계관이 언급할 바 진화론, 유물론, 무신론이다. 동일한 차원에서 발생된 문제점은 동일한 문명 차원 안에서는 해결할 수 없다. 그렇다면? 4차원을 근간으로 한 동양의 본체 문명이 발생된 제반 모순과 오판을 극복하고 새로운 문명적 세계관을 건설하리

라. 창조 문제를 존재하는 세계 안에서 존재하는 세계를 근거로 풀려고 한 것은 서양 신학과 학문과 문명 전체의 한계성이다. 세계는 어떤 능동성도 창조적 권능도 없는 그야말로 피조체일 따름이다. 이같은 상식조차도 서양은 자체 문명 안에서 자인할 수 있는 기회가 없었다. 중요한 것은 왜 한계가 분명한 것인지를 알아야 하는데 그것이 바로 창조에 있고, 그 근원은 하나님의 본체 안에 있다. 그러니까 본체 차원(4차원)에서 이루어진 창조 역사를 제약이 있는 3차원 안에서는 도무지 파악할 수 없었다.[60] 서양의 지성들은 천지 만물을 있게 한 근원된 본질 작용을 볼 수 있는 안목이 없어 창조를 알지 못하였고, 창조를 알지 못해 神도 알지 못했다. 언급한 대로 무신론자인 도킨스는 나름대로 합리적인 근거를 가지고 "개연성과 비개연성을 설명함으로써 神이 존재할 확률이 거의 없다고 하였는데",[61] 그만큼 서양 문명 안에서는 神을 볼 수 있는 안목도, 증거할 수 있는 근거도 찾을 수 없었다는 뜻이다. 차원 세계를 내다볼 수 있는 창문이 없었다. 전통적인 경험론과 합리론을 종합했다고 평가되는 철학자 칸트는 "감각을 통해 획득한 경험적 요소와 이성이 원래부터 갖고 있던 선천적 요소를 종합함으로써 인간의 인식이 가능하다"고 하였다.[62] 중요한 인식 수단인 경험과 이성은 드러난 현상 세계는 파악하는데 용이하지만 본질의 세계와는 무관했다. 직관을 더해야만 세계를 온전히 파악할 수 있다. 그런데 서양 문명은 이런 인식 수단

---

60) 동양은 현 세계의 이면에 있는 본체 세계를 개척한 관계로 존재 이전, 창조 이전의 바탕 본체와 작용 원리를 제공할 수 있는 문명적 전통을 본유하였다. 동양창조론의 전개 이유와 가능성이 여기에 있다.

61) 「리처드 도킨스의 종교비판에 대한 교의신학적 고찰」, 이규성 저, 수원가톨릭대학교대학원 신학과 조직신학, 석사, 2013, p.21.

62) 『역사를 움직이는 힘(헤겔 & 마르크스)』, 손철성 저, 김영사, 2014, p.30.

을 가지지 못한 관계로 본질 세계를 볼 수 있는 안목 자체가 없었다고 할 수 있다. 이것이 피할 수 없는 한계 요소이다. 그래서 칸트는 물자체와 현상의 세계를 확실히 구분하고 물자체는 인식할 수 없다고 한 것이다. 이것은 물자체가 존재하지 않아서가 아니라 인식할 수단이 없었다는 것을 자인한 것이다. 그런데도 결과적으로는 인식할 수 없는 것은 존재할 수 없는 것으로 간주하고 여기에 하나님도 포함시켜 버려 기독교 신앙에 큰 타격을 입혔다. 하나님의 본체는 4차원적인데 그들의 지적 전통은 그리스 시대부터 3차원적인 현상 질서를 정리하는데 주력하였다. "아테네에 있던 플라톤의 아카데미아 정문에는 '기하학을 알지 못하는 사람은 이곳에 들어오지 못한다'란 글귀가 있었다. 그리스인들은 그들의 수학적 정리(定理)가 실재의 세계에 대한 영원하고도 정확한 진리를 표현해주며, 기하학적 형상들은 절대적인 미의 표현이라고 믿었다."63) 플라톤은 어떤 철학자인가? 서양 관념론의 시조이다. 그런데 관념론은 어떤 이유로 유물론자들에게 배척당했는가? 본체를 드러내지 못한 세계관적 한계 때문이다. 본체를 뒷받침하지 못한 관념적 명제들은 영원히 진리로서 인준받을 수 없다. 그리고 보면 서양의 철학 전통 가운데는 관념론 대 실재론의 가닥 맥은 있었지만 본질론은 없다. 존재론이 본질론을 포괄한다고 주장은 하지만, 그것은 形而下學적인 존재론에 머물렀다. 이 연구는 앞선 본질론의 정립 과정에서 그렇게 개념을 정립하는 것이 진리사에서 새로운 지평을 열고 본질에 근거해서 새로운 창조론을 펼쳤다고 했거니와, 서양이 전개한 존재론과는 격이 다르다. 서양 문명은 끝까지 순수 본질을 볼 수 있는 안목을 틔우지 못했다.

---

63) 『현대물리학과 동양사상』, F. 카프라 저, 이성범·김용정 역, 범양사출판부, 1987, p.189.

창조로 인해 본질은 만물 속에 있지만 또한 만물을 이룬 창조 본질이기도 하다. 그런데 문제는 서양에서는 만물 속의 본질은 열심히 파고들어 존재론이란 거대한 인식 체계를 세웠지만, 만물을 있게 한 창조 본질에 대해서는 전혀 문외한이라는 점이다. 기독교가 펼친 창조 신앙에 전격 의탁해버린 탓도 있겠지만, 결론은 근원 본질, 바탕된 내면의 본질을 볼 수 있는 눈을 가지지 못했다고 할 수 있다. 근원 본질을 보아야 각각 간직한 본질이 독립적이지 않고 두루 통해 보편이 실재한다는 사실을 알 수 있는데, 개별만 보고 말아 조화와 통합 논리를 인출할 리 만무하다. 대립과 분열로 선천 하늘을 수놓았다. 분열적인 현상 질서에 근거한 헤겔의 변증법은(正·反·合) 모순과 대립으로 인해 생성하는 세계를 가르는 칼날이 되고 말았지만, 통합적인 본체에 근거한 동양의 합일론은 접착제로서 조화와 통일과 상생을 지향할 수 있었다. 본질 세계를 볼 수 있는 눈을 가지는 것은 참으로 중요한데, 서양 문명은 이런 눈을 가지지 못하여 세계관적 한계와 종말을 맞이하였다. 그러나 동양 문명은 다행히 안목을 확보한 탓에 미래의 역사에 있어 희망의 불씨를 되살릴 수 있으리라.

3. 세계관의 결정 요인

서양 문명은 동양 문명과 다른 특성을 가졌으며 그런 특성이 곧 본질인데, 지적한 대로 서양도 처음에는 본질을 추구하였다. 그런데도 왜 본질을 내치고 神도 버리고 기껏 관념론에 그쳤는가? 이것은 바로 서양 문명이 구축한 세계관의 결정성 때문이다. 이 연구가 서양 문명의 특성과 한계를 규정하는 것은 이와 같은 진리적 환경이 바로 진화론의 한계, 창조론의 한계, 과학의 한계로까지 영향을 미쳐 신권 문명을 완성시키지 못한 이유를 밝히기 위해서이다. 유물론, 무신론, 기독교 신학, 철학, 학문, 제도, 역사를 막론하고 서양이 일군 문명 영역 일체는 비정상적인 세계관의 난발이고, 무엇을 논하고 발하고 세워도 그것은 서양의 세계관이 낳은 한계성 작품이다. 부족한 무엇이 있었는데, 그것이 바로 세상을 이룬 순수 본질을 보지 못한 것이다. 보았더라면 동양 문명과의 조우 시 적극적으로 수용하였겠지만, 그들은 아직도 이런 가치를 인식하지 못하고 있다. 이 같은 부족분을 메우기 위해 동양의 覺者들이 순수 본질성을 道로서 각성하여 보다 완성될 미래 문명 건설을 대비했다. 본질을 보지 못한 한계성은 급기야 선천 인류가 쌓아 올린 세계관의 종말을 초래하였는데, 중요한 것은 그 요인을 아는 것이다. 그래서 우선적으로는 동양과 서양이 가진 문명적 본질을 규정해야 한다. 그리하면 의외로 해결책을 발견할 수 있다. 서양이 본질을 보지 못한 것은 현상적인 질서 인식 때문이고, 동양 문명이 形而上學적인 우주론에 그친 것은 본체적인 질서 논거 때문이다. 그래서 문명 전체를 놓고 본다면 세계관이 완성될 수 있는 필요조건을 모두 갖춘 상태인데, 문제는 연결, 회통, 조화시킬 방법을 찾지 못했기 때문에 동양 문명은 더 이상 가치의 진출로를 찾지 못해 지리멸렬한 지경이고, 서양 문명은 편협한 세계관으로 인류 역사를 패망의 문턱으로까지 내몰았다.

알다시피 칸트가 물자체는 인식할 수 없다고 한 것은 서양 문명을 본질 세계로부터 격리시킨 뚜렷한 경계선이고 둘러친 장벽이다. 칸트는 인식은 공간·시간이라는 순수 직관 형식과 12개의 범주가 투입되어 대상을 구성함으로써 성립된다고 하였다. 애써 물자체를 인식할 수 없는 근거를 댄 것인데, "공간과 시간이라는 직관의 선험적 형식에 의하여 질서 지어질 때 현상으로서의 직관의 대상이 성립한다는 것은 대상 자체를 직관하는 것이 아니라 우리에 대하여 나타나는 모습만을 직관한다는 것이다. 한편 자연에 대한 입법자의 역할을 하는 오성도 감관의 대상에 적용되는 한에서만 인식이 되는 것으로서, 경험적 대상이 아닌 선험적 대상은 파악할 수 없는 것이다. 이처럼 시공과 범주에 의해 구성된 대상은 주관에 나타난 바로서의 대상일 뿐 대상 자체는 아닌 것이며, 경험적 직관의 무규정성 대상이나 자연 전체로서의 현상은 사물의 표상일 뿐, 물자체는 아니다. 결국 칸트가 말한 인식의 한계는 인식이 물자체가 아닌 현상과 경험만을 다룬다는 것을 뜻하고, 이유는 물자체가 아니라 사물을 표상할 뿐인 구성의 주관성에 있는 것이다."[64] 아우구스티누스가 無로부터의 창조론을 펼쳐 神과 세계를 격리시켰고, 칸트가 물자체를 현상계로부터 격리시킨 것은 안팎으로 창조주 하나님을 근원된 본질 세계로부터 추방시킨 것이다. 칸트보다도 먼저 태어나 동시대를 살다가 간 영국의 경험론자 흄은 "칸트의 선험적 자아도 거부했는데, 왜냐하면 현상학적으로 볼 때 그런 인식의 실체란 경험의 흐름 속에서는 나타나지 않기 때문이다."[65] 경험을 떠나서는 어떤 인식도 불가능하다고 한 심대한 바리케이드가 후일 다윈으로 하여금 현상계적 인식만으로 종의 기원을 추적하게 한 원인을 제공하였다. 진화론의 세계관적 한계성을 비판하기 위해서는 문화 본질적인 측면에서 입체적으로 조망해야 한다. 문명적 병폐를 초래한 근본적인 원인을 알아야 인류

---

64) 『불교사상과 서양철학』, 에드워드 콘즈 외 저, 김종욱 편역, 민족사, 1994, p.284.
65) 위의 책, p.86.

문명의 종말 상황을 저지할 수 있는데, 알다시피 문명적 단위는 시대 흐름의 깊이와 영역이 너무 광대하여 자체 지닌 세계관적 결함 사항을 인지할 수 없다는 데 있다. 그러니까 편협한 세계관적 폐해가 그대로 자체 문명을 몰락시켰다. 현재 무신론자의 입장을 대변하는 도킨스의 神에 대한 부정적 견해를 보면 알 수 있다. 그는 기술하길, "구약성서의 神은 모든 소설을 통틀어 가장 불쾌한 주인공이라고 할 수 있다. 시기하고 거만한 존재 …… 변덕스럽고 심술궂은 난폭자"라고 하였다.66) 물론 그가 그렇게 판단한 데는 기독교가 그동안 인류사에서 보인 어두운 측면도 있다. 고이 바이댈은 비판하길, "우리 문화의 중심에는 일신교리라는 감히 담아서는 안 되는 거대한 악이 자리하고 있다. 구약성서라는 야만적인 청동기 시대의 문헌에서 유대교, 기독교, 이슬람교라는 세 가지의 반인간적인 종교가 나왔다. 하늘의 神을 섬기는 그 종교들은 말 그대로 가부장적이므로 해당 지역의 여성들은 하늘의 神과 그 지상의 남성 대리자들에게 2천 년 동안 멸시를 받아왔다."67) 그는 그들 문화가 잉태한 일신교적인 神에 대해 고대로부터 최근 역사에 이르기까지도 정복자로서 휘두른 칼날의 피비린내를 지적하였는데, 이런 관점과 견해들은 그렇게 판단한 관점과 사상을 노출시킨 것이고, 이면에서는 발 디딘 세계관적 신념을 표출시킨 것이다. 신념은 강렬하고도 강력한 것인데, 모든 것을 감안해서라도 자신이 생각한 것이 옳다고 확신한 것이다.

그러나 창조주 하나님은 어떤 분인가? 역사에서 연면하게 인류 사랑을 실천하고 종국에 구원하려고 천지 세계의 기초를 다진 분이 아

---

66) 『만들어진 신』, 앞의 책, p.50.
67) 위의 책, p.60.

닌가? 그 창조적인 사랑과 은혜로운 역사를 알았더라면 그것은 하나님의 본성이 그런 것이 아니고 거룩한 뜻을 잘못 이해해 자신의 욕망을 충족시키기 위해 저지른 인간 죄악의 역사였다는 것을 자각하리라. 하지만 진실이 있는데도 볼 수 없다는 것은 그것이 바로 결정된 세계관이 지닌 한계성이다. 어떤 이는 성경의 하나님 말씀을 생명의 진수로서 받들고 있는데, 어떤 이는 "개 짖는 소리처럼 지독히 불쾌하다"고 하면서 노골적으로 비하한 것은[68] 무슨 이유 때문인가? 동일한 역사에 대해 이런 저런 차이가 있다는 것은 관점이 통합되지 못하고 상대화, 고착화, 편협한 데 원인이 있다. 이것은 생성 본질을 대관하지 못하고 전체를 보지 못한 때문인데, 전체적인 위치와 안목을 확보할 수 없는 인간의 한계성이기도 하다. 우리의 눈은 지극히 상대적일 수밖에 없다. 따라서 도무지 전체적인 안목을 확보할 수 없는 처지인가? 아니다. 자체로서는 불가능하지만 천지가 창조된 것인 한 전체자의 눈이 존재하는데, 그것이 곧 창조주 하나님이 가진 전지(全知)성이다. 하나님이 계시하고 일깨운다면 인간이 보지 못할 존재 영역은 없다. 천지는 창조된 근거를 지니고 있는데, 그것은 존재는 존재만으로 존재하는 것이 아니고 반드시 본질과 함께한다는 사실이다. 본질은 두루 통하고 공통성을 지녔으므로 본질을 볼 수 있다면 처한 관점의 상대성을 극복하고 전체적인 눈을 확보할 수 있다. 그런데 서양 문명은 이런 가능성의 출입로가 폐쇄된 상태라 문명의 종말 상황이 불가피하다. 흙덩어리인 지구가 어떻게 태양의 주위를 돌 수 있는가? 흙덩어리로 본다면 지성의 한계는 분명한 것이지만, 우주 운행의 거대한 파노라마를 관망한다면 지구를 이끈 법

---

68) 위의 책, p.50.

칙성을 확인할 수 있다. 한계성과 가능성을 염두에 두면서 우리는 지난날 선현들이 왜 진리와 세계는 바로 이런 것이라고 확신 있게 주장하고, 반대된 주장에 대해서는 논쟁하길 서슴지 않았던 것인지, 그리고 죽음에 이르기까지, 아니 죽음을 불사하면서까지 진리적 신념을 굽히지 않았던 것인지, 세계관을 결정한 요인이 무엇인지 밝혀야 할 때가 되었다. 진리를 내세운 자들에게 있어 관점의 차는 반드시 있다. 그 이유란 도대체 무엇인가? 밝힐바 진화론은 진리의 문제가 아닌 관점상의 문제이고, 진화론은 세상을 이룬 원리 법칙이 아닌 세계관의 결성성에 따른 문명 집단 단위의 거대한 착각이었다는 사실을 지적하리라. 콩으로 메주를 쑨다고 해도 믿지 못하는데, 그렇게 확신한 근거에 바로 결정된 세계관이 작용하였다. 예를 들어 정주학파의 유리론(唯理論) 철학에는 하나의 중요한 관점이 담겨 있는데, 그것은 다름 아닌 氣는 변화하지만 理는 변화하지 않고, 氣는 생멸하지만 理는 생멸하지 않는 것으로 여겨 理를 일종의 영원불변한 절대자로 파악한 점이다. 끊임없이 변화하는 현상에 비해 규율은 변화 속의 항상됨으로써 안정적인 특징을 표현한다. 하지만 규율은 영원불변한 것이 아니다. 왕정상이 철학사에서 기여한 공헌 가운데 하나는 정주 리학이 지닌 인식상의 잘못을 자각해서 교정했다는 점인데, 그가 볼 때 氣는 우주의 유일한 실체이며, 理는 氣의 규율과 조리이자 질서에 불과했다.

> "氣에 변화가 있으니 道에도 변화가 있다. …… 氣에 항상됨과 항상되지 않음이 있으니 道에도 변화와 변하지 않음이 있다. 일정하여 변하지 않는 것은 道를 포괄하기에 부족하다."[69]

왕정상은 정주 리학이 지닌 인식상의 잘못을 교정한다고 했지만 그것은 어느 누구의 잘못도 아니며, 첨예한 관점 차에 따른 입장이다. 이런 차이는 동서 철학을 불문하고 나타나는 논쟁 모습인데, 논쟁 주제와 관심과 형태는 달라도 근본적인 이유와 원인은 동일하다. 왕정상이 견해를 달리한 주된 요점은 理와 氣의 불변성 대 변화성에 대한 근원성 여부이다. 선천에서는 이런 대립각을 허물 어떤 판단 근거도 내세우지 못했다. 그러니까 서로 간의 뚜렷한 입장 차만 확인한 데 그쳤다. 정주 리학이 理를 영원불변한 절대자로 파악하고 氣를 변화하는 것으로 파악한 것은 창조 과정상에서의 주체성을 어디에 둔 것인가에 따른 창조론적 관점 피력이다. 理를 창조의 주체, 즉 본체로서, 氣를 본체로부터 이행된 존재의 바탕 본질로 본 입장이다. 이런 구분은 理가 본체로부터 이행된 천지 창조의 단계적 변화를 시사한다. 理 외에 氣가 생겨났고, 왜 존재하고 변화하게 되었는가? 그 이유는 오직 한 가지, 理로부터 천지가 창조된 때문이다. 여기서 氣는 변화하는 것이라고 하여 理의 불변성과 대비시킨 것은 氣 자체가 변화하고 생멸한다는 뜻이 아니다. 氣도 理로부터 이행된 본질 영역인데 본질이 변할 수는 없다. 그렇다면? 理가 불변한 상태로서는 분열하는 현상계에서 존재할 수 없는 관계로 끊임없는 생멸 시스템 형태로서 존재할 수 있게 규율과 조리 역할을 담당했다. 이것을 왕정상은 드러나지 않은 形而上學적인 본체 작용은 무시하고 존재하는 氣의 작용 관점에서 理는 氣의 규율과 조리이자 질서에 불과할 따름이라고 하였다.[70] 理가 창조와 무관한 理 자체만으로 존재

---

69) 『송명성리학』, 진래 저, 안재호 역, 예문서원, 1997, p.443.
70) 나흠순은 주자에 대해, 주자의 理氣관에는 치명적인 결함이 있다고 지적하면서 理는 결코 形而上學적 실체가 아니라 氣 운동의 조리(條理)라고 단언하였다. "理는 단지 氣의 理일 따름이

할 때는 창조를 실현시킨 원천적인 뜻과 이치와 지혜로서 작용하였지만, 창조를 실현한 이후부터는 뭇 존재성을 뒷받침한 결정적인 원리와 법칙과 질서로 化했다. 이것을 이 연구는 앞으로 절대 본체[理, 道, 無極], 창조 본체[太極, 창조 본질, 통합성], 존재 본체[氣, 존재 본질]로 삼분해서 세계관을 결정한 요인으로 판가름하리라. 복잡한 개념인 것 같지만 천지가 창조된 단계 과정을 염두에 둔다면 어떤 혼란 가운데서도 우거진 개념의 숲을 헤쳐 나갈 수 있다. 절대 본체란 창조주 하나님이 아직 창조에 대해 어떤 뜻조차 품지 않은 창조 이전 단계의 존재 체제이고, 창조 본체는 뜻을 발함과 함께 창조 계획과 실현 의지를 구체화시켜 천지를 창조할 모든 가능 요소를 완비시킨 상태, 無極으로부터 太極으로 극이 발화된 상태이며, 존재 본체는 창조 실현으로 太極이 양의(음양)된 상태, 통합성 본질이 분열하여 뭇 존재를 생성시킨 상태, 理의 氣化로 인해 만물이 구분되고 온갖 특성을 결정한 상태이다. 창조의 有한 본질이 지속될 수 있도록 생멸 시스템을 가동시킨 상태이다.

그러므로 존재한 본질이 지닌 특성은 본질성, 창조성을 규정한 하나님 본체의 이행이고 창조적 실현이며 창조 역사의 산 증거이다. 존재는 변화하고 변화해서 존재하지만, 그렇게 변화한 본질은 말 그대로 化이다. 化는 생성이지 근본적인 창조가 아니다. 명백한 사실 확인은 어떤 변화에도 불구하고 하나님의 창조 본체는 불변이며, 그래서 절대적이다. 단지 하나님은 창조주이기 때문에 불변으로서 절

다. 氣가 선회하고 굴절하는 점에서 살펴볼 때, 갔다가 오고 왔다가 가는 것이 바로 선회하고 굴절하는 것이다. 가면 오지 않을 수 없고, 오면 가지 않을 수 없다. 어째서 그런지는 모르나 그렇게 이끄는 것이 있다. 마치 그것에 주재하는 어떤 것이 있어서 그렇게 시키는 듯하다. 이것이 理라는 이름이 생겨난 까닭이다."-『困知記』, 속권, 1.

대적이고, 절대 본체로부터 이행된 삼라만상은 생멸을 거듭하는 영원한 변화로서 불변이다. 왜 만상은 생멸하는데 세계는 영원한가? 그것은 현상일 뿐 바탕된 본질은 생멸 자체가 아예 없기 때문이다. 만상이 생멸하는 것은 뭇 존재를 그런 생멸 현상을 통해 본질의 불변성을 유지토록 프로그램화시킨 소프트웨어이다. 창조란 무엇인가? 완비된 소프트웨어 구축과 본질 제공으로 제2의 몸된 하나님을 형상화시킨 작업이다. 우리는 자신의 피를 이은 자식이 있길 원하는 것처럼 하나님도 당신이 품은 간절한 사랑을 창조 역사를 통해 구현하였다. 정주 리학과 왕정상의 주장은 창조 역사를 어디서부터 보았고 무엇을 위주로 보았는가에 따른 관점상의 차이였다는 것을 알진대, 양론이 세운 주장으로서는 진위를 판가름하기 어려웠다. 창조된 특성과 연관 짓지 못한 理의 절대성 주장은 관념성을 피할 수 없고, 창조 본원과 단절된 氣의 전권 부여 인식은 문제를 해결하기 어려운 입장 차이일 뿐이다. 이런 특성은 창조된 세계의 구조성을 시사한다. 알고 보면 뭇 존재는 氣의 본질적인 특성을 함유한 천지 창조 사실을 여실히 증거하는 것인데, 본의를 알지 못한 선천에서는 세계관을 한계지은 결정 요인으로서 작용하였다. 본질의 창조적 작용과 존재성, 그 함축된 지혜성이 인류가 진리를 판단하는 데 있어서 결정적인 요인으로 작용했는데도 불구하고 천지 창조 역사와 하나님의 절대적인 본성과 연관된 사실을 논거하지 못한 것은, 이 연구가 선천의 론, 설, 주장, 세계관에 대하여 비판을 가하고 재정립 의지를 불태우지 않을 수 없는 이유이다. 세계관과 진리 판단에 영향을 끼친 세계 본질의 규명 여부에 대하여 겉으로 보기는 인간이 가진 지식, 경험, 가치, 환경 등이 일차적인 것처럼 보이지만 관점 자체까지도 결정한, 가히 운명적이라고도 할 정도로 거의 결정적인 요인은 바로 누차 강조한바 본질이다. 개개인의 사상적 본질은 물론이고 서양의 문명 역사를 지배한 본질, 곧 현상적 질서를 기본 인식으로 한 3차원적인 본질성 규정이 그것이다. 학자들은 흔히 인간 교육이 유전적인 요인의 지배를 받는 것인지 환경적인 요인의 지배를 받는 것인지를 두고 논란을 벌이는데, 이 말은 다시 세계적인 현상 작용에 대해 겉(현상, 환경, 생존경쟁, 적자생존 등)이 안(본질)을 변화시키는 것인지, 안(본질이 현상을 지배한 결정 요인, 작용성 등)이 겉을 변화시키는 것인지로 관점을 바꾸어 이해할 수 있다. 동양우주론은 본질에 해당한 太極, 道, 理氣 등이 만물을 있게 했다는 입장인 반면 진화론은 현상적인 요인이 일체 종을 있게 한 근본 요인으로 낙찰 지었다. 우리는 어디에다 낙찰을 볼 것인가? 역사적인 사례로 본다면 그 비율은 반반이지만, 현대에 과학문명이 발달하고 무신론자들이 늘어나면서부터는 겉이 안을 변화시키는 쪽으로 기울어졌다. 대표적인 것이 바로 사르트르의 "실존이 본질에 앞선다"고 한 유명한 명제이다.[71] 세계를 거꾸로 본 이 같은 관점들이 대두되었기 때문에 진리적인 현실에서도 각자의 입장에 선 세계관이 끊임없이 표출되었다. 기나긴 투쟁의 역사를 가진 관념론 대 유물론, 유명론 대 실재론, 플라톤의 초월적 이데아설 대 아리스토텔레스의 존재 내 형상질료설, 다윈의 진화론 대 기독교의 창조론, 성악설 대 성선설, 이기이원론 대 기일원론, 기대승이 기발을, 이황이 리발을 중점적으로 주장한 것 등등 존재와 현상에 절대적인 영향을 끼친 것은 본질적인

---

71) 프랑스의 철학자 사르트르가 제기한 말로 실존이 먼저 우연히 존재하고, 이를 규정하는 본질은 미래에 만들어진다는 뜻이다.-다음 백과사전.

작용이다. 그런데 선천의 지성들은 기본적인 인식과 정보가 없어 관점이 분분하였고, 초점을 잡지 못하여 세계를 분열, 대립시킨 원인이 되었다. 각자가 취한 관점과 입장이 달라 누가, 무엇이 옳고 그른 것인지 판가름할 수 없다. 진리의 본질을 정의할 수 없었고, 문제를 해결하지 못한 것이 선천의 세계관적 여건이다. 보다 선행된 세계관적 결정 요인을 밝혀야 인류의 정신적 고뇌를 해소할 수 있다. 진화론, 유물론 등등 서양 문명이 배태시킨 병적 세계관은 세계가 갖춘 기본적인 구조가 본질과 연관되었다는 사실에 대해 무지하였기 때문에 근본을 무시한 세계관으로 인해 초래된 한계성 관점이다. 서양의 지성들이 추구한 거대한 지적 산맥의 두 갈래인 이데아계의 탐구와 현상계의 탐구, 의식은 물질적 작용인가(유물론) 정신적 작용인가(유심론)?[72] 그들은 자신이 직접 보았고 세상적으로 근거도 확인했기 때문에 주장을 끝까지 세웠고 믿었고 확신했다. 하지만 결과적으로는 아무것도 해결하지 못한 채 오히려 세계관을 분파, 분열시키는 데만 일조되었다. 관점이 결정되면 신념이 생기고 세계를 그렇게 바라보고 확신한다. 니체, 포이어바흐, 칼 마르크스 등이 취한 유물론적 세계관도 마찬가지이다. 정주학파의 절대적인 理氣관에 대해 존재적인 氣理관을 내세운 것도 이와 같다. 다윈이 진화론을 제창한 것은 진화론이 진리이기 이전에 그런 진리관을 결정지은 세계관적 신념 체제가 유물론, 무신론인 때문이다. 우리는 세계를 뒤흔든 진화론이 감춘 세계관적 본질을 알아야 한다.

하지만 이 연구가 세계관을 결정한 근본 요인을 간파하였다면 이

---

72) 유심론(唯心論): 우주 만물의 근본은 정신적인 것이며, 여기서 물질적인 것이 나온다고 생각하는 철학적 이론.-다음 백과사전.

제부터는 마냥 선천 세계관을 비판만 할 것이 아니고 정확한 판가름으로 얽히고설킨 대립의 실타래를 풀어헤쳐야 한다. 자체 능력 만으로서는 어찌할 수 없는 얽매인 쇠사슬을 끊어내고 소통, 조화, 하나될 수 있는 세계로 이끌고, 이상적인 제도와 나라를 건설하기 위해서는 벗어나지 못한 원리적, 가치적, 신앙적, 진리적, 세계관적 문제를 풀어야 하는 것이 일차적 과제이다. 동양본체론을 이끌었던 중국 위진시대에는 유명한 有無논쟁이 있는데, "왕필의 無를 중시하는 이론에 비판을 가하면서 이른 바 귀무(貴無)와 숭유(崇有)라는 개념을 등장시킨 이는 배위(裵頠)이다. 배위는 숭유론을 통해 有를 숭상함을 분명히 하고, 無를 귀히 여기는 것을 철저히 공박했다. 이후로 귀무와 숭유는 위진시대의 철학을 논하는 데 필수불가결한 개념으로 성립한다."[73] "하안은 無를 분명히 有보다 논리적으로 근본이 되는 개념으로 보았고, 왕필은 無를 근본으로 해야 한다고 『노자주』의 곳곳에서 주장하였다."[74] 하지만 배위는 귀무론에 대해 無는 아무것도 생겨나게 할 수 없다고 비판하면서 처음부터 생겨나게 하는 것은 스스로 생겨난다는 숭유론을 주장하였다. 이에 "有無논쟁의 대립과 갈등을 종합하여 개별 사물의 차원에서 우주본체의 무형성과 사물 현상의 유형성 관계를 통일적으로 해명하고자 한 이는 곽상이다. 그는 無는 이미 無이므로 有를 낳을 수 없다. 有는 생기지 않으니 무엇을 낳을 수도 없다. 그렇다면 만물은 누가 낳은 것인가? 홀로 스스로 생길 뿐이다"라고 하였다.[75] 이런 철학을 독화(獨化)론이라고 한다. 곽상은 "위로는 만물을 만들어내는 어떤 존재가 없음을 알고, 아래로

---

73) 「왕필의 무귀론 연구」, 정기원 저, 서울시립대학교교육대학원 윤리교육, 석사, 2005, p.35.
74) 위의 논문, p.36.
75) 『중국철학사(2)』, 서동오 저, 다음 카페.

는 어떤 사물도 모두 저절로 만들어진다는 것을 안다"라고 하였
다.76) 이것이 독화론의 핵심이다. 독화는 모든 사물이 자족, 독립적
으로 발생, 변화한다는 것이다. 귀무론을 대표한 왕필의 주장에 대
해 배위와 곽상이 無의 창조성을 인정하지 않은 것은 지극히 개념적
인 접근인데, 그들이 왜 無가 有보다 논리적으로 근본이 되어야 하
는 것인지 이해하지 못한 것은 서양에서 무신론자들이 하나님의 초
월적인 창조 역사를 이해하지 못한 것과 같다. 無의 차원적인 창조
성을 거부하고 기껏 無로부터는 아무것도 생겨나게 할 수 없다는 논
리로 독화론을 주장하게 되었다. 이것은 오늘날의 창조론 대 진화론
의 논쟁 판박이다. 창조란 과연 무엇인가에 대해 본의를 이해하지
못한 무지는 예나 지금이나 마찬가지이다. 창조란 바로 그 有無를
가른 경계선이 아닌가? 有가 존재하기 위해 無가 있어야 한다는 것
은 창조를 초월적으로 접근한 것이고, 어떤 경우에도 有가 無로부터
는 생겨날 수 없기 때문에 有가 有를, 그것도 저절로, 우연히 자립적
으로 생겨났다고 본 것은 현상계의 질서 인식에 근거한 3차원적 사
고방식이다. 본체의 초월성을 보지 못했다. 여기서 無는 개념적으로
아무것도 없다는 뜻이 아니다. 창조 이전에 천지 만물을 창조할 수
있도록 제공된 본체를 뜻한다. 그렇기 때문에 無는 볼 수 있는 자가
있고 아무리 강조해도 볼 수 없는 자가 생기게 되는데, 이런 관점상
의 장애를 거둔 이 연구는 바야흐로 만인이 모두 귀무론의 위대한
창조 논거를 인준하고 숭유, 독화론의 세계관적 한계성을 들여다 볼
수 있는 눈을 가질 수 있게 하리라. 왜 어떤 이는 無를 근본으로 삼
았고 어떤 이는 기를 쓰고 有가 근본이라고 하였는가? 그 이유에 천

---

76) 『곽상의 독화론』, 서동오 블로그.

지 창조를 어떻게 보았는가에 따른 세계관의 결정 요인이 작용하였다. 이런 문제는 근본적인 해결이 되지 못한 상태이라 중국 신유학의 등장과 함께 다시 재현되었고, 같은 동아시아 문화권에 속한 조선 유학에 이르러서도 논쟁을 불러일으켰다. 중국 주자학의 대성자인 주자는 "太極[창조 본질]과 음양[존재 본질]과의 관계, 다시 말해理와 氣와의 관계는 초월과 내재란 양 측면이 모두 있다. 理와 氣는사실적으로 불리(不離)의 관계로서 理는 氣에 내재하지만, 논리적으로 理가 氣에 선행하는 것이라 하여 理의 논리적 초월성을 주장하였다. 다시 말하면 사실적으로 볼 때 太極은 음양에 내재하는 것이지만, 논리적으로 太極은 음양을 초월하는(음양에 선행하는) 음양의근거(우주만물의 존재와 변화의 가능 근거)라는 것이다. 그러나 육상산은 太極은 논리적으로나 사실적으로나 음양에 내재하는 것이다"라고 보았다.[77] 주자가 理氣에 대해 가진 현실적 관점은 존재한본질인 氣에 있다. 본질로부터 창조된 존재는 존재와 본질을 동시에지녔다. 그리해야 분열하는 현상계에서 존재할 수 있다. 理와 氣는떨어질 수 없다[不離]고 말한 것이 그것이다. 하지만 존재는 또한 그렇게 理氣가 不離한 상태로서만 존재할 수 없다. 왜냐하면 존재는太極으로부터 말미암기 때문이다. 그래서 미묘한 논거 전개가 그다음을 차지한다.

육상산처럼 말미암은 작용이 없고 존재 자체로만 존재한다면 太極은 어떤 측면으로 보나 음양(존재)에 내재하는 것으로 끝난다. 그러나 지적한 대로 주자는 그렇게 생각하지 않았기 때문에 다시 논리적이라는 단서를 달고, 현실적으로 보면 太極은 음양에 내재하지만

77) 『역사철학과 역학사상』, 이상익 저, 성균관대학교출판부, 1996, p.183.

굳이 선후를 따진다면 理先氣後라고 하였다. 이 인식은 정말 명쾌하다. 주자는 몰랐을지 모르나 理先氣後란 곧 창조 본체로부터 존재본체로의 이행 과정을 명확하게 인식한 것이다. 理로부터 氣로의 이행, 그것을 3차원적인 질서 안에서 보면 선후로 파악되지만, 4차원적인 본체 안에서는 초월, 차원적인 이행이다. 그래서 太極은 음양에 내재, 바탕 됨과 동시에 초월된 것이다. 음양에 국한된 존재적인 본질로서의 太極이 아니고, 존재와 함께함과 동시에 음양을 초월했다는 것은 太極이 불변한 본체로서 고유하면서도 자체 본체를 창조를 통해 뭇 존재에로 분여(分與)했다는 뜻이다. 자체 본체를 나누어 주되 나눈 일체는 자체가 잃음 없이 지니고 있고 이행시킨 것이라 존재한 본질을 化라고 했다. 분여된 생멸 본체와 분여한 불변 본체는 차원이 다르면서도 같다. 생멸은 결코 無함이 아니다. 불변한 본체로 귀속된다. 육상산처럼 존재 내에서만 太極이 존재한다면 太極은 생멸을 주관한 본체라도 멸하면 다시 돌아갈 곳이 없다. 서양의 창조론자들은 누구도 이런 논거를 펼친 자가 없지만 동양의 주자는 명백한 창조적 관점에서 理氣론을 펼쳤다. 주자의 주장은 왕필의 주장과 같고, 육상산의 입장은 배위, 곽상의 관점과 같다. 주자는 "理와 氣가 사실적인 관점에서 보면 하나이고[不相離], 논리적인 관점에서 보면 둘[不相雜]이라고 함에, 이런 창조적 논거를 더욱 발전시킨 이는 조선의 성리학자 율곡이다. 그는 理와 氣는 하나이면서 둘이고 둘이면서 하나[一而二 二而一]라고 하였다."[78] 곧 전형적으로 현상계적인 분열질서를 초월한 본체론적 논거이다. 분열적인 현상계의 질서 안에서는 一과 二가 분리되고 구분될 수밖에 없지만[不相雜], 분열질

78) 위의 책, p.183.

서를 초월한 통합적인 질서 안에서는 理와 氣, 곧 一과 二가 분리될 수 없다[不相雜]. 『반야심경』에서는 色卽空 空卽色이라 하였고, 『화엄경』에서는 一卽多 多卽一이라고 함에, 모두 분열된 질서를 초월한 본체 안에서만 성립되는 통합적 존재 방식이다. 창조를 잉태한 초월적인 본체가 존재한 사실과 작용을 모르는 한 하나님의 존재 역사 방식과 창조 역사 방식은 영원히 이해할 수 없다. 理氣의 不離와 不雜에 대한 존재 방식 인식과 구분은 창조가 가른 것으로, 이런 구분 인식과 통합적 인식은 理氣 영역뿐만 아니라 천지를 있게 한 작용 현상 전반에 걸쳐 세계관을 결정지은 요인이 되었다. 주자는 관점을 달리해서 太極을 理로 이해하였으면서도 『태극도설』에서 太極이 움직여 양을 낳고[太極動而生陽] 고요하면서 음을 낳는다[靜而生陰]고 하였다. 理 자체는 동작할 수 있는가, 理 자체가 음양 두 氣를 생성할 수 있는가라는 문제에 대해 취한 기본적인 입장은, 결국 理는 조작할 수 없는[無造作] 것이라고 확정함으로써 理 자체가 氣를 생성한다는 견해를 부정하였다. 하지만 조선의 이황은 理가 동정할 수 있다고 긍정하였다.

> "太極에 동정이 있다는 말은 太極 스스로 동정한다는 말이다. 天命의 유행은 天命 스스로 유행하는 것이다. 어찌 그렇게 시키는 것이 따로 있겠는가?"[79]

太極은 창조 본체로서 제1원인에 해당한다. 理 자체의 동정과 음양 두 氣의 생성은 모든 원인에 대한 최후적 보루이다. 그것은 太極이 창조 본체로서 지닌 자격이다. 그런데 주자처럼 太極의 무조작설

---

79) 『이퇴계문집』, 권 13, 答李達李天機

을 인정한다면 太極의 본체성을 스스로 허문 격이 된다. 이것은 그런 잘잘못을 따지는데 있지 않다. 그런 관점을 취한 세계관의 결정 연유에 대한 추적이다. 어떻게 이황은 주자와 달리 理가 스스로 동정할 수 있음을 긍정했을 뿐만 아니라 理의 운동이 氣를 낳는 근원이고 근거임을 인정하였는가? 그것은 창조론자들이 하나님이 천지를 창조한 권능을 가진 분이라고 믿은 것과 같다. 이황은 太極을 그런 창조적 권능을 가진 본체로서 인정하였다. 반면에 주자는 존재 안에서 동정을 일으키고 음양을 생성시킨 바탕 본체로 본 관계로 당연히 太極은 무조작인 수동적 결정성을 면할 수 없다. 주자가 太極卽理의 초월성을 주장함으로써 창조 본체의 근거를 마련하고서도 太極의 무조작 입장에 머문 것은 창조 본의의 본체적인 논거 작업을 완벽하게 완료하지 못했다는 뜻이다. 이것을 조선의 유학자 이황과 이이가 보완하고 완성시킨 것은 위대한 지성사적 업적이다. 이런 노력이 물질문명이 만연한 현대 사회에서 무슨 소용이 있는가 하겠지만, 지금 인류 문명을 종말로 치닫게 한 진화론, 유물론, 각종 무신론 사상들에 대해 일침을 가할 수 있는 천지 창조의 능동적인 발화 요인을 명쾌하게 밝힌 것이다. 물질은 과연 정신을 파생시킨 제1 근본인가? 종은 새로운 종을 창조할 수 있는 능동적인 요인을 지녔는가? 이것은 동양의 유학자들이 고민했던 理의 동정과 음양 두 氣의 생성 문제와도 직결된다. 理의 조작 여부는 오늘날 만물이 창조된 것이냐 진화된 것이냐와 동일한 추적 패턴이며, 그것은 그대로 종 자체의 능동성(조작성, 창조성)과 수동성(무조작성)을 구분하는 문제이고, 해결책 마련에 본체의 창조성과 존재의 피조성이 있다. 어떻게 이처럼 분분한 입장 차가 있는가 하겠지만, 그것은 선천 세계관이 끼친 어쩔 수 없는 한계 요인인데, 본의를 자각한 지금은 원인을 진단해서 잘못을 바로잡아야 한다.

조선 유학을 대표한 이황과 이이도 우주론적 요소를 간직한 理氣론에 대한 해석 관점을 달리 했는데, 강조점을 理상 간에 두었던 이황은 주자학을 인과론적으로 해석하였고, 事상 간에 두었던 율곡은 주자학을 현상학적으로 해석하였다. 그래서 퇴계는 역시 리발기수지(理發氣隨之)설을 제창하여 理에 능동성을 부여하였고, 율곡은 기발리승일도(氣發理乘一途)설을 주장하여 氣의 유행에 주목하였다.[80] 이런 차이를 한마디로 말하면 이황은 창조 본체[理]에, 그리고 율곡은 존재 본체[氣]에 기준을 둔 것이다. 이것은 양자 모두 본질의 창조성은 엿보았지만, 한 사람은 동전의 앞면을 보고 한 사람은 동전의 뒷면을 본 것과 같다. 양면을 동시에 보아야 하므로, 그것이 동양 본체론이 해결해야 할 과제이다. 창조 과정에서의 기준에 따른 관점 차가 분명하다. "理상 간에서는 理가 氣보다 강하여 동태적이지만, 事상 간에서는 氣가 理보다 강하여 理가 오히려 정태적인 것이 당연하다."[81] 율곡이 존재 본체에 근거하여 "太極을 음양·동정 가운데 내재한 理로 규정하여 존재 내에 음양과 동정의 공통된 원인인 통분모, 즉 太極 본체가 존재한 사실을 밝힌 것은"[82] 이 연구가 저술한 "본질로부터의 창조" 사실을 그대로 인정한 것이다. 나아가 존재 내 太極의 존재 사실을 확인시킨 것은 아리스토텔레스로부터 토마스 아퀴나스로 이어진 서양 철학 내지 신학이 취한 존재 내 보편이 존재한 사실을 인정한 것과도 같은 맥락이다. "토마스 아퀴나스는 보

---

80) 『주자학과 토미즘의 철학적 협연』, 소병선 저, 동과서, 2006, p.40.
81) 위의 책, p.48.
82) 『한국의 유학사상』, 이황 저, 윤사순 역, 이이 저, 유정동 역, 삼성출판사, 1988, p.332.

편을 인정하고 보편의 거처를 마련하였는데, 그 거처가 다름 아닌 모든 존재자들이다. 즉, 보편은 그 자체로 자립하여 존재하지 않고 존재자 안에 걸쳐 있다(존재 形而上學). 이런 생각은 근본적으로 아리스토텔레스의 생각과 함께한 것인데",[83] 비단 아리스토텔레스뿐만이겠는가? 그렇게 말한 보편은 곧 본질과도 같은 것이고, 본질은 두루 통하므로 보편적이다. 그런 보편의 거처가 존재자들이라고 한 것은 율곡이 氣우선인 존재 본체에 중점을 둔 것과 같고, 보편이 존재 안에서 자체로서 자립할 수 없다고 한 것은 주자의 무조작 인식과 같다. 당연히 존재 안에 거한 보편은 창조적 능동성을 본유할 수 없다. 지극히 수동적이다. 어떤 창조 요인도 없는데 존재할 수 있게 된 것은 능동적인 창조 작인을 반드시 필요로 한다. 플라톤이 초월적인 이데아를 상정한 것, 주자가 절대적인 理를 인정한 것과 달리 토마스 아퀴나스가 보편[理 또는 太極]이 만물 속에 있다고 말한 것은[理가 氣化 됨] 아리스토텔레스의 입장을 계승한 것이다. 즉, 보편은 어디에나 있으며, 그 보편은 만물 속에 있다. 만물은 理와 氣의 합성으로 구성되어 있다. 그래서 우리가 만물을 통하여 보편, 즉 理를 감지할 수 있다. 온 인류가 하나님과 함께할 수 있는 원리적 근거가 확보된 순간이다. 물자체, 통합성, 절대적인 하나님의 존재 본체란 누구도 인식할 수 없지만, 하나님은 창조주로서 나와 삼라만상을 창조하였고, 하나님을 구성한 본체가 직접 뭇 존재 가운데서 뭇 존재를 이룬 바탕 본체, 존재 본체, 보편 본질적인 창조성으로서 내재하고 있기 때문에 하나님이 인류를 구원하기 위해 이 시공간 안에서 역사할 수 있다. 지상 천국을 건설할 기초를 천지 창조 역사가 이미

---

83) 위의 책, p.79.

마련하였다.

"르네상스 시기의 3대 화가 중 한 명으로 손꼽힌 라파엘로는 '아테네 학당'이라는 작품 속에서 고대 철학의 두 거장인 플라톤과 아리스토텔레스의 차이에 대해 상징적으로 묘사하였는데, 플라톤은 왼팔에 『티마이오스』라는 책을 낀 채 오른손으로 하늘을 가리키고 있고, 아리스토텔레스는 왼손에 『윤리학』을 든 채 오른 손바닥을 땅쪽으로 펼치고 있다. 위로부터의 철학(플라톤)과 아래로부터의 철학(아리스토텔레스)으로서 비교되듯, 플라톤에게 있어서 참으로 존재하는 것이 이데아라면, 아리스토텔레스에게서 그것은 질료와 형상의 결합인 개체이다."[84] 이 연구의 입장에서 보면 다 창조를 인준한 것인데, 단지 플라톤은 창조를 우선시하였고 아리스토텔레스는 존재를 우선시하였다. 이런 관점 차는 앞서 예를 든 동양 철인들의 사유 방식 차이와 다를바 없다. 플라톤은 본질적인 면과 개체를 분리시킨 반면, 아리스토텔레스는 개체를 떠나서는 우시아를 생각할 수 없다고 하였다.[85] 우시아는 낱낱의 특수적인 개체를 넘어서 있는 것이 아니라 바로 특수한 개체 속에 내재해 있다. 나아가 아리스토텔레스는 우시아는 이데아처럼 영원불변하는 하나의 완성된 것이 아니라 끊임없이 생성하고 변화하고 발전하는 운동 속에 있고, 차츰 완성되어가는 존재라고 했다. 이런 우시아는 형상과 질료로 구성된다. 질료는 사물을 이루는 근본 물질이고, 형상은 질료를 일정한 사물이 되게 하는 원리이다. 아리스토텔레스가 정의한 우시아란 바로 존재를 이룬 근원 본질이다. 본질에는 존재를 이룬 소프트웨어[理, 이치]

---

84) 『생각하고 토론하는 서양철학이야기(1)』, 이강서 저, 최남진 그림, 책세상, 2006, pp.152~153.
85) "우시아(ousia): 모든 존재하는 것들의 공통된 모습으로서의 존재나 그 존재를 가능하게 하는 근거로서의 초월적 실체."-다음 사전.

인 형상과 하드웨어인 질료[氣, 물질의 본질]가 함께하기 때문에 육상산과 율곡이 말한 理氣의 합성체이다. 본질이 개체를 초월한 것이 아니고 내재한다고 한 입장은 그런 주장이 절대적으로 옳은 것이고 진리라는 것이 아니다. 그렇게 바라본 관점적 차이이다.86) 플라톤은 이데아가 영원불변한 하나의 완성된 본체라고 보았는데, 아리스토텔레스는 왜 우시아를 끊임없이 변화하고 발전하는 운동 속에서 완성되어 가는 본질체로 보았는가? 어떻게 해서 창조론자들은 하나님이 처음부터 만물을 완전하게 창조하여 불변하다고 보았는데, 진화론자들은 종은 변화하는 것이고, 그런 변화 요인이 쌓이고 쌓여 점진적으로 진화하는 것이라고 하였는가? 우리는 정말 무엇을 밝힐 수 있고, 어떤 입장 차를 확인할 수 있으며, 사실 여부를 판가름할 수 있는가? 이제는 이 연구뿐만 아니고 인류 모두가 판가름할 수 있어야 한다. 본질이 개체에 내재하는 것이라면 진리도 내재하고 神도 내재한다. 하나가 일체이고 일체가 하나이다(一卽一切 一切卽一). 천지의 창조 원리를 무슨 이유로 인류가 깨닫지 못하였는가? 전체적인 바탕 본체, 제 존재 현상에 관여한 창조 본체를 보지 못한 탓이다. 본질은 두루 관통되고 공통되고 통합되는데, 단절되어 있다고 보니까 만물은 만상으로 존재할 뿐 조화, 통일, 하나 될 수 없었다. 이처럼 관점을 고착화시킨 세계관의 결정 요인이 바로 창조와 본질과 본의를 알지 못한 데 기인했다는 사실을 알고, 창조성의 본질적인 특성을 밝힌 이 연구의 안내에 따라 인류를 모든 진리 가운데로 인도할 보혜사 하나님의 준엄한 성업 역사에 주목해야 하리라.

---

86) 관점 차에 따라 "플라톤은 물질의 본질은 감각 세계를 초월한 참실재인 이데아에 있다고 생각했고, 아리스토텔레스는 생물학에 그 근원을 두고 물질의 본질은 감각적인 개체 그 자체 내에 있다고 설파함."- 『한손에 잡히는 서양의 사상』, 앞의 책, p.77.

4. 진화론의 세계관적 한계

시험은 학생들이 얼마나 공부를 열심히 했고, 또 알고 있는지를 알아보는 방법이다. 서양 문명은 본체와 본질을 보지 못해 전체를 보지 못한 한계성을 지닌 세계관인데, 이런 주장이 사실인 것을 확인하기 위해 그들이 양산한 다양한 진리관을 지적하였다. 그중 이 연구는 서양 문명이 배태시킨 진화론의 확실한 한계를 크게 초월성, 본질성, 선재성 거부 측면에서 논거하고자 한다. 서양 문명이 세계를 구성한 창조 역사를 보지도 알지도 못하였다는 것은 서양 문명이 진화론을 공인하였다는 것과, 비판한 자들마저 뚜렷한 논거를 제시하지 못한 것으로 확인할 수 있다. 서양의 사고방식, 서양의 논리, 서양의 인식 수단이 아무리 합리적이라 해도 이성적인 통찰이 주효한 영역은 따로 있었다. 송곳은 구멍을 뚫고 찌르는 데는 유용하지만 물건을 집어 올리는 데는 불편한 도구인 것처럼, 유형의 현상 세계는 서양 문명이 마음껏 특성을 발휘할 수 있지만 무형의 본질 세계에 대해서는 무용지물이다. 그러니까 일차적으로는 한계성을 지닌 서양 학문의 전통이 다윈에게 자연선택을 통한 진화 메커니즘을 판단할 수 있도록 빌미를 제공하였다. 본체를 보지 못해 종의 불변성을 거부했던 것이므로 관찰된 종의 변화에 대해 본체가 지닌 작용 원리를 적용할 수 없었다. 결과로 진화론은 서양 문명의 토양을 공급받은 세계관적 한계성을 고스란히 노출시켰고, 선천 문명의 종말성을 재촉한 결과를 낳았다. 거대한 오판이고 집단적인 착각인데도 통용된 것은 서양 문명 전체가 창조성을 볼 수 있는 안목을 틔우지 못한 탓이다. 반문이 있을 수 있지만, 초월성의 대명사인 神까지 거부하고 존재 사실을 증거할 수 있는 어떤 본체적 논리도 인출하지 못한 마당에서는 달리 변명할 여지조차 없다. "성경에서는 하나님에 대해 피조물과 연속 관계에 있지 아니한, 절대적으로 초월한 창조자로서 묘사하였다. 즉, 삼위일체인 하나님, 임재하고 초월한 하나님, 인격적으로 섭리하는 전능한 하나님으로 제시했다."87) 그들은 성경에서 기록된 하나님의 본성과 권능에 절대성까지 보태어 설명하였지만, 거기에는 도무지 성립될 수 없는 모순점이 발견된다. 먼저 하나님과 피조물과의 연속 관계를 차단시킨 것은 창조 역사를 파악할 수 있는 길을 가로막은 것이고, 삼위일체는 현상계 안에서는 성립될 수 없는 논리이다. 당연히 4차원적인 본체성이 뒷받침되어야 했는데, 못하니까 이해할 수 없는 논리만 양산하였다. 임재하면서 초월한 하나님을 이해한다는 것은 두 다리를 든 채 땅 위에 서 있다는 말과 같다. 임재하면서 동시에 초월할 수 있는 시공간적 본질부터 밝혀야 했다. 인격적으로 섭리한 전능한 하나님은 그 같은 방식으로 역사할 수는 있겠지만, 전능한 초월자가 지극히 제한된 인격적 모습을 갖추었다는 것은 이율배반이다. 그럴 수 있는 정확한 신관부터 정립해야 하는데, 미비하였다는 것은 하나님 자체는 정말 세상에 대해 초월함과 동시에 내재함에도 불구하고 그 존재 방식에 대해 제대로 이해하고 인식할 수 없었다는 뜻이다. 神도 이러한데 하물며 진화론에 있어서랴? 아예 무시하였다.

신앙인들은 고백하길, "만물이 그로 말미암아 지은바 되었으니 지은 것이 하나도 그가 없이는 된 것이 없느니라"라고 하였다.88) 이에

---

87) 「범신론적 신관에 대한 성경적 비판」, 신춘기 저, 웨스트민스터신학대학원대학교 조직신학, 박사, 2004, p.5.
88) 요한복음 1장 3절.

반해 헉슬리(1887~1975)는 "진화론적 사고에는 초자연적인 권능이 필요 없을 뿐 아니라, 그런 것을 다룰 여유조차 없다"라고 하였다.[89] 창조 신앙은 확신을 전제한 것이라면 진화론은 아예 성립될 수 없는 것인데도 버젓이 두둔한 것은 그 근본적인 이유가 초월성을 거부하고 볼 수 있는 눈을 가지지 못한 탓이다. 종의 기원과 창조에 관한 문제는 초월성이 주효했던 것인데도 전혀 엉뚱한 곳에 이론의 탑을 쌓아 놓았다. 하나님은 창조주인데 이런 권능을 거부한 진화론자가 종의 창조를 인정할 리 만무하다. 사실은 하나님이 가진 초월적인 본체 성향, 곧 창조성(통합성)으로 창조한 것인데, 이런 사실을 거부한 상태에서는 어떤 창조 정보도 제공받을 수 없다. 그릇이 있어야 물을 담아둘 수 있는데, 그릇마저 버린 바에는 그 무엇도 담아 둘 수 없다. 神을 인격자로 이해하다 보니 손가락 하나 대지 않고 말씀만으로 창조한 것이 초월성이고 전능함인 것으로 오해할 수 있다. 사실은 창조 본체, 그러니까 창조 본질(창조성)이 뒷받침되었다. 그런데도 진화론자들이 종의 창조에 대해 초자연성을 주장한 창조론을 배격하고 유치하게 여긴 것은 창조를 모른 무지의 소치이다. 창조론자들에게도 책임은 있다. 하나님은 창조주라고 하면서도 어떻게 창조했는가라고 물으면 그냥 창조한 것이라는 한마디 말로 끝나버린다. 그러니까 진화론자들 역시 최초 종의 창조 기원에 대해 우연성 하나로 대치시킨 것인지도 모른다. 하지만 정작 초월성에 대해 파고들면 진상을 파악할 수 없는 문제와 맞부딪힌다. 서양에서는 플로티노스가 一者로부터의 유출설을 주장했고, 플라톤은 『메논』의 대화편에서 스승 소크라테스를 통해 펼친 상기론이 있지만, 진의는 이해하

---

89) 『창조론 대강좌』, 양승훈 저, CUP, 1996, p.26.

지 못했다. 3차원적인 인식 속에서는 평면적인 논리성만 노출될 뿐이다. 본체적인 작용성을 뒷받침해야 입체적인 초월성도 각인된다. 그들은 세계가 존재하기 이전부터 선재한 본질 세계가 있고, 그로부터 천지가 창조된 사실을 알 수 있는 진리적 환경 속에 있지 않았다. 그러니까 경험하기 이전에 존재한 지식을 상기한다는 것은 이해할 수 없다. 그것은 우리의 인식 체계가 그야말로 입체적이지 못하고 평면적이기 때문이다. 하지만 현상 이면의 본질은 정말 초월적, 본체적이다. 그래서 창조도 神도 세계의 선후 질서를 초월하여 선재할 수 있다.

　一者에 대한 이해도 여건은 마찬가지이다. 一者는 평면적, 논리 질서적인 인식으로서는 하나란 개념 밖에 근거를 찾을 수 없지만, 생성하는 본질성을 내포한 一者는 전체 자체이다. 전체가 一者로부터 유출되었으므로 평면적으로는 一者란 개념 밖에 파악할 수 없지만, 사실은 원인과 결과를 동시에 지닌 상태이고, 알파와 오메가를 맞물고 있는 상태, 씨와 열매가 함께한 상태이다. 이것을 이 연구는 통합성인 창조성으로 표현하였거니와, 이런 동시 존재 상태가 시공간의 분열적인 질서 안에서 본체적으로는 통합적이고 시간적으로는 선재성으로서 초월해 있었다는 뜻이다. 현 시공간에서는 닭과 달걀이 동시에 존재할 수 없지만,[90] 창조를 있게 한 바탕 본체 안에서는 가능하다. 太極과도 같은 상태라 太極이 세상 가운데 존재하기 위해서는 극이 양의되어야 했다. 따라서 一者=통합성=창조 이전=생성 이전=존재 이전임과 함께 천지 만물의 근본 바탕이고 첫 출발 바탕이다. 그 출발은 단순한 하나로부터의 출발이 아니다. 일체를 갖춘

---

90) 원인과 결과가 함께한 一者 상태로서는 현상계 안에서 존재할 수 없음.

열, 전체, 통합성으로부터의 출발인데, 첫 본체성이 흐르는 시간에 대해 선재하였다는 것이다. 선재는 밝힌바 태초의 창조가 먼 과거의 그날에 있은 것이 아니라 모든 창조 과정이 분열을 완료하는 먼 미래의 그날이다. 모든 것이 현상의 분열질서와는 반대된 인식이다. 이런 창조성의 초월적인 본체성에 대해 진화론은 전적으로 반대편에 서 있기 때문에 진화 메커니즘을 통하면 오히려 보다 선명하게 부각된다. 모든 것을 사전에 구비한 완전한 상태로서의 창조와 첫 생성을 대다수의 지성들이 이해하지 못하는데, 그 이유가 곧 초월적인 본체를 볼 수 있는 눈이 없는 탓이다. "종(전체)이 먼저 있어 개체가 있다는 사실을 거부하고 개체가 발생해서 종을 이룬다고 여겼다."91) 하지만 다시 한 번 숙고해 보라. 종(전체)은 개체들의 뿌리이다. 돌멩이는 큰 바위가 부서진 것이다. 이것이 타당한 인식이다. 전체(종)가 개체를 낳는 것은 개체의 입장에서 보면 당연하다. 그 전체는 바로 개체들로 이루어진 것이다. 하지만 개체가 발생해서 종(전체)을 이루기 위해서는 항상 개체가 어떻게 발생한 것인가에 대한 조건을 필요로 한다. 이것은 막다른 골목이다. 더 이상의 근거는 없다. 조건을 성립시키기 위해서는 결국 전체란 존재성이 요구된다. 그 전체가 뭇 개체에 선재한 통합적 본체이다. 개체에 대해 초월적으로 존재함에 그 이유는 천지가 창조되어서이다. 一者로부터의 유출을 현상적인 질서 개념으로 접근하면 평면적인 이해에 그치지만, 본체적으로 접근하면 시공을 초월하여 입체적이다. 一者로부터 만물이 유출되므로 一者는 만물을 초월할 수밖에 없다. 그 一者는 사실상 생성 에너지를 품은 전체인데 반해 진화론이 단순한 하나가 뭇

91) 『기로에 선 인류의 철학적 성찰』, 앞의 책, p.212.

존재를 있다고 한 것은 돌멩이가 변화하고 복잡해져 바위를 이루었다는 인식과 같다. 누구의 주장과 원리가 옳고 무엇이 크게 착각한 것인지 판단해야 한다. 지금은 분간할 수 있지만 그렇지 못한 당시의 진화론자들은 의도적으로 본질이란 존재성과 전통적인 본질주의를 거부하였다. 진작 진화론이 인류 역사에 등단해야 했는데, 가로막은 진짜 범인은 오늘날 본질주의라고 명명된 고대의 철학적 사조였다고 안타까워했다. 신다원주의의 종합을 이룬 대가 에른스트 마이어가 장본인이다. 그는 플라톤의 마수가 진화의 발견을 가로막았다고 적시하였다.[92] 노벨 생리학, 의학상을 수상한 프랑수아 쟈콥은 "생물학이 증명했던 것은 생명 속에는 形而上學적 존재가 없다는 것이다."[93] 이것은 분명 본질의 존재 역할을 의도적으로 거부한 자체 실상을 천명한 것이다. 그 원인은 밝힌바 서양 문명의 유전자를 이은 세계관에 근거한다. 그리스의 탈레스가 만물의 근원에 대해 볼 수 있는 구체적인 현상을 넘어서 그러한 현상의 본질을 밝히고자 하면서 물을 내세운 것과 같다. 동양의 왕필이 無→有를 세운 것과 달리 탈레스는 有→有를 통해 근원을 추적하였다. 이런 전통을 다윈이 종→종을 통해 한계성을 이었다. 지성들은 동서를 막론하고 세계의 근원적 바탕인 궁극적 실재를 찾기 위해 노력하였고, 어느 정도 성과를 거두었다. 그런데 다윈은 이런 다양한 지적 전통과 성과를 무시하고, 관철시키고자 한 종의 기원 문제를 자체의 변화 요인으로부터 구하였다. 다윈이 이런 생각을 가진 것은 서양 문명 전체가 본질을 거부한 전통과 무관하지 않다. 현상적인 근거만으로 궁극성에 대

---

92) 『지상최대의 쇼』, 앞의 책, p.39.
93) 「현대 진화생물학의 신학적 고찰」, 앞의 논문, p.61.

해 실마리를 풀려고 했다. 하지만 다시 한 번 묻겠다. 현상이 본질을 결정하는 것인가, 본질이 현상을 결정하는 것인가? 바탕 없는 존재는 없듯 본질에 바탕하지 않은 존재 역시 없다. 그런데도 다윈은 본질적 요인은 무시한 채 현상적인 모습과 결과만 보고 판단하였고, 유전인자의 발견 이후부터는 구조를 밝히는 데만 주력하였다. 종의 본질적인 특성, 즉 생명 현상의 법칙성은 간과하고, 필요한 정보를 취사선택하였다. 본질적인 문제를 회피하였다. 씨앗을 포함한 발생의 비밀은 뿌리(본질)가 지닌 것인데, 몸통과 무성한 가지를 보고 판단하므로 문제를 도무지 해결할 수 없었다. 뿌리와 본질을 보지 못해 겉모습을 통해 현상계만 맴돌았다. 하나님은 보이는 것과 보이지 않는 모든 피조물을 창조한 분인데,[94] 보이는 것만 보고 판단하면 어떻게 되겠는가? 보이지 않는 것을 볼 수 없다고 하면서 무시한 결과로 진화론은 有에서 有로의 생성과 변화 현상 테두리 안에 머물렀다.[95] 이것은 구리를 가지고 동상을 만든 것과도 같은 결과일 뿐이라, 창조와 전혀 무관하다(창조는 無→有 이행임). 문제는 구리로서 동상을 만든 것뿐인데, 그런 과정을 무수히 거치면 결국은 구리가 철로도 변하고 금으로도 변할 수 있다고 한데 있다. 현상만으로 창조 문제를 풀려고 하니까 억지 주장밖에 안 된다.[96] 이것이 진화론이 지닌 세계관적 한계이다. 진화론자들은 겉모습의 진화 증거인 중간 단계의 화석을 찾아 나섰는데, "많은 구조가 어떤 단계를 거쳐 현재의 완벽한 단계에 이르렀는가는 상상하기조차 어렵다."[97] 종이

---

94) 『창조론』, 호세 모랄레스 저, 윤주현 역, 가톨릭출판사, 2015, p.155.
95) 존재는 理[이치]와 상(현상과 구체적인 사물)으로 구성되어 있다. 그러므로 존재는 상만으로 판단할 수 없다. 理와 상을 동시에 보아야 한다. 그런데 진화론은 상만 보고 판단하였다.-『송명성리학』, 앞의 책, p.147.
96) 창조는 밀가루를 반죽하여 빵을 만드는 것과는 다르다.

단계적으로 변화하였다면 그런 변화는 구조의 변화 때문이고, 구조의 변화는 시스템의 변화 때문이다. 단순한 겉모습만의 문제가 아니다. 종을 지배하는 총체적인 본질의 생성 요인이 관여된 것이라, 굳은 화석이 남긴 흔적만으로는 정확한 판단을 할 수 없다. 현상적인 흔적만으로는 종의 변화 문제를 풀 수 없다. 존재는 드러난 것만이 전부가 아니다. 잠재된 이면인 본질이 있다. 본질을 통해야 그 안에 내재된 종의 불변성, 결정성, 법칙성, 완비된 시스템을 볼 수 있다. 닫힌 원처럼 有한 존재는 대창조의 본질이다. 진화론도 마찬가지이다. 그들은 인간으로서 사고한 이래 현상적인 질서 테두리를 벗어나 본 적이 없다. 현상적인 인식 근거로서는 그럴 수밖에 없다. 하지만 동양의 覺者들은 수행을 통해 내면의 본질 의식을 축적시킴으로써 직관력을 길러 단단한 현상적 질서 껍질을 꿰뚫고 대우주의 본질 세계를 넘나들었나니, 그렇게 해서 이룬 우주론적 체계가 곧 동양본체론이다. 진화론의 세계관적 한계를 온전히 감싸 안을 수 있나니, 그런 지혜를 누가 계시한 것인가? 동양의 하늘 아래 강림한 보혜사 진리의 성령이다. 진리 각성 위에는 항상 보혜사가 성령으로서 함께하였나니, 그 전능한 진리를 통해 인류가 보아야 할 것은 하나님이 드러난 본체자로서의 모습이다. 하나님이 살아 있고 역사하는 한 진화 메커니즘은 반드시 극복할 수 있다. 진화 메커니즘의 한계적 본질을 밝혀야 할 때가 되었다.

---

97) 『진화론과 과학』, 앞의 책, p.363.

제12장 진화론의 본질

1. 다윈의 자연선택 가설

다윈이 세운 가설은 매우 단순한 사실로부터 출발했다. "그는 모든 종에 변이가 있음을 관찰했다. 어떤 것들은 크고, 어떤 것들은 작으며, 어떤 것들은 빠르고, 어떤 것들은 밝은 색을 지니는 등등 제한된 먹이로 태어나는 생물체를 모두 먹여 살릴 수는 없으므로, 생존경쟁에 유리하도록 변이된 종은 그렇지 않은 종보다 더 잘 살아남을 것이라고 생각했다. 만약 변이가 유전된다면 종의 특성은 시간이 지나면서 변하게 된다. 그래서 많은 시간이 흐른다면 변화가 생길 것이다."[98] 생각을 다시 정리한다면 뭇 종들이 당면한 생존경쟁이란 환경 속에서 일반적으로 알려진 자연선택이 반복되면서 유전자 변

---

98) 『다윈의 블랙박스』, 마이클 베히 저, 김창환 외 역, 풀빛, 2001, p.20.

이를 통하여 새로운 종이 나타나고, 생존에 유리한 개체가 생존을 위해 자연적으로 선택된다는 것이다. 이런 진화론적 논점의 요지는 한마디로 기존 종 이외에 다른 새로운 종이 탄생할 수 있는가 없는가에 있는데, 다윈은 그의 특별한 경험인 갈라파고스 제도에서의 생태계 관찰과 다양한 인공사육 경험 등을 토대로 새로운 종이 탄생할 수 있다는 가능성에 확신을 가지고 합당한 이론을 모색하였다. 이것은 성경의 창조설이 시사한 종의 불변성을 부인한 것이기도 한데, 여기에는 착안점에 있어 중대한 갈림길이 있다. 다윈의 주장 이후 추종자들이 찾아낸 증거들을 참고하지 않더라도 주변에는 종이 변화한 경우를 흔히 관찰할 수 있다. 태어난 자식들을 보아도 부모와 닮기는 하였지만 성장 과정을 지켜보면 성격, 재주, 취미, 신체적 특성들이 다르다. 이런 변화와 차이에 대해서마저 생존경쟁을 통한 자연선택의 적용 결과라고 생각하지는 않으리라. 인간만 해도 인종이 다양하기만 하다. 다윈은 이런 변화와 차이, 설사 인공사육을 통해 개량종을 태어나게 한 경우라도 그것이 본래 주어지고 잠재된 인자의 발현이란 생각은 하지 못한 것일까? 이런 경우를 참고했더라면 다윈은 오히려 종의 불변성을 입증하는 위대한 학자가 되었을지도 모른다. 하지만 결과는 안타깝게도 정반대인 생각, 즉 종의 변화 사실은 사전에 주어지고 결정된 것이 아니라 새로운 종을 탄생시키는 요인이라고 본 관계로 복잡한 이론을 덧붙인 가설의 탑을 쌓게 되었다. 다윈을 지지한 혹자는 "지금까지 인류의 지성사를 흔들어 놓은 몇 개의 과학 이론들 중에서도 가장 이해하기 쉬운 이론으로 손꼽고 그 근거를 요약해서 제시하길, 자연선택을 통한 공통조상(선조)은 점진적 진화라는 단 3개의 키워드로 설명이 가능하다고 했다. 여기서 자연선택은 진화의 핵심 메커니즘이다. 즉, 진화가 어떻게 이루어졌는가를 설명하는 키워드이다. 다윈의 독창성은 진화가 자연선택에 의해 진행된다고 주장한 데 있다. 어떻게 다윈주의는 생물학에 뿌리를 둔 과학이면서 삶의 모든 영역에서 논의된 독특한 학문으로서 인간이란 누구인가를 가장 잘 설명할 수 있는 학문이 되었는가?"[99] 점진적인 변화를 통한 진화가 우리의 성장 단계와 맞고, 현상 계적인 분열질서와도 부합한 탓이다. 처음에는 동작이 어설픈 로봇이 섬세한 기능을 수행하게 된 것은 기술의 발달로 진화된 것이라고 할 만하다. 문제는 그렇게 진화를 거듭한 로봇이 공상 과학 영화에서 보듯 인간까지 능가할 수 있는가 하는 점이다. 진화 가설은 제일 먼저 무생물이 생물을 자연적으로 발생시켰다고 한 만큼 인위적인 요소까지 더한다면 불가능한 일도 아니리라. 정말 그러한가? 이것이 곧 다윈의 가설 착안이다. 우리는 성장 과정에서 생활환경에 적응하면서 격변의 세월을 보냈다. 그래서 지금은 모습까지도 변했다. 이름도 개명할 수 있다. 그러나 주어진 본성과 자아는 그대로이다. 종이 변화하여 새로운 종으로 탄생되기 위해서는 변화의 이면에 있는 불변적인 요소까지 파고들어야 했다. 변화하는 요소만 관찰할 것이 아니고 이면의 본질적인 요소까지 철저하게 살핀 다음 극복한 요인을 찾아야 했다. 그런데 다윈은 종이 변화한다는 사실에만 도취되어 변화만으로 종의 불변성을 무너뜨린 속단을 하였다. 이것은 마치 등산가가 정상에 올라보니 발자국이 남아 있는데도 보지 못하고 자신이 처음 오른 것으로 판단한 것과 같다. 종은 이미 마련된 원리 법칙에 따라 자연스럽게 존재하고 있는데, 뒤늦게 자아 도치적인 발견과

---

99) 「진화와 변화」, FROM LH(한국토지주택공사), 2017, p.6.

착안에 힘입어 거의 도착적인 가설을 펼쳤다.

"서양생물학의 3대 명제로서 인간의 특별성, 완벽한 적응, 종의 고정성이 부정되었을 때 생존경쟁과 적자생존에 의해서 변이가 축적되어 그것이 새로운 종의 출현으로 이어진다는 이론이 자연스럽게 나왔고, 전통적인 목적론 속에 더 이상 안주할 수 없게 되었을 때 진화론이라는 금자탑이 세워졌다"고 추켜세우지만,[100] 사실은 본질을 보지 못하고 근본을 간과한 착각이다. 진화론은 지성사를 뒤흔든 몇 개의 과학 이론들 중에서도 가장 이해하기 쉬운 이론이라고 침이 마르도록 칭찬하는데, 정작 다가서고 보면 아무리 노력해도 이해할 수 없는 이론이다. 사실적인 작용 요인과 전혀 초점이 안 맞기 때문이다. 진화론이 "지적 혁명으로 일컬어질 정도로 학계와 지성사에 미친 엄청난 영향력의 결과를 3가지로 요약할 때, 먼저 종이 창조되었다는 오랜 믿음에서 벗어난 점, 다음으로 자연을 생존경쟁의 장소로 인식하게 했다는 점, 그리고 사회의 완벽성에 대해 회의하기 시작했다는 점을 들어 인간이 세상을 바라보는 인식의 체계를 바꾸었다고 하지만",[101] 거꾸로 인류의 근원적인 창조 고향을 볼 수 있는 눈을 가로막은 엄청난 재앙의 씨앗이기도 하다. 가로 막힌 꺼풀을 거두어 내는 중심 작업에 자연선택의 가설 입증이 있다. 다윈은 알려진 대로 『종의 기원』이란 책을 통해 진화론을 제기했는데, 이 책의 원제처럼 자연선택에 의한 종의 기원, 즉 생존경쟁에 있어서 유리한 종족의 존속에 관하여란 제목은 분명 자연선택을 통한 종의 존속에 초점을 둔 것이지 변화를 통한 새로운 종의 탄생 메커니즘에

---

100) 「목적론과 다윈의 진화론」, 앞의 논문, p.131.
101) 위의 책, p.6.

있지 않았다. 시종일관 종의 새로운 탄생 기원에 대해서는 설명이 미흡하였고 주로 종의 변화 사실과 이유에 대해서 장황한 사례를 들었다. 그러니까 정작 책의 제목과는 거리가 멀어졌고, 새로운 종의 탄생도 생존경쟁 요인과 자연선택 작용을 통해 유추했다. 자연선택이 어떻게 종의 변이와 새로운 종의 탄생에 관여한 것인가 하는 것은[作爲] 제시하지 못했다. 지능적인 로봇은 그냥 등장한 것이 아니다. 소프트웨어 개발과 기술력이 투입되어야 한다. 하물며 상상을 초월할 정도로 복잡한 생물체의 구조 디자인과 착안에 있어서랴? 그런데도 자연선택이 일으킨 변화의 요인, 그 어떻게는 어디에도 언급이 없다. 어느 병에든 특효가 있는 만병통치약이 세상에 있겠는가만, 바로 만병통치약 역할을 대신한 것이 자연선택의 주먹구구식 횡설수설이다. 처방된 만병통치약이란 생존경쟁→자연도태→적자생존→자연선택 시스템을 통한 변이 요인의 발생→점진적 축적→새로운 종의 탄생→무수한 종의 존재로까지 이어진다. 정교한 작품을 조각하기 위해서는 먼저 적재적소에 필요한 도구를 갖추어야 하는데, 자연선택은 어떤 도구도 쓰지 않고 생존경쟁을 통한 적자생존, 자연선택만으로 정교한 작품을 만들었다는 주장과 같다. 손도 대지 않은 자연적인 선택의 힘만으로…… 그런데도 그렇게 이룬 작품이 복잡한 생명 구조와 생리 현상 시스템을 자연선택이 일거수일투족 관여하여 구축하였다면, 그것은 오히려 자연 자체가 그렇게 시스템화되어 운위되었다는 말이다.

자연선택은 대역설이다. 자연선택 요인의 우연성을 그토록 강조하였는데, 알고 보니 절로 시스템, 즉 어떤 인위적 의도성이 배제된 상태에서도 시스템적으로 작동된 창조의 결정성을 시사한 것이다.

이미 남아 있는 정상의 발자국은 어떤 형태로든 입증되는 법이다. 자연선택의 무목적성을 강조한 것은 정상에 남겨진 발자국의 의미를 알지 못하고 무시한 것과 같다. 의미를 알았다면 다윈은 종이 변화한 것이 아니고, 확신을 가지게 된 갈라파고스 제도의 핀치 새 부리 모양에 대해 자연선택 개념을 적용하지 않고서도 얼마든지 진실에 대해 설명할 수 있었으리라. 섬들이 새들을 격리시킬 만큼 멀리 떨어져 있었고, 환경이 다르다 하더라도 그런 외적 요인과 무관하게 핀치 새는 원래부터 유전적으로 다양한 부리 모양을 가지고 태어날 수 있다. 마치 애완견의 종류가 다양하듯이……. 핀치 새가 처음에는 여러 종이 한 섬 안에서 생태계를 유지했지만 어느 단계에서 섬의 자연 환경에 유리한 부리를 가진 새는 계속 자기 종을 존속시킬 수 있었고, 그렇지 못한 핀치 새는 도태하게 된 것이라고도 할 수 있다. 이것도 일종의 가설이기는 하지만 합리성 여부 측면에서는 오히려 다윈의 자연선택 가설을 능가한다. 다윈은 애써 우주적 원리를 동원해서라도 새로운 핀치 새의 탄생까지 설명해야 하지만, 후자의 주장은 그런 과정 없이 간단한 상황 설정만으로도 똑같은 자연현상의 관찰 결과에 대해 합리적으로 접근할 수 있다. 다윈도 분명 두 눈으로 똑똑히 보았고 깊이 있게 고뇌를 거듭한 과정을 거쳤지만, 문제는 바로 생각 자체에 있다. 다윈의 잘못은 무엇을 잘못 본 데 있는 것이 아니고 그것을 잘못 생각한 데 있다. 핀치 새의 부리 모양에 대하여 다윈은 다양한 경우를 고려했어야 했는데, 부리의 변화 요인을 새로운 종의 탄생 요인으로 보고 그럴싸한 이론을 갖다 붙여 복잡하게 엮었다. 진화론은 자연선택이라는 메커니즘의 날개를 달고 온갖 영역의 학문 세계를 넘나들며 150년이 넘도록 건재함을 과시했지만,

본래 존재한 종의 결정적인 특성과 변이의 한계성 앞에서 순식간에 곤두박질치고 말았다. 추락하는 것은 날개가 있다고 하였던가? 아무리 쌓아 올린 위상이 돈독하더라도 진실이 아닌 것은 언젠가는 허물어진다. 보혜사 하나님이 이 땅에 강림하고 진리의 성령이 인류를 모든 진리 가운데로 인도하고자 하는 마당에서는 온갖 지상 권세를 다 누린 진화론이라도 발 디딜 땅이 더 이상 없다. 추종자들의 찬사에도 불구하고 다윈의 진화 가설은 흔들리고 있고, 정설은 세워지지 못했다. "종은 고정불변한 것이 아니고 뚜렷한 정도의 변화를 거쳤다는 것은 과학적인 관찰로서 증명할 수 있지만, 그러나 이 변화가 어떤 방법에 의하여 이루어졌는가 하는 문제는 미해결의 문제점으로 남아 있다."102) "무엇이 진화를 유발하는가라는 문제에 대해서는 생물학상 다양한 난점으로 인해 아직도 의견이 분분하다."103) 차가 고장이 났는데 길 가던 사람이 차에 대해 아는 것이 있습니까 물으니 차가 고장이 났다는 사실은 알고 있다고 한 드라마 속의 대화처럼. 다양한 난점으로 인해 의견이 분분한 것인지에 대한 근본적인 이유는 종의 불변한 본질성을 보지 못한 데 있지 변화의 진정한 요인을 찾지 못한 데 있지 않다. 왜 그들은 종들이 유구한 세월에 걸쳐 주어진 환경적 변화와 역경에도 불구하고 각자의 특이성을 유지하면서 존속한 것인지에 대해서는 관심을 회피했는가? 이것은 변이 현상 이상의 문제이다. 본래 종 간에는 특이성이 다양한 것인데, 이런 특성이 처음부터 갖추어진 것이라고 생각하지 않고 하나로부터 진화되어 나온 것이라고 생각했는가? 이런 문제를 우리는 다윈이 근거

---

102) 『종의 기원』, 앞의 책, p.17.
103) 『Newton(다윈 진화론)』, 앞의 책, p.113.

한 첫 출발점인 핀치 새의 부리 변화로부터 다시 생각해 보자. 이것은 진리상, 원리상, 이치상의 판별 문제가 아니다. 사람이 가진 사고 방식상의 차이이고, 그 같은 해결 방식을 취하게 한 문화 환경적인 문제라는 것은 앞서 '진화론의 세계관적 한계'에서 지적하였다. 다윈이 기존 종의 불변성과 생명 현상의 법칙성을 가차 없이 제거할 수 있었던 지적 무기는 바로 영국 철학의 경험론적 전통에 있다고 할 수 있다. 알다시피 "대륙의 합리론은 본유관념설에 의존하는 이성 위주의 연역 체계를 가장 근본적이고 이상적인 진리 인식 방법으로 이해한 반면, 영국의 경험론은 본유관념과 본유인식의 가능성을 전적으로 부인하면서 일체 진리 인식의 유래를 경험에서 찾고자 했다. 그러나 이후 점차 물자체의 실재성과 실체성을 부인하는 현상론으로 철회하면서, 마침내 관념 이외에는 어떤 실재도 인식할 수 없다는 극단적 회의주의로 낙착한 사실에 있다. 버클리의 관념 이론을 계승한 흄은 버클리가 정신적 실체만을 인정하고 물체를 '지각의 다발'로 환원하는 절대적 관념 일원론을 주장한 데 대하여, 물질적 연장 실체뿐만 아니라 정신적 사유 실체도 철저히 부정한다는 점에서 극단적 현상주의, 철학적 급진주의, 학문적 회의주의가 역연했다. 그에 따르면, 우리의 마음에 맨 처음 등장하는 것은 영혼에 각인된 인상이다. 감각적, 반성적 인상 이전에 세상에 무엇이 존재하는지 우리 마음은 전혀 알지 못한다. 이러한 인상이 시간의 경과에 따라 그 생기와 선명성을 상실하면서 관념으로 퇴색, 고착되고, 단순 관념이 상상력에 의해 복합과 추상을 거듭하면서 각종 관념을 만들어낸다. 이 인상과 관념을 총칭해 '지각'이라고 부르거니와, 흄에게서 사물의 현상과 마음의 지각은 그 외연에서 일치한다(현상론)."104) 아이는 어떻게 태어난 것인가? 아이의 부모를 보면 알 수 있는데, 얼굴이 부모를 닮은 것이다. 진화론의 가설은 어떻게 세워진 것인가? 다윈에게 지적 양식을 제공한 영국 경험론이 해답을 지녔다. 어떤 경험 사실이 우리의 지성 작용 가운데 감각을 통한 인상으로 포착되는데, 그 이전에는 어떤 선행 사실도 우리 마음은 알지 못한다. 사전 특이성, 결정성을 파악할 리 만무하다. 본질의 불변성을 볼 수 있는 눈을 영국이 일군 문화적 전통이 가로막았다. 이후 강력한 인상의 선명성은 퇴색하면서 고착화되고, 단순관념이 상상력에 의해 복합과 추상을 거듭하면서 각종 관념을 만들어내었다는 것은 다윈이 이룬 자연선택의 가설 추정 경위와 동일하다. 흄이 사물의 현상과 마음의 지각을 그 외연에서 일치시키고 그것을 진리로 확신한 것은, 다윈이 종의 겉모양의 변화 사실을 확인하고 그것을 현상적인 분열질서와 일치시켜 이론화시킨 것과 같다. 현상계를 감별하는 눈으로서는 종의 본질적인 불변성을 볼 수 없었다는 것이 확실하다. 흄이 극단적으로 회의했던 것처럼, 인상을 거친 관념 형성의 절차는 본질을 무시한 인식 작용이므로 사실과 다를 수 있는데, 그 차이는 사실상 정말 엄청난 것이다. 관념으로 세운 가설의 탑이 현상적인 질서 테두리 안에서는 사실과 맞아떨어지는 것처럼 보이지만, 본질적으로는 완전히 동떨어진 허구성일 수 있는 이유가 여기에 있다. 칸트는 어떤 동기 유발로 흄의 회의론을 통해 새로운 진리 세계에 대해 눈을 뜨게 되었다고 했는지는 모르지만, 오늘날의 지성들은 흄의 철학 위에 관념으로 쌓아 올린 진화론의 맹목성을 자각해야 한다. 인식은 그대로 세계를 보는 눈인데, 서양 문명은 안타깝게도 다윈이 종의

---

104) 『원효의 철학에세이』, 신오현 저, 민음사, 2004, p.398.

불변성을 볼 수 있는 눈을 가려 버렸다. 그 여실한 진상을 만인은 다윈이 세운 자연선택 가설을 통해 확인할 수 있다.

넓은 의미로 진화론은 "모든 생물은 공통조상에서 유래되었으나 생물들의 계보가 세대에 따라 변하면서 계속 갈라져 나가기 때문에 생물계에 다양한 종류가 생겨났다는 가설이다."[105] 이런 진화론이 여러 증거에 입각한 근거를 제시한 뒤에는 정당한 것으로 입증되었다고 했는데, 무엇을 입증하였고 정말 입증된 것인지의 여부는 재검증되어야 한다. 가설→증명→검증의 단계로까지 나가기 위해서는 검증 기준을 세워야 하며, 그리해야 진리로서 확증된다. 그 검증 대상은 다윈의 자연선택 메커니즘이 종의 변화를 넘어서 새로운 종까지 탄생시킬 수 있는가에 달렸다. 변화까지는 확인하였는데, 이런 확인을 토대로 창조를 유추한 것이라면 그것은 잘못이다. 그런데 이 연구는 진화론이 그런 단계를 아예 넘어서지 못한 관계로 가설 이상도 이하도 아니라는 판단이다. "오늘날 발전된 형태의 진화론의 모태가 된 다윈 진화론의 일곱 가지 지침은 다음과 같다. 첫째, 무생물이 생물을 발생시켰다(자연 발생). 둘째, 자연 발생은 단 한 번 일어났다. 셋째, 바이러스, 박테리아, 식물, 동물, 이 모두는 서로 밀접한 관계를 가졌다. 넷째, 원생(元生) 동물류는 후생(後生) 동물류를 발생시켰다. 다섯째, 여러 무척추 동물은 서로 밀접한 관계를 가졌다. 여섯째, 무척추동물은 척추동물을 발생케 했다. 일곱째, 척추동물 안에서 물고기가 양서류를 발생케 하였으며, 양서류→파충류→조류, 포유동물을 발생케 했다. 이런 일련의 진화 단계에서 생존경쟁에서 우수한 형질을 가진 개체는 살아남아 형질이 누적되어 결국 새로운 종을 만

---

105) 『한국가톨릭대사전』, 10권, 한국가톨릭대사전편찬위원회(편), p.8014.

들었다."106) 생물계의 진화 과정을 일목요연하게 파노라마처럼 펼쳤
다. 얼마나 사실적인 원리와 동떨어진 황당무계한 이론 구축인가?
SF 영화를 보면 순식간에 몸이 이동하고 모습이 이상한 외계인들과
대화를 하는 장면을 볼 수 있는데, 증명되었다고 하는 진화 가설도
이와 같다. 가장 중요한 창조 과정인 최초 생명체의 탄생은 자연발
생으로 처리했고, 그것도 단 한번 운 좋게 일어난 것으로 간주하였
다. 진화 과정은 무수한 변이와 점진성을 강조해놓고, 정작 큰 변화
에 속한 무생물로부터 생물로의 진화는 일회성만 허용한 우연으로
대신하였다? 이것은 스스로 내세운 이론을 스스로 허문 처사이다.
무생물로부터 첫 공통조상인 생물이 탄생하였다면, 이런 전환 과정
에서도 생존경쟁과 자연선택이 작용한 것인가? 물질세계에도 생존
경쟁이라는 것이 있는가? 무생물을 생물이 되게 한 요인은 정말 무
엇인가? 지극한 우연뿐인가? 모든 생물이 하나인 첫 공통조상으로부
터 유래되었다는 것은 진화론을 뒷받침하는 기본 기조이다. 그렇다
면 이 공통조상은 지금의 무수한 종을 진화시킬 잠재적 유발 요인을
사전에 내포하고 있어야 한다. 이것마저 아니라면 외부적인 자연선
택 작용이 전에 없었던 진화요인을 내부적으로 만들게 한 것인가?
이에 대해 라마르크는 생물이 환경에 맞게 스스로 변화시켜 나간다
는 용불용설(用不用說)을 주장하였고, 그런 외부적인 획득형질은 후
대에 유전되지 않는다는 사실이 판명되었다. 그렇다면 이미 진화를
일으킨 요인은 외부적 자각 요인과는 거리가 멀어졌다. 다윈의 자연
선택 메커니즘도 가만히 살펴보면 처음부터 전혀 존재하지 않은 진

---

106) 「창조론과 창조교리의 그리스도교적 이해」, 전헌호 저, 대구가톨릭대학교대학원 신학과, 석
　　사, 2012, p.8.

화 요인이 자연선택으로 발생하게 되었다는 주장은 아닌 것 같다. 어디까지나 이미 존재한 종의 부류 중에서 생존경쟁이란 혹독한 시험 과정을 거쳐 살아남은 우수한 개체가 형질을 보존할 수 있게 되었다는 것인데, 그 가능성은 이 단계까지이다. 이미 지닌 자연적인 생존경쟁에서 검증된 우수한 형질이 보존되고 지속될 수는 있지만, 그런 형질이 누적되어 결국 새로운 종까지 탄생시킨다는 것은 획득 형질은 유전되지 않는다는 사실을 무시한 가설이다. 사람도 체질적으로 허약하게 태어나는 사람이 있고 강건한 사람이 있듯, 우수한 형질은 이미 타고난 것이다. 그렇게 해서 무수한 세월 동안 허약한 종은 계속 도태되고 강건한 종은 계속 생존하여 오늘날 자연 환경에 안성맞춤으로 적응한 종이 되었다고 한다면 그것은 이치에 합당하다. 오늘날의 무수한 종을 있게 한 결과는 같지만, 그것을 추적한 이론적 관점은 입장이 전혀 다르다. 진화론은 자연선택이 양서류→파충류→조류, 포유동물을 진화시킬 수 있는 요인을 자연선택이 변이의 누적을 통해 할 수 있다는 입장이고, 이 연구는 모든 요인을 종을 파생시킨 공통조상 때부터 이미 갖추었다는 관점이다(통합 본질=창조성 함유). 왜 이런 관점 차가 현저한가 하는 것은 진화론이 현상적인 분열질서 체제를 벗어나지 못했기 때문이라고 지적한 바 있지만, 통합적인 본체 안에서는 점진적인 단계 과정을 초월했다. 진화론은 생물의 진화 단계를 분열된 질서 위에서 순차적, 점진적으로 늘려 놓을 수밖에 없다. 그러니까 진화의 과정상 원생 동물류는 후생동물류를 발생시켰다는 식인데, 그렇게 진화시킨 자연선택 요인이 일률적인 것이 맞고 또 그렇게 작용되어야 하는 것이 맞다면 진화의 시간대 지침은 지금 최적의 단계를 가리키고 있어야 한다. 그런데 어떻게 현 시공간 안에서 침팬지가 인류와 함께 공존하고 있는가? 먼 세월의 이전에 인류를 있게 한 바이러스, 박테리아와 같은 하등생물이 현 시공간에서 진화하지 않은 상태로 머물러 있는가? 단지 바이러스와 인류는 공통조상을 가진 것일 뿐 각자 다른 길을 걸어 진화한 것이고, 그래서 서로 밀접한 관계를 가졌다고 변명하지만, 그런 가지치기식 파생은 자연선택의 일률성과 진화의 시간대를 근본적으로 파괴시킨다. 오히려 자연선택으로 하여금 거의 전능에 가까운 창조 작용 요인을 부여한 결과이다. 니체가 神을 죽음으로 몰아 놓고 다시 초인을 내세운 것처럼 창조주의 권능을 무너뜨리고 자연선택에게 그 권능을 대신 부여한 것과 같다. 합리적이란 미명으로……

동양본체론에서는 창조로 인해 존재 안에 거하게 된 理氣가 현상적인 질서 안에서 논리적으로는 理先氣後로 인식할 수밖에 없지만, 존재 안에서 본질로서 거한 사실상의 존재 형태는 그런 선후에 대한 구분이 없는 하나로서 존재한다고 하였다. 동양에서는 본체성에 근거했기 때문에 이런 통합적 논리 인출이 가능했는데, 현상적인 질서 체제를 벗어나지 못한 서양 문명 안에서의 진화론은 공통조상으로부터 파생된 현 시공간 안에서의 동시 공존성을 설명할 길이 없었다. 그것도 점진적, 단계적 진화 이론을 내세운 마당에서는 현 상황을 설명할 수 없는 논리적 한계벽을 어쩔 수 없다. 하지만 동양에서는 삼세는 실유하고 법체는 항유한다고 하여 시공간의 초월적 통체성을 인식하였고(불교), 이것은 수많은 종들이 굳이 점진적 진화 단계를 거치지 않고서도 한꺼번에, 순간적으로, 동시에 공존할 수 있는 본체적 바탕을 시사했다. 단계적 진화 가설이 얼마나 큰 모순을 야기하는 것인가를 실감해야 한다. 현상적인 질서 바탕에서는 이론을 첨가하면 할수록 보다 근본적인 세상 이법을 허물어뜨린다. 혹자는 "다윈의 진화론은 강한 자의 생존이 아니라 변화하는 자의 생존을 말하는 학문이다"라고 강조하는데,[107] 이것은 생존경쟁으로 인해 유발된 자연선택 메커니즘 자체에 대해서조차 이율배반이다. 도태를 통한 적자생존은 그나마 종의 유지 체제에 대해 일말의 진리성을 제공하지만, 변화를 통한 생존은 그나마 유지된 자연선택 요인마저 근본적으로 허물어뜨린다. 종의 변화는 다윈이 처음 초점을 맞추었던 것처럼 생존하기 위한 적응 체제이지[108] 새로운 종의 창조 체제와는 거리가 멀다. 진화론은 이해하기 쉬운 학문이라고 했지만 결코 쉬운 이론이 아니기 때문에 아직도 정확하게 초점을 잡지 못한 것이고, 가설이기 때문에 관점이 왔다 갔다 한다. "모든 자연현상이 그렇듯 진화는 실험을 통해 검증 가능한 법칙으로 나타낼 수 있다고 하지만, 그 안에 포함되어 있는 수많은 임의적 요소들로 인해 진화의 경로는 예측이 불가능하다."[109] 왜 그러한가? 변이 현상의 결정성을 보지 못하고, 변이 현상 자체에 초점을 맞추어서이다. 이것은 수많은 세월 동안 종의 고유성을 유지시킨 지배 요인에 대한 무시이고 위배이다. 변화에도 법칙이 있는 법인데, 유동적인 변화에 초점을 맞추었다는 것은 날아다니는 나비가 다음에 내려앉을 장소가 어디인지를 예측한다는 것과 같다. 종이 결정되었다면 종은 부여된 목적과 특성에 따라 생하고 멸하는 과정을 거칠 뿐이고, 생존하기 위해 환경에 적응하는 과정에서 변화할 수는 있지만 근본까지 바뀌는 것

---

107) 『Newton(다윈 진화론)』, 앞의 책, p.4.
108) "생물이 시간의 흐름에 따라 서서히 환경에 적응하면서 변한다는 생각은 이미 어느 정도 입증되었다."-『진화를 잡아라』, 앞의 책, p.8.
109) 위위 책, p.8.

은 아니다. 근본을 바꾸고 새로운 종을 탄생시키기 위해서는 기존 종을 지배하는 결정적인 유전인자를 뒤엎을 만한 거대한 힘이 발동해야 하는데, 그것이 바로 자연선택이라면 자연선택의 점진성으로서는 가능성이 희박하다. 그래서 후일에 돌연변이란 변수 요인을 투입하기는 했지만, 이것은 오히려 종의 질서 체제를 교란시키는 것이고, 궤도를 이탈한 요인 발생이기 때문에 도태의 대상이지 변이를 통한 새로운 종의 창조와는 거리가 멀다. 돌연변이로 나타난 "변종들은 새로운 종류로 발전하거나 기존 종류를 개선시키기는커녕, 열역학 제2법칙으로 인해 유전자 결핍과 해로운 변환이 축적되어 항상 유전적으로 열악한 개체만이 생산된다. 그리하여 궁극적으로는 멸종되는 것이 보통이다."110) 더군다나 돌연변이와 자연선택 요인과의 연관성은 거의 전무하다. 자연선택이란 외부 요인과 유전적 요인인 돌연변이와의 연관성을 입증하기 어렵다. 방사선에 노출된 물고기에 기형이 많다고 하지만, 그 변이 요인은 방사선에 있지 자연선택은 아니다.

　그렇다면 개념을 정비하여 생물은 어떻게 진화하는가에 대한 다윈의 자연선택 메커니즘을 다시 살펴보자. 메커니즘이란 시스템적으로 하자가 없어야 하는데, 그러기 위해서는 이론적으로도 완벽해야 한다. "다윈에게 종의 기원은 분명해 보였다. 개체의 차이에서 대수롭지 않은 변종이 나오며, 여기에서 더 뚜렷한 차이를 갖는 변종이, 다시 아종이, 그리고 마침내 종이 갈라져 나간다는 이론 체제 구성이다. 다윈은 이 각각의 단계가 무지개의 스펙트럼처럼 연속성을 이루고 있음을 깨달았다."111) 마치 무지갯빛 꿈을 꾸는 것처럼 아름다

---

110) 『성경적 창조론』, 존 휘트콤 저, 최치남 역, 생명의 말씀사, 1993, p.110.

운 이론이다. 이런 꿈이 현실화되기 위해서는 실질적인 시스템 체제가 원활해야 하는데, 그 필요한 충족 조건으로서는 첫째, 종의 성원에는 변이가 있어야 하고 둘째, 개체에 변이를 일으키는 특성은 유전하는 것이어야 하며 셋째, 선택이 있어야 하고, 그것에 의하여 후속 세대에게 몇 가지 특성이 보존되고 다른 특성은 소실된다.[112] 여기서도 유전의 결정성과 변이의 생성, 소실은 이율배반이다. 특히 변이는 있었다 하더라도 그 변이가 한 종에 국한되지 않고 다음 세대로까지 유전하는 것이라고 하는 것은 결정적인 시스템적 에러 발생 상태이다. 변이(變異)의 사전적 정의는 "한 종류의 개체에서 다른 특성이 나타나는 현상을 의미한다. 한 종류에 딸린 것이 환경의 변화로 성질이나 형태가 처음 생김새에서 달라진 것을 뜻하는 것으로, 안으로는 물질대사, 수정능력, 행동, 학습과 지능이, 밖으로는 생식방법, 신체의 생김새가 달라진 것을 말한다."[113] 여기서 나타난 변이 현상이 환경의 변화에 따른 새로운 유전 요소의 발현인 것인지 잠재된 요소의 발현인 것인지는 재고되어야 한다. 잠재된 요인의 발현이 주된 것인데, 그 이유는 아무리 환경적 요인이 영향을 미친다 하더라도 처음부터 없었던 것을 있게 할 수는 없다. 자각됨에 따른 생성이지 창조가 아니다. 우리는 환경적 변화에 따라 얼마든지 생리적인 변화를 경험한다. 추우면 추운 대로 더우면 더운 대로 적응하는 법이며, 손을 많이 사용하는 노동자는 손바닥에 굳은살이 박힐 만큼 모양이 변한다. 변이란 이런 개체 안에서의 수준이지 더 이상의 선을 넘는 차원적 변화는 사실과 동떨어졌다. 변이는 진화의 시작임과

111) 『종의 기원(자연선택의 신비를 밝히다)』, 윤소영 풀어씀, 사계절, 2005, p.62.
112) 『시간의 화살』, 리차드 모리스 저, 정윤근·김현근 역, 소학사, 1991, p.110.
113) 「현대 진화생물학의 신학적 고찰」, 앞의 논문, p.135.

동시에 착각을 일으킨 오메가이기도 하다. 이중에서도 자연선택 메커니즘의 발목을 잡은 가장 큰 아킬레스건은 "나방의 색깔이 어떻게 변화했는가 하는 세부사항에 대해서는 제한적인 답을 줄 수 있지만, 가장 큰 관심거리인 질문, 예컨대 그런 나방이 최초에 어떻게 탄생했는가에 대해서는 거의 답을 주지 못한다."[114] 그 이유는 그들이 초점을 맞춘 대로 자연선택은 종의 변화를 설명하는 데 합당한 이론이지 無에서 有를 있게 한 창조 이론이 아니기 때문이다. 아울러 그들이 제시한 방식대로 종이 변화한 사실만 증거했지 창조 사실은 입증할 수 없었다. 그래서 살펴보면 자연선택 개념은 그 어의 자체가 선재된 有개념을 지녔다. 즉, 이미 주어진 선재 종의 존재 사실을 인정한 상태에서 무언가를 선택한다는 뜻이다. 창조 개념과 시스템은 전무하다. 다윈은 의도적인 선택보다는 경쟁이 생물의 변화를 유도하는 힘으로 느꼈다. 제대로 적응하지 못하는 생물은 경쟁에서 도태되고, 자손을 최대한 많이 남기는 생물은 자신들의 형질을 효과적으로 후대에 남기리라고 생각했다. 그렇다면 말 그대로 주어진 환경 조건에 적응하여 생존경쟁에 유리하게 된 종은 자손을 최대한 많이 남기기는 하겠지만 진화와는 거리가 멀다. 예를 들어 지극한 경쟁 상황에 처한 운동선수들, 즉 육상 선수나 권투 선수들은 지속적인 경쟁 상황에서 어떤 종적 변화를 일으키는가? 근육은 더욱 강철처럼 다져지고 민첩성, 순발력이 갖추어져 승률을 높이고 돈도 많이 벌어 자식들을 잘 키울 수는 있겠지만, 그로써 일어난 신체적 변화는? 유전되는 것이 아니고 한 달만 휴식을 취해도 거의 사라져버린다. "자연선택과 적자생존은 말 그대로 개체군 내에서 한 종이 살아남거나

114) 『다윈의 블랙박스』, 앞의 책, p.52.

죽어나가는 일에는 어떤 모습이든 반드시 투쟁이 일어난다는 것인데, 생물의 어떤 종(種)에 개체 간 변이가 생겼을 경우, 그 생물이 생활하고 있는 환경에 가장 적합한 것만 살아남고, 부적합한 것은 멸망해버린다. 그래서 수적으로 보면 자연선택의 주요 엔진 작용인 생존경쟁과 적자생존 시스템은 많은 종의 숫자 환경으로부터 선택된 적자생존 시스템이기 때문에 이런 체제로 가동 중인 시스템 안에서는 도태로 종의 수가 걸러져 오히려 종의 수를 늘어나게 한다는 자연선택 메커니즘과 역행된다. 또한 개체 간에는 항상 경쟁이 일어나고 자연의 힘으로 선택이 반복된 결과 진화가 생긴다고 하는데, 그 무엇도 자연의 힘에 대한 구체적인 작용 명시는 없다."115) 가장 미세한 입자 하나도 그 구조는 복잡성이 한이 없다. 진화는 이것이 어떻게 구축된 것인지를 생존경쟁, 자연선택과 연관해서 설명할 수 있어야 했다. 진화론을 설명하기 위해 내세운 변화 메커니즘의 사례를 보면 억측이 끝이 없다. 그야말로 주먹구구, 조각칼도 없이 아주 정교한 조각품을 만들었다는 주장이다. "다윈의 지지자이며 식물학자인 J. Hooker는 인공사육과 자연선택의 유사성을 지적하면서 다윈을 지지했다고 하는데",116) 인공사육과 자연선택은 그 작용 개념이 다르며, 그럼에도 불구하고 자연선택이 인공 사육과 같은 결과를 나타내는 것이라면 그것은 전혀 의도성, 목적성이 배제된 상태라 진화와는 전혀 다른 결론을 도출할 수 있다. 밝힌바 이미 결정적인 창조 시스템을 시사한다. 하지만 인공사육이든 자연선택이든 한 종을 변화시키기 위해서는 사육과 선택의 지속적인 관여와 환경 조건이

---

115) 「존 호트의 진화의 신학 이해」, 앞의 논문, p.31.
116) 「목적론과 다윈의 진화론」, 앞의 논문, p.150.

구성되어 있어야 하는데, 이런 상황 설정이 사실상 불가능하다는 점에서 오늘날 만개된 수많은 종은 자연선택과는 무관하게 존재하였다고 할 수 있다. 붕어빵을 굽기 위해서는 붕어 빵틀이 있어야 하는데, 그런 창조 조건을 갖춘 빵틀을 자연선택 가설을 통해서는 찾을 수 없다. 진화에 진화를 거듭해왔다는 메커니즘 체제는 공통조상이 지닌 원본, 원판이 가진 본질적 창조 요인을 희석시키는 시스템이고, 이미 환경에 최적으로 적응한 종은 더 이상 변화를 일으킬 진화 요인을 발생시킬 수 없다. 진화적 가설에 따른다면 그것은 그야말로 원질 희석 시스템이고, 진화 요인 소멸 시스템이지 새로운 종을 탄생시킬 창조 요인은 어디서도 찾을 수 없다. 그렇다면 진화론자들이 그토록 신뢰하고 확신하여 쌓아올린 거대한 변화 탑의 실상은? 한마디로 일체 현상은 空이다. "색은 루파(rup)로서 물질적 현상으로 존재하는 그 모두이다. 루파는 형상적인 것을 의미하며, 동시에 허물어지는 것, 변화하는 것이라는 뜻을 내포하고 있다. 따라서 色은 모든 물질, 육체, 일체 형상적 존재, 유위변천(有爲變遷)하는 현상계를 총칭한다."117) 현상계의 본질은 변화 자체이며, 변화에는 어떤 유전 요인도 창조 요인도 찾을 수 없다. 그 본질은 그야말로 유위변천하는 空이고 허상이다. 왜 色은 생멸하고 결국은 허물어지는가? 나타남과 변화하는 모습은 바로 허상이기 때문이다. 종의 변화인들 예외일 수 있겠는가? 변화 현상을 일으키고 나타나게 한 메커니즘 요인은 일체 현상계의 뿌리에 해당한 본질에 있나니, 이 본질을 보아야 인류는 오랜 세월 동안 취한 허상의 꿈으로부터 벗어나 진실된 창조 실상을 확인할 수 있으리라.

---

117) 『반야바라밀다심경』 입의분, p.53.

2. 진화 메커니즘의 유형 가설

  "다윈은 발표한『종의 기원』을 통해 진화와 공통조상에 관한 상
당한 증거를 제시함으로써 대다수의 지지자들이 진화가 실제로 일
어나는 현상임을 받아들이는 데 커다란 역할을 하였다. 하지만 19세
기 말부터 20세기 초의 많은 생물학자들은 진화라는 현상은 인정하
면서도 다윈이 생각한 진화의 주요 메커니즘인 자연선택에 대해서
는 반대하였다."[118] 진화론은 이론 수립의 초기부터 종은 불변한다
는 창조설에 반기를 들고,[119] 관찰하고 확신한바 종은 변화한다는
결론을 가지고 합당한 이론을 이끌어내고자 하였고,[120] 정확하게 부
합하지 못하니까 억지로 끼워 맞춘 정황이 짙다. 사실 기독교 사회
에 큰 충격을 안긴 "『종의 기원』이란 책의 주제는 종의 기원에 관한
진술이었음에도 불구하고 새로운 종이 어떻게 탄생하게 되었는가에
대해서는 그다지 언급한 바가 없다."[121] 어떻게 새로운 종이 진화하
는가 하는 문제는 성경의 창조설을 거부한 마당에서는 새로운 창조
론을 세우는 것과 같다. 결코 쉽게 해결할 수 있는 문제가 아니다.
그래서 진화 메커니즘 유형에 대한 가설들이 분분하게 되었다. 예컨
대 "새로운 종은 두 가지 상이한 방식으로 진화할 수 있다고 하는데,

---

118) 「창조론과 창조교리의 그리스도교적 이해」, 앞의 논문, p.15.
119) "성경의 가르침에 의한 창조설이 일반적으로 받아들여지던 시대에는 모든 생물은 神에 의해
    만들어지고, 생물은 영구히 바뀌지 않는다는 생각이 지배적이었다."-『Newton(다윈 진화론)』,
    앞의 책, p.8.
120) "『종의 기원』은 '생물은 변화한다'는 내용으로 시작된다. 갈라파고스 제도에서 본 핀치 새는
    섬에 따라 조금씩 부리가 달랐다. 코끼리거북의 등딱지의 모양도 섬에 따라 달랐다. 남아메
    리카에서 화석으로 발견된 거대한 짐승들은 멸종된 것이었다. 또 귀국 후에는 식물이나 동물
    을 이용한 다양한 실험을 통해 어떤 종에서 태어나는 개체의 성질에는 조금씩 변화가 있다는
    점을 간파하였다."-위의 책, p.110.
121) 『진화를 잡아라』, 앞의 책, p.10.

수직진화(향상진화)에 따르면 한 종이 원래의 모습으로부터 점차 달라져 결국 새로운 종이 만들어진다. 이러한 과정은 수백만 년에 걸쳐 수없이 반복될 수 있다. 더욱 일상적인 유형의 종분화는 분지분화로, 이 현상은 원래의 종이 여러 상이한 유전 계통으로 분화할 때 나타난다. 이런 경우가 발생하면 원래의 종은 더 이상 존재하지 않게 된다. 생명의 다양성을 증진시킬 수 있다고 하며",[122] 기본적으로 다윈이 설정한 종은 변화한다는 관점에 근거해서 펼친 이론이다.

다윈이 설명한 바에 의하면, "생물에는 원래 변이성이 있으며, 변이한 자손 가운데 생존에 조금이라도 유리한 성질을 가진 것이 살아남는다. 그리고 그것을 자손에게 전달함으로써 유리한 변이가 축적되어 생물은 환경에 적응하는 형태로 진화한다."[123] 이런 주장 속에는 여러 가지 문제점을 내포하고 있는데, 수직진화든 분지분화든 현재에도 유효한 종의 불변성 문제와는 대립된 것이고, 원래 변이성이 있다는 말, 그 변이가 생존이란 검증 과정을 거쳐서야 유리한 성질이 자손에게 전달된다는 것, 그리고 결국 환경에 적응한 형태로 진화한다는 설 등이 모두 해당된다. 아무런 원칙도 없이 종이 변화한다는 기준 틀에 짜 맞추었다. 특히 분지분화의 경우 진화하여 원래의 종은 더 이상 존재하지 않는다는 것은 종이 가진 기본적인 결정 틀마저 파괴시킨 것일 뿐 아니라 종이 가진 원래의 본질성마저 부인한 것이다. 도대체 무엇을 믿고 있은 것인지 안하무인격이다. 원래 변이성이 있다는 것은 무슨 말인가? 자연선택이 있기 이전부터 너와 나 사이, 그리고 인종 간에는 피부색, 체격, 용모, 성격, 재능 등에서

---

122) 위의 책, p.34.
123) 『Newton(다윈 진화론)』, 앞의 책, p.34.

다른 점이 있다는 뜻이 아닌가? 그리고 그것이 사실은 맞는 판단이다. 그렇다면 이후 짜 맞춘 자연선택 주장은 무슨 소용이 있는가? 진화는 수없이 반복되어 점진적으로 진화한다고 하는데, 그런 진화 방향은 무목적적이라고 하면서 생물이 환경에 적응한 형태로 진화한다면 생존경쟁을 통한 진화의 추동력은 더 이상 충전될 수 없다. 이론을 세우면 세울수록 앞뒤가 안 맞다. 그 이유는 어디에 있는가? 수천만 년, 아니 수억만 년 동안 종의 종다운 특성을 지속시킨 결정 본질이 건재한 상태인데, 이런 법칙성을 어설픈 이론으로 덮어씌워 초래된 결과이다. 종은 본질적으로 불변한 것인데도 변화를 거듭하여 새로운 종을 탄생시킬 수 있다고 믿고 여기에 초점을 맞춘 일체의 진화 유형 가설들, 사고적 실험으로 추측된 진화 요인들, 진화 사실을 증거하기 위해 제시된 근거들이 일시에 허물어진다. 이에 진화 유형 이론을 불변한 본질성에 근거하여 새롭게 정립하고자 한다.

그런 목적 일환으로서 이 연구는 다윈이 도대체 무엇을 잘못 보았기에 종의 불변성을 거부하고 변화성을 내세워 허구적인 가설 설정을 불가피하게 만든 것인가를 확인할 필요가 있다. 중요한 포인트는 지극히 상식적이다. 빙산의 일각이란 말이 있다. 빙산의 크기는 물 위로 드러난 부분만 보고 산정할 수 없다. 사람도 용모만으로는 판단할 수 없다. 하물며 종이 갖춘 본질성에 있어서랴? 그런데 다윈은 그가 처한 진리적인 여건상 처음부터 끝까지 종의 겉모습과 현상적인 특성인 변화 사실만 관찰해서 판단하였다. 종의 근본 바탕인 본체를 보지 못하고 종의 영원한 결정성에 위배된 변화 요인에만 매달렸다. 다윈이 진화 메커니즘을 찾아서 모색할 당시에는 종의 변화를 일으킨 내적 요인에 해당한 유전법칙은 연구되지 못한 상태였다. 일체를 외적인 요인에 의존하게 되었는데, 그것이 곧 모든 생물의 개체차(획득형질)가 환경에 유리한 형질을 갖는 개체는 살아남고(적자생존), 불리한 형질의 소유자는 죽는다(자연도태)고 한 자연선택 요인이다. 즉, 획득형질이 자연선택을 거쳐 유전되므로 종의 분화가 일어나 새로운 종을 있게 한다는 소위 『종의 기원』을 발표한 것이다. 하지만 현재는 선택 개념은 인정받고 개체변이는 유전되지 않기 때문에 인정받지 못한다.[124] 그 이유가 어디에 있는가? 종의 변화에 대해 뿌리(본질)를 보지 못하고 외적 요인인 자연선택에서 구한 탓이다. 진화론자들은 진화론에 혹한 관계로 눈꺼풀에 깍지가 끼여 간과하고 말았다. 다윈이 세운 중요한 가설 메커니즘인 자연선택 중 획득형질이 잘려 나갔다는 것은 진화의 변이 전달 경로가 차단된 것이기 때문에 더 이상의 이론 첨가는 무의미하다. 시스템상으로 중요한 결함이 생겼다. 게임은 끝난 것이라고 해도 좋다. 그런데도 진화에 관한 이론은 계속 첨가되어 오늘날까지 건재한 것은 끝까지 종의 본질을 볼 수 있는 눈을 확보하지 못했다는 뜻이다. 창조설, 생식질 연속설, 정향진화설, 돌연변이설, 격리설, 교잡설 등등 이들의 사실성 여부를 판가름하는 것은 외적인 요인이 내적인 변화에 영향을 미친 것인지 내적인 요인이 외적인 변화를 가져온 것인지에 달렸고, 다윈처럼 외적인 요인이 맞다면 자연선택 체제가 어떻게 작용해 유전법칙에 영향을 미친 것인지까지 밝혀야 한다. 하지만 이런 문제는 다윈도 그렇고 지지자들도 그렇지만 전혀 착안을 이루지 못했다. 그럼에도 불구하고 진실은 항상 밝혀지는 법이다. 종을 존속시킨 유전의 비밀이 점차 밝혀짐으로써 양단간에 걸친 판가름을 할 수 있게

---

124) 「성서에 나타난 창조론과 진화론에 관한 고찰」, 이영화 저, p.86.

되었다. 종의 변화를 기정사실로 두고 볼 때, 외적 요인이 영향을 미치는 것인지 내적 요인이 영향을 미치는 것인지는 타당성을 타진한 가설 유형들이 이미 있었다. 그중 라마르크는 변화가 어떻게, 왜 일어나는가를 설명하는 진화론을 최초로 제시한 사람이다. 그는 생물이 진화하려는 자연적 성향을 가지고 있으며, 자신들이 살아가는 동안 개발했던 유용한 형질들을 후대에 전할 수 있다고 믿었다. 그는 1809년에 발간된 『동물철학』에서 비생명체로부터 계속 단순한 형태의 생명이 탄생하며, 이들이 점차 진화하여 복잡한 생물로 변해간다고 주장하였다. 만약 살아 있는 동안 획득한 형질이 실제로 후대에 전해진다는 가설이 사실이라면 모든 진화유형 이론은 라마르크의 주장 앞에서 읍해야 한다. 진화 메커니즘으로서 더 이상 이론(異論)의 여지가 없다. 다윈의 자연선택 메커니즘도 외적 요인에 속한 이론이기 때문에 완벽한 이론으로 자리매김되리라. 하지만 결과는? 표면적인 변화는 유전자에 의해 부호화된 생물학적 청사진에 영향을 주지 못한다. 연결된 끈이 끊어진 상태에서는 가설 역시 동일한 결과를 가져다주는 것이 아닌가? 그런데도 현실은 아전인수격인 해석이 도를 넘어섰다. 다윈이 종의 변이를 외적 요인에서 찾은 것은 그의 시대에서는 이런 변이가 왜 일어나는 것인지 전혀 알 수 없었기 때문이다. 생물의 종은 다양하며 같은 종이라도 모습이 동일한 것이 아닌데, 이런 문제에 대해 같은 시대의 멘델은 완두콩을 사용하여 유전법칙을 연구하였다. 세상에 알려진 것은 그가 죽고 난 다음인 1900년이었다. 그래서 다윈은 자신의 진화론에 유전법칙을 참고하지 않았고, DNA의 구조 해명과 연관된 본격적인 유전자 연구에 이른 것은 다윈 이후 100년이 지난 다음이다.[125] 그러니까 "자연선택에 의해 남겨진 변이가 다음 세대로 전달되는 과정을 통해 새로운 종이 출현한다고 본 다윈조차 정작 그 전달 구조는 설명하지 못하였다."[126] 오늘날은 만이론을 물리치고 한 종의 종다운 특성이 유전자를 통해 전달된다는 사실이 확인되었다. 그런데도 진화론자들은 명백한 사실 앞에서도 변이가 유전자를 통해 전달되는 것으로 이해하였고, 이런 관점 때문에 다윈의 자연선택 이론은 심대한 결함에도 불구하고 지탱될 수 있었다. 그래서 두이빈 드 위트는 "새로운 종의 탄생은 변이(mutation)에 의해 이루어지는 것이 아니라 현존 유전자의 물질 재결합으로 이루어진다"는 주장까지 내놓았다.[127] 자연선택과 유전법칙은 과연 양립될 수 있는가? 이 문제는 진화 요인이 외적인 데 있는가, 내적인 데 있는가 하는 문제와 같다. 처음에는 양립할수 없다고 보는 것이 지배적이었는데 진화론자들은 비상한 재주를 가지고 유전법칙과 진화 메커니즘을 결합시킨 이론적 합리화에 성공하였다. 예를 들어 바이스만은 "생물체 내에 유익한 돌연변이가 나타나면 돌연변이의 결과로 생물체는 자기의 경쟁자들보다 생존하는데 더 유리하게 된다. 동시에 동일한 계통 가운데서 다른 유익한 돌연변이가 계속 일어나고, 그 작은 돌연변이는 여러 세대를 거쳐 유전되며, 수백만 년을 지나게 되면 생물체가 다른 종으로 변화된다"는 것이다.[128] 종이 변화한다는 생각을 가진 한 다윈의 자연선택 메커니즘 유형은 유령처럼 따라다닌다. 관념상의 각인을 벗어날 수 없다. 유전학, 고생물학, 분류학 등을 종합하여 세운 도브잔스키의

---

125) 『붓다와 아인슈타인』, 사사키 시즈카 저, 이성동 역, 2014, p.100.
126) 『과학으로 기독교 새로 보기』, 현우식 저, 연세대학교출판부, 2007, pp.104~105.
127) 『성경적 창조론』, 앞의 책, p.109.
128) 「창조와 진화에 관한 연구」, 앞의 논문, p.24.

다윈 진화론 비판 263

'현대종합이론', 1970년대의 굴드, 엘드리지가 세운 '단속평형' 유형 가설 등도 근본적인 것은 종은 변화하며 새로운 종으로 진화한다는 입장이다.[129] 종은 진화한다는 동류의식을 가진 진화론자들은 진화 유형 가설의 어떤 입장에도 불구하고 용광로처럼 긍정적인 방향에서 가설들을 녹여내었다. "현대 진화론도 기본적으로는 다윈이 개척한 통찰을 따라 발전해 왔다고 인정하면서, 다윈 당시는 아직 분명하지 않았던 유전 체제도 멘델에서 비롯하는 유전학의 발전으로 규명되었다고 평가하였고, 또 변이의 원인으로 유전자의 돌연변이를 발견한 것도 진화론을 뒷받침한다고 하였다. 유전 메커니즘이 최초로 확립된 이래 끊이지 않고 계속되는 생물 진화 역사의 막이 열렸다"고 하였다.[130]

하지만 "달맞이꽃 한 품종에서 12계통의 신품종을 얻은 실험을 토대로 돌연변이설(mutation theory)을 제창한 네덜란드의 프리스는 자연도태설과 관련하여 자연도태가 현존하는 종을 보존하는 데는 필요한 요인이지만 변화를 일으키는 요인은 아니다. 오히려 그 요인은 돌연변이다"라고 하였다.[131] 물론 그의 주장도 다 옳은 것은 아니다. 분명한 사실은 다윈의 자연선택 메커니즘과는 전혀 주장이 다르다는 데 있다. 맥락이 다른 것인데도 진화론자들은 거대한 학설적 권력으로 자신들에게 유리한 쪽으로 포장해버렸다. 사실 돌연변이는 유전자인 DNA 암호의 이상으로 일어난다는 것이 확인됨으로써 자

---

129) "현대 진화론의 주류를 차지하는 종합설에서는 유전자 DNA의 돌연변이→변이한 개체 간의 경쟁→자연선택이라는 공식이 주장된다. 그러나 이 공식에 의해 진화의 메커니즘이 모두 해결된다고 할 수 없다는 것이 많은 진화학자의 의견이다."-『Newton(다윈 진화론)』, 앞의 책, p.58.
130) 위의 책, p.10, 12.
131) 위의 논문, p.24.

연선택과는 무관한 것이고, 일어나는 도수도 적고 정상적인 유전법칙의 궤도를 벗어난 것이라 그야말로 도태의 제1호 대상이다.[132] 돌연변이로 새로운 종의 탄생 확률까지는 거의 불가능하므로, 이것은 유전자의 변이 현상 외 아무것도 아니다. 유전자도 염기 배열의 변화로 변이가 일어날 수는 있지만 새로운 종을 탄생시키는 중추 메커니즘은 아니다.[133] "생물이란 종은 교잡, 번식이 가능한 집단일진대, 번식을 가능하게 한 요인은 바로 DNA란 유전인자이고, 멘델을 필두로 한 유전학자들이 각 형질에는 몇 가지의 대립 유전자가 있으며, 그들의 조합이 바뀐다는 사실을 밝혀낸 이상"[134] 종이 가진 다양한 특성 문제는 모두 해결되었다고 볼 수 있다. 그 이상도 그 이하도 아니다. "멘델의 유전법칙은 변이가 보통 고정된 한계 내에서만 일어날 수 있음을 설명하는데",[135] 진화론자들은 그 이상의 선을 넘어섰다. 그 이상은 바로 차원적인 창조 영역인데, 그들이 가진 것은 현상적인 질서 인식밖에 없기 때문에 무리한 해석, 불가능한 점프를 일삼았다. 다윈의 가설 하나로 모든 것을 적용하고 해결하려 하였다. 다윈은 갈라파고스 제도에서 생존하는 핀치 새를 보고 종의 변화를 확신하였다면, 현재까지 밝혀진 유전자의 특성과 구조를 통하여 우리가 이끌어내어야 할 화두는 무엇일까? 그것은 다윈이 덮어씌운 종의 변화가 아니라 종의 결정성 요인이다. 오죽하면 유전법칙이라고

---

132) "비정상적인 변화, 곧 돌연변이는 초파리 실험에서 잘 나타나듯 실제로 모두 해로우며 종종 치명적이다."-『성경적 창조론』, 앞의 책, p.119.
133) "돌연변이는 한 종 내에서의 변이에 대한 가능성이지 다른 종으로 초월하는 작용으로서의 가능성이 아니다. 현대의 유전학은 혹시 어느 유전인자에 변이가 생겼더라도 즉시 효소가 작용하여 원상태로 돌이키려는 제도적 장치(DNA 교정 장치)가 있다는 사실을 최근에 밝혀냈다." - 위의 논문, pp.34~35.
134) 『Newton(다윈 진화론)』, 앞의 책, p.50.
135) 『성경적 창조론』, 앞의 책, p.119.

까지 명명했을까만, 자연선택은 법칙일 수 없어도 유전은 만고불변한 법칙에 의해 작동된다. 그리고 유전자인 DNA는 생물의 형질을 전달하는 충실한 전달자이지 창조자가 아니다. 그런데도 창조자로 보니까 억지 가설이 줄을 이었다. 유전자는 결코 거짓을 말하지 않는다. 단지 그것을 바라보는 인간의 눈에 깍지가 끼어 있어 진실을 볼 수 없게 되었다. 그 정교하고도 복잡한 DNA의 구조를 보라. 이것이 어떻게 생겨나고 결정된 것인가를? 진상을 보면서도 자연선택 한마디로 얼버무리고 만다. "생물이 가진 형질을 자손에게 전달하는 것은 이중 나선 구조를 가진 DNA(디옥시리보핵산)이다. DNA에 새겨진 유전 정보는 또 하나의 핵산인 RNA(리보핵산)에 의해 전사, 번역된다. 이 RNA가 옮기는 정보에 의해 합성된 단백질이 생체 반응을 관장하는 효소나 몸을 만드는 성분으로 작용함으로써 모든 유전 형질이 결정되는 것이다."[136) 멘델이 완두 교배 실험을 통해 얻은 결론은 오직 "유전되는 각각의 성질(형질)은 유전인자에 의해 지배된다는 것과, 양친으로부터 받은 인자의 조합에 의해 자식의 형질이 결정된다는 사실에 있다."[137) 멘델의 법칙에는 유전법칙의 결정성만 있을 뿐 진화 요인은 어디에도 없다. 유전자의 역할과 기능은 자연선택으로서는 설명할 수 없다. 이미 결정적이다. 유전자의 불변성이 분명하며, 불변해야 종이 가진 특성을 만대에 걸쳐 지속시킬 수 있는데도, 이 엄중한 메시지를 진화론자들은 제대로 해석하지 못하고 종의 근본을 변화시키는 인자로서 탈바꿈시켜 버렸다. 유전은 왜 법칙적인가? DNA는 왜 이미 결정적인가? 이것을 바르게만 이해

---

136) 『Newton(다윈 진화론)』, 앞의 책, p.12.
137) 위의 책, p.48.

한다면 종이 왜 변화하는가에 대한 답도 구할 수 있다. 그 변화는 한정적이라는 것, 종이란 경계선을 넘지 않으면서도 종의 다양성을 보장하고 가능하게 한 것이 곧 유전법칙이다. 유전법칙을 결정한 것은 무엇인가? 바로 본질이다.

그러므로 자연과 종과 유전인자를 통해서는 창조를 물을 수 없다. 구할 수도 없다. 온갖 변화는 생존을 위해서이지 창조를 위해서가 아니다. 곧 종의 변화가 아니라 진정한 생존을 위해서라면, 만대에 걸친 종을 보존시키기 위해서라면, 유전인자의 불변한 결정성 규정만으로서는 완벽한 보장이 될 수 없다. 직접 부딪히는 자연 환경 속에서 역경을 딛고 살아남아야 하기 때문에 모든 조건을 고려하고 예측되는 오묘한 자연의 섭리를 따라 생명체는 실제로 살아남을 수 있는 것보다 더 많은 수의 자손을 낳았다. 생존경쟁과 자연도태, 그리고 적자생존 상황은 자연 속에서 주어진 그야말로 자연적인 환경 조건일 뿐이고, 그 속에서 생존하고자 하는 것은 그 종에게 주어진 삶의 과제이다. 여기서 한 개체가 생존 확률을 고려하여 과잉 자손 수를 사전에 확보한 것은 종족을 보존하고자 한 종들의 지극한 본능이다. 특정 형질을 가진 개체가 다른 개체들에 비해 환경에 더 적합하다든지 우수한 형질은 계속 보존되어 후대에 전달된다는 것 등은 인간의 인위적 판단에 따른 이론이다.[138] 무수한 종이 번성하고 멸하는 것은 자연의 조화에 따른 지배 섭리이다.[139] 언급한 대로 갈라파

---

138) "적자생존이나 자연도태는 있는 것 중에서 좋은 것이 살아남게 된다는 것이지 새로운 신종을 만들어낸다는 뜻이 아니다. 즉, 생물체가 환경에 잘 적응해야 살아갈 수 있다는 사실은 모든 생물체의 존속 원리로 봄이 타당하지 진화의 원인으로 확대하는 것은 비약이다." - 위의 논문, p.35.
139) 과잉 자손 수를 생산함으로써 일부 도태되어도 종 전체로서는 결국 생존하여 종을 유지시킨다. 종의 변화와는 무관하다. 자연 섭리에 따른 도태까지 감안된 사전 종의 유지 체제이다.

고스 제도에서 각 섬마다 핀치 새의 부리 모양이 다른 것은 그런 부리 모양을 갖춘 핀치 새가 그 섬 안에서 끝까지 도태되지 않고 생존한 결과이고, 혹은 다양한 생존경쟁 상황에서 적자생존 한 것이지 섬의 환경에 따라 적응하는 과정에서 부리 모양이 제각각으로 되었다는 것은 어느 모로 보나 무리한 판단이다. 원칙은 종이 고정이고 환경이 가변인데, 다윈은 환경을 고정시키고 종을 가변으로 보았다. 모든 것이 거꾸로이다. 그 이유의 주된 원흉은 공통조상에 있다. 처음부터 핀치 새는 마치 기독교인들이 하나님은 유일신이라고 굳게 믿고 있듯, 오직 한 종으로부터 추발되었다고 생각한 데 있다. 하지만 정말 그러한가? 같은 종에 속한 개체들이라도 그들은 저마다 다른 형질을 가진다. 같은 개라도 진돗개가 있고 삽살개가 있는 것처럼 핀치 새도 유전자의 조합에 의해 주어진 섬의 환경 조건과 상관없이 다양한 부리 모양을 가졌다. 그것이 갈라파고스 제도의 자연 환경 조건에 따라 핀치 새들이 자기 살 곳을 찾아가 자유롭게 적응했던 것이다. 삼라만상은 그냥 존재하는 것이 아니고 그냥 존속한 것이 아니며 그냥 생존하고 있는 것이 아니다. 종이 변화하는 데도 이치가 있고 법칙이 있고 바탕된 근거가 있다. 고삐 없는 망아지가 아니다. 일체 현상과 법칙과 존재가 어떻게 생성된 것인가를 동양의 지혜자에게 물어보라. 만물은 어떻게 만들어지고 또 새롭게 변하고 있는가? 그것은 이치(理致)라고 해야 할 것이다(주자).

"做出那事 便是這裏有那理."[140]

---

140) 『주자어류』, 권 65.

만물은 우연히 만들어지는 것이 아니고 이미 존재하고 있는 이치에 따라 만들어진다. 유전암호, 유전법칙이 시사하는 메시지가 그것이다. 모든 종의 변화에는 규칙이 있고 법칙이 있고 이치가 있다. 그곳에는 사전에 결정된 목적성, 계획성, 설계구도가 함재되어 있다. 이것을 보아야 하고 볼 수 있어야 인류가 창조를 보고 하나님을 볼 수 있다. 진화 메커니즘의 유형 가설은 끝없이 쌓았다가는 허물어지는 모래탑일 뿐이다.

3. 진화 변이의 궁극 요인

삼라만상 뭇 존재가 끊임없이 변화하고 있다는 것은 누구도 부인할 수 없고 어디서도 확인되고 있는 사실이다. 그리고 뭇 존재 또한 존재 자체만으로 존재하지 않고 본질과 함께한다는 사실도 부인할 수 없는 사실이다. 모든 현상은 나타난 바이고, 모든 변화가 말미암은 것인데 이면에 본질이 함께한다는 것은 당연한 이치 판단이다. 변화란 삼라만상 존재가 피할 수 없는 자연 현상이라는 전제로 다윈이 종에 대해 변화를 일으킨 궁극 요인, 결정적인 원인을 구하고자 했을 때는 먼저 종에만 국한하지 않고 삼라만상 전체를 지배하는 변화의 원리와 법칙성과 궁극적인 요인을 두루 살펴보아야 했다. 태양은 어떻게 운행되고 달은 어떻게 모습이 변하는지? 사계절은 왜 어김없이 반복되고 고인 물은 증발되었는데 다시 비가 되어 대지를 촉촉이 적시는지를 참고했더라면 종의 변화에 대한 본질과 법칙도 포착했으리라. 하지만 다윈은 뭇 생물을 둘러싸고 있는 자연조건과의 상호작용 결과만 보고 모색해서 세운 가설이 곧 자연선택 요인이다.

그것이 정말 진화를 일으킨 원동력이라면 그것은 뭇 종을 있게 한 창조 요인이기 때문에 종에 관한 의문과 이치 현상들에 대해 해결사 역할을 해야 한다. 그렇지 못하다면 그 이유는 종의 현상적인 변화 모습만 보고 요인을 잘못 추적한 것이다. 종은 불변한 것이며, 불변하기 위한 현상적 장치가 곧 변화이다. 종이 창조된 사실에 대한 흔적이다. 다윈이 종의 불변성을 보지 못한 것은 불변성은 본체적 모습이기 때문이다. 그가 현상적인 모습에 근거했다는 것은 세운 메커니즘이 실제적으로 세 가지 전제에 의존하고 있다는 사실을 통해 확인할 수 있다. "첫째, 생물은 변이를 따른다. 둘째, 그 변이는 유전된다. 셋째, 모든 생물은 유리한 변이를 한 생물이 자연선택에 의해서 보존되어 살아남게 되는 생존경쟁의 상황하에 놓여 있다. 변이가 주어지고, 그 변이가 유전되고, 그리고 자연선택이 있으면 진화와 적응적인 변화가 반드시 일어난다. 다윈은 이렇게 하여 완전히 유물론적이며 기계론적인 진화학설을 확립하였다."141) 다윈은 진화 가능성의 첫 전제부터 변이의 특성과 법칙의 한계를 허문 상정 상태에서 출발하였다. 그리고 그 변이는 유전된다고 가정하였는데, 이것이 후일 유전인자를 발견함으로써 확인은 되었지만, 중요한 착안과 갈림길은 발생한 변이의 유전성 여부이다. 다윈이 포착한 변이라는 것이 종이 원래 가진 특성인지 전에는 없었는데 전혀 새로운 요인의 발생인 것인지는 판별해야 한다. 유전자는 본래 종이 가진 고유한 유전인자를 후대에 아무런 탈 없이 전달하는 임무이지 위배된 변이 형질까지 실어서 전달한다는 생각은 제고되어야 한다. 돌연변이 현상의 결과에 대해 우리는 익히 알고 있다. 변이에 대한 초점도 문제이고,

---

141) 『진화론과 과학』, 앞의 책, p.47.

그것을 전달하는 유전 시스템도 문제인 상황에서 외적 요인인 자연선택이 변이와 유전에 영향을 미친다고 생각한 것은 본질과 동떨어졌다. 그야말로 유물론적, 기계론적, 현상론적이다. 조그만 변이가 쌓이고 쌓여 새로운 종을 탄생시키리란 야심찬 꿈은 무산되고 만다. 진화론자들은 다윈이 말한 종의 변이처럼 유전의 변이에 대해서도 거리낌 없이 말했다. 유전이란 이전 세대가 자신들의 생명 정보를 다음 세대로 전달하는 것이다. DNA를 만들어내는 유전과 변이, 그리고 3억 5천만 년이라는 시간은 진화를 발생시킬 수밖에 없다. 여기서도 만사 능통, 무소불위한 창조 권능을 등장시켰는데, 그것이 곧 수억 년에 걸친 시간 설정이다. 이것이 유전인자와 복제 시스템을 만들어내었다는 것이다. 어떻게에 대해서는 불문율에 붙인 채……. 진화론은 모든 것에 대한 변명 혹은 알리바이를 성립시키고 세상 거의 모든 것을 설명할 수 있다고 하는데, 어느 요인 하나도 제대로 확인할 수 있는 근거가 없다. 그 이유는 어디에 있는가? 종을 변화시킨 본질적 요소, 즉 내재적인 요인을 보지 못하고 간접적인 외적 요인만 보고 판단해서이다. 이것은 마치 틀린 주소를 가지고 집을 찾는 것과 같다. 자연선택은 새로운 종의 탄생 요인과는 무관하다. 외면이 내면을 변화시키는 것이 아니고 내면이 외면을 변화시킨다. 형질을 전하는 유전자는 염색체에 있다는 사실이 알려졌고, 지금은 염색체를 구성하는 DNA가 유전자의 정체라는 것을 알고 있지만, 이런 유전자마저도 종에 대하여 변화를 일으키는 궁극적 요인은 아니다. 유전자는 결정된 것이므로, 그렇게 결정한 것도 역시 본질이다. 멘델은 다윈이 결코 이해하지 못했던 자연선택의 구체적인 메커니즘이 바로 유전자(gene)를 통한 형질의 유전이라는 점을 처음으로 발견한 장본인이지만, 유전 법칙이 있다는 것은 발견했어도 법칙을 결정한 궁극 요인이 본질이라는 것은 몰랐다. 본질에 이르러서야 진화론이 창조론으로서 거듭날 수 있는데, 미치지 못한 것은 세계관의 한계성 탓이다.

하지만 이 연구가 진화 변이의 궁극적 요인을 본질에 초점을 맞추었다고 해도 아직 확증적인 주장은 아니다. 현상론적이 아닌 본질론적인 관점에서의 타당한 논거 절차가 있어야 하나니, 새로운 착안과 의문을 가지고 종의 변이에 대해 재차 탐구한 노력이 있어야 하는데 아직까지는 미흡한 실정이다. 누구도 핵심된 요인은 찾지 못했다. 생명체가 이토록 정교하고 다양한 것을 두고 "페일리는 초자연적인 지적 존재를 요청하였고, 라마르크는 용불용설을, 다윈은 자연선택론을 제시하였지만",142) 한결같이 초점은 어긋났다. 윌리엄 페일리는 『자연신학』에서 정교한 시계를 예를 들면서 우주 가운데도 그런 제작자가 있을 것이라고 하였는데, 이런 유추적 지적설계 이론은 어디까지나 현상계 안에서의 질서를 근거로 한 판단이다. 라마르크는 어떤 개체가 일생 동안에 획득한 유리한 형질은 자손에게 유전되고 세대가 거듭됨에 따라 그 특징이 두드러져서 적응적 완성성에 도달한다고 제안했는데, 이것은 확인된바 이론상으로는 설득력이 있어 보이지만, 진화 요인이 그런 외적 요인에 근거하지 않았다는 것은 단적으로 확인되었다. 다윈도 외부적인 환경 요인에 근거를 두고 종은 변화한다는 사실을 광범위한 관찰과 실험을 통해 주장했지만, 이제는 그의 이론 시대도 막을 내려야 할 때가 되었다. 진화 변이의 요인은 서양인들이 먼저 문제 삼고 구한 상태인데도 그들 문화권 안에

---

142) 『진화론도 진화한다』, 앞의 책, p.68.

서는 궁극 원인을 찾을 수 없었다는 아이러니! 왜 그렇겠는가? 모든 존재와 현상적 변화의 궁극적 요인을 본질이 지닌 탓이다. 본질에 근거해서 천지가 창조된 이유이다. 서양은 존재와 현상에 절대적인 영향을 끼친 것이 본질인데 대한 인식이 부족한 관계로 변화에 대해 어떤 요인도 인출할 수 없었지만, 동양은 본체성을 각인한 진리 추구 전통을 가진 관계로 요인을 인출할 수 있었다. 서양은 유전자를 발견하고서도 유전자가 지닌 구조를 밝히고 지닌 정보를 해독하는 데 주력하였지만, 본질은 유전자란 존재 자체의 형성 근거까지 해명할 수 있다. 그리하여 본질 작용→유전 결정 인자 구축→종의 특성과 변화의 한계선 결정으로까지 이어진다. 일단 존재와 현상 세계의 변화를 주도하는 것은 본질의 생성 운동에 있고, 생성 운동을 주도하는 것은 다름 아닌 太極 본체로부터 음양이 양의된 데 있다. 太極이 無極인 상태에서는 어떤 움직임도, 존재도 있을 수 없다. 그런데 無極이 太極으로 이행되어 일체의 창조 요인을 함축한 통합성으로 충일된 상태에서는 극이 양의됨으로써(창조) 극단에 이른 음과 양이 대립되면서도 본래처럼 하나 되기 위해 움직이는 과정에서 무궁한 생성과 변화가 일어나게 되었다. 본질의 구조화된 양의 시스템이 종의 변화에도 관여하여 다양한 특성 결정과 분화와 생성 운동을 일으켰다. 진화론은 어떻게 생명이 암수로 나뉘고 유전자를 교잡하고 번식시키는 것인지 설명하지 못하고 이유를 밝히려고도 하지 않았지만, 양의된 본질 운동은 현상계의 되어진 이치들을 포괄한다. 그 본질은 불변, 영원하며 현상계의 분열질서와는 차원이 다르다. 그러니까 보지 못하고, 이해하지 못하고, 존재하지 않는 것으로 간주하였다. 일부 覺者들은 그것을 깨달았지만 세계 안에서는 달리 설명하거나 증거할 근거가 없었다. 불교에서는 정토가 있고 기독교에서는 천국이 있으며 도교에서는 무위이화경이 있다고 했지만 세인들은 허공만 쳐다보았다. 인간은 영생할 수 있고 道는 온갖 현상 질서를 초월한다고 했지만 믿지 못했다. 존재한 차원이 다른 탓이다. 존재한 일체가 업(業)에 의해 이루어진다고 함에, 그 업이 곧 본질이다. 현상 세계에서는 무수한 인이 과를 낳고 과가 인을 낳은 변화무쌍한 세계를 이루지만, 인과 이전에 인과를 있게 한 것이 업이다. 인간이나 세계가 모두 업으로 이루어짐에 그 업이 곧 본질이고, 인과로 이루어진 세계는 현상계이다. 불교의 윤회관에 의하면 인간이 죽으면 반드시 인간으로만 다시 태어나는 것이 아니고 업에 따라 천도, 인도, 아귀, 축생, 수라, 지옥으로 육도윤회를 한다고 하는데, 이런 변화를 주도하는 것이 업이다. 업 자체는 불변이지만 업으로부터 온갖 인과와 인생 삶과 삼라만상과 뭇 종과 현상이 파생되었기 때문에 업은 인생에 절대적인 영향을 끼친다. 동양의 覺者들은 서양의 지성들이 가지지 못한 특별한 눈을 가지고 생멸의 변화를 초월한 본체 세계를 직시하였다. 그것은 과연 무엇이 다른가? 그들이 가진 것은 현상 세계의 질서를 분별하고 구분하고 예리하게 분석한 것이었지만 동양의 覺者들이 갈고 닦은 눈은 그런 분별성을 초월해 꿰뚫고 일치시키고 통합하고자 했다. 그 눈은 정말 어디에 있는가? 맹자가 말하길, 만물이 모두 나에게 구비되어 있다. 만물(萬物)이 모두 나에게 갖추어져 있으니 자신에 돌이켜보아 진실하면 즐거움이 이보다 더 클 수 없고 …… 남을 나와 같이 생각하면 사사로운 생각이 일어날 수 없어 인(仁)의 상태가 된다고 하였다.[143] 만물이 나에게 갖추어져 있어 완

---

143) 『맹자』, 진심 상.

비된 상태인데, 이런 본성으로부터 무슨 진화 요인을 찾아낼 수 있겠는가? 동양의 성현들은 우주의 본질성을 꿰뚫은 눈으로 그 어떤 신앙자들도 신학자들도 보지 못한 창조주 하나님의 완전한 창조 실현 상태를 내면이 갖춘 본성을 통해 통찰했다. 종의 변화 요인을 현상계에서 찾으면 만 가지 변화에 따라 만 가지 눈을 가진 만 가지 가설을 설정해야 하지만, 본체계에서 찾으면 한 가지 눈으로 만 가지 현상 요인을 꿰뚫을 수 있다. 모든 원인의 발생이 본질로부터 이루어졌고 본질로부터 창조되었다.

4. 종의 창조 본질

현재까지 발견되었고 또 발견되리라고 예측되는 수백, 수천만에 달하는 생물 종들을 근거로, 이런 종들이 존재하게 된 합리적 이유를 추적한 진화론이 정말 과학적인 사실인가 하는 질문을 던졌을 때, 진화론자들은 종 내에서의 조그만 소진화로부터 대진화에 이르기까지 진행되고 발전된 논거와 메커니즘을 제시하므로 이론상으로는 부족함이 없는 체제를 갖추었다. 반면에 창조론자들은 심증은 충분하지만 주장된 진화론을 비판하고 필적할 만한 이론적 근거와 구색을 갖춘 체제 미흡으로 진화론이 쌓아 올린 학문적 위세를 감당하지 못했다. 성경이면 성경, 사실이면 사실에 대하여 합당한 이론을 뒷받침해야 하는데, 별다른 성과를 내지 못했다. 하나님은 태초에 종들을 각각 종류대로 보시기에 좋았을 만큼 완벽하게 창조하였기 때문에 종은 더 이상 진화할 수 없고,[144] 어제나 오늘이나 불변한 것이며, 백보를 물러서 변이는 생물학적으로 입증된 과학적 사실이라도 변이할 수 있는 범위는 종 내에서만 가능하기 때문에 종이 불변한 데는 아무런 변함이 없다는 주장이다.[145] 이것은 진화론에 대한 반박 수준일 뿐, 하나님이 어떻게 종을 불변하게 창조한 것인가에 대한 메커니즘 이론은 아니다. 흔히 진화론자들은 가능하다 하고 창조론자들은 불가능하다고 한 진화를 통한 새로운 종의 탄생 문제에 대하여 창조론자들은 창조가 어떻게 현재의 종들을 있게 한 것인지에 대한 이론적 추적은 미루어 둔 채, 진화론이 성립될 수 없다고 반박하는 데만 열을 올렸다. 즉, "우리는 나무의 한 종류가 다른 종류의 것으로 변화되는 것조차 발견하지 못한다. 우리는 오렌지를 레몬과 교배해 오라몬(Oramon)을 만들지만, 그것은 여전히 같은 종류의 과실이다. 결코 포도를 만들어낼 수는 없다. 세상에는 수백의 포도 변종들이 있지만 수천 년을 지났어도 포도는 그대로 포도이며, 자두로 변할 것 같지는 않다"는 주장 유이다.[146]

이에 진화론자들도 굽히지 않는다. 현재까지의 관찰과 기껏 수천 년 정도의 관찰 정보 만으로서는 오렌지가 포도가 되고 포도가 자두가 된다는 것이 황당무계한 주장처럼 들릴지 모르지만, 그러나 알려진 바대로 대우주와 지구의 역사가 얼마인가? 현재 관찰되는 종 간의 조그만 변이라면 그만한 세월 안에서는 충분히 진화될 수 있다는 입장이다. 그러므로 이 같은 주장으로서는 씨알이 먹힐 수 없다. 아니 진화론자들은 종의 기원에 대해서도 무생물로부터 생명체가 생겨났다고 하는 실정인데, 오렌지가 포도가 되고 원숭이가 인간으로

---

144) 창세기 1장 11절.
145) "종 내에서의 조그만 변화들은 인정할 수 있지만 종과 종이 변화된다는 대진화설은 생물학적으로 볼 때도 그 근거가 없음이 드러났다."-「성경적 창조론과 자연적 진화론 비교연구」, 유천열 저, 안양대학교신학대학원 신학과, 석사, 1995, p.20.
146) 위의 책, p.21.

변신하는 것이 무슨 문제가 되겠는가? 같은 논리로 고대로부터 연금술사들이 수없이 시도하고 화학자들은 실험을 거듭했지만 철을 금으로 바꿀 수 있었는가? 문제는 그런 사실을 대조하고 지적하는 데 있는 것이 아니라, 불가능하도록 된 창조 원리와 법칙과 변화된 본질을 밝히는 것이 선행 과제이다. 근본적으로 그들은 천지 창조 역사에 대한 인식과 이해와 판단 원칙, 기준을 가지지 못해 맹점을 보고서도 진위를 판가름할 수 없다. 창조론자들은 진화론이 왜 종을 통해 새로운 종을 탄생시킬 수 없는 것인지를 놓고 논쟁을 벌이기 이전에 왜 진화론은 불가능하더라도 창조만큼은 한 근원, 한 본질로부터 오렌지, 포도, 자두는 물론이고, 철, 금…… 삼라만상 일체를 종류대로 창조할 수 있는 것인지를 원리적으로 밝혀야 했다. 창조와 진화 메커니즘의 차원적 차이, 창조는 모든 가능성을 함축한 통합성, 太極 본체, 창조성이 만물을 일시에 창조한 것이다. 반면 진화는 가상된 공통조상으로부터 변이에 변이를 거듭하여 수백만에 이르는 종들로 진화했다는 것이다. 여기에 대한 주장의 본질을 간파하면 진화론의 황당무계함을 순식간에 드러낼 수 있다. 그 순서는 반드시 창조의 대 메커니즘, 그러니까 진화 메커니즘과는 차원이 다른 본체 메커니즘의 원리와 법칙성을 자각하고 이해하는 데로부터 출발된다. 왜 나는 존재하는가? 어떻게 저기 나무가 서 있는가? 일체 사물이 확실하게 구분되는 이유는? 창조되어서이고 창조 법칙에 근거해서이다. 그것이 하나님이 태초에 삼라만상을 각각 종류대로 창조했다는 말의 진정한 의미이다. 왜 나는 두 발을 들고 있으면서 두 발을 땅에 딛고 설 수 없는가? 그 이유는 하나님이 나와 우주를 한 원칙과 만유 공통의 일관된 법칙으로 창조해서이다. 대창조의 법칙적 의

미는 이런 것이다. 처음부터 나를 확실하게 존재할 수 있도록 한 그
것이 창조이다. 하나로서 일관되고 통일된다. 하늘 아래서 만물에게
는 하나인 법칙만 적용된다. 나를 나답게 한 법칙에 이론(異論)이 개
입될 수는 없다. 이런 의미라면 인류사에서 선악이 공존한 이유도
분명하다. 하나님은 전능한 권능주이지만 선악을 함께 창조하지는
않았다. 그렇다면? 기록된 대로 세상은 하나님이 보기에 만족할 만
큼 좋게 창조되었다. 이것이 세상 善의 기원이다. 하나의 원칙에 근
거해서 善을 이루고 보니까 반대된 惡이 부수되었다. 세상 가운데서
선악이 대립된 것은 창조된 법칙상 불가피하다. 서 있는 막대기 때
문에 생긴 그림자를 없애는 방법은 그 막대기를 치우는 방법밖에 없
는 것처럼, 실현된 창조 역사를 무효화시킬 수는 없기 때문에 인류
는 천지 창조 목적을 실현할 때까지 악의 실체를 인정하고 대적해서
물리쳐야 한다. 선악이 이러하듯 종에 대한 창조 원칙 적용도 동일
하다. "종이라는 용어는 한 종류 또는 한 부류의 사물을 의미하는
라틴어에서 유래되었다고 한다. 종의 가장 분명한 특징은 각 종들끼
리 서로 다른 모습을 하고 있는 데 있다. 가령 제비는 칼새와 다르
며, 토끼는 쥐와 다르다. 하지만 겉모습만으로는 구분하기 애매한
부분도 있기 때문에 종을 분류하는 대체적인 세부 기준은 번식에 관
한 한 종은 스스로의 종을 그대로 유지한다는 점이다. 즉, 그들은 생
식적 격리라고 알려진 바를 나타낸다. 그들은 오직 같은 종하고만
번식함으로써 다른 종으로서는 발견할 수 없는 그 종만의 일련의 특
징을 유지한다."147) 이런 종의 종다운 특성을 결정하고 유지할 수
있게 한 그것이 창조법칙이고, 적용된 원칙이다. 예외는 없다. 생식

147) 『진화를 잡아라』, 앞의 책, pp.8~9.

적 격리로 종의 변이를 통한 새로운 종의 창조가 불가능하도록 철저하게 조치한 것인데도 진화론자들이 그 벽을 넘나든 것은 하나님의 창조 권능을 허물고 또 다른 전권적 권능을 대치시킨 것과 같다. 이 모든 이유가 창조 법칙의 일관된 적용 원칙을 알지 못한 데 있다. 그런데 창조 본의를 자각하지 못한 상태에서는 약 2백만 종을 넘어 1천만에서 5천만 이상으로 추산된다고 하는 종의 다양성을 설명할 방법이 없기 때문에, 진화론은 온갖 억측에도 불구하고 아직도 건재하다. 종의 종다운 특성을 결정한 것이 창조인데, 이것을 허문 진화 법칙은 창조 법칙이 지배하는 하늘 아래서 공존할 수 없다.

그렇다면 종 내에서의 변이 현상은 도대체 어떻게 설명되어야 하는가? 창조를 알면 진화도 안다. 창조의 가능성과 진화의 불가능성을 확실하게 구분할 수 있다. 상식적으로 판단해서 진화는 왜 포도로부터 물고기가 나게 할 수 없고 철을 금으로 만들 수 없는지 분명히 할 수 있고, 이치적으로 판단해서 창조는 왜 한 본질로부터 만상의 다양성을 구축할 수 있는지 밝힐 수 있다. 알고 보면 진화론이 소진화를 넘어 대진화까지 고집한 것은 진화적인 이론으로서는 뒷받침될 수 없는데도 불구하고 사실상 종의 창조가 가능하다는 것을 인정하였다. 그리고 현재까지의 결과를 통해서 보아도 그것은 사실이다. 그것을 우리는 천지가 창조된 대원칙을 기준으로 삼라만상 존재가 결정된 법칙대로 변화한다는 사실로서 확인한다. "한 종으로서 집단 분류된 여러 개체는 그 종 내의 수천 가지 유전적 변종과는 얼마든지 구별될 수 있는 일정한 특징을 줄기나 잎사귀, 또는 꽃 등에 지니고 있다. 그러나 그 생물의 종은 도태의 과정과 진척이 어떠하든지, 생물학적인 천적의 침입이 얼마나 광범위하든지, 기후와 환경 조건이 어떻게 변하든지 간에 여러 세월을 두고도 근본적으로 변함이 없다"는 사실이다.[148] 왜 무수한 변화에도 불구하고 근본은 변함이 없는가? 종의 현상적 변화는 생성에 있고, 종의 창조는 차원적 이행에 있다. 원리적 규정은 상세한 설명으로 뒷받침되어야 할 것이지만, 원칙적인 이유는 창조에 있다. 왜 삼라만상 존재는 끊임없이 변화하는가? 이유는 한마디로 창조되었기 때문이고, 변화 사실도 창조된 사실을 증거한다. 창조된 결과로 인해 드러난 현상이지 새로운 창조를 위한 변화가 아니다. 창조되지 않았다면 변화를 일으키는 동인도 전무할 텐데, 변화가 일어난 것은 창조됨으로 인한 결과 현상이다. 그렇다면 왜 창조된 존재는 변화가 일어나는가? 존재는 그냥 정적으로 있을 수 없고 바탕된 본질이 분열하고 있기 때문이다. 有의 변화는 통합성의 분열 일환이다. 창조된 피조체는 변화하는 것이고, 변화의 주된 원인은 분열에 있다. 분열은 끝이 없는 것 같지만 모든 분열은 통합 본질이 뒷받침하고 있는 관계로 분열하는 방향이 끝없는 일직선으로 나가는 것은 아니다. 통합성 안에서의 분열이라 구조적으로 끝없이 순환하는 분열이다. 그래서 세계를 뒷받침하는 본질은 분열하는 힘으로 통합되고 통합된 힘으로 분열을 거듭한다. 창조로서 결정된 범위 안에서의 분열 운동인 동시에 생성 운동이라, 뭇 종의 변화에 규칙과 경계가 있다. 결정된 창조 범위를 벗어나지 않았다. 따라서 본체 메커니즘에 근거한 동양의 易은 변화의 법칙에 근거해서 천지 간의 무궁함과 다양함을 설명할 수 있었지만, 진화론이 채택한 돌연변이는 무원칙적이라 진행 방향을 알지 못하는 저급함을 면치 못했다. 본질의 원칙적인 작용 뒷받침이 없었다. 변화의

---

148) 위의 논문, p.20.

본질은 이런 것이다. 지상의 종들은 생존경쟁을 통한 자연선택으로 무수한 세월에 걸쳐 변이에 변이를 거듭한 형질 인자의 축적과 유전으로 새로운 종을 탄생시킨 방식으로 무수하게 생긴 것이 아니다. 그렇다면? 神의 본체를 이행시켜 일체 가능성을 함축시킨 창조 본질이 어떻게 차원적인 변화 과정을 거쳐 만물화에 이른 것인지를 밝혀야 했다. 그래서 이 연구는 창조란 바로 神의 본체가 차원적인 이행 과정을 거쳐 변화시킨 것이라고 적시했다. 창조란 곧 만물화이다. 진화도 化이고 창조도 化이다. 化란 불변한 본체를 유지한 상태에서의 변화이다. 진화는 원래의 불변성을 부정하고 제거한 상태이므로 심대하게 창조 법칙을 위배한 것이지만, 창조된 化는 불변성을 고스란히 유지시킨 상태에서의 변화이다. 神적 입장에서 보면 자체 본체로부터 삼라만상이 나왔지만, 神은 그대로 변함없이 존재하고, 그러면서도 삼라만상도 역시 그대로 존재한다. 하지만 삼라만상은 원래의 본체로부터 말미암기 때문에 본체적인 기준에서는 허상이고 가체이다. 플라톤이 왜 현실 세계는 그림자에 불과하고 그 너머에 참된 형상과 영원한 이데아의 세계가 있다고 강조한 것인지 창조된 본의를 자각한 순간 곧 바로 이해할 수 있다. 창조가 원칙이자 근본인 이유이다. 이데아설에 대해 창조 메커니즘을 적용하지 못하면 관념적, 평면적인 이해에 그치지만, 적용할진대 입체적, 초월적으로 창조 너머의 본체적 형상(참 실체)까지 엿볼 수 있다. 왜 변화가 가체이고 그림자이고 피조체인지는 온갖 변화에도 불구하고 神으로부터 이행된 창조 본체의 불변성을 통해 확인할 수 있다. 왜 종은 변하는가? 생멸할 수밖에 없는가? 그러면서도 "生生之謂易(『역경』)"이라 낳고 낳은 것이 易이라고 했는가? 변화가 왜 낳고 또 낳는 것인가? 분열하여 하드웨어적인 요소는 멸을 향해 나아가더라도 본질은 통합성으로서 생성하기 때문에 온갖 변화는 창조된 존재를 유지시키기 위한 운동 형태이다. 그래서 변화는 변하는 것이 아니고 生하는 것이며, 存하는 것이며, 有하기 위해 운동한다. 본체가 불변한 것인 한 삼라만상도 변화를 통한 생성 운동에 그침이 없다. 生하는데 어떻게 멸할 수 있겠는가? 그런데도 본체와 삼라만상은 창조로 인해 존재한 방식이 달라 본체는 불변한 형태로, 존재는 원칙에 따른 변화 시스템의 구축 형태로서 영원한 창조 본질의 불변성을 유지, 지속시킨다. 生→存→有가 변화 시스템을 근간으로 한 창조 세계의 본질이다. 변화는 새로운 종, 새로운 그 무엇을 창조하기 위해서가 아니고 존속하기 위해서라는 것, 그래서 창조의 본질은 化임에도 불구하고 말미암은 만물의 근본이 형태적으로는 변화했어도 본질은 그대로이다. 온갖 변화에 현혹되지 않아야 하며, 불변한 본체를 볼 수 있는 눈이 필요하다.

거듭 강조하지만 진화론의 원칙적인 잘못과 한계는 종의 창조 본질을 보지 못하고 겉모습만 보았기 때문에 변화의 본질조차 알 수 없었다. 그렇다면 그 속 모습은? 불변, 결정, 법칙, 완비된 시스템이다. 진화는 궁극적 창조가 아니다. 가유이다. 변화에 더 이상 집착하지 말며 진화론에 올인하지 말라. 변화하는 것은 창조된 것이고, 변화는 말 그대로 化된 것이다. 化된 종과 만물을 통해서는 어디서도 창조된 동인을 찾을 수 없다. 그래서 피조체이다. 불변한 본체로서의 뿌리가 없고, 창조인이 없어 종내 소멸하고 만다. 영원한 것은 본체뿐이다. 化된 뿌리를 본체가 지녔다. 변화를 본질로 한 진화는 창조력이 없다. 곧 새로운 종을 창조할 수 없다. 물론 化된 종도 본질은 지녔다. 그러나 그 본질은 종을 뒷받침한 결정 본질로서 생성, 분열을 주관하는 氣化된 본질이다. 변화는 창조 요인이 아니고 창조된 근거인데도, 진화론은 가변요인 속에서 창조 요인을 찾았다는 데 억측이 있다. 이것이 창조와 진화와의 근본적인 차이점이다. 창조는 진화와 달리 어떤 본질을 지녔는가? 진화적 변화는 분열적 생성 시스템이고, 창조적 변화는 차원적 이행 시스템이다. 이것을 다시 도식적으로 표현하면 진화는 有→有 생성 시스템이고, 창조는 無→有 이행 시스템이다. 이미 존재한 종으로부터 종을 생성시킨 진화와 아무것도 존재하지 않은 종을 본질로부터 이행시킨 창조는 차원이 다르다. 본체적 논거에 근거해서 노자가 無名은 천지의 시초이고 有名은 만물의 근원이라고 한 것은(『노자도덕경』 40장) 창조의 차원적 본질을 직시한 상태이다. 왕필은 『노자도덕경』 1장을 해석한 『노자주』에서, "말할 수 있는 道와 이름 부를 수 있는 이름은(구체적인) 일이나 형체를 가리키니 항상된 것이 아니다. 참된 道는 말할 수 없고 이름 붙일 수 없다. 무릇 有는 모두 無에서 시작하므로 아직 드러나지 않고, 이름이 없는 때가 만물의 시작이 된다"라고 하였다.[149] 존재 이전의 존재 추적 방법과(그러므로 이름이 없을 적엔 무욕으로 그 신묘함을 바라보고), 존재 이후의 추적 방법까지(이름이 생겨난 뒤에는 유욕으로 그 돌아감을 본다) 통찰했다. 창조 이전의 과정과 창조 이후의 과정을 확실하게 구분하였다. 그러니까 현상계의 변화는 한계가 분명한 것이고, 비록 생멸하지만 뿌리는 영원하다. 이 창조 원칙을 진화론은 어떻게 할 것인가? 진화가 말한 변화를 통한 새로운 종의 창조는 어디에 속하는가? 진화론이 근거한 것은 종, 즉 有

---

149) 『왕필의 노자주』, 왕필 저, 임채우 역, 한길사, 2005, pp.49~50.

에 있었다. 無가 아니라는 것, 창조인의 뿌리를 지닌 본체가 아니라 가변적인 현상적 몸통에 두었다는 것, 뿌리가 없으므로 현상은 나타났다가 분열을 마감하면 멸하는 것이고, 종의 변화에도 한계가 있다. 차원의 선을 넘지 못한다. 생성을 다하면 그친다. 여기서 노자가 만물의 시원으로 삼은 道는 본체이고, 다윈이 시원으로 삼은 종은 현상이다. 뿌리 없는 현상을 종의 시원으로 삼은데 진화론의 피할 수 없는 잘못이 있다. 하지만 이런 잘못은 비단 진화론뿐만 아니고 본체를 보지 못하고 인정하지 못하면 동서양 어디서도 나타나는 관점상의 문제였다. 위진시대의 배위는 "천지만물의 궁극적 근본은 곧 道이지만, 道는 결코 허무가 아니라 천지만물의 총체라고 했다. 왜냐하면 無는 有를 生할 수 없기 때문이다. 그렇게 판단한 근거로서 그는 만물은 有이며, 有가 有를 生한다고 했다. 만물의 근원은 有일 뿐으로, 有 밖에서 만물의 근원을 찾을 필요가 없다. 각각의 사물은 자족과 독립할 수 없는 존재이기 때문에 다른 것으로부터 자기 생존에 필요한 조건을 충족시켜야 하지만, 그 다른 것도 반드시 有이어야 하고, 無일 수는 없다"고 선을 그었다.[150] 그가 가진 관점 입장에서 본다면 완전히 틀린 주장은 아니다. 그러면서도 이것은 명백히 창조된 본의를 모르기 때문에 초래된 오판이다. 본래 3D로 제작된 영화도 맨눈으로 보면 2D로 보인다. 입체성을 실감할 수 없는 것처럼, 창조를 모른다면 모든 시원이 有로부터 출발될 수밖에 없다. 차원적으로는 틀리지만 논리적인 원칙상으로는 맞다. 그야말로 아무것도 없는 無로부터는 아무것도 生할 수 없고 창조도 불가능하다. 그래서 아우구스티누스가 주장한 無로부터의 창조 교리 역시 불가능

---

150) 『중국철학사상사』, 김백현 편저, 차이나하우스, 2007, p.166.

하다. 그렇다면? 無는 창조되지 않아서 아직 존재화되지 못한 無일 뿐 有는 有인데, 그렇게 無한 상태로 존재한 有의 형태가 본질이라는 데 비밀이 있다. 창조 이전, 존재해도 생성하여 드러나지 못한 상태에서는 無로서 인식될 수밖에 없어 차원적인 無를 보지 못한 자 천지 간에 生한 일체를 배위처럼 '有로부터의 창조'로서 오판하였다.

동양의 일부 覺者들을 제외한 모든 인류가 유사 이래 본래 입체적인 3D 본체를 볼 수 있는 눈을 가지지 못했다. 그럼에도 불구하고 드러난 현상은 본체에 해당된 뿌리를 제외하고 현상적인 특성을 고스란히 나타내는데, 그 특성이 곧 현상 가운데서는 천지의 알파와 오메가를 찾을 수 없고(본체가 지님), 어디서도 시작과 끝의 지점을 찾을 수 없으며[無始無終], 씨와 열매가 돌고 도는 형태로 영원히 순환한다는 데 있다. 파스퇴르(Pasteur)는 생명은 어떤 예외도 없이 오직 생명에서 나온다는 사실을 증명한 학자인데, 이것은 본체로부터 창조된 생명체가 본체의 불변성을 반영해서 창조된 有→有 존속 시스템이다.[151] 이것은 창조된 결과 시스템으로서 창조가 아니다. 구리를 재료로 하여 동상을 만들고 종이를 가공하여 책을 만든 것은 有→有적 변화이지 창조가 아니다. 진화의 변이도 이와 같다. 질적인 이행을 통한 변화가 아니다. 어떤 경우에도 有의 변화를 통한 새로운 종의 탄생은 창조일 수 없다. 有를 통해서는 창조가 이루어질 수 없다. "헬레니즘 문화권에서는 無에서는 아무것도 나올 수 없다고 보았고, 헤브라이즘에서는 神이 세상을 無에서 창조했다고 하는데",[152] 양 문화권이 가진 無에 대한 개념을 액면 그대로 받아들이

---

151) 변화=돌고 돎. 본질의 차원을 넘어서지 못함. 현상계 안에 머묾.
152) 『생각하고 토론하는 서양철학이야기(1)』, 앞의 책, p.21.

면 대립된 것처럼 보이지만, 관점을 조절해서 보면 양 주장은 모두 맞다. 원칙상 無에서는 아무것도 나올 수 없다고 한다면 창조는 틀렸고 有를 선점한 진화가 맞는 것 같지만, 본질의 존재성을 고려한다면 반대로 진화가 틀리고 창조가 맞다. 그런데 기존 창조 교리는 가장 원칙에 해당한 無에서는 아무것도 나올 수 없다고 한 창조 방식을 하나님의 절대적인 권능을 드높이기 위해 허물었다는 점에서 문제점을 지녔다. 창조된 현상계 안에서는 한 동이의 물을 다른 동이에 나누어 담을 수는 있지만, 그 물을 다른 물질로 변화시킬 수는 없다. 창조된 결정 세계 안에서는 창조를 이룬 법칙 질서가 지배적인 상태로서 가역과 불가역이 확실하게 구분된다. 창조되었기 때문이다. 하지만 창조를 이룬 본체 안에서는 아무런 구분이 없어 본질로부터 물도 창조하고 바위도 창조할 수 있었다. 이것이 창조의 차원성이고, 모든 가능성을 본유한 본체, 곧 창조성이다. 왕필이 만물은 모두 道로 말미암아 生한다고 함에, 모든 가능성을 지닌 道가 갖춘 본체의 오묘한 창조성을 음미해 볼 필요가 있다. 동양의 현인 왕필이 "무릇 有는 모두 無에서 시작된다[凡有皆始於無], 無를 근본으로 삼는다[以無爲本], 無를 쓰임으로 삼는다[以無爲用]고 함에"153) 이것은 無→有를 통한 창조 본의를 적시한 위대한 창조적 사유이고, 위대한 진리적 통찰이며, 인류의 고귀한 정신적 자산이다. 창조된 현상 세계에서는 원인 없는 결과가 있을 수 없다(인과 법칙). 그러나 창조의 저 건너편에서는 어떤 원인 발동 없이도 존재할 수 있는 본체 세계, 곧 無한 有의 세계가 있다. 이런 차원적인 세계와 인식할 수 있는 문을 열어젖혀야 인류는 비로소 현상 세계의 온갖 차별상을

---

153) 「왕필의 무귀론 연구」, 앞의 논문, p.28.

극복하고 대평등 세계를 확인할 수 있다. 空한 본체 세계는 본래 하나인 세계이고 그야말로 평등한 세계이다. 산, 물, 사람, 나무, 바람 등등 본래 하나인 본체 세계로부터 창조된 것일진대, 세계는 그처럼 창조되었기 때문에 온갖 차별상이 드러난 상태이고, 창조를 있게 한 空한 본체는 즉시 모든 차별, 상대적인 모습이 멸한 하나로서의 모습이다. 깨친 이의 눈에 보이는 존재의 궁극적 실상[諸法實相]은 곧 色卽空이다. "無는 만화(萬化)의 앞에 있고, 空은 하고 많은 형체의 시원이라"154) 현상 세계의 온갖 차별상이 무색하기만 하다. 차별상의 근원을 추적하면 차별상의 본질이 하나인 것을 안다. "이것은 또한 저것이다. 저것 또한 이것이다. …… 저것과 이것이 대립자임을 그만두는 것이 바로 道[본체]의 본령이다(장자)."155) 온갖 변화는 사실상 변화가 아니며, 변화의 궁극은 동일하다. 陰中陽 陽中陰이다. 변화를 일으키는 음양 자체가 대립된 극을 가지면서도 서로를 내포하고 있고, 대립됨과 동시에 분열의 극단에 이르면 양극이 합치되는 법인데, 현상적 대립에 있어서랴? 존재를 유지하고 나타내기 위한 운동일 뿐, 본질은 하나이다.156)

우리는 변화를 구분하고 새로운 종의 탄생을 기대하지만 새로움은 새로움이 아니다. 산은 산이고 물은 물이되 알고 보면 산은 물이고 물은 산이다. 궁극을 깨치고 다시 산을 보고 물을 보면 산과 물의 산과 물된 본연의 모습과 차별상을 함께 볼 수 있다. 생성 본질을 대

---

154) 『중국철학사상사』, 앞의 책, p.174.
155) 『현대물리학과 동양사상』, 앞의 책, p.135.
156) "한 번은 음 운동을 하고 한 번은 양 운동을 하면서 생성·변화하는 것이 자연의 근본 질서 [道]이다("一陰一陽之謂道."-『주역』, 계사전). 음과 양, 이것이 인간과 만물을 지어내는 자연 속의 두 생명(기운)이다. 우주는 서로 다른 이 음양이라는 두 기운이 대립하고 조화하면서 만물을 생성해 간다."-『개벽 실제상황』, 안경전 저, 대원출판, 2005, p.41.

관한 통찰이다. 그래서 변화의 종극은 결국 色卽空이다. 천지만물이 모두 氣로서 구성되어 있다. "내 마음도 氣이고 돌멩이도 氣이다."157) 氣로서 천지 만물이 창조되었다. 만물은 氣에 바탕되어 있고, 氣로서 같다. 이런 논리 구조 속에 진화가 끼어들 틈은 없다. 모습은 달라도 바탕은 같은데 일체 변화가 무슨 의미가 있겠는가? 핀치 새의 부리 모양이 달라도 그들은 모두 새일 뿐이고, 새와 물고기와 삼라만상을 아우르는 것은 본질이다. 근본을 희석시킨 진화적 변이 방식은 삼라만상 존재의 근본을 허물고 인류가 귀의해야 할 본향을 가로막는 거대한 차단벽이다. 수많은 세월 동안 변하고 변하여 종의 기원과 근본을 아무도 찾아갈 수 없게 하였다. 하지만 본질에 근거한 창조의 본의 밝힘은 인류 역사의 나아갈 방향을 명시하고, 하나님이 이루고자 한 천지 창조 목적을 확실히 제시할 수 있다. 방황된 인류를 고뇌로부터 건져내는 것, 그것이 곧 하나님의 대인류 구원 목표이고, 이루어야 할 지상과제이다.

5. 종의 변이 한계

"원래 다윈은 변이와 선택이라는 진화 메커니즘을 생물의 진화에 적용했지만 이 원리는 생물학계만 한정되지 않는다. 경제학의 변화에서도 알 수 있듯이 진화 메커니즘을 확장하면 세계의 보편적인 변화 원리가 될 수 있다. 진화론이야말로 끊임없이 변화하는 세계를 설명하는 데 적합한 패러다임이라는 평가를 받고 있는 이유이다."158)

---

157) 『성리학의 형이상학 도론』, 손영식 저, 울산대학교출판부, 2008. p.50.
158) 「진화와 변화」, 앞의 책, p.9.

진화 메커니즘의 보편적인 원리성 적용 문제를 가늠할 때 과연 진화가 말하는 종의 변이성은 자연의 보편적인 법칙을 따른 것이고, 변화하는 세계를 설명하는데 적합한 세계적 원리가 될 수 있는가? 누구라도 세계가 변화한다는 사실에 대하여 이의를 달 사람은 없다. 변화는 너무나 당연한 보편적 현상이다. 고대 그리스의 철학자 헤라클레이토스는 같은 강물에 두 번 발을 담글 수 없다. 즉, 만물은 유전한다고 했을 때, 이미 사물의 끊임없는 운동과 변화성을 충분하게 인식하였다. 이때의 유전이란 끊임없이 흐르고 변화함을 말하고, 모든 것은 정말 끊임없는 생성, 소멸, 운동, 변화 속에 있다. 변화는 상식이며 만물은 변화를 통해 무궁무진하다. 따라서 다윈이 종은 변화한다고 주장했을 때, 그것은 그야말로 자연의 보편적인 현상을 따른 원리인데도 불구하고 당시 영국 사회에서는 어떻게 상식에 큰 혼란을 일으켰는가? 그것은 다윈이 내세운 변화, 즉 종의 변이는 그런 변화가 아니기 때문이다. 뭇 존재는 무궁한 생성과 변화 가운데 있고, 종이 변화하는 것도 이런 부류에 속한다. 그런데도 다윈은 왜 갈라파고스의 여러 섬들을 둘러보면서 핀치 새의 부리 모양이 각각 다른 것을 관찰하고, 그것이 상식적인 차이가 아니고 특별한 발견으로서 받아들인 것인가? 일차적 이유는 당시까지 보편적인 기독교 신앙의 요체인 종의 불변성 주장을 뒤엎을 꼬투리를 발견한 것이고, 근본적인 것은 그런 변화 요인을 통해 생명 탄생의 일체 기원을 밝힐 수 있다고 생각한 데 있다. 핀치 새의 부리 모양이 다른 것은 일반 종들에게서도 흔히 발견되는 것과 같은데, 다윈은 갈라파고스 제도가 지닌 섬들의 환경적인 차이와 격리성을 보고 애써 특별하게 생각하였고, 평생 동안 고민해서 어렵고도 어려운 이론을 만들어내었다. 나를 잘 아는 친구가 "너 많이 변했다"라고 하면 그것은 나의 모습, 성격, 태도, 가치관 등이 이전과 달라진 것이지 철수나 수철이가 되었다는 뜻은 아니다. 우리가 상식적으로 말하는 변화는 이런 것이다. 어떤 거친 삶의 환경 속에서 달라졌다 해도 나는 나이다. 그런데 다윈이 말한 변화는 그런 뜻이 아니다. 서로 다른 환경에서 성장한 쌍둥이 형제가 50년 후에 상봉한다면 자연 환경이 다른 선택의 영향으로 조그만 차이가 있게 되고, 그런 차이가 수천만 년 동안 축적되면 그때는 아예 다른 종이 되어버린다는 뜻이다. 철수가 수철이로 변신한 인간 종의 경계선을 넘어 다른 종으로까지 확대된다. 다윈이 말한 종의 변이 요인은 끊임없이 변화하는 세계를 설명하는 데 적합한 패러다임이 아니다. 보편적인 변화의 원리에 전격 반한 창조적, 차원적인 변화이다. 이런 중대한 차이를 간파하지 못하고 적합한 패러다임 운운한 것은 대문명적 진실에 역행한 오판이다. 진화론은 세계의 보편적인 변화의 원리를 리더할 패러다임이 아니다. 법칙을 어긴 패러다임이라 이탈된 궤도를 수정해야 한다. 생물들은 아주 오랜 시간에 걸쳐 서서히 변화해서 지금과 같은 모습이 되었다란 주장에 대하여 왜 이런 관점이 처음부터 잘못 설정된 것인지를 존재가 지닌 보편적인 생성 원리와 변화 본질에 입각해서 지적해야 한다.

그 주된 첫 어그러짐은 성경적 관점인 종은 불변한다고 했을 때, 다윈은 종의 본질적인 모습을 보지 못하고 겉모습이 불변한 것으로 곡해하였다는 데 있다. 정확하게 수정한다면 종은 환경에 따라 겉모습은 변화할 수 있지만 만고 이래 종의 본질은 불변하다. 밝힌바 창조 원리는 차원적이고 고유하다. 진화는 변화를 요인으로 하므로 창조 원리와는 근본적으로 다른데, 문제는 진화에 한계가 있는 변화 원리로 창조 원리를 대신하려 한데 있다. 왜 다윈은 종의 본질이 불변하다는 사실을 고려하지 않고 단순하게 종은 무조건 변하지 않는다는 쪽으로 단정하였는가? 종은 오랜 시간에 걸쳐 서서히 변화한다는 생각은 현상적인 모습만 관찰한 결과로서, 종의 근본을 파괴한다는 위험성을 인지하지 못했는가? 그것은 다윈만을 탓할 수 없는 것이, 현재 진화론자들의 안하무인적 행태는 더욱 심각하다. 본질을 보지 못하고 무시한 무지가 도를 지나쳤다. 覺者들은 순수한 입장에서 어떤 전제도 없이 자연의 참모습이 무궁한 변화 속에 있다는 것을 인지하였기 때문에 오히려 그런 변화의 원인을 궁구해서 변화를 통해 변화의 불변한 규칙성과 질서성과 법칙성을 엿볼 수 있었다. 육구연은 말하길, "道는 우주에 가득하니 천지도 이것에 순응하여 움직인다. 그래서 해와 달은 지나침이 없고, 사계절은 어그러지지 않는다."159) 변화로 친다면 자연은 얼마나 변화무쌍하고 사계절은 변화가 얼마나 뚜렷한가? 하지만 그것은 돌고 돌아 순환하는 것이고, 아무리 급변해도 결국은 하나로 돌아갈 뿐이라고 하였다. 세상은 아무리 변해도 세계는 여여하다. 온갖 변화를 통해 오히려 본질성을 꿰뚫었다. 변화에는 뿌리가 있나니, 易의 삼의(三儀: 變易, 不易, 簡易)가 그것이다.160) 변화의 규칙성을 통해 다가오는 미래 질서까지 예견하고자 했다.161) 그런데도 다윈은 종의 불변성을 선천적으로 곡해하고 전제한 상태에서 그것을 깨뜨리기 위해 변화 메커니즘

---

159) 『송명성리학』, 앞의 책, p.283.
160) "三儀: 이 세상에는 변하지 않는 것이 없다(변역). 그러나 그 변화하는 원리와 이치 자체는 변하지 않는다(불역). 그러므로 변화가 일련의 질서에 따라 변하기 때문에 그 변화는 미리 짐작할 수 있는 변화요, 미리 알 수 있는 것이기에 그에 대비하는 예지와 응변을 할 수 있는 변화(간역)이다."-『기로에 선 인류의 철학적 성찰』, 앞의 책, p.115.
161) 질서 예측 이유: 변화에도 규칙이 있다.

을 진화의 주요 요인으로 내세운 것은 종의 기원 문제를 완전히 거꾸로 추적한 불행한 결과이다. 이것은 서양 문명 전체가 다윈으로 하여금 변화의 본질적인 진리성을 보지 못하도록 방패막을 쳐버린 것이 원인이다. 다윈은 지적 선조인 헤라클레이토스가 만물은 유전한다고 했을 때의. 깊은 통찰을 참고해야 했다. "사물의 생성과 소멸의 운동 변화가 어째서 철학자에게 문제로서 의식된 것인가? 이는 존재와 변화 간의 모종의 관계에서 발생되는 것이다. 즉, 하나의 사물이 끝까지 자기동일성을 지니기 위해서는 변화를 거부해야 하며, 반대로 변화가 불가피한 것이라면 자기동일성을 부정해야 한다. 이것을 헤라클레이토스는 어떻게 해결하였는가? 존재 개념보다는 운동을 중심에 두었다. 운동과 변화는 존재의 부수적인 성질이 아니고 존재를 가능하게 하는 본질적인 것이라고 보았다. 바꾸어 말하면 운동과 변화를 떠나서는 아무것도 존재성을 유지할 수 없다는 뜻이다. 따라서 존재와 변화는 모순되는 것이 아니다."162) 사물의 자기동일성, 즉 불변한 본질성을 유지하기 위해서는 변화를 부정해야 하는데 변화를 인정한 것은 변화와 운동이 바로 사물의 불변성을 유지하기 위해 불가피한 요인(본질적인 것)이라고 본 탓이다. 그나마 헤라클레이토스는 외부적인 변화 요인을 통해서라도 사물의 고유한 본질적 요인(불변성)을 지키고자 한 지적 사명감을 가졌지만, 다윈은 선조의 순수한 의도마저 저버리고 변화 요인을 통해 자기동일성을 유지하기 위한 노력을 무참하게 무산시켜 버린 것이 자찬한 지적 혁명(?)이다. 이런 오판의 빌미를 제공한 것은 헤라클레이토스에게도 잘못이 있다. 사물의 자기동일성을 수호하는 데 있어 그 요인을 동일

---

162) 『노자철학의 연구』, 김항배 저, 사사연, 1991, p.241.

한 현상계적 요인과 병행해서 설정하고, 그것이 본질적인 것이라고 본 데 있다. 운동도 변화도 사물도 유동성이 있는 현상적 요인이다. 결국 인식 관점이 현상계 안을 맴돌고 말아 만물이 유전한다는 명제는 사물의 끊임없는 변화에 초점을 맞춘 진리 판단이 되어버렸다. 만상을 변화시킨 본질은 끝까지 보지 못하였다. 그러지 않아도 다윈의 시대에는 중세 신권 질서를 거부한 르네상스 운동을 거쳐 기독교의 창조론이 과학의 진리성 앞에서 회의감을 증폭시킨 상황인데, 선조들의 고민을 진지하게 숙고했을 리 만무하다. 코에 걸면 코걸이고 귀에 걸면 귀걸이이기 때문에 얼마든지 관점을 전도시킬 수 있다는 분위기 속에서 감히 도발적인 지적 혁명을 감행했다. 우주 간에 있는 존재의 본질을 변하는 것으로 본 것은 헤겔 논리학의 골격인 변증법(Dialectics-正·反·合)을 통해서도 여실한데, 변화에 대해 법칙성을 부여한 것은 진일보한 것이나, 그 역시 현상의 변화를 일관시킨 법칙이라는 점에서는 관념성을 벗어나지 못했다. 앞서 이 연구는 삼라만상이 변화를 근간으로 하였고, 운동이 무궁한 것은 곧 창조를 증거하는 것이고, 창조되었기 때문이라고 하였는데, 그렇게 된 주된 이유는 만존재가 본질로부터 창조되었고, 무궁한 생성과 변화를 통해 창조의 有한 본질을 유지, 지속시킬 수 있도록 시스템화되었기 때문이다. 그리고 변화를 일으킨 주된 본체적 요인에는 太極 본체로부터 양의된 음양이란 두 氣가 있다. "음과 양이란 두 가지 속성의 대립과 교감을 통하면 우주만물의 변화 원리를 해석하고 꿰뚫을 수 있다."163) 여기에 변화 운동을 주축으로 한 진화 메커니즘에 대처할 수 있는 본체 운동의 창조 메커니즘이 있다.164) 음양으로 양의된 氣

---

163) 『중국철학사상사』, 앞의 책, p.91.

가 뭇 존재 현상에 변화를 일으킨 근원으로서, 양의된 창조 본체는 뭇 존재의 생멸 현상을 주도한다.

존재의 변화 현상에는 반드시 본체, 본질이 관여된 것인데도 다윈이 세상에 존재한 수많은 생물들의 기원 문제에 대해 존재하고 있는 종 자체로부터 실마리를 찾았다는 것은 종, 즉 色[현상계] 안에서 色이 지닌 궁극적인 원인 문제를 해결하려고 했다는 뜻이다. 이것은 세계의 놓인 본질적 구조를 무시한 무지이다. 종은 현상계에 속한 色적 요인에 의해(자연선택) 변화를 일으키는 것이 아니라 본질[空] 안에서 변화를 이룬다. 그래서 동양에서는 色이 존재한 궁극적 원인을 色 안에서 찾지 않았다. 空을 따로 두고 등식으로 연결시킴에, 그 등식이 곧 色卽空이다. 이것은 대창조의 원리성을 도식화한 창조방정식이다. 色과 空과의 관계에 있어 결국 色과 空이 같다고 한 것은 色의 온갖 변화와 다양함에도 불구하고 色이 한 근원 본체인 空으로부터 창조된 본질성과 원리성을 시사한다. 업이 현상계의 드러남과 변화 모습, 삶의 질과 운명에 결정적인 영향을 끼침에, 그렇게 업을 따로 설정한 것이 본질이다. 동양적 사고를 대표한 체용(體用)론은 "사물의 실체와 그 작용, 또는 원리와 현상을 연결하여 설명하려는 이론으로서, 일반적으로 體는 근본적, 내재적인 것이고, 用은 體가 바깥으로 드러난 것이다."165) 體는 곧 본체이고 用은 곧 현상임에, 세계가 그처럼 이원화 된 것은 본체에 근거해 창조되었기 때문이고, 體用이 나뉘지 않고 일원화된 세계는 만물이 생성하고 현상화되기 이전(창조 이전)인 창조 본체 상태(통합성)이다. 그런데도 色만으로

---

164) "우주의 끊임없는 생성 변화는 바로 음양의 교감으로부터 비롯되는 것이다."-『역사철학과 역학사상』, 앞의 책, p.149.

165) 「천부경에 대한 철학적 연구」, 이근철 저, 대전대학교대학원 철학과 동양철학, 2010, 박사, p.15.

궁극적인 문제를 풀려고 한데 진화론이 지닌 한계가 있다. 이런 원천적 본질에 대한 접근 방식은 동양 문명과 서양 문명이 대비된 중요한 특성이자 차이이다. 서양은 오로지 色의 세계에 집착하여 진리를 인출해 근본을 보지 못하고 궁극적인 문제를 해결하지 못했다. 그런 측면에서는 동양도 마찬가지인데, 色에 집착한 서양과 달리 동양은 空에만 집중하였는데, 色卽空이란 순수하고 절대적인 본체 논리를 넘어서 色의 분열상과 空의 초월성을 연결시키고 조화, 통일시킬 수 있는 창조적 우주론을 정립해야 했다. 만인은 변화를 근간으로 한 진화 변이의 한계적 본질을 정확하게 파악해야 하며, 그리해야 삼라만상의 존재 간에서 일관된 변화의 본질과 법칙을 꿰뚫고, 만사 만물의 근본인 창조세계로 귀착할 수 있다. 모든 만물, 생명, 영혼, 우주의 법칙, 주장된 설, 론, 사상이라 해도 그것은 종내 근본으로 귀환한다. 만법귀일(萬法歸一)이 원칙이다. 여기에 동양의 성현들이 도달한 물극필반(物極必反), 곧 창조 본질에 대한 우주적 통찰이 있다. 정이는 사물의 운동에 대해 논하였다.

> "움츠림과 펼침, 그리고 가고 옴은 법칙[理]일 따름이다. …… 사물은 극한에 이르면 반드시 되돌아간다. 그 법칙은 틀림없이 이러하다. 태어남이 있으면 죽임이 있고, 시작이 있으면 끝이 있다."166)

왜 사물은 극한에 이르면 반드시 돌아감이 세계의 기본 법칙인가? 창조를 실현한 본질의 결정성 탓이다. 태어남이 있으면 죽음이 있고 시작이 있으면 끝이 있는가? 창조된 현상계의 본질이 가합, 가변이고, 생성을 이룬 주관 동인을 본질이 지녀서이다. 알파와 오메가를

---

166) "屈伸往來只是理. …… 物極必反 其理須如此 有生便有死 有始便有終."-『이정전서』, 유서, 권 15.

본질이 지녀 하드웨어적으로는 차에 기름이 떨어지면 멈추듯 멸할 수밖에 없지만, 구조화된 시스템상으로는 입구와 출구가 어디에도 없는 有한 본질로 봉합되어져 有에서 有로 끊임없이 이어진 생성을 이루고, 하드웨어(몸) 안에 담긴 영혼의 본질적 요소인 정신, 마음, 신념, 의지, 일군 가치, 쌓은 수행, 업, 선행, 자아 정체성 등은 다시 하나인 太虛 본체로 귀환하여 동질, 보편, 일체화된다. 그렇게 불변성을 유지하다가 때가 되면 대우주의 창조 목적에 기여하기 위해 사명감을 가지고 다시 생환된다. 본래 하나로부터 왔다가 다시 하나로 귀환함이다. 하나인 본체 세계 안에서는 두루 통하고, 너와 나에 대한 구분이 없으며, 동질로서 일치된다. 나로서 왔다가 다시 나로서 돌아가지만 본체 안에서는 전체로서 하나이다. 따라서 자아라고 하는 것은 色·受·想·行·識 등의 다섯 가지가 상호 의존하여 이루어진 잠정적 가합체일 뿐, 我라는 고정된 실체는 따로 존재하지 않는다(五蘊無我說-원시불교의 연기설). 실로 창조적 인식에 근거한 현상계의 본질성 파악이다. 사정이 이러하므로 우리는 일상적으로 그것만은 당연히 존재한다고 여기는 자아가 실은 가아(假我)일 뿐 실아(實我)가 아니기에, 가히 집착할 바가 못 됨을 자각함으로써 궁극의 해탈을 향한 미망과 아집을 제거할 수 있다. 불변한 뿌리인 본체에 비한다면 진화적 변이는 저 사막 한가운데 피어오른 환상적인 신기루에 불과하다. 아울러 설일체유부는 오온(五蘊)을 더욱 철저히 분해하여 75종의 다르마를 상정한 후, 현상적으로는 일체가 無我이고 찰나적 생멸을 거듭하지만, 이면의 본체적 다르마들은 三世에 걸쳐 自性을 지닌 채 항상 실재한다고 하였다(三世實有 法體恒有). 이것은 원시불교의 연기설과 결코 대립되지 않는다. 설일체유부는 무아와 연기의 근본 취지를 망각하지 않았다.[167] 무아 연기설의 현상적 본질을 명확히 부각시킴과 동시에 업의 불변적인 본체성을 공고히 함으로써 인류가 해탈로서 영생할 수 있는 길을 열었다. 온갖 현상적 변화에 현혹되지 않은 불변한 존재 본체를 확인시켜 가변적인 자아가 돌아가 안주할 거처를 마련했다. 가아적 자아와 항유적 자아를 현상적, 법체적으로 바라본 관점상의 차이일 뿐, 논점으로서 도달한 귀착지는 결국 같다. 이것을 갈파한 원불교에서는 "有는 無로 無는 有로 돌고 돌아 지극하면 有와 無가 구공(俱空)이나 구공 역시 구족(具足)하다"고 하였다.[168] "있던 곳이 없어지고 없던 것이 나타나는 것을 有와 無가 돌고 돈다고 하며, 이를 만물의 변태라고 한다."[169] 有와 無가 돌고 돈다? 평면적으로는 돌고 도는 것처럼 보이지만 입체적으로는 본래 난 곳으로의 귀환이고 생성 과정이다. 無한 것이 有하게 된 것은 본질의 생성 운동이고 순환이다. 無와 有가 돌고 돈다는 것은 이상한 말이 아니다. 여기서 無는 본체로의 잠적 상태이고, 有는 현상적 나타남이다. 그러니까 현상적 관점에서 보면 나타났다 사라졌다 하는 것이 有와 無가 돌고 도는 것처럼 파악된다. 사라진 有가 無하여 다시 나타나지 않고, 나타난 有가 사라져 다시 無가 되지 않는다면, 나타났다가 사라지는 생멸 현상을 통해 그 무엇이 有한 사실을 유추할 수는 없지만 無한 有가 다시 有한 有로 나타나므로, 그 볼 수 없는 無의 자리에 근원된 본체가 있다는 것을 알 수 있다. 현상계의 시야에서는 사라졌지만 그 有가 無한 형태로 본체계 안에서 有했다가 다시 生했다.

---

167) 『불교사상과 서양철학』, 앞의 책, p.279.
168) 『정전』 1장 6절.
169) 『인과의 세계』, 김중묵 저, 동남풍, 1994, p.61.

노자는 말하길, "멀어지면 근원으로 돌아가게 된다"라고 하였다.[170] 변화의 끝은 멸이 아니고 근원으로 돌아가는 것이다. 근원에로의 귀환에 창조처럼 차원적인 이행이 있다. 돌아갈 바탕이 있는데, 쉽게 파악하지 못한 이유이다. 그럼에도 불구하고 근원 본체가 있다는 사실을 알 수 있는 것은 돌아감을 통해 안다. 여기에 생멸을 주관한 창조의 비밀이 있다. 생멸의 의미? 존재+본질 중 존재는 멸해도 본질은 근본으로 돌아가 만유의 본질과 하나 된다. 본래 하나로부터 나왔고(출로), 그렇게 나온 곳으로 되돌아간다(퇴로). 변화의 종극은 근본으로 돌아가는 것이다. 근본이 있는 것은 온갖 변화 가운데서도 근본 자체는 변함이 없다는 뜻이다. 변화는 化이고 근본은 本이다. 하나로 돌아가 만유와 일체가 됨에, 만유와 본체의 본질은 결국 같다. "만물이 다 같이 생육화성(生育化成) 하지만 만물이 근원으로 되돌아감을 볼 수 있다. 만물이 무성하게 자라고 있으나 결국은 모두가 다 근원으로 되돌아가기 마련이다."[171] 동양의 성현들은 만물이 무성하게 변화하지만 결국은 근원으로 되돌아간다고 하였는데, 진화론자들은 변화를 통하여 어디로 가려고 하는가? 변화 자체가 근원에서 나온 것인데, 변화를 거듭하여 근원을 메워버린 자들은 돌아갈 거처가 없다. 그러니까 진화할 방향도 목적지도 알지 못했다. 맹목적, 무의식적, 무목적적이다. 道는 만물의 근원을 본체에다 두었고, 진화론자들은 有한 종에다 두어 동일한 有적 차원 안에서 맴돌았다. 노자는 "反者 道之動"이라고 하였다.[172] 반대로 순환하여 복귀하는

---

170) "大曰逝 逝曰遠 遠曰反."-『노자도덕경』 25장.
171) "萬物竝作 吾以觀復 夫物芸芸 各復歸其根."-『노자도덕경』 15장.
172) 만물은 상반된 방향으로 운동했다가 결국 다시 원점으로 되돌아오고 이것을 되풀이한다.-『노자도덕경』 40장.

것, 즉 근원인 道로 되돌아가는 것이 道의 운행이고 활동 규칙임에, 이것은 道가 본체로서 지닌 구조와, 이로부터 말미암은 만물이 생멸로서 영원히 생성 운동을 할 수밖에 없는 시스템을 말한 것이다. 지구가 둥근 이상 나는 직선으로 나가도 결국은 다시 본래 자리로 돌아오듯. 세계는 창조된 有한 본질로 구성되어 있기 때문에 극이 다하면 다시 돌아올 수밖에 없고, 대립이 극하면 합치될 수밖에 없으며, 하나인 근원에로 복귀한다. 이것이 현상계 안에서는 만물의 특징과 종의 변이 한계를 결정하고, 본질 벽이 온통 無로서 有를 감싸고 있어 종이 변질될 수 없다. 道는 창조의 근원 본체로서 삼라만상 존재를 지배하며, 온갖 변화를 주도한다. 변화에 종극이 있고 한계가 있는 이유에 道로부터 말미암은 만물에 대한 道의 복귀 명령과 본체로의 귀환 목적이 있다. "되돌아간다는 것은 근본으로 되돌아감을 일컫는다."[173] 왕필이 돌아간다고 했을 때, 그 돌아가는 것은 항상 자연이고 無이며 또한 하나이다. 본체의 중요성을 인식한 동양의 선현들에게 있어서 나타난 현란한 변화는 현상적인 모습에 불과하였고, 서양은 그것을 보지 못한 탓에 변화 자체를 중요하게 생각하여 새로운 종까지 창조할 수 있는 요인으로 보았다. 아우구스티누스는 시간 개념을 통해 창조 이전과 창조 이후를 구분하고 시간을 창조로 인해 생성된 근거로 보았는데,[174] 이를 통해 만물의 생성 과정을 도식화한다면, 하나님→창조 본체로의 이행→통합성→命→창조→분열→변화→생성→생멸→귀환→하나+님이다. 본질의 순환적 생성

---

173) "反本之謂也."-『주역 주』, 復卦, 왕필 저.
174) 시간을 하나님이 창조함. 만약 시간이 하나님의 창조가 아니라 창조 이전부터 존재했다면 하나님 역시 시간에 한정되므로 절대적 존재라는 하나님의 개념에 위배된다. 하나님은 영원 안에서 시간 밖에 계심.-「플로티노스와 어거스틴의 창조론에 관한 고찰」, 이상정 저, 신학논단, p.129.

력과 주관된 결정력 때문에 만물은 무궁무진하게 생성함과 동시에 본질성이 뒷받침된 변화에 있어서도 차원적인 한계성을 분명히 한다. 뭇 종의 변이가 그러하다. "고대 자연과학의 하나인 연금술은 쇠나 구리도 어떤 과정을 거치면 금으로 변한다는 생각에서 출발했다. 오늘날의 과학 지식으로 본다면 잘못된 생각에서 출발했다."[175] 그런데도 가능하다고 생각한 것은 무슨 이유 때문이고, 잘못되었다고 결론 내린 것은 무엇 때문인가? 생명과 물질은 무엇이 다른가? 진화론은 다르지 않다고 하고 변할 수 있다고 했는데, 과학은 쇠나 구리는 금으로 변할 수 없다고 결정내리면서 종은 다른 종으로 변할 수 있다는 데 대해 긍정하는가? 물질이 다른 물질로 변할 수 없다면 종도 그러해야 한다. 그 이유는 엄중하기만 하다. 금은 금으로서, 물고기는 물고기로서 창조된 탓이다. 覺者가 산은 산이 아니고 물은 물이 아니라고 부정했을 때 그 산과 물은 한 차원 이전의 근본을 본 것이고, 다시 산은 산이고 물은 물이라고 했을 때의 산과 물은 한 차원 이후 확실히 구분된 차별성을 본 것이다. 그런데 연금술이나 진화론이나 처음 물질과 종의 진화가 가능하다고 한 것은 근본과 차별성을 보기 이전의 아주 유아기적 정신 판단 단계이다. 연금술은 아닌 것은 아닌 것으로 판단할 수 있는 이유를 안 단계까지 도달했지만, 진화론은 여전히 관념적인 가설 영역을 벗어나지 못한 몽환적 단계이다.

그래서 이 연구는 종의 변이에는 한계가 있다는 사실을 판단할 수 있도록 종의 창조 본의를 밝혔다. 변화의 본질을 보아야지 현란한 형태적 변화에 현혹되지 말라. "공기는 한없이 부드러운 기체이지만

---

175) 『생각하고 토론하는 서양철학이야기(1)』, 앞의 책, p.44.

영하 270도로 냉각시키면 철관처럼 강한 고체로 변한다고 한다. 성질이 변화를 일으킨 것이지만",[176] 변한 모습 자체가 본래의 모습인 것은 아니다. 환경 조건에 따라 변하지만 그것은 가변이고, 냉각 상태가 풀리면 다시 부드러운 공기로 돌아간다. 기체가 영구히 고체화된 것이 아니다. 이것은 사실 상식인데, 진화론자들은 기본인 종의 불변성과 물질의 불변성조차 구분하지 못했다. 현란한 유물론의 관념적 유희에 현혹되었다. "물질계의 전 운동 과정은 양의 점진적 변화가 누적되어 일정한 단계에 도달하면 질적 변화가 일어나고, 반대로 질적 변화가 쌓이면 양적 변화를 일으킨다"고 함에,[177] 어떤 변화가 일어난 것인지 살펴보니까 "보리알이 부정되어 싹으로 자라나고, 그것이 다시 부정되어 열매가 된다. 물은 0도 이하일 때는 얼음, 100도 이상일 때는 수증기로 변하며 상압 하에서 0~100도 사이에서만 물일 뿐이다"고 하였다.[178] 이런 변화의 순간을 엄청난 비약이라고 강조하는데,[179] 이것은 명백히 변화한 본질을 보지 못하고 변화한 결과 상태에다 초점을 맞춘 유동적 판단이다. 물이 얼음이 되고 수증기가 되었어도 H_2O의 성질은 간직되어 있다. 보리알이 부정을 거듭하여 싹이 트고 열매를 맺지만 보리알이 콩알로 되지는 않는다. 종의 변이 한계는 분명한 것이고, 우주의 법칙은 결정된 창조 역사의 실현으로 동일하다. 본질을 보아야 하는데 보지 못하고 현상만 보면 모든 변화가 제각각이지만, 본질을 보고 현상을 보면 모든 변화가 하나이다. 현상의 가변성 대 본질의 불변성이 드러나나니, 종

---

176) 『인과의 세계』, 앞의 책, p.21.
177) 『기로에 선 인류의 철학적 성찰』, 앞의 책, p.304.
178) 『공산주의 철학비판-변증법적 유물론 비판(1)』, 이석재 저. pp.65~66.
179) "양적변화가 질적변화를 일으키는 것이며, 운동하는 물질의 모순대립은 비약 과정에서 통일된다(마르크스, 엥겔스)."- 『우주변화의 원리』, 한동석 저, 행림출판, 1996, p.30.

의 변이 한계와 종의 본질적 영구함이 그러하다. 인간과 원숭이는 다르다. 종이 종다울 수 있도록 불변적 본성을 결정한 것이 창조이고, 종이 이 땅에서 종다운 특성을 유지하면서 생존할 수 있도록 허용한 것이 종의 다양한 변이성이다.

제13장 진화론의 무신적 토대

1. 다윈의 신앙

　서양의 지적 전통에서 관념론 대 유물론 간의 대립과 투쟁 역사는 세계의 궁극성을 바라본 관점이 다르다는 점에서 서로 조화되기 어려웠다. 진화론도 종의 기원에 대해 순수하게 독립된 이론은 아니며, 이면에는 애써 창조론을 거부하고자 한 짙은 대립 관념이 깔려 있다. 원인이 없다면 결과도 없는 것이 자연적인 현상인데, 다윈이 종의 변이 문제로 대립각을 세운 것은 종의 불변성이 기독교를 통해 이미 주장되어 있었기 때문이다. 흔히 기독교 문화권에서는 하나님이 천지를 창조하였고 장차 인류를 심판하여 구원하리라고 믿는 신앙인과 그렇지 않은 무신론자가 있는데, 다윈이 전통적인 신앙을 거부하고 용기 있는 도전을 감행한 것은 그가 가진 신앙이 무엇이라는 것을 짐작케 한다. 다윈은 다양한 사실의 관찰과 확인 작업을 통해 진화 이론을 모색한 것처럼 보이지만, 진실은 그가 무신론자이기 때문에 진화론이란 실 가닥을 뽑아 올린 것이다. 한마디로 진화론은 다윈이 가진 신앙, 곧 그가 무신론자로서 가진 사상적 표현 외 아무 것도 아니다. 더 나아가 다윈을 추종한 자들도 취한 입장은 마찬가지이다. 무신론자들은 어떤 형태로든 神을 거부하고 창조론을 무너 뜨릴 대적 수단으로서 진화론을 강화시켰다. 여기에 단초를 제공한 다윈은 그가 가진 확신이 신앙 쪽에 있었더라면 운명의 비글호 탐험의 결과를 창조론을 옹호하는 쪽으로 전개 방향을 돌릴 수도 있었으리라. 신앙 여부에 따라 충분히 다른 결과를 내 놓을 수도 있었다는 뜻이다. 지금의 이 연구처럼……. 그러나 다윈이 세운 진화론은 결국 창조 신앙을 뒤흔든 이론이 되어 버렸다. "전통적 창조론은 자구적 성서 해석에 의지하여 신앙 차원에서 창세기의 원역사(元歷史)를 세계 기원에 관한 것으로 확신하고 있는 상태인데 실로 엄청난 충격을 던졌다. 근대 자연과학의 발달과 함께 하나님의 개입 없이 물질로부터 자연적으로, 그리고 우연히 발생되었다는 진화론적 체계는 과학적인 실험과 증명이라는 고유한 방법에 따라 교회의 전통적 창조 신앙을 무색케 하여 큰 위기에 직면하였다. 그리고 이런 진화론의 사회적 파급은 대단하여 단지 세계의 기원에 관한 자연과학적 답을 제시하는 것에 그치지 않고 인류학적, 철학적, 신학적 영역으로까지 확산되었다. 인간의 지능과 창조적 노력에 의해 일어난 변혁들이 이제는 오히려 인간 자체와 세계의 존재 의미를 퇴색시켰다."[180] 일련의 파급 결과가 다윈의 무신론적 입장으로부터 초래되었다는

---

180) 「창조와 진화에 관한 연구」, 앞의 논문, p.1.

점에서 다윈은 처음부터 종의 변이 관찰에 대해 진실을 볼 수 없는 색안경을 썼다고 할 수 있다.

"에라스무스 다윈부터 진화론적 생각을 가진 할아버지의 피를 이은 찰스 다윈(Charles Robert Darwin, 1809~1882)은 영국 슈루즈베리에서 태어났다. 16살까지 집에서 아주 가까운 기숙학교에 다녔고, 이후 에든버러 대학에 진학했는데, 강의는 너무 지루했다고 한다. 다윈은 다시 아버지의 격려에 힘입어 사제가 되기 위해 케임브리지 대학(1828~1831)에 들어갔다. 믿음이 특별히 깊은 것은 아니었지만 영국 성공회의 시골 사제로 사는 삶은 자연에 대한 자신의 관심을 충족시켜 줄 기회를 제공할 것이라고 생각했다. 하지만 기대와 달리 케임브리지 생활은 자신의 말처럼 유감스럽게도 쓸모없는 것으로 나타났다. 그는 딱정벌레를 모으는 일보다 열심히 했거나 기뻤던 일은 없었다고 말했다."[181] 이처럼 "다윈은 본래 성직지망생으로 신학을 공부한 사람이었지만, 후에 교회와의 우호적 관계를 포기하였다. 그것은 그가 생물학적 이유로 기독교를 반대한 것이라기보다는 불가지론적인 입장을 취하게 된 때문이다. 그가 이런 신념에 빠진 일차적 원인은 진화에 대한 이론 때문이 아니라 신학 이론의 설득력에 문제가 있었다. 다윈을 비기독교인으로 전제하는 것과 반기독교인으로 전제하는 것은 현격한 차이가 있다"고 하지만,[182] 결과적으로 그는 어느 모로 보나 반기독교인의 선봉자 역할을 도맡게 되었다. "운명적인 비글호 항해 기간 동안 다윈은 창조론을 따랐다. 하지만 갈라파고스 방문과 그 밖의 다른 항해 경험들로 창조론이 잘못

---

181) 『신과 진화에 관한 101가지 질문』, 존 호트 저, 신재식 역, 지성사, 2004, pp.22~23.
182) 『과학으로 기독교 새로 보기』, 앞의 책, p.97.

된 예측을 야기했을 뿐 아니라 그것의 한 가지 불행한 결과로서 부적절한 채집 방법을 권했다는 사실을 알았다. 조사를 깊이 할수록 창조론이 눈앞의 생물학적·고생물학적 증거와 거의 일치하지 않는다는 사실을 더더욱 절실히 깨달았다. 따라서 그는 창조론을 부정했고, 결국에는 더 나은 이론(?)을 세웠다(자연선택에 의한 진화론)."[183] 객관적인 사실 절차를 따른 합리적인 판단인 것 같지만, 알고 보면 그가 형성한 가치관과 신념의 토대에 근거한 것인데 비글호 항해 후에 쓴 일기장에 따르면, "종교에 관해 깊이 생각했다는 언급이 있지만, 그 후부터 다윈은 하나님으로부터 점차로 멀어져 가는 삶의 여정을 겪고, 마침내 불가지론자가 되었음을 고백했다. '나의 판단은 가끔 변하지만 가장 극단적인 변화에서도 神의 존재를 부정한다는 의미에서 나는 결코 무신론자인 적이 없으며, 일반적으로 그러나 항상 그렇지만은 않지만 불가지론자라는 것이 나의 마음 상태의 좀 더 정확한 기술일 것이다.' 박물학자 이전에 성공회 사제의 길을 가고자 신학을 공부하기도 했던 다윈은 한때 하나님에 대한 열망과 기쁨으로 가득 차기도 했으나, 일생을 어린 딸의 죽음 때문에 고통 받으면서 서서히 하나님의 사랑에 대한 의심과 회의로 하나님과의 관계가 극도로 냉담해진다. 그는 딸의 죽음을 허락한 무정하고 비정한 질병의 근원이 되는 무자비한 자연과, 그 자연을 창조했다고 기록된 구약성서의 창조주 하나님에 대해 서서히 마음이 닫히고, 마침내 기독교도에서 불가지론자가 된다."[184] 다윈 자신은 불가지론자라고 고백했지만, 그의 진화적 사상 색깔은 이미 서양의 철학사에서 연면한

---

183) 『왜 종교는 과학이 되려 하는가』, 앞의 책, p.164.
184) 「존 호트의 진화의 신학 이해」, 앞의 논문, p.155.

유물론적 전통을 따른 것이다. 인간의 혼(혹은 마음)을 '원자'라고 한 데모크리토스가 있었고, 인간의 본성을 이기적인 관점에서 보고 세계의 본질을 유물론적인 입장에서 해석한 홉스가 있었던 것처럼, 다윈도 神의 창조 권능을 거부하고 종이란 대상 자체로부터 창조성을 인정함으로써 세계의 기원을 추적한 오랜 전통인 유물론적 입장을 따른 것이다. 왜 이런 관점이 생성된 것인가? 특정 영양소가 결핍되면 질병이 유발되는 것처럼 본질 작용의 근원성을 볼 수 있는 눈을 가지지 못한 결과 주어진 비정상적 세계관이다. 다윈은 우여곡절 끝에『종의 기원』에 관한 230쪽짜리 논문을 작성하고 나서 절친한 식물학자 후커에게 쓴 편지에서 조심스레 고민을 털어 놓았다.

> "나는 갈라파고스 제도에 퍼져 있는 동식물을 보고 깜짝 놀라 종의 변화에 대해 어떤 빛을 던져줄 수 있다고 생각되는 자료를 마구 긁어모았소. 농업과 원예에 대한 책도 매우 많이 읽었고, 자료 수집을 잠시도 쉰 적이 없소. 그러자 한줄기 빛이 비쳐오는 것 같았고, 이제 당초의 나의 생각과는 달리 종이 불변한 것이 아니라는 확신에 거의 도달했소. 나는 종이 다양한 방법으로 환경에 적응해나가는 방법을 알아냈다고 생각하고 있소(1844)."[185]

종이 불변한 것이 아니라는 확신, 곧 종은 변화한다는 생각을 통해 다른 무엇도 아닌 그의 유물적인 생각을 확실하게 굳힌 것이다. 그가 신실한 신앙인이었다면 어느 면으로 보나 연구와 사색의 초점이 종의 본질이 불변한 사실을 증명하는 방향으로 나아가야 했다. 그러나 그는 불가지론자인 것을 넘어 유물론적인 세계관에 심취해 있어 진화론으로 짙게 물든 유물론적인 색깔을 더 이상 감출 수 없

---

185)『진화론도 진화한다』, 앞의 책, pp.48~49.

었다. 다윈은 유물론적인 세계관에 입각해 종의 기원 문제를 진화적으로 다룬 것이다. 다시 말하면 진화론은 그의 유물적 사상을 표현하기 위한 하나의 수단이었다. 그래서 칼 마르크스는 진화론의 본질을 즉각 알아보고 동류의식을 토로하였다. 진화론을 기를 쓰고 옹호하는 자들은 대개 골수적인 무신론자이다. 관점이 고착화되면 신념이 생기고, 결국 모든 세계를 그렇게 바라본다. 어떤 현란한 이론을 앞세우더라도 이면에는 선점한 세계관이 주효할 뿐이다. 이에 다윈은 합리적인 진화론의 제창자이기 이전에 불가지론자, 유물론자, 무신론자이다. 만인은 이 정확한 본질을 간파해야 한다. 다윈은 객관적으로 진화에 관한 이론을 전개한 것 같지만 곳곳에서 창조론의 핵심 원리를 거부하고 대치시키는 방법으로 神의 존립 근거를 말살하고자 했다. 첫째, 철저히 종이 존재한 목적을 부정했는데, 이것은 하나님의 원대하고도 지대한 천지 창조 목적을 무산시키는 것이다. 둘째, 진화에는 아무런 방향이 없으며, 생물체는 다만 그가 처한 환경에 더 잘 적응하도록 되어갈 뿐이고, 그것이 전부이지 그 이상은 아무것도 없다. 이것은 하나님의 사전 계획성과 창조 이래 쉼 없이 주관한 역사의 완성 의지를 무산시킨다. 다윈은 철저히 유물론적으로 자연을 해석하므로 물질이 모든 존재의 바탕이 된다고 하였다. 진화론자들은 당당하게도 다윈의 생각이 본래부터 유물론적이며 무신론적이란 사실을 인정하였다. "코넬 대학의 프로바인은 유물론자가 되지 않고서는 생물학자가 될 수 없다고 단언했다. 과학적 회의론자들도 일반적으로 진화 과학은 자연에 대한 유물론적 해석을 요구한다고 생각했다. 유물론은 물질, 즉 순수하게 물리적인 영역이 실재의 모든 것을 구성한다는 신념이다. 유물론은 과학만이 진리에 이르는 신뢰할 수 있는 유일한 길이라는 과학주의(scientism)와 함께한다. 그리고 과학주의와 유물론이 생물학과 결합될 때 진화는 본래부터 무신론적이 된다. 유명한 영국의 생물학자 도킨스는 다윈이 가장 지적인 토대 위에서 무신론을 제공했다고 선언했다. 진화론은 이미 편안하게 유물론의 담요에 쌓여졌다."[186] 다윈의 추종자들이 간파했듯, 다윈 역시 속내를 드러내기는 꺼려했지만 인간 정신을 비롯한 모든 생명 현상에 자신의 유물론적 진화론을 엄격히 적용했다.

  "아 너 유물론자여, 神에 대한 사랑은 생물 조직에서 비롯하나니! …… 두뇌의 분비물인 사상이 물질의 성질인 중력보다 더 경이로워야 할 이유가 무엇이란 말인가? 그것은 우리의 오만, 우리의 자기 찬양에 지나지 않는다(다윈 노트)."[187]

이런 세계관에 근거해 도킨스는 "다윈이 지적으로 충족된 무신론자가 되는 것을 가능하게 만들었다"라고 말했다.[188] 물질이 존재하는 모든 것이라면 하나님의 설 자리도 없어지는데, 하물며 종의 창조 권능까지 진화론이 대신한 마당에서는 가히 다윈 신앙의 위력을 실감하게 된다. 그런데도 진화론자들이 "자연선택의 창조적인 힘을 믿는 것은 사실적인 관찰 때문이 아니고 어디까지나 그들이 취한 유물론적 철학 때문이다."[189] 이런 경향은 좋게 말해 철학이고 유물론적 세계관이지 사실은 그렇게 믿은 관념적 확신에 불과하다. 환상적인 신념을 제공한 교주 역할자가 바로 다윈이기 때문에 이 연구는

186) 『신과 진화에 관한 101가지 질문』, 앞의 책, pp.70~71.
187) 『다윈 이후』, 스티븐 제이 굴드 저, 홍욱희·홍동선 역, 사이언스북스, 2009, p.27.
188) 『다윈의 블랙박스』, 앞의 책, p.351.
189) 「창조에 대한 과학적 접근의 분석과 비판」, 이종용 저, 연세대학교연합신학대학원 종교철학, 박사, 2014, p.83.

천지 창조 사실을 거부한 일체 유물론적 진화론을 일컬어 다윈의 신념을 추종한 광신적 신앙으로 지칭하고자 한다. 광신은 이성을 잃은 맹목적 추종 현상인데, 이런 행위들이 과학주의가 만연한 현대에 진화론자들의 외침에서 점차 두드러졌다. 진화론적 철학분야에서 가장 권위 있는 목소리를 내고 있는 사람 중 한 명인 마이클 루즈는 최근에 다윈주의는 유물론적 이론을 신성시하였다고 선언한 바 있는데, 생물학이 지금처럼 완고한 유물론으로 기울어지게 된 것이 사상사에서 벌어진 얼마나 큰 역전극인지에 대해 놀라워했다.190) 하지만 물질과 생명은 차원이 다른 것이므로 무생물을 근거로 한 유물론에 생물학이 빌붙은 것은 완전히 줄을 잘못 선 상태이다. "우리가 관찰하는 우주는 어떤 특성을 가지고 있다 해도 근본적으로는 설계도 목적도 악도 선도 없으며, 오직 맹목적, 냉담, 무관심한 특성을 지니고 있을 뿐이다(도킨스)."191) 어떤 근거도 없는 무신론자의 안하무인격인, 오직 神만을 상대로 神을 거부한, 반대만을 위한 부정적 진술이다. 그래서 "우리는 다윈으로 인해 지적으로 충실한 무신론자가 되었다"고 고백하였다(도킨스). 도킨스는 다윈의 자연선택이 도대체 무엇이기에 창조자로서의 神의 자리까지 대신할 수 있는가라고 반문하면서, 자연선택을 시계공(페일리)에 비유했다. 즉, 생물의 진화 과정은 시계공이 설계도에 따라 부품들을 조립하듯 진행되지 않고, 오히려 설계도도 볼 수 없는 장님이 손을 더듬으며 부속을 이리저리 끼워 맞추는 식으로 진행된다는 것이다. 이런 주체자를 일컬어 도킨스는 '눈먼 시계공'이라고 칭하였다.192) 얄팍한 지식으로 존엄한 하

---

190) 『다윈 안의 신』, 존 호트 저, 김윤성 역, 지식의 숲, 2005, p.14.
191) 『신과 진화에 관한 101가지 질문』, 앞의 책, p.31.
192) 『진화론도 진화한다.』, 앞의 책, p.14.

나님의 창조 역사를 비웃다니! 하지만 도킨스는 스스로 볼 것을 보지 못한 맹목적 광신성만을 적나라하게 표현했다. 눈먼 시계공은 곧 눈먼 장애인이다. 왜 눈이 먼 장애인인가? 본체 메커니즘의 창조 이행 과정을 볼 수 있는 안목을 지니지 못해서이다. 본질 세계를 보지 못하는 맹인, 그가 바로 눈먼 시계공이다. 그의 논지는 결국 오랜 시간 속에서 우연과 자연선택이 모든 생물의 시작을 설명할 수 있다는 말인데, 이것은 대역설이다. 도대체 어떻게 우연과 자연선택이 모든 생물의 시작을 설명할 수 있는가? 마치 『반야심경』이 현재의 현상적인 분열질서를 부정한 것과 같다. 시(是) 제법(諸法)은 공상(空相)이다. 즉, 모든 空의 형태는 불생불멸(不生不滅)이요 불구부정(不垢不淨)이며 부증불감(不增不感)이다. 본질의 有한 특성은 영원히 나지도 않고 없어지지도 않고 더럽지도 않고 깨끗하지도 않고 늘지도 않고 줄지도 않으니, 이런 실상이 空이다. 空相은 왜 이해할 수 없는가? 현 질서를 초월한 본체자리이기 때문이다. 도킨스가 왜 종을 창조한 메커니즘은 지극한 우연이고 무수한 세월이고 자연선택이란 이해할 수 없는 화두를 마치 깨달은 覺者처럼 신뢰하였는가? 사실은 현 분열 체제로서는 파악할 수 없는 차원적인 창조 영역이 아닌가? 그래서 空相처럼 무목적성, 우연성, 무의식성, 무계획성 운운한 것이다. 자연선택을 얼굴 마담으로 내세우기는 했지만, 사실은 현상적인 질서 근거로서는 설명할 수 없는 것이 종의 위대한 창조 과정이다. 그러니까 자연선택은 앞을 내다보지도 못하고 절차를 계획하지도 않으며 목적을 드러내지도 않는 '눈먼 과정'인 것이 맞다. 도킨스는 "자연선택만으로도 생명의 역사에서 나타나는 모든 창조성을 설명할 수 있기 때문에 이를 위해 神이라는 개념을 도입하는 것에 반대하였지만",193) 알고 보면 창조 역사의 위대한 역사를 광신적 편견 때문에 진지하게 살펴보지 못한 무지의 소치이다. 마치 어린아이가 대통령의 역할과 갖추어야 할 자격도 모른 채 꿈을 꾸는 것처럼, 자연선택이 神의 창조적 역할을 대신하기 위해서는 어떤 초월적 권능을 갖추어야 하는 것인지도 모른 채 무신론적인 신념만 노골화시켰다.

이에 이 연구는 과학적으로 무장한 지성들이 진화론을 신앙처럼 믿고 하나님의 살아 계심을 비웃는 상황에서, 그들이 얼마나 하나님이 이룬 천지 창조 역사에 대해 무지하고 몰지각한 전횡을 일삼았는가 하는 것을 소크라테스가 아테네 청년들에게 무지함을 일깨운 것처럼, 진화가 어떻게 원리적으로 불가능한 것인지(모순, 억측, 비원칙) 분명하게 지적하리라. 다윈이 불러일으킨 진화적 환상이 얼토당토않은 유물론적 세계관에서 비롯된 맹신적 신앙인가 하는 사실을 일깨워야 한다. 이 거대한 몽환적 착각을 어떻게 할 것인가? 동양창조론의 완성으로 철퇴를 놓아야 하리라. 하나님을 모신 문명인데도 서양인들은 얼마나 창조 역사에 무지한가? 볼 수 있는 눈을 가져야 하는데, 그 눈을 그들 문명 안에서는 생성시키지 못했다. 이 연구가 그 눈을 제공하리라.

2. 다윈 진화론의 반문명성

인류는 진리를 추구하고 우주의 기원을 추적하고 인간의 본성을

---

193) 「지적설계를 통해 본 유신론적 진화론 비판」, 앞의 논문, p.14.

살폈지만 나아가야 할 이상적인 가치 추구도 함께 병행하였다. 현대인들이 동서양을 막론하고 이 땅 위에 내림하여 위대한 발자취를 남긴 성현들의 사상과 덕을 기리는 것은 문명 발전에 기여한 위대한 가치를 창출한 때문이다. 인류 사회가 역사적으로 나아가는 데 있어 어떤 무엇이 공덕이 되고 저해가 되는가 하는 기준은 공익, 공영성 여부가 되기도 하지만, 인류가 추진할 바 진행 방향과 목적에 대하여 발목을 잡는다든지 추진 의지를 흐리게 하는 것도 해당된다. 인류 문명은 유사 이래로 끊임없이 발전하였다고 하지만, 그런 진보 개념은 지극히 일부분에 국한된 것이며 오히려 정신적, 가치적, 영성적인 측면에서는 답보 내지 퇴보한 조짐마저 있다. 인류 문명은 종합적인 측면에서 총체적으로 업그레이드되고 진일보해야 하는데, 현대 문명을 이런 관점에서 진단한다면 결코 긍정적, 고무적으로 평가될 수 없고, 오히려 분열과 퇴행만 거듭하여 비극적인 종말을 맞이하였다. 과학과 물질문명이 발달한 사실은 지극히 일부 영역일 뿐이고 가치적, 정신적, 영성적인 측면에서는 일찍이 선조들이 일군 문명적 본성을 거의 탕진하다시피 하였다. 통탄할 만큼 깊은 수렁에 빠졌다고 해도 과언이 아닌데, 이런 실정을 지성들이 자각해야 한다. 성현들이 남긴 지고한 메시지들이 물질적 가치에 매도된 실정이고, 神의 존재를 부정하고 여기저기서 미래에는 종교의 인류 구원 역할이 소멸될 것을 예언하기에 이르렀다. 인류의 고귀한 본질적 가치를 저버리고 원천을 무참하게 짓밟았지만 아무도 그런 행위가 문명의 공익을 저해하고, 이런 세태 자체가 말세적인 현상이라는 것을 자각하지 못했다. 인류 문명이 현저하게 종말 상황에 처하였는데도 불구하고 본말이 전도된 반문명적 가치가 만연하여 문명이 계속 발전하고 있다고 착각하였다. 나치의 6백만 유태인 학살 사건이라든지 일본의 강제 위안부 사건이 반문명적 행위라는 것을 구분하지 못할 사람은 없다. 그러나 그들이 그런 만행을 자행했을 당시에는 누구도 참혹한 죄악상을 나서서 만류한 사람이 없었다. 오늘날 종말 상황에 처한 인류 문명의 악폐 상황도 마찬가지이다. 인류의 번영을 저해하는 반문명적 가치 창출을 앞장서 호도하고 있으면서도 스스로는 새로운 역사를 이끄는 주동자로서 인류 공영에 이바지하고 있다고 굳게 믿었다. 이것이 참으로 문제이다. 천지 간에 공의와 정의와 진리의 본질이 정립되지 못한 탓이다. 인류 역사에는 하나님이 태초에 세운 창조 목적에 대해 역사 추진을 사사건건 방해하고 대적하려 든 사탄의 역사가 점철되었거니와, 사탄은 교묘하게도 하나님의 주도 역사에 기생하여 역전, 역행시키려 하였다. 그 실체성을 인류가 창조 본의에 입각하여 확실하게 분간해야 한다. 권선징악(勸善懲惡)처럼 들으면 즉각 확실하게 분별할 수 있는 것이 아니다. 사탄은 선을 가장한 진리의 탈을 쓰고 있어 쉽게 현혹되고, 자칭 인류의 공익을 위하리란 사명감을 가지게 한다. 잠적된 실체성을 자각하지 못하고 철저한 하수인이 되어버린다는 것이 사탄의 사악한 위장 권능이다. 하지만 아무리 선의의 뒤에 숨어 있더라도 사탄은 하나님의 義와 함께할 수 없고, 의도 뒤로 감출 수는 있어도 하나님의 공의로운 뜻 앞에서는 정체를 숨길 수 없다. 그것이 무엇인가? 하나님은 빛이기 때문에 위대한 가치를 창출하고 이상적인 추구 목적을 선도한다. 희망적, 긍정적, 건설적인 것이라면, 사탄은 어둠이기 때문에 어떤 가치도 창출할 수 없고, 추구 목적도 제시하지 못해 부정적인 측면, 곧 무시, 타파, 대적하는 데 주력한다. 그것이 전부이고 본질이다. 그 이상은 아무것도 없다. 그래서 추구해 모든 것을 바쳤지만 남겨진 것은 허무, 적멸, 냉담, 공허, 비참함뿐이다. 사탄의 실체는 결코 인격적, 의지적, 심정적으로 고정된 것이 아니다. 사상, 제도, 가치, 이데올로기, 학문, 학설, 주의, 주장, 역사, 민족, 문화, 종교 등등 어떤 경우든 조삼모사(朝三暮四)하게 역사할 수 있다. 이런 교묘함에 농락당하여 사탄의 의지를 자신의 자아 의지인 것으로 착각한 자들에 의해 인류 역사는 지울 수 없는 죄악을 점철시켰다. 하지만 이제는 때가 되었고, 하나님이 이 땅에 강림한 이상 빛이 옴과 함께 모든 어둠은 사라지게 되었다. 그것이 무엇인가? 하늘 아래 어떤 곳에 모습을 감추고 있어도 사탄의 실체를 분별하고 구분해서 진멸할 수 있는 안목과 판단 기준의 한 중심에 하나님이 천지를 창조하고 뜻을 이루기 위해 밝힌 지상 천국 건설 목적 명시가 있다. 하나님이 창조 목적을 공시하고 도달 목표를 지침하였는데도 뜻을 어기고 혹은 무시하고 혹은 방해한다면, 그곳에는 반드시 사탄의 그림자가 잔존한 형태이다. 갯벌에서 난 숨구멍을 찾아 손을 집어넣으면 잡히는 것이 있듯, 인류 역사의 추진 방향과 도달 목표 명시는 감추고 있는 사탄의 실체를 찾아낼 수 있는 확실한 기준선이다.

그 갖춘 명시 조건으로 세상을 살펴보면 선명하게 포착되는 것이 바로 다윈이 세운 진화론과 그것을 추종한 온갖 가설 이론이다. 진화론은 유물론적 세계관에 근거했다고 했지만, 진화론은 유물론보다 더 객관적, 과학적인 근거들로 무장하고 있어 오히려 유물론과 무신론을 리더한 온상이다. 유물론 형태보다 더 깊숙이 숨어들 수 있는 위장술을 지니고 있어 세인들은 진화론이 발휘하는 사탄의 위세를 눈치 채지 못한다. 유물론은 神과 정면으로 대치한 상태이라 보일 것을 다 보인 적나라함이 있지만, 진화론은 본색을 감춘 채 철저히 천지 창조 목적을 무산시키기 위해 세상 곳곳에 은밀하게 침투하여 임무를 성공적으로 수행했다. 이 연구는 진화론이 이처럼 인류 역사의 이면에서 거침없이 자행한 반문명적 작태를 발본색원(拔本塞源)해야 한다. 150년이 넘도록 사탄의 모습을 감추고 저지른 진화론의 진상이란 다름 아닌 하나님의 가장 존귀하고도 위대한 권능이고 존재한 절대적 이유인 대창조 권능을 무력하게 만들고, 조직적으로 거부해서 무산시킨 무신론 사상이다. 진화론은 무신론을 뒷받침하기 위해 지지되고 치밀하게 연결시킨 복잡한 추종 끈이다. 자연선택→적자생존→자연도태→새로운 종의 탄생으로까지 이어진 일련의 진행 결론은 하나님이 사랑을 다한 창조 뜻을 어긴 반가치적, 반문명적, 반신앙적 사상이다. 그러니까 인류 사회는 무한 자본경쟁 체제로 돌입하고 말아 세계를 무력으로 점령하고 식민지화하고 제국주의가 활개를 칠 수 있도록 하는데 이념적 근거를 제공하였다. 지성들에게 진지하게 묻나니, 인류 중 적자만 생존하여 그들만이 최종적으로 지상 천국을 점령해 완전한 진화인으로서 영생을 구가하도록 지켜만 볼 것인가? 하나님의 참된 뜻은 무엇인가? 하나님은 오히려 부족하고 도태될 수밖에 없는 인류에게까지 손을 내밀기 위해 이 땅에 강림한 것이 아닌가? 진화론이 구축한 생존경쟁 체제, 적자만의 생존 보장 체제, 그리고 도태자의 비정한 버림 체제는 명백히 하나님의 창조 목적과 어긋난다. 이렇게 해서 드리운 어두운 그림자가 근세기의 인류에게 지울 수 없는 상처를 남겼다. 다윈 이래 진화론이 주도한 진보주의 개념 등은 왜곡과 오용의 20세기를 함께 겪었다. 진화는 우생학과 파시즘에 의해, 진보는 스탈린식 생산력주의와 일당 독재에 의해 더럽혀졌다. 우승과 열패를 정당화한 약육강식은 동물들이 우글거리는 정글에서나 적용될 논리이지 하나님이 뜻한 이상사회 건설과는 정면 배치된다. 그 진원은 명백히 다윈이 하나님의 절대 창조 권능을 불신한 데로부터 시작되었다. 그가 세운 진화론의 핵심은 만생명이 지금도 변화한다는 데 있다. 창조 신앙은 물론이고, 기존 서구 철학의 전통과도 정면으로 대치하여 생명 종(種)의 고정된 불변성을 인정하지 않았다. 반실체주의적이고 반본질주의적인 것을 넘어서 무지막지한 반문명적 작태이다.[194] 물질적인 자본주의 사회, 황금만능의 사회적 가치관, 무도한 금수사회를 앞장서 조장하였다. 생명 자체가 신비롭고 경이로운 것이며, 이 모든 것을 있게 한 하나님의 은혜가 사무친 데도 부여된 위대한 종족 보존 본성을 폄하한 것은 인류가 이 땅에서 이루어야 할 고귀한 사명과 역행된다. 도킨스는 "우리에게 주어진 유전자는 다음 세대에 전달되도록 돕는 생존 기제의 산물에 불과하다"고까지 주장하였는데,[195] 그의 저술 표제이기도 한 '이기적 유전자'란 참담한 이해 방식과 인식은 자기 아류로 색안경을 끼고 생명 현상을 제단한 신념의 전횡이다. 감히 짐승의 본능과 인간의 본성을 동일선상에 놓고 저울질하다니! 반문명적 가치관의 파괴 행위 외 아무것도 아니다. 유구하게 이어진 인류의 생존 가치를 무산시키다니! 하나님이 인류를 사랑하사 이 땅에서 뜻을 이룰 수 있도록 사명을 부여한 것인데, 그 뜻을 망각하고 일언지하에 격하시키다니! 첫 퓰리처상을 안겨준 작품인 『인간 본성에 대하여』를 쓴 윌슨은 "다윈의 진화론을 바탕으로 인간의 유

---

194) 「진화론 특집」, 한겨레, 2009.9.18, 진보평론, 가을호.
195) 『다윈 안의 신』, 앞의 책, p.27.

전자가 정신과 육체의 본성을 이루고 있다고 주장하면서, 종교와 윤리를 포함한 인간의 모든 사회 행동은 단지 생물학적 현상에 불과하다"라고 하였다.196) 자식이 부모의 은혜를 저버리는 것은 배은망덕이고 본분을 망각한 패륜이다. 인류가 어떻게 창조된 것인가? 아니 하나님이 어떻게 인류를 창조한 것인가? 하나님이 부여한 은혜를 모조리 망각하였다면? 진화론자들은 도대체 무슨 잘못을 저지른 것인가? 인간의 사회 행동이 단지 생물학적 현상에 불과하다니! 인간 본성을 감싼 하나님의 거룩한 창조성을 지워버리다니! 편협한 배역 행위인데도 진화론자들은 정작 자각하지 못하고 있다. 은혜는 아무도 보지 못하도록 덮어 버리고, 그럴듯한 사실만 끄집어내어 부각시킨 저의란? 그것이 바로 사탄의 속셈이다. 1979년, 노벨 물리학상 수상자인 스티븐 웨인버그는 말하길, "우주에 대해 이해하면 할수록 우주는 무의미해 보인다"라고 하였다.197) 왜 무의미한가? 정말 이유를 모르겠는가? 神을 버린 인류의 참담함이 아닌가? 神을 잃어버리면 인류도 모든 것을 잃어버리는데, 여기에 대한 두려움을 모르고 있다. 유전자는 단지 기계적인 생존 기제일 뿐이고, 존재가 우주의 장난이라고 굳게 다짐한다고 해서 어떻게 하겠다는 말인가? 어떤 건설적인 가치 창출도 이상적인 목표 제시도 없다. 걷잡을 수 없는 추락뿐인데, 그것이 곧 사탄의 의도에 놀아난 진화론자들의 반문명적 작태이다. 바탕 없는 존재 없듯 본질에 기초하지 않은 종은 없으며, 하나님의 손길이 닿지 않은 삼라만상은 어디에도 없다. 그런데 다윈은 이런 손길을 모두 무시하고 종의 기원을 자체 종의 변화 상태로부터

196) 『신과 다윈의 시대』, 앞의 책, p.146.
197) 『21세기의 신과 과학 그리고 인간』, 러셀 스태나드 엮음, 이창희 역, 두레, 2002, p.63.

구하였다.

그러므로 진화론이 천하의 주인 노릇을 한다는 것은 하나님의 존엄한 창조 질서를 허무는 것이고, 하나님이 인류에게 베푼 은혜에 대한 배은망덕이다. 근본에 역행된 반진리로 지상 천국을 건설할 수는 없다. 인간은 신묘한 영성 작용으로 神과 교감할 수 있는 무궁한 본성을 갖추었는데, 진화론은 그 길에 이를 수 있는 세계관 뚜껑을 닫아버림으로써 인간의 지고한 본성은 동물적 야성으로 추락하고 말았다. 인간은 하나님의 존재 본체에[天] 근거했고, 神과 인간은 하나인데, 숭고한 본성을 저버렸다. 자연선택으로 인간이 원숭이로부터 진화한 것이라면 선현들이 평생을 바쳐 쌓아 올린 존엄한 본성과 가치는? 인간의 언어, 사고, 가치 인식, 행동 특성 등도 원숭이와 연관 지어 설명해야 한다. 가능한 일인가? 천지 창조 목적과 어긋난 진화론이 건재하는 한 하나님이 뜻한 지상 천국은 건설될 수 없다. 건설되기 위해서는? 인류가 불교에서 말한 번뇌 망상의 본질을 이해해야 한다. 버려야 해탈할 수 있다. 『화엄경』은 '삼계유심조(三界唯心造)'라고 했다. 삼계는 다른 법이 없다. 오로지 一心이 지어낸 것이다. 하나님만 천지를 창조하였고, 하나님만 인류 역사를 주관할 수 있다. 번뇌 망상은 오로지 상(相)에 얽매여 있는 一心의 망념이 지어낸 것이란 뜻이다. 이것이 삼계와 생사라는 병의 근원이다. 無明을 벗어나 일어남이 없음을 알아차리고, 相에 집착하지 않으면 과거의 업은 죄다 없어지며, 새로운 업은 다시 만들어지지 않는다. 이것이 곧 병을 끊는 지름길이다. 한 생각의 마음이 병의 근본이며, 동시에 道의 근원이다. 實에 집착하면 그르치게 되고, 空임을 깨달으면 과실이 없게 된다. 깨달음은 마음의 한순간에 있으며, 그곳에는 앞뒤가 없다. 그러므로 마땅히 알아야 하나니 깊이 헤아려서 분명하게 결단을 내리면 매우 가깝게 이치에 도달하게 되어 비록 말세의 중생일지라도 마음이 넓고 깊은 자는 역시 마음을 비워 스스로 비추어 볼 수 있고, 一念의 연기가 본래 생겨남이 없다는 것을 믿는다. 이것이 아직 친증(親證)은 아닐지라도 道에 들어가는 기본이다.[198] 진화론의 반문명적 가치를 단번에 분쇄하고 그릇된 이론을 떨쳐버려야 인류 사회가 업그레이드되고 지상 천국 세계로 진입하리라.

3. 인간의 반가치 유래

인간은 사고하는 동물로서 무엇이든지 세상에 대해 궁금한 점이 많다. 밤하늘에 빛나는 수많은 별들도 그러하고 세계 곳곳에 서식하는 동식물들의 살아 있는 모습도 그러하다. 그러나 그런 궁금증 중 가장 절박하면서도 우선적인 것 한 가지를 선택한다면 그것은 바로 '인간이란 무엇인가'란 문제이다. 여기에 대해서는 여러 갈래 주장이 있는데, 그것이 곧 '인간관'이다. 인간관은 지성들이 오래전부터 논거한 주제이다. 이것은 인간이 어떻게 구성되어 있는가 하는 문제와는 다르다. 이에 인간의 유래, 그것도 인류 사회에 짙은 먹구름을 몰고 온 반가치가 어디서부터 태동된 것인가에 대해 논거하고자 한다. 두루 참고해야 하겠지만, 문제 해결에 있어 근본적인 것은 인간의 유래, 그것이 天이건 창조이건 진화이건, 유래된 근원을 밝혀야 인간의 본성을 안다. 근원된 유래를 알아야 오늘날 야기된 반가치적인

---

198) 『동양의 지혜와 선』, 심재용 저, 마음글방, 2005, p.51.

인간관을 바로잡을 수 있는데, 그렇지 못하면 인류의 미래가 암담하다. 정당한 유래에 근거해야 나아갈 길을 고무시킬 수 있다. 인간 본성의 유래 기원을 심층적으로 파고들어 해부해야 하는데, 지난날은 어떤 제기된 관점들도 온전하게 추적하지 못했다. 천지 창조의 본의와 하나님의 존재 본체가 드러나지 못한 탓이다. 창조를 믿은 기독교에서조차 창조주와 인간과의 관계를 잘못 설정하였다는 것은 아이러니하다. 인간의 기원을 하나님에게 두고자 해도 창조 본의를 잘못 해석한 경직된 교리관이 하나님과 인간과의 연결고리를 차단해 버렸다. 그러니까 인간의 가치가 곡해되어 평가절하되었고, 회복될 수 없는 피조체 수준에 머물렀다. 신학자 브룬너는 "하나님과 인간, 하나님과 세계 사이의 뛰어넘을 수 없는 차이를 인정했다. 피조물로서 제약되어 있으며, 하나님에 의하여 의존된 세계는 하나님의 존재와는 근본적으로 다르다. 피조물과의 사이는 상대적 차이이지만 피조되지 않은 존재와 피조된 존재, 하나님과 세계, 그리고 인간 사이는 절대적 차이"라고 하였다.[199] 반면에 그는 "피조물의 현 존재는 神的 의지의 표현이다"라고 하여, 하나님과 존재 사이를 '존재 유비' 관계로 설정하였는데, 근거를 추적할 수 없도록 차단시킨 상태에서는 절대적 차이를 더 이상 극복할 수 없다. 인간은 피조체일 뿐이라 하나님과 인간은 닮은꼴로 창조했다고 했지만, 인간을 하나님과 동일시하는 것은 금기되었다. 신학자 바르트는 "하나님과 인간, 하나님과 세계 사이에는 인간이 뛰어넘을 수 없는 질적 차이가 있다고 하면서 전체 존재의 유비(analogia entis)는 있을 수 없다. 존재 유비 주장은 적그리스도의 발견이다"라고 못 박았다.[200] 어느 모로 보나

---

199) 「20세기 신학사상(1)」, 김균진 저, 연세대학교출판부, 2003, pp.112~113.

기독교 신학은 하나님에 근거한 인간의 창조 유비를 정확하게 규정하지 못한 것인데, 神人 간의 질적 차이, 즉 인간=피조체란 인식은 이후에 진화론이 인간의 가치를 매도할 수 있게 한 빌미를 제공하였고 방치, 묵과한 것이라고 해도 과언이 아니다. 神人 간의 관계 설정과 인간의 참된 유비를 잘못 추적한 탓이다. 토마스 아퀴나스는 "이성은 만물 중에서 인간만이 지닌 탁월한 능력이다. 그래서 인간은 만물 중에서 가장 우월한 존재자라고 하여 가치를 고무시켰고, 주자학에서는 사람이 다른 존재자보다 더 뛰어날 수 있는 것은 혈기와 지력이 있기 때문이다"라고 하였다.[201] 神과 인간과의 존재 유비를 인정한 부룬너처럼 토마스 아퀴나스, 주자학도 인간의 우월한 가치를 드러내기는 했다. 하지만 그것은 어디까지나 인간을 어떻게 보았는가 하는 관점(인간관)일 뿐, 인간 유래의 근원까지 밝힌 것은 아니다. 그러기에 진화론이 대등한 입장에서 기존 인간관에 반기를 들고 대립각을 세울 수 있었다. 관점이 교착된 상태에서 이 연구가 제기했던 인간의 유래에 관한 물음은 종교적으로도 철학적으로도 절박한 문제일 뿐 아니라, 현대과학을 위해서도 지극히 중요한 문제 중 하나이다. 왜냐하면 진화론자들은 인간이 원숭이로부터 유래되었다고 굳게 믿고 육체에만 초점을 맞추어 다른 동물들과 유사하다는 관점에서 자연과학적 방법론으로 인간이 무기물에서부터 원숭이를 거쳐 현재와 같은 모습이 되었다고 주장하기 때문이다. 이런 인간관은 여러 비판에도 불구하고 사회적인 가치관 인식에도 큰 영향을 끼쳤는데, 예를 들어 영국에서 실시한 한 여론조사에서 진화론에 따르면

---

200) 위의 책, p.30.
201) 『주자학과 토미즘의 철학적 협연』, 앞의 책, p.56.

인간은 덜 발달된 형태의 생물로부터 수백만 년의 기간을 거쳐 발달했다. 神은 그 과정에서 아무런 역할도 하지 않았다란 질문 항목에 대해 긍정적으로 답한 사람이 48%나 되었다. 오늘날과 같은 형태의 인간은 이전의 다른 동물 종에서 발달했다는 각국 사람들의 반응도 도표화했는데 아이슬란드, 덴마크, 스웨덴, 프랑스 같은 나라는 80% 이상이 사실이라고 답했다.[202] 2004년 일본의 생물과학이라는 잡지에서도 인간이 하등한 종에서 진화되었다는 진화론에 찬성하는가라는 질문에 대한 지지율을 국가별로 순위를 매겼다. 1위는 독일 (91.5%), 2위는 일본(90.1%)이었다.[203] 각 질문의 특징은 진화론에 근거하여 인간의 유래를 명시하고 있는데, 어떻게 인간이 다른 동물 종에서 발달했다든지 하등한 종, 즉 가정된 원숭이로부터 진화했다는 생각을 가지게 된 것인가? 그 전적인 영향이 진화론에 있고, 진화론이 얼마나 인간의 가치관 형성과 판단에 영향을 끼쳤는가 하는 사실을 시사한다.

그렇다면 이런 인간관 구축과 가치 판단이 삶에 미치는 영향과 초래할 문명 역사의 지향 전망은? 예수 그리스도는 네 믿음이 너를 구원하였고, 구하는 것을 구할 수 있으며, 믿은 대로 이루어진다고 하였다. 동양의 선현들은 인간의 본성이 天에 근거했다고 믿었기 때문에 인간 완성을 목표로 한 질 높은 도덕 문명을 건설하였다. 하지만 진화론자들이 인간이 神으로부터 유래했다는 창조 신앙이 있는데도 불구하고 애써 거부하고 가치를 격하시킨 저의는 무엇인가? 그 뜻을 인류는 직시해야 한다. 만약 인간이 정말 어떤 하등동물로

---

202) 『지상최대의 쇼』, 앞의 책, p.571.
203) 「과학시대의 창조신앙」, 성공회대학교 신학전문대학원, 석사, 2008, p.152.

부터(원숭이) 진화한 것이 사실이라면 인간이 추구한 영혼의 문제, 영생의 문제, 보람과 의미 있는 삶을 영위할 가치의 문제, 구원의 문제는 어떻게 되는가? 일체 길이 막히고 가야할 곳이 삭막해진다. 진화론은 인간이 행복한 삶을 살 수 있는 가치관 파괴의 원흉으로 서, 인간 영혼이 죽어 귀환해야 할 처소는 결국 원숭이의 품안이라 는 것이다. 인간의 본향, 그 가야 할 이상향이 무산되고 미래에 대 해 희망이 없는데도 굳이 인간의 유래를 하나님의 품안으로부터 끄 집어내어 야수들에게 두려고 한 것은 상식적으로 이해하기 어려운 처사이다. 이런 사상이 인간 삶에 미친 영향은 인류 사회가 처한 막 다른 종말 상황을 그대로 나타낸다. 참된 진실에 눈뜨지 못하고 미 혹한 가설에 혹한 결과이다. 진정 구한대로 얻는 것인데, 어리석음 을 깨닫지 못하고 내로라한 지성들이 앞장서 부화뇌동하였다. 인간 이 이전의 다른 동물 종에서 진화했다는 가설을 인류가 추종한다고 했을 때 야기될 문제는 전혀 고려하지 않았다. 이성을 지녔다고 자 부한 지성들이 인류가 쌓아 올린 고귀한 문명적 가치, 나아가 하나 님이 지상 천국을 건설하기 위해 노심초사한 유형무형의 가치들을 송두리째 허문 것인데도 이런 결과 사태를 인지하지 못하였다. 그 렇게 나가는 것이 얼마나 잘못되고 자멸을 자초하는 것인가 하는 것을 이 연구가 사명감으로 지적하리라. 간혹 과장된 선전 광고에 혹해서 기대감을 가지고 물건을 사보지만 사용해보면 실망감을 감 추지 못하는 경우가 있다. 도킨스 같은 열렬한 진화 맹신자도 1986 년의 저서 『눈먼 시계공』에서 다음과 같이 말하였다. "인간이라는 존재는 한때 가장 큰 신비로 알려졌다. 그러나 이제는 …… 그 수수 께끼가 풀렸으므로 더 이상 신비가 아니다. 다윈, 그리고 월리스가 신비를 풀었다. 다윈은 생명이 어떻게 탄생했고 그것의 아름다움, 적응성, 그리고 복잡성을 획득하게 되었는가에 대한 수수께끼를 풀었다"라고 장담하였다.[204] 무엇을 풀었다는 것인가? 되레 수습할 수 없을 만큼 헝클어 놓지 않았는가? 그 첫 실마리는 하나님의 창조설을 부정하고 진화를 통해 인간이 원숭이와 공통조상을 가졌다는 인식으로부터 출발되었다. 출발은 미미한 것 같지만 초래된 결과는 가치관을 전도시킨 것인데, "성경에서는 神이 자기 모습대로 인간을 창조했다고 했지만 실제로는 인간이 자기 모습대로 神을 그려내었다"고 보았다.[205] 정말 그렇게 되었을 때의 결과는? 한마디로 근본 말살 획책이다. 인간은 더 이상 갈 곳이 없어진다. 神이 담당한 모든 것을 인간이 떠맡아 설명해야 한다. 인간이 관념으로 떠 올린 것이 神이므로 관념 속에서 지워버리면 되겠지만, 그렇게 했을 때의 문제는? 진화론자들이 그런 모순된 주장을 하였다. 내세우기는 했지만 다음은 생각하지 못했다.

진화 관점에 입각한 일반적인 인간 기원의 유래를 요약한다면, 최근 30억 년 동안 생명은 꾸준히 진화해 왔으며 무수한 탄생, 생존, 번식, 사망의 순환 과정을 통해 동식물의 생물종들은 번성하고 발전했으며, 어떤 종은 멸종하기도 했다. 그리고 30만 년 전에 호모 사피엔스가 등장했다. 지능을 가진 인간인 호모 사피엔스는 선택할 능력이 있었고, 공동체를 이루어 살았으며 선악, 기쁨, 고통 등을 알았고, 자연의 지배자로서의 긍지도 갖고 있었으며, 죽음이 무엇인지도 알았다. 이것이 진화의 최근 단계로서 바야흐로 인류의 시대로 들어섰

204) 『과학의 종말』, 존 호건 저, 김동광 역, 1997, p.168.
205) 『진화론과 창조론』, 장기홍 편자, 한길사, 1991, p.25.

다. 인간은 신체적으로는 지난 4만 년 동안 거의 변한 것이 없지만 그들의 지능은 진화했고, 지식은 증가했으며, 이해도 깊어졌다.206) 그럴듯한 역사인 것 같지만 펼쳐진 인간의 유래 기원 속에서 천지 창조 역사 흔적은 어디서도 찾을 수 없다. 추적과 유래 설정이 근본적으로 잘못되었다. 모든 것이 사실과 어긋났다. 진화론은 30억 년 전부터 지금까지 인류는 자연이라는 환경의 끊임없는 영향으로 진화한 결과물이라고 하지만, 사실은 하나님과 인간과의 끊을 수 없는 교감 역사를 통해 함께할 수 있는 길을 터 닦았다. 사사건건 대립을 위한 관점 설정이 아니다. 진실을 보아야 하는데, 그렇지 못하니까 인간에 대한 이상적인 가치 설정이 저지되었다. 같은 사실을 바라보면서도 해석이 달랐다. 요즘은 분자생물학의 발달로 생물의 복잡성이 확인되고 있는데, 복잡성은 인정하면서도 문제는 해석 관점에 있다. 전에는 몰랐던 유전자의 존재와 역할을 확인하고서 "우리는 그것들의 생존 기계이다. 인간은 이기적 유전자를 보전하기 위해 맹목적으로 프로그램을 짜 넣은 로봇 기계"라고 하였다.207) 과연 이런 판단은 옳은 것인가? 외부적인 모습만 보고 판단한 것이 아닌가? 유전자가 도대체 어떻게 생긴 것인가에 대한 본질 파악은 회피되었다. "인간을 포함한 생명체는 유전자가 원하는 대로 움직이는 기계에 불과하며, 인간은 유전자가 자신의 복제본을 퍼뜨리기 위해 고안해낸 장치에 불과하다(도킨스)"는 것은 그렇게 말한 대상의 본질을 나타낸 것 같지만, 사실은 그렇게 말한 사람 자신이 가진 반가치적 편협성을 나타낸 것이다. 문화 전달마저 유전적인 전달과 유사하다(밈)

---

206) 『21세기의 신과 과학 그리고 인간』, 앞의 책, p.26.
207) 『이기적 유전자』, 리처드 도킨스 저, 홍영남·이상임 역, 을유문화사, 2014, p.6.

326   동양창조론 대 진화 메커니즘_창조성론

는 식으로 해석한 지경인데, 그런 반가치적인 관점으로 인간이 이 땅에서 어떤 문명을 건설할 수 있겠는가? 진화론자들은 볼 수 있는 것이 그것밖에 없으니까 인간의 유래를 고착화시키고 말았지만, 또 다른 관점에서 본성을 추구했던 동양인들은 인간의 유래를 정확하게 초점잡지 못한 관계로 완성된 가치관은 설정하지 못했지만 완성을 지향하였고, 언젠가는 완성될 수 있는 디딤돌을 놓았다. 비록 天[하늘]이라는 것이 동양의 문화권에서 하나님의 본체 모습을 온전히 드러낸 것은 아니지만 동양의 진리적 여건 속에서 바라본 하나님이 분명할진대, 진화론은 하나님이 존재하였는데도 인간의 기원을 전혀 다른데서 구한 반면, 동양은 더듬어서 추적하기는 했지만 방향설정과 지향 목표는 정확하였다. 그것이 무엇인가? 천명지위성(天命之謂性), 곧 인간의 본성은 본래 하늘로부터 이어받아 나온 것이다. 하늘의 뜻(이치)이 형상화된 것이 인간의 본성이다. 인간이 바로 天에서 유래하였다는 판단은 명백히 창조에 근거한 인식이고, 본질로부터 창조되었다는 말이다. 천지가 天에 근거했기 때문에 모든 가치는 창조가 대변한다. 일찍이 동양인들은 인간을 天의 소생(所生)이라고 생각하였고, 중국 철학은 天과 人, 우주자연과 인간과의 밀접한 관계성을 밝혀 왔다. 기독교 신관은 하나님을 절대시하여 인간과의 격차를 분명히 한 반면, 天에 근거한 동양은 天과 인간이 동일화될 수 있는 길을 인지하고 합일될 가능성을 모색하였는데(천인합일), 인간은 天의 화현체로서 天에 바탕한 창조로 말미암아 천성이 곧 인간의 본성에 내재되어 있다고 여겼다. 그래서 자체 본성을 일구어 천성을 구현하고 완성할 수 있는 위대한 수행 문화, 도덕 문화, 가치 문화, 天의 뜻을 이 땅에서 이루고자 한 천국 문화를 터 닦을 수 있었다.

마음을 다하여 性을 알고, 性을 알아 天을 알고(맹자), 天과 인간이 함께할 수 있는 가능성을 개진한 문명이 천국 문명이 아니고 무엇인가? 天人合一을 통해 이기지묘(理氣之妙)를 체득하고, 종국에는 天과 인간이 하나 되어 영생을 구하고자 하였다. 인간의 유래 근원(창조)을 天에 두고, 천성을 내면에 수용하여 완성시키며, 인간의 가치를 지극한 경지로 성화(聖化)시키고자 했던 것이 곧 內聖外王之道요 內外合一之道이다. 성리학의 천명지성과 기질지성은 天과 人과의 온전한 관계성을 밝힌 논의이라, 인간의 가치 道는 天의 가치 道를 정확히 함을 통해 자각되었다. 인간의 근원은 정확하고 道는 그 길이 명확한 것인데, 天에 근거한 인간 가치의 고무 문명과 진화론에 근거한 인간 가치의 역행 문명은 설정된 인간 유래의 반가치성을 여실하게 부각시킨다. 그들이 어떻게 근원을 잘못 설정하였고 무엇을 잘못 판단한 것인가 하는 것은 가치성의 추구 열매를 보면 알 수 있다. 진화론은 무엇을 잘못 판단한 것인가? 그 명백한 결과가 눈에 보이지 않는가? 인간과 천지 만상, 뭇 종들의 근원이자 유래 기원인 神을 버리고 天을 버리고 본질을 버렸다. 본성을 양성하고 가치를 기를 근원을 잃어버렸다. 미래를 보아도 나아갈 목표가 없고 과거를 추적해도 무수한 세월 속에 파묻힌 짐승들의 야성뿐이다. 파스칼은 하나님의 존재 여부에 대해 존재한다는 쪽에 내기를 거는 것이 손해는 보지 않으리란 궁여지책을 호교론으로 제창했는데, 이 연구는 그 단계를 넘어 가부간 확증할 수 있는 문제제기와 검증 방법을 동시에 구안하였나니, 인간이 하나님으로부터 창조된 것인지 모호한 하등동물 내지 원숭이로부터 진화한 것인지의 여부는 현재 살아계신 하나님과 인간과의 역사적인 교감 관계, 그리고 원숭이란 종과 인간과의 교감 관계 시도를 통해 살펴보면 확인할 수 있다. 사람과 침팬지와의 유전 정보는 1.23%밖에 차이가 나지 않는다고 하는데, 그것은 외적인 유전 정보가 비슷하다는 것이지 살아 있는 본성과의 교감 조건이 아니다. 이미 천지 만물은 하나인 근원 본질로부터 창조되었기 때문에 외부 조건의 유비 관계 여부는 얼마든지 포괄할 수 있다. 四海의 만민이 한 동포이고 만물은 온갖 차별상에도 불구하고 이미 일체이다[萬物一體]. 인간은 비록 원숭이와 겉모습은 비슷하지만 정말 원숭이로부터 진화한 것이라면 원숭이는 인간 유래의 근원이고 본체자이라 충분히 원숭이와 교통하고 교감할 인자를 간직하고 있어야 한다. 그것이 수많은 종을 가지치기식으로 수를 늘린 道, 본체, 太極, 天과 동격인 자격이다. 道, 天과 원숭이와의 차이, 나아가 인간과의 차이까지도 비교해보라. 도대체 무엇이 무엇을 낳았다는 것인가? 창조는 진화의 단계적인 과정이 문제가 아니다. 창조성을 완비한 통합성이 문제이고, 그것이 가늠할 척도이다. 창조는 이미 갖춘 부모(전체성)가 자식을 낳는 형태이지 자식이 부모를 있게 한 것이 아니다. 이런 논거는 차치하고서라도 인간의 유래를 추적할 수 있는 제일의 검증 방법은 하나님과 원숭이와의 진정한 본성적 교감 관계 제안에 있다. 수단과 방법을 강구한다면 반드시 가부간을 판단할 수 있는 결론을 얻게 되리라.

4. 무신론 확산의 전도사

윌리엄 프로바인[208]은 "진화론은 무신론의 가장 훌륭한 엔진이다"라고 하였다.[209] 무신론은 神이란 존재를 전제로 하여(유신론) 神의 개입이나 존재 자체를 인정하지 않는 설인데 처한 관점에 따라 다양한 설들이 있다. 그중 진화론이 神에 대하여 가진 입장은 대체적으로 유대교나 기독교처럼 하나의 창조주와 조물주만을 인정하는 유일신 신앙의 중심에 있는 하나님, 즉 초인간적이고 초자연적인 존재의 실재와 발휘된 권능을 거부하는 사상이다. 무신론은 철학적 기초를 유물론에 두지만 진화론은 초자연적인 것, 즉 영혼, 神, 내세 등에 대한 신앙을 거부하는 무신론 엔진에 계속 업그레이드된 생물학적 에너지를 공급하고 있다. 유물론은 단지 神이란 존재를 거부하고 세계의 궁극적 기원에 대해 입장을 달리한 이론인 반면, 진화론은 神 자체보다는 神의 절대 권능이자 제일 권능인 창조 권능을 무력화시키고 사사건건 손발을 묶어버림으로써 무신론을 서양 사회에 확산시키는 전도사 역할을 도맡았다. 아니 인류 사회를 거의 무신론적인 색깔로 바꾸었다. 그것이 가능한 것은 "150여 년의 역사를 자랑하는 진화론이 수많은 생물학자들을 통해 다양한 이론을 발전시켜서이다. 진화론은 자체만으로 정립된 것이 아니고 타 학문과도 연계되어 새로운 학문으로 발전하고 인간의 본성, 뇌, 종교 같은 주제들에 대하여 생각을 바꾸어 놓았다."[210] 이처럼 진화론이 제기한 종

---

208) 프로바인: 미국의 역사학자, 생물학자. 다위니즘을 따르는 것은 결국 무신론을 따르는 것과 같다고 주장함.
209) 『신과 다윈의 시대』, 앞의 책, p.124.
210) 위의 책, p.148.

의 기원에 관한 문제, 즉 뭇 생명체는 물론이고 인간까지 무기물질에서 진화했다고 하는 생각은 과학적, 철학적 범주를 넘어 신학적인 영역까지 파급되었을 뿐 아니라, 성서를 공박하는 논거가 되었고, 성서에 대한 불신이 하나님에 대한 불신으로까지 이어져 무신론 사상을 충동질하였다. 진화론의 대두와 발전은 세상의 기원에 관한 자연과학적 문제와 해답만 요구한 것이 아니고 성서와 하나님에 대한 신앙까지 위협하여 대대적인 신학적 문제, 사회적 문제, 문명적 문제를 낳았다. "아인슈타인의 상대성 이론도 하이젠베르크의 통계 이론도 개개인의 신념에는 별다른 영향을 주지 못했다. 코페르니쿠스의 혁명이나 뉴턴의 세계관은 전통적인 신념에 다소의 변화를 가져다주었다. 그러나 다윈의 진화론만큼 종교나 윤리에 관하여 새로운 의문을 불러일으킨 이론은 없었다. 현대 서양 사상과 과학 정신은 인류가 神의 피조물이 아니라 무작위적인 분자의 집합에 의한 시행착오적 선택의 결과라고 하는 주장에 크게 의존하고 있으니, 진화론이 인류 문화에 끼친 영향은 이루 말할 수 없다. 자연주의 세계관으로 확고하게 우뚝 솟은 기둥으로서 중세시대 이래로 창세기의 천지창조설에 종말을 가져온 세속 학설의 결정적 승리라고 주장되어 왔다."211)

왜 기독교 신학이 진화론의 도전에 대처하고 사회적인 전도 역할을 저지시키지 못했는가 하는 것은 창조 목적과 본의가 분열 중인 것과도 연관이 있다. 창조로 인해 삼라만상이 존재한 구조적, 생명적 시스템은 마련되었지만 단지 온전하게 이해할 수 있는 해석 관점이 미비된 것인데, 이것을 하나님이 갖추기 전에 섣부르게 선점해버

---

211) 『진화론과 과학』, 앞의 책, p.399.

렸다. 원칙은 분명하다. 창조 이래 새로운 창조는 하늘 아래 다시없다. 유구한 생성만 있을 뿐인데 웬 종의 창조 메커니즘 이론? 때가 되면 밝혀질 텐데 그때란? 진리의 성령이 강림하면 해결되고 모든 진리 가운데로 인도하리라고 하였다. 하지만 진화론자들은 이미 창조 신앙에 불신을 품고 반기를 든 자들이라, 여기에 투쟁할 창과 방패와 갑옷을 제공한 것이 다윈의 진화론이다. 그들은 진화론에 신념적 근거를 두고 다윈이란 교주에게 혼을 빼앗긴 무신론 집단이므로 믿음을 바쳐 때를 기다릴 위인들이 아니다. 공격 목표는 정해졌고, 장애물은 극복할 수 있으며, 조만간 고지를 정복하리라고 믿은 자들이다. 진화론의 도발적 발상들을 저지할 리 만무하다. "현대 진화론은 엄격히 말하면 다윈 진화론이 아니다. 수정된 진화론이다."212) 이것은 스스로 진화론이 절대적인 법칙이 아니고 가설적인 이론인 것을 시사하는 것인데도 유리한 방향으로만 해석하고 계속 합리화시켰다. 즉, 다윈은 모든 종의 생존 투쟁에 있어서 적응에 실패한 변이는 소멸되고 유리한 변이는 유지되도록 작용한 것이라고 하였는데, 생존 투쟁에 있어서 적응 여부에 따른 유전인자의 변이 문제와 연관성에 대하여 다윈은 개체 간의 변이가 어떻게 생기느냐에 대해서는 설명하지 못하고, 라마르크가 제창한 환경의 영향에 따라 생긴 변이가 다음 대에 유전한다고 하는 획득형질유전론을 채용하였다. 하지만 이 이론은 이후 잘못된 이론으로 탈락한다.213) 중요한 메커니즘 요인이 제거당한 상태인데도 진화론은 살아남아 계속 새로운 이론을 첨가시켰다. 주요 요인이 무너졌는데도 지탱된 것은 진화론은 무

---

212) 『과학으로 새로운 기독교 새로 보기』, 앞의 책, p.96.
213) 다윈은 라마르크의 획득형질 유전설을 받아들였지만 현재 이 가설은 받아들여지지 않음.

신론의 이론적 근거이고, 돌이킬 수 없을 만큼 무신론자로서 지켜내어야 할 최후의 보루이기 때문이다.

> "지금은 유전자와 DNA, 그리고 유전자 돌연변이에 대한 많은 내용이 밝혀졌다. 따라서 다윈이 골치를 앓았던 많은 일들을 설명할 수 있게 되었다. 종의 구분이나 변이에 대한 내용이 특히 그렇다. 다윈이 내놓은 획득형질의 유전이라는 개념을 버리고 유전에 대한 연구 결과를 통합한 것을 신다윈설이라고 한다."214)

착각하는 것은 자유라고 하지만 현대의 첨단 과학 기술이 밝혀낸 유전자, DNA, 유전자 돌연변이 등의 문제는 처한 관점에 따라서는 진화론에 반한 자연의 진실을 말한 것인데도 긍정적인 방향으로만 해석하였다. 끝까지 동전의 한 면, 곧 외양에 치우친 관찰에 의존하여 본질성을 외면하였다. 신다윈 종합설의 대가인 생물학자 마이어는 "살아 있는 자연의 모든 현상에 대해 순수하게 유물론적인 설명을 제공함으로써 다윈의 자연선택 이론이 하나님을 폐위시켰다고 하였다. 과학으로서의 진화론이 무신론은 아니지만 궁극적으로는 무신론적 세계관의 이론적 기틀을 제공하며, 무신론과 깊은 연관을 갖게 된 결과를 가져왔다."215) 니체는 유대교와 기독교가 구축한 정신적 구조를 노예 도덕으로 규정하고, 그런 가치가 더 이상 적용될 수 없다는 측면에서 神의 죽음을 소리 높여 외치고 시위한 반면, 진화론은 직접적으로 물리력을 동원해 강제적으로 전능한 하나님을 무력화시키고 권좌로부터 끌어내린 것이라고 할 수 있다.216) 끌어내린

---

214) 『종의 기원(자연선택의 신비를 밝히다)』, 앞의 책, p.228.
215) 「진화론의 종교적 영향에 대한 연구」, 김홍진 저, 기독교교육, 제3집, 1999, p.120.
216) 진화론은 사실상 하나님의 가장 위대한 능력이고 존재하는 제일 이유인 창조 권능을 무력하게 만들고 거부한 무신 사상이다.

다면 방어도 할 수 있어야 하는데, 거의 무방비 상태가 되어버린 것은 무신론을 타파할 뚜렷한 창조 무기를 서양 문명 안에서는 제조할 수 없었기 때문이라고 할 수 있다. 방어벽이 허술하면 공격도 하기 쉽다. 모든 것은 상대적인 측면이 있다. 현대 사회에서 진화론이 득세한 것은 결코 참된 이론이라서가 아니다. 기독교인들이 창조 본의를 미처 자각하지 못한 때문이므로, 자각하면 일시에 허물어질 가설이다. 그런데도 진화론이 활개를 친 것은 진화론자들은 다윈을 절대적으로 추종한 신앙자로서 무신론을 전도하는 사명적 역할을 각인한 때문이다. 그들의 본색은 이미 사탄에게 자아 의지를 의탁한 관계로 진화론이 사실인가 아닌가 하는 것은 중요하지 않다. 상관없이 그들은 이미 유물론적 세계관에 근거한 무신론자이다.

칼 마르크스는 "『종의 기원』이 출판되자 즉시 우리의 견해에 대한 자연-역사적 기초라고 하면서 환영하였고, 헥켈은 하나님과 세계는 단 하나의 본질이다. 하나님이라는 개념은 자연이나 실체의 개념과 일치한다. 범신론은 필연적으로 우리의 자연과학적 세계관이다"라고 하였다.[217] "『사회생물학』을 발간한 에드워드 윌슨은 진화론을 통해 인간의 사랑·도덕·종교, 그리고 예술까지 설명했을 뿐 아니라 사회생물학 개념을 전 학문에 걸쳐 활발하게 응용시키기에 이르렀다."[218] 무신론이란 사상적 배경이 있기 때문에 가능한 일이다. 순풍에 돛을 달았다는 말이 있듯, 세계적인 명성을 날린 내로라한 지성들이 다윈의 후예를 자처하면서 무신론 확산에 사명감을 불태운 열렬 전도사가 되었다. 일명 '다윈의 불독'으로 알려진 헉슬리, 사회

---

217) 『창조 안에 계신 하나님』, 김균진 저, 한국신학연구소, 1987, p.235.
218) 『신과 다윈의 시대』, 앞의 책, p.148.

다윈주의를 추구한 스펜서, 동물의 이타적 행동을 유전자에 기초하여 수학적으로 분석한 해밀턴, 진화의 '단속평형설'을 제시한 굴드, 집단유전학을 발전시킨 르원틴, 철저한 진화론 입장에서 인간의 의식을 탐구하고 다윈을 인류 최고의 아이디어를 낸 학자라고 칭송하면서 로봇도 인간처럼 의식을 가질 것이라고 주장한 대니얼 데닛 등 등[219] 그중 옥스퍼드대에서 동물학으로 박사학위를 받았고, 현재 동대학 석좌교수인 리처드 도킨스는 노암 촘스키, 옴베르트 에코와 더불어 세계 최고의 지성으로 꼽히는 과학자, 베스트셀러 작가로서 최근 들어 가장 전면에 나서 다윈 진화론의 전도사로서 무신론 운동을 세계적으로 파급시키고 있다. "21세기 과학적 무신론의 대표자라고 해도 과언이 아닌 그는 다윈의 진화론을 토대로 철저하게 논리적으로 분석하고 종합하여 『이기적 유전자』, 『눈먼 시계공』, 『확장된 표현형』, 『지상최대의 쇼』 등에서 무신론적 과학을 보여 주었고, 『만들어진 신』을 통해서는 과학적 무신론자임을 분명하게 드러내었다."[220] 이 책에서 도킨스는 종교는 증거 없이 전파되는 바이러스이고, 다윈주의가 인류의 의식을 깨우치며, 모든 것은 자연선택의 결과로서 생물의 기관들에서 효율적이라도 결함이 보이는 것은 진화의 예상된 결과라고 주장하였다. 그는 다윈주의를 기독교 창조론의 대안이라고 하였는데, 그 이유로 "자연과학이 우주를 설명할 수 있게 된 이상 우주에 대한 개념적 이해로 점철된 기독교 창조론은 더 이상 불필요하다고 여겼다. 그래서 다윈주의는 곧 무신론으로의 전환을 의미한다. 그는 다윈주의가 신비성 있는 자연과학적 증거로 神이 불필요하

---

219) 『진화론도 진화한다』, 앞의 책, p.143.
220) 「리처드 도킨스의 과학적 무신론에 대한 비판적 고찰」, 앞의 논문, p.2.

다는 것을 증명함으로써 무신론의 필연적 다원성을 확증하였음을 단언했다."[221] "과학이 발달할수록 神의 역할은 사라질 것이다."[222] 神은 인류가 만들어낸 망상이다. 神이야말로 이 시대의 가장 추악한 모델이고, 이 시대의 모든 죄악의 근본이다.[223] 神을 과감하게 부정할 필요가 있다고 부추겼다.

현재 발달한 과학은 神의 존재를 입증할 수 없는 것이 아니라 神이 없음을 증명할 수 있다고 한 도킨스는 세계에서 가장 선명한 입장을 가진 무신론 논객으로서의 명성을 확립하였다고 해도 과언이 아니다. 이런 도킨스의 도전적인 과학적 무신론은 결코 하늘에서 그냥 떨어진 사상이 아니다. 근원된 본질주의를 거부한 고대 그리스의 유물론, 아리스토텔레스 철학, 중세의 유명론, 근세의 과학주의 등 거대한 전통 맥을 계승했다. 반쪽밖에 보지 못한 세계관이다. 종교가 지켜온 믿음을 비사고적인 과정이라고 하지만, 그것은 아직 창조된 본의가 드러나지 못한 상태에서 차원적인 본질 세계를 향한 과도기적 징검다리 역할이다. 왜 그들은 과학적인 방법과 드러난 사실만으로 세계를 판단한 절대적 기준으로 삼았는가? 종교를 비합리적이라고 한 것은 현상적 질서를 기준으로 한 것이 아닌가? 도킨스는 "유신론에서 말하는 神적인 존재는 진화가 계속되어 최종적으로 나오는 산물이다"라고 주장하였는데,[224] 그가 왜 그렇게 판단한 것인지 유리벽을 보듯 명확하게 꿰뚫을 수 있다. 창조된 근원을 완전히 거꾸로 본 오판임에, 이런 근거들을 제시하리라. 도킨스는 종을 누

---

221) 「창조에 대한 과학적 접근의 분석과 비판」, 앞의 논문, p.123.
222) 『신과 다윈의 시대』, 앞의 책, p.134.
223) 『과학과 신의 미래』, 장진수 저, p.302.
224) 「리처드 도킨스의 종교비판에 대한 교의신학적 고찰」, 앞의 논문, p.3.

구보다도 잘 안다고 생각하였고 神을 무엇보다도 잘 파악하였다고 생각해 神을 향해 '공격 앞으로'를 감행했지만, 그는 누구보다도 종을 잘못 알았고, 무엇보다도 神을 잘못 판단했다. 진화론으로 철저하게 무장해 창조 신앙이 지닌 믿음의 외곽 성벽에 돌을 던질 수는 있지만 인류가 보편적으로 구축하고 지킨 神에 대한 믿음과 창조 신앙에 대한 아성은 결코 침범할 수 없었다. 외벽이 논란으로 시끄럽기는 하지만 그 어떤 진화 이론을 동원해서도 하나님의 위대한 실존성과 권능을 훼손할 수는 없다. 그들은 서슴없이 神은 죽었다고 선언하고 神을 버렸지만, 그 버림이 초래할 세계사적 의미는 깨닫지 못하였다. 버릴 수밖에 없어 버린 자체 문명의 본질적 한계성을 알아야 하고, 얼마나 소중한 가치를 잃어버린 것인지 뼈저린 아픔을 맛보아야 한다. 그런데도 감각이 너무 무뎌 오만한 지성만 앞세워 무신 사상의 전도사 활동을 포기할 줄 모른다.

다윈은 神의 창조 사실을 거부하고 『종의 기원』을 통해 자신의 창조론을 세웠다. 도킨스, 스티븐 호킹 등은 기독교의 창조론을 거부하고 자신들이 판단한 새로운 무신론적 우주론을 세웠다. 이에 이 연구도 하나님이 계시한바 창조 본의에 근거하여 "본질로부터의 창조"론을 세웠다. 하나님의 창조 본체를 전면에 내세운 동양식 창조론이나니, 神의 존재를 전면 거부한 그들은 어느 모로 보나 한계성에 처할 수밖에 없지만, 지상 강림 본체를 증거한 이 연구는 하나님의 권능 안에 있는 모든 창조론을 통합할 수 있으리라.

Chapter 04

동양창조론 대 진화
메커니즘 극복

현상은 본체의 반영이고 그것의 나타남이다. 그래서 본체=현상이다. 현란한 현상계의 모습에도 불구하고 결국은 본체 안에 있다. 창조의 본질은 오직 有함이고 현상계의 본질은 化이다. 生한 만물은 멸해도 有한 본질은 온통 無함 속에 둘러 싸여 있어 어디서도 사라질 만한 퇴로가 없다. 본래 有한 것이 生했다가 다시 돌아가는 것이므로 우주의 총량은 일정한 것이며, 늘지도 줄지도 않는다. 천지를 창조한 본체는 무진본(無盡本)이고 부동본(不動本)이다. 온갖 것을 낳았지만 본체는 불변하다.

-본문 중에서

제14장 창조론 대 진화론의 문제 제기

　"우주와 이 땅에서 생존하고 있는 수많은 생물들의 근원에 대해서는 두 가지 다른 설명이 있다. 하나는 전능한 神이 삼라만상을 지었다는 창조론이고, 다른 하나는 모든 만물이 물질로부터 진화되어 저급한 형태로부터 고급 형태로 발전해 왔다는 진화론이다."[1] 이런 대결 구도가 형성된 것은 다윈이라는 영국의 한 박물학자가 20년 이상을 연구하고 확인하고 고민한 끝에『종의 기원』을 출판한 158년 전부터인데(2017년 기준), 그의 등장으로 기독교가 절대적으로 지지한 창조 신앙은 새로운 도전을 받게 되었고, 진화론을 거부하고 이에 맞선 진영, 기존 창조론을 거부하고 진화론의 진리성을 증거하고자 한 진영, 그리고 양론의 대화를 통해 상호 조화를 추구한 진영

---

1)「창조론과 창조교리의 그리스도교적 이해」, 전헌호 저, 대구가톨릭대학교대학원 신학과, 석사, 2012, p.1.

으로 나뉘게 되었다.2) 다윈이 문제를 제기한 19세기부터 격돌된 창조론 대 진화론 간의 대논쟁은 지금까지도 계속되어 대립된 구도가 팽팽하다. 권위 있는 국제 심포지엄에서, 저명한 학술잡지에서, 이런 사실을 가르치는 교육 현장에서도 의견이 분분하다. 창조론에 대한 진화론의 문제 제기가 왜 관심을 불러일으키는가 하면 "진화의 사고방식이 근대의 모든 사고방식에 관련되어 있고, 나 자신과 우리를 둘러싼 세계를 바라보는 관점에 있어서 근세의 어떤 사고방식보다도 막강한 영향력을 끼쳤다. 100여 년 전에 받아들여지기 시작한 진화 사상은 16~17세기의 코페르니쿠스나 뉴턴의 혁신적인 발견들과는 비교도 안 될 정도로 대단한 지적혁명을 불러일으켰다."3) "진화론만큼 기독교 신앙에 심각한 영향을 끼친 사상도 드문데, 진화론은 기독교가 전통적으로 가르친 神에 대한 믿음과 인간의 존엄성에 대해 심각한 도전으로 받아들여졌다. 1925년, 스코프스 재판을 비롯해 창조-진화 논쟁과 관련된 몇 가지 역사적인 사건들은 종교와 과학이 갈등 관계에 있다는 것을 보여 준 대표적 사례이다. 창조와 진화에 대해 대조된 견해로서는 유물론적 진화론, 유신론적 진화론, 그리고 최근 진화론에 대한 대안 이론으로 급부상한 지적설계론, 늙은 지구 창조론, 젊은 지구 창조론 등이 있거니와",4) 어떤 뚜렷한 진리적 해결도 없이 자기주장에 급급한 상태이다. 한동안 창조론자들의 진화론에 대한 비판 관점들도 숱하게 제기된 바이다. 창조론자들은 진화

---

2) "과학과 창조에 대한 접근 방법은 크게 3가지로 나눈다. 기독교와 과학이 어떤 형태로든 공존이 불가능하다는 양립 불가능성 입장, 서로의 교류가 가능하고 동반자 관계로서 상보적 통합인 입장, 그리고 서로의 영역이 분리되어 있는 상호 독립적인 입장이 있다."-「창조에 대한 과학적 접근의 분석과 비판」, 이종용 저, 연세대학교연합신학대학원, 종교철학, 박사, 2014, p.4.
3) 『진화론과 과학』, 마이클 덴턴 저, 임번삼·전광호·우제태 공역, 한국창조과학회, 1994, 머리말.
4) 『신과 진화에 관한 101가지 질문』, 존 호트 저, 신재식 역, 지성사, 2004, 역자의 글.

론의 모순과 허구에 대해 깊은 의구심을 가지고 있고, 진화론자들은 아무리 살펴보아도 동떨어진 창세기의 절대 무류(無謬) 주장(기독교 정통주의)을 수용할 수 없는 입장이다.

그래서 양론에 대한 진위를 가리기 위해 하나님이 어떻게 뭇 종을 창조한 것이고 자연선택에 의해 진화된 것인지 살펴보니, 창조론자들은 우선 생물 세계의 신비함을 내세웠다. "기기묘묘한 식물과 동물들의 천태만상 모습, 천차만별한 생물들이 각기 특수한 생활양식을 가지고 살도록 마련되어 있는데, 이것은 결코 우연이 아니다. 생물의 구조만 보더라도 신기하기 이를 데 없다. 입으로 먹으면 소화시켜 영양은 섭취하고 남은 찌꺼기는 배설되도록 되어 있고, 코로 냄새를 맡고, 눈으로는 볼 수 있으며, 콧속에는 코털이 있어 티끌은 걸리도록 만들고, 눈에는 눈썹이 있어 눈을 보호하고 있는 조화를 어찌 인력으로서 미칠 수 있겠는가?"5) 인간도 종 자체도 우연도 아니라면 하나님밖에 없다는 논리인데, 이런 간접적인 증명 방식에 만족하지 못한 진화론자들은 신비함을 풀 수 있는 정답에 자연 자체가 지닌 선택 작용을 들었다. 자연선택이 어떻게 그야말로 신비한 창조력을 가진 것인지 살펴보니, 향유고래가 진화에 의해 완성되어 놀랍게도 해부학적으로나 생화학적으로 적응된 것을 볼 수 있다고 하였다. 왜, 어떻게, 무엇 때문에? 연이어 합당한 세부 설명이 뒤따라야 하는데 한 줄의 설명, 그것이 전부이다. 어떻게 그 같은 구조를 갖추게 되었는지, 생존경쟁 조건과 자연선택 요인, 진화한 과정에 대해서는 어떤 언급도 없다. 향유고래는 진화로 완성되었다가 끝이다.6)

---

5) 『21세기의 신과 과학 그리고 인간』, 러셀 스태나드 엮음, 이창희 역, 두레, 2002, p.47.
6) 『다윈의 블랙박스』, 마이클 베히 저, 김창환 외 역, 풀빛, 2001, p.253.

아니 진화로서 진화를 거듭한 향유고래가 완성을 이루었다니! 현재의 자연 환경에 100% 적응하여 안성맞춤격인 향유고래를 통해서 우리는 어떤 자연선택의 흔적도 발견할 수 없다. 진화가 확실한 과학적 사실이라고 하는 증명이 이런 방식으로 끝맺어도 되는가? 창조론자의 유추 사례와 무엇이 다른가? 원리는 지극히 법칙적이며 자연 환경 속에서 살아가고 있는 종들의 삶은 질서정연한데, 이것을 해석한 인간들의 이해적 관점은 제각각이다. 아직도 진실에 접근하지 못하고 관점마저 미확정적인 상태에서 전제, 유추, 가설적인 입장이므로 양론 간의 대립 구도가 불가피하고, 논쟁은 끝날 수 없었다. 양론이 취한 입장이 근본적으로 달라 진리에 대한 입장도 달랐다. 종의 불변성을 내세운 만큼 창조론자에게 있어서도 하나님의 창조 역사 사실은 수정될 수 없다는 입장이고, 진화론은 모든 과학적 이론들이 오류를 바탕으로 발전하여 계속 진화 중이라는 입장이다. 정체되고 결정된 학문이 아니고 언제든지 번복할 수 있고, 그렇기 때문에 오히려 발전할 가능성이 무한하다고 믿었다. 양론 모두 무언가 진리의 배를 타고 목적지를 향해 열심히 나가고 있는 것 같은데 정확하게 판가름할 수 없다. 누가, 무엇이 해결할 수 있는가? 아무도 대안책을 세울 수 없었다는 것이 선천 창조론의 한계성이다. 창조론과 진화론 어느 쪽도 사실적인 창조 과정을 설명할 수 있는 이론적, 원리적, 논리적 체계를 갖추지 못하였다. 누구도 태초의 천지 창조 역사를 목격할 수 없었듯, 진화론자들은 진화 현상의 최종 결론인 새로운 종의 탄생 역사를 경험하지 못했다. 누구도 창조론과 진화론에 대한 진리적 문제, 정신적 고뇌를 해결하지 못했다. 정말 영원히 풀 수 없는 숙제인가? 내담자의 고민을 상담자가 풀어주는 것처럼 인류가 해결하지 못한 진리적 문제는 천지의 창조주인 하나님이 풀리라. 결자해지(結者解之)라, 인류가 종의 기원 문제를 풀지 못한 것은 結者가 아닌 때문이다. 창조론 대 진화론 논쟁에 있어서 누구도 해결할 수 있는 지혜를 갖추지 못하였고, 선험적인 경험을 이루지 못했다. 그렇다면? 해지자는 따로 있다. 그분이 바로 오늘날 이 땅에 강림한 보혜사 하나님이다. 보혜사는 곧 진리의 성령이라, 이 성령이 태초의 창조 역사와도 함께하였고, 인류의 주재 역사와도 함께하였으며, 장차 인류를 모든 진리 가운데로 인도할 정신적 고뇌의 해결자, 진리로서 세계관을 판가름할 심판자, 종국에 모든 인류를 남김없이 구원할 통합자 하나님이다.

제15장 창조론 대 진화론의 논쟁 관점

1. 창조론 대 진화론의 대접점

　접점(接點)은 일반적으로 접하는 점인데, 수학에서는 곡선 또는 곡면의 접선이나 접점 면이 그 곡선 또는 곡면에 접하는 점을 말한다. 그리고 여기서 이룬 접점이란 다름 아닌 창조론 대 진화론이다. 접점을 이룬 부분의 성격은 양론 중 공통된 부분이 겹치고 있다는 뜻이 아니다. 논쟁하는 양상을 통해 보면 상이성만 존재하는 것 같지만, 살펴보면 사실적인 측면도 공존하고 있다. 전투를 지휘하는 장군은 전열을 가다듬고 사기를 북돋기 위해 승리를 장담하고, 한판 겨루고 나서는 서로가 이겼다고 우기는데, 창조론 대 진화론 간의 접전 양상도 이와 같다. 객관적으로 판단하면 어느 쪽의 승리를 확정 지을 만큼 결정적인 진리성은 확보하지 못했다. 팽팽한 긴장감이

감도는 상태, 대등한 위치에서의 주장이다. 그래서 이 연구는 대치 상태가 풀리지 않고 왜 물러설 여지가 없는 것인지 각자 확보한 진리성 주장과 입장을 살펴봄으로써 해결책을 모색하고자 한다. "진화론의 전개된 역사는 성서에 기반을 둔 기독교 세계와의 투쟁 역사이다. 영웅 다윈이 등장하여 종래의 세계관에 일격을 가하고 분쇄하므로 전투가 끝난다. 결과로 승리자들은 진화론이라는 정원에서 과학적 생명관이 피운 꽃들을 마음 편하게 느긋이 감상할 수 있게 되었다."[7] 해피엔딩! 그러나 정말 그러한가? 이것이 만약 드라마라면 이처럼 싱거운 결말도 없다. 일격에 나가떨어져 KO 당해버리다니! 이것으로 끝나버린다면 재미가 없어 반드시 역전 드라마를 구성할 수 있어야 하는데, 그 획기적인 계기 마련에 여전히 건재한 하나님의 천지 창조 역사가 있다. 진화론자들이 과학적인 지식을 바탕으로 창조론을 부정하고 공격한 것은 역사적 배경을 이해해야 한다. 성경에는 하나님이 우주만물을 창조한 기록이 없다고 지적하지만 창조론자들은 설명하길, 고대의 신앙인들은 하나님이 창조주라는 것은 당연한 사실로 인정하였기 때문에 구체적으로 표현을 하지 않았다고 한다. 이것은 불변한 진리로서 하나님이 만물을 지배한다는 사상이 큰 도전 없이 17세기까지 지속되었다. 그런데 폴란드의 천문학자 코페르니쿠스(1473~1543)는 지동설을 발표하여 하나님의 섭리인 빛(낮)과 어둠(밤)의 창조 원리를 부정하였다. 이어 독일의 천문학자이자 수학자인 케플러(1571~1630), 이탈리아의 천문학자·수학자·물리학자인 갈릴레오(1564~1642) 등도 이 설을 주장하다가 곤혹을 치렀다. 당시 창조론은 과학이고 진리였기 때문이다. 그러나 독일의

---

7) 『붓다와 아인슈타인』, 사사키 시즈카 저, 이성동 역, 2014, p.87.

생물학자 헥켈(1834~1919)이 생물의 진화론에서 개체발생은 계통발생을 반복한다는 설을 발표하면서 계몽주의 학자들이 반기를 들게 되었다. 다윈 진화 이론에 진리력을 보탠 천군만마들이 지속적으로 등장하였다. 전세를 확인한 그들은 오늘날 진화론은 부정할 수 없는 사실이다. 지리적 분포의 증거들을 솜씨 좋게 설명한『진화는 왜 사실인가』에서 제리 코인은 "진화에 대한 생물지리학적 증거는 너무나 강력해졌다"라고 단언하였다.[8] 우군들이 계속 나타나므로 "생물 진화 가운데 神의 관점은 전부 소멸된 것처럼 보인다. 이제는 아무것도 남아 있지 않게 되었다. 생물학자들은 이렇게 생각하면서 다윈 진화론의 패러다임을 인정하였다. 그런 상황인데 아직 무엇인가 神의 관점이 남아 있는 것을 발견하고 그것마저 배제시킬 수 있다면 대단한 공적이다. 노벨상은 문제가 아니다. 다윈을 계승하는 학자로서 역사에 이름을 남기리라."[9] 최후의 일격으로 창조론의 잔존 세력을 일망타진해서 진화론의 승리를 완결 지을 자의 공로는 정말 지대하리라.

하지만 심대한 착각은 바로 창조론의 진리력이 지구 표면을 샅샅이 수색한 것만으로 소멸되었다고 여긴 데 있다. 우리가 눈으로 볼 수 있는 가시광선의 범위는 한정이 있고 적외선, 자외선 등이 주변에서 상존하는 것처럼, 진화적인 증거도 마찬가지이다. 창조론자들의 주장을 살펴보면 그곳에도 진리적인 측면은 있고, 그런 관점에서 보면 오히려 진화론의 진리성 여부가 이 땅에서 발붙일 곳이 없어진다. 생명의 최초 진화는 과거에 단 한 번 일어난 역사적 사건이기 때

---

8)『지상최대의 쇼』, 리처드 도킨스 저, 김명남 역, 2009, p.381.
9)『붓다와 아인슈타인』, 앞의 책, p.34.

문에 그 실상을 알기 위한 수단은 추론을 사용할 수밖에 없고, 이것을 검증할 수 있는 역사적 사실을 재현할 수 없다는 것은 진화를 둘러싼 논의가 여러 가지로 복잡한 원인이다. 이런 돌이킬 수 없는 약점 때문에 "창조론과 진화론 중에 어느 쪽이 진리냐고 묻는다면 진화론만 옳다고 자신 있게 답할 수 있는 사람이 없다. 진화론에 의한 계통발생학적 종의 기원을 시대적으로 정확히 증명할 수 있는 방법과 대안이 없다."[10] 아울러 진화론의 신봉자들도 다윈과 이후에 제시된 진화 메커니즘을 근거로 만상의 존재 현상을 일괄적으로 적용시킨 성과를 제시하지 못했다. 무엇보다도 천지를 창조한 원리성을 판단할 수 있는 초월성에 대한 지식과 정보를 가지고 있지 못했다. 하나님은 창조주이며, 그런 이유로 종은 불변하다는 인식 정도이다. 그런데도 설상가상 문제를 더욱 꼬이게 한 것은 창조론을 옹호한 지식인들조차 설계 논증을 통해 창조 사실에 대한 추측성, 간접적 논증 형태를 벗어나지 못한 데 있다. 이런 문제를 해결하기 위해서는 논리적, 원리적인 절차를 따져서 양론이 접전을 펼친 정확한 이유를 알아야 한다. "창조냐 진화냐 하는 생명의 기원과 출현 문제를 흑백논리로 판가름하려는 경향이 있는데, 이것은 풀고자 한 과제 자체가 직접 관찰되지도 않고 실험대 위에 올려놓아 증명할 수 없기 때문에" 불가능한 것이 아니라,[11] 어느 한쪽만의 일방적인 기준 적용이기 때문에 흑백논리 적용으로서는 해결할 수 없다. 삼단논법은 대전제와 소전제와 결론으로 구성되며, 내세운 대전제 안에는 결론적인 요소가 이미 내포되어 있다. 소전제가 아무리 사실이고 진리이더라

---

10) 「성서에 나타난 창조론과 진화론에 관한 고찰」, 이영화 저, p.82.
11) 「창조 대 진화 연구」, 임원규 저, 목원대학교신학대학원 신학과 구약학, 석사, 2002, p.4.

도 대전제가 온통 일방적인 조건들로 구성되어 있고 결정적인 것이
라면 소전제는 대전제에 모두 흡수되어 버린다. 결론은 대전제가 갖
춘 조건 이상을 벗어날 수 없다.

> "대전제: 연기가 있는 곳에는 불이 있다. 소전제: 저 산에 연기
> 가 있다. 결론: 저 산에 불이 있다."[12]

천지 만상이 법칙으로 구성되어 운행되고 있는 상황에서 앞선 대
전제 요소가 온통 현상계적인 사실과 질서 인식으로 조건화되어 있
다면 결론 역시 현상계적인 인과 법칙 상황을 벗어날 수 없다. 뻔한
결론 도달이다. 창조론은 창조 역사의 초월성을 강조하기 때문에 삼
단논법 같은 법칙성과는 거리가 멀다 하더라도 진화론의 경우는 철
저하게 현상적인 법칙성과 운행 질서를 따르고 있다. 온통 현상적인
사실과 조건만으로 논법이 구성된 상태에서는 어떤 검증 방법 적용
과 과정을 거치더라도 결론은 일치한다. 그러니까 진화론은 창조론
과의 대결에서 자신감 있게 승리의 노래를 부를 수 있었다. 혼자서
북 치고 장구 친다는 말이 있듯, 대전제가 모두 진화론을 충족시키
는 조건 안에서 진화론을 부정할 수 있는 근거는 어디에도 없다. 그
러니까 진화론이 옳은 것으로 판명난다. 자체 부여한 조건 안에서는
확실하다 하더라도 문제는 전혀 다른 진리와 질서 조건을 갖춘 창조
론의 주장 영역까지는 반증하지 못했다는 데 있다. 그러니까 창조론
의 진리성 불씨는 여전히 살아남아 있다. 이런 경우를 우리는 어떻
게 이해해야 할까? 상식상 하나의 진리 공간 안에서 동일한 사실에

---

12) 『중론』, 김성철 저, 불교시대사, 2006, p.249.

대한 진리 인식은 양립될 수 없다. 한 사람이 이 동전은 붉다고 하였고 다른 사람은 붉지 않다고 했을 때, 그들 판단은 모두 사실로서 인정될 수 있다. 왜냐하면 동전은 실제로 앞면은 붉은데 뒷면은 그렇지 않을 수 있기 때문이다. 하지만 조건을 제한하여 한 사람은 동전의 앞면 전부가 붉다고 하는데 다른 사람은 앞면 전부가 붉지 않다고 부정한다면, 이것은 모순되어 양립할 수 없다. 동시에 참일 수 없는 경우라, 어느 한쪽은 수정하거나 폐기해야 한다.13) 판가름 기준은 동전을 확인하면 되는데, 창조론 대 진화론 문제는 증거를 곧 바로 들이댈 수 없다는 데 있다. 그렇다면 영원히 해결할 수 없는 문제인가? 결단코 아니다. 앞서의 동전은 동전의 한 면에 대해서만 붉다, 붉지 않다. 혹은 앞면은 전부가 붉다, 앞면은 전부가 붉지 않다고 했지만, 알고 보면 동전은 앞면만 있는 것이 아니다. 뒷면도 있다. 마찬가지로 세계 안에서 하나의 존재 혹은 사실에 대해 두 개의 상반된 진리 인식과 판단이 있다면 그것은 판단자가 부분을 본 것 외 다른 가능성은 없다. 하나님이 천지를 창조한 사실은 불변한 것이고, 진화를 인정할 수 있는 수많은 객관적 증거들 역시 병존한다고 할진대, 현대에 이르기까지 팽팽하게 논쟁을 일으키는 이유는 달리 생각할 것이 없다. 양론 모두 진리성을 내포하였다고 할 수 있는데, 그 양상은 정말 같은 동전에 대해 앞면과 뒷면을 본 것과 같다. 양론이 물러설 수 없는 주장일진대 진화론은 바로 앞면을 본 것이고, 창조론은 뒷면을 본 것이다. 그렇다면 어느 한쪽이 전적으로 옳다고 할 수도 없고 틀리다고 할 수도 없다. 부정적으로 본다면 양쪽 다 상처를 안길 반쪽 정보만 본유한 것이고, 일면만 진리성을 지녔다. 도대

---

13) 『성리학의 형이상학 도론』, 송영식 저, 울산대학교출판부, 2008, p.241.

체 이 말이 무슨 의미인가? 창조론 대 진화론은 한쪽의 일방적인 판단 기준만으로 편 가름될 수 없다는 말이다. 그렇다면? 각자가 본 진리 면이 다르므로 거기에 맞춘 합당한 진리 기준을 적용해야 한다.

창조론과 진화론은 진리성 여부를 판단하는 기준이 다르다. 창조론은 창조론이 지닌 진리 기준으로 진화론을 판단하였고, 진화론은 진화론이 지닌 진리 기준으로 창조론을 판단하니까 서로의 주장이 틀리고 초점이 안 맞았다. 격론이 그칠 리 없다. 기준의 양면, 즉 동전의 앞면은 무엇이고 뒷면은 무엇인가? 밝힌바 현상계와 본체계이다. 종의 기원 문제는 본체적 질서, 그리고 변화 문제는 현상적 질서에 근거해 풀어야 하는데, 창조론자들은 종의 기원 문제를 현상계적인 질서 인식을 기준으로 반박하고, 진화론자들은 본체의 초월성과 존재성을 무시하고 종의 창조 문제를 풀려고 하니까 한계성에 봉착했다. 법칙은 분명 결정적인 것인데 진화론자들은 법칙도 진화하고, 진화하는 과정에서 질서가 생기며, 법칙이라고 생각한 세상의 한 측면이 우연적인 것으로서 시간 속에서 진화한 결과라고 말하는 것은 순전히 현상계적인 질서를 안에 본체적인 질서 영역을 억지로 짜 맞추어 넣은 것이다. 그들은 질서를 설명하는 자연법칙을 자기 조직화 과정의 결과라고 하는데, 이것은 단연코 본체의 창조 역사 과정을 보지 못한 증거이다. 맨눈으로는 적외선이 보이지 않는 것처럼……. 자기 조직화 과정이란 우주의 사실적인 모습이 그렇다는 것이 아니다. 거두절미하고 그렇게밖에 볼 수 없는 진화론자들의 안목을 시사한다. 성서는 문자 그대로 해석되어야 한다고 하면서 전제 조건으로서 성서의 틀림없는 무오류성을 내세우는데, 이것도 상황은 다를바 없다. 문자대로 이해한다는 것은 현상계적인 질서로서 판단해야 한다는 뜻인데, 성서는 어떤 것인가? 초월적인 하나님이 계시하고 역사한 뜻을 기록한 경전이 아닌가? 그렇다면 해석 기준과 잣대도 초월적인 본체 차원으로 접근되어야 하는데, 그런 기준이 서양 문화권 안에서는 없었다. 그러니까 창조론자들의 무오성 고집에 머리가 아프고 상대할 말이 없다. 헨리 모리스는 창조냐 진화냐에 대해 "기원에 관한 어떠한 특수한 개념도 과학적으로 옳다고 입증될 수 없다는 점이 강조되어야 한다. 과학적 방법의 본성이 실험적 탐구와 반복 가능성이라는 건 분명한 사실이다. 아무리 재능 있고 총명한 과학자라도 생명이나 우주의 기원을 관찰하거나 반복할 수 없지 않은가? 따라서 기원에 관한 철학은 관찰과 실험이 대상이 아닌 신앙의 대상일 수밖에 없다"라고 하였다.[14] 기원에 관한 어떠한 특수 개념도 과학적으로 옳다고 입증할 수 없다. 생명이나 우주의 기원에 관한 철학이 관찰과 실험의 대상이 아니라면 도대체 무엇인가? 신앙의 대상일 수밖에 없다는 말의 진정한 의미는? 본체계 영역이란 뜻이다. 이것을 창조론자들은 몰랐고, 모르니까 명시하지 못했다. 기원은 창조에 관한 문제이고, 창조는 차원적이므로 창조냐 진화냐 하는 문제는 현상계적인 질서 실마리로서는 풀 수 없다. 본체계에 근거해야만 하는 차원성을 가르는 문제이다. 어떻게 현상계 안에서는 해결할 수 없는데 본체계 안에서는 가능한 것인가? 현상계 안에서 理氣一元論은 말이 안 된다. 2=1이 틀렸다는 것은 유치원생도 안다. 그런데도 조선의 성리학자 이이는 "理와 氣는 어느 것도 독립적 실체가 못 되는 상호 의존 관계요, 반드시 결합해서 하나의 실체를 이루는 관계"라고 했다.[15] 理와 氣가 창조로 인해 결합되어 온갖 만물을 구성하

---

14) 「과학시대의 창조신앙」, 최돈순 저, 성공회대학교신학전문대학원, 석사, 2008, p.25.

였다. 그래서 理(1)+氣(1)=만물(1)이다. 2가 아니다. 현상계의 질서 조건으로 보면 2=1이 틀렸다. 하지만 본체계의 질서 조건으로 보면 2=1이 맞다. 理와 氣는 본래 한 본체로부터 이행되어 2가 되었고, 창조 역사의 실현으로 결합해 존재 안에서 다시 1이 되었다. 한 관점에서의 일방적 적용은 진실 세계를 오도하는 장본인이다. 선천에서 창조론 대 진화론을 바라본 관점이 그러하다. 이런 잘못에 대해 양론을 판단할 수 있는 정확한 기준을 제시하기 위해 이 연구가 앞편의 '창조성 원론'에서 본체계의 초월적인 창조 특성을 논거하였나니, 이 같은 지적 성과를 바탕으로 창조론 대 진화론의 논쟁 본질을 파고들 수 있는 양립 관점을 확보하였다. 보혜사 하나님이 이 땅에 강림하여 이룬 성업 성과이다.

2. 창조론 대 진화론의 본질적 차이

차이점을 말하라고 한다면 보통 이것과 저것이 서로 어긋나거나 다르거나 혹은 그 간격을 말한다. 너와 나는 가는 길이 어긋나고 TV와 냉장고는 구조가 다르며 식물과 동물 간은 같은 생물체라도 상당한 간격이 있다. 비교해보면 여러 가지 측면에서 차이점을 발견할 수 있는데, 그럼에도 불구하고 그런 차이를 구분하는 기준 만큼은 공통점을 가질 수 있다. 기준을 모습이나 구조에 둔다든지, 구분하는 인식 수단도 오감을 통해서라든지, 대상 전체를 현상적인 존재에 국한시킨다든지…… 이들은 한결같이 겉으로 드러난 것들에 대해

---

15) 『성리학의 형이상학 도론』, 앞의 책, p.243.

말한 것이다. 하지만 우리에게는 오감으로서는 감별할 수 없는 내면적, 본질적인 것이 있고, 특히 차원적인 영역은 어떤 인식 수단을 통해서도 감별할 수 없는 제한성이 있다. 그렇다면 흔히 말하는 창조론 대 진화론 간의 차이성은 어떤 단계를 두고 하는 말인가? "창조론에서 제기하는 문제는 어떤 것이 존재하고 어떤 것이 존재하지 않는가 하는 것이고, 철학적으로 보면 실체론적, 존재론적인 국면을 취한다. 각 존재자의 원인과 無와 有와의 차이점에 대해 논란을 벌인다. 그래서 존재를 전체로 보고, 존재가 어디로부터 기인했는가 하는 근원을 찾는다. 반면 진화론은 이미 존재하고 있는 것이 왜 되었고, 어디서 규정을 받게 되었는가, 또한 사물이 다른 사물의 형성과 어떤 관계를 가진 것인지에 대해 관심을 가진다. 철학적으로는 현상학적인 국면을 취하여 有와 有 사이의 차이에 대해 논란을 벌인다. 존재의 내적 형상, 존재하는 각 실재에 대한 특수한 기원을 찾는다. 이처럼 진화론 대 창조론은 문제 제기에 있어서 서로가 상이하다. 특히 창조론이 관심을 가진 無에서 有로의 전이 문제는 진화론의 관심사와는 방향 설정이 전혀 다르다."16) 문제 제기와 해결하고자 한 초점이 어긋나 있는데도 동일한 문제를 두고 논란을 벌이는 것처럼 보인 것은 눈으로는 동일한 대상, 즉 종의 기원에 대해 이야기하고 있지만 생각은 전혀 다르게 하고 있기 때문이다. 창조론 대 진화론과의 차이는 지극히 본질적인 것이고 더 나아가서는 차원적인 것인데, 이런 차이성의 의미를 알지 못하고 인식하지 못한데서 논란이 가중되었다. 창조론과 진화론이 가진 본질적인 차이란 과연

---

16) 「창조와 진화에 관한 연구」, 곽진상 저, 수원가톨릭대학대학원 신학과 교의신학, 석사, 1992, p.41.

무엇인가? 이것을 알아야 문제를 해결하고 논란을 종식 짓는다. 기원전 5세기 무렵 주로 아테네의 자유민으로서 교양과 학예, 특히 변론술을 가르친 소피스트(sophist)들은 "존재란 무엇을 의미하는가에 대해 특별한 지혜를 고안했다. 즉, 어떤 것이 존재하지 않는다는 것이 무슨 뜻인지를 이해하기 위해서는 먼저 어떤 것이 존재한다는 것이 무슨 의미인지, 또는 존재자니 존재니 하는 것이 무엇을 의미하는 것인지를 해명해야 한다. 그래서 펼치게 된 것이 일원론, 이원론, 유물론, 이데아론 등이다."17) 이 말은 창조론을 이해하기 위해서는 대립된 진화론을 알아야 하고, 진화론을 알기 위해서는 반드시 창조론을 알아야 한다는 뜻이다. 대비시키는 것은 존재한 특성을 부각시키는 좋은 방법이다. 그런데 그리스인들이 가진 존재에 대한 관점은 결코 일률적이지 않았다. 세상에는 오직 한 가지 존재만 있다는 입장(일원론), 두 가지 존재자만 존재한다는 입장(이원론), 물질적인 것만 존재한다는 입장(유물론) 등등 창조를 알기 위해서는 존재를 알아야 하는데 바라본 관점과 접근 방식은 유일하지 않았다. 그렇다면 되물을진대, 세상에는 오직 한 가지 질서 인식과 해석 체제만 있는가? 한 가지 종의 창조 방식만 있을까? 현재 취하고 있는 존재 방식이 유일하고 절대적인가? 창조론 대 진화론의 궁극적인 관심은 존재에 있지만 사실은 세상 질서를 어떻게 인식하고 이해하고 접근해서 파악하였는가 하는 것이 논거 형성에 더 큰 영향을 끼친다. 사실이 문제가 아니라 생각이 문제인데, 여기에 진화론자들이 취한 몰상식과 몰이해가 있었다. 천지가 창조되지 않았다면 일원성밖에 없고, 일원성만 있다면 일원이란 구분 자체가 아예 없다. 하지만 천지는

---

17) 『철학자 플라톤』, 미하엘 보르트 저, 한석환 역, 이학사, 2003, pp.248~249.

분명 창조되었기 때문에 이원적 나뉨이 있게 되었고, 유물론 대 관념론 간의 대립이 있으며, 하늘과 땅, 形而上과 形而下가 구분되었다. 세상 질서와 존재 방식 면에서도 차이가 생겼는데, 그것이 곧 현상계적 질서와 본체계적 질서이고, 無와 有가 지닌 차원적 존재 방식의 차이이다. 그리고 이런 구분과 차이를 통틀어 관장하는 절대선이 다름 아닌 천지 창조 역사 실현이다. 태초의 한순간 대우주의 첫 출발이 있었는데, 그 순간을 기점으로 일체가 창조 이전과 창조 이후로 구분되었다.

그러므로 세상에는 현상적, 분열적, 단계적, 점진적, 변화적, 진화적 질서 체제와 존재를 구성한 메커니즘만 있는 것이 아니다. 이런 질서와 생성 메커니즘이 존재하기 이전의 세계가 있고, 그렇기 때문에 결정적인 질서 체제가 있는 대신에 비결정적인 질서 체제도 있다. 창조로 이루어진 근본이 있다면(形而下學) 창조를 이룬 근본(形而上學)이 있다. 따라서 진화론이 기반을 둔 제반 이론의 특성은 종의 현상계적인 분열 특성, 곧 변화된 특성을 나타낸 것일 수는 있지만, 그것이 유일하고 일원론적이며 절대적이라고 생각하는 것은 큰 잘못이다. 이에 창조론 대 진화론의 차이를 한마디로 말한다면 창조론은 形而上學적인 질서를 바탕으로 하고 진화론은 形而下學적인 질서를 바탕으로 하고 있어 차원 세계가 다르다. 차원이 다르다는 것도 추정일 뿐, 현실적인 감각으로서는 파악할 수 없기 때문에 앞서 지적한 대비 방식, 곧 존재와 현상 세계를 통해 드러난 온갖 특성을 보고 반대인 차원 세계를 가늠하면 된다. 창조 역사는 누가 이룬 것인가? 전능한 하나님이 아닌가? 하나님은 어떤 분인가? 우리와는 존재한 차원이 다른 神이라, 神이 이룬 창조 역사 역시 하나님과 동일 선상의 차원성을 지녔다. 창조론은 하나님의 본체 반열로서 현상 계적인 질서 인식 체제인 진화론과는 다르다. 본체적 차원, 곧 4차원 에서 이루어진 초월적인 창조 역사를 제약이 분명한 3차원적인 질 서 체제로 가늠할 수 없다.[18] 다시 구분하면, 본체 안에서 이루어진 창조 특성은 4차원적인 이행이고(無→有 창조), 진화론은 3차원적인 질서 인식이다(有→有 변화). 이런 특성 때문에 세인들은 4차원적인 하나님의 본체를 이해할 수 없었고, 창조 역사도 현 질서와는 차원 이 달라 파악하지 못했다. 분열적인 질서로 친다면 종이 변화하여 새로운 종을 탄생시킨다는 것은 진화론적 메커니즘상 무수한 세월 에 걸친 점진적 변이성의 축적을 의미하므로 창조론의 순간적, 완전 한 변화보다 합리적이다. 진화론적 관점에서 본다면 창조 역사는 실 로 상상을 초월한 순간적 변화이다. 도무지 이해할 수 없고 인정할 수 없다. 그 이유가 무엇인가? 현상적인 질서 체제만이 유일한 판단 기준이기 때문이다. 하지만 본체의 초월적인 질서 안에서는 일시적, 순간적, 처음 출발 때부터의 완전한 창조가 다반사이다. 본체도 변 하여 만물을 이룬 것은 같지만 그 변화는 차원적인 이행이기 때문에 그것을 창조라 하고, 진화적 변화는 창조된 것이 현상화되어 드러난 생성이다. 처한 관점과 질서 인식 차원이 다르다. 그야말로 창조는 창조이고 진화는 진화이다. 진화는 종의 변화를 가정한 메커니즘일 뿐이고, 수많은 종을 있게 한 창조 메커니즘은 따로 있다. 진화론의 자연선택 개념 곧 생존경쟁, 자연도태, 적자생존에는 어디서도 창조

---

18) "우리는 시간과 공간의 제약을 받는 3차원에 살고 있지만 초월적인 하나님은 3차원 너머에 계 시는 존재자이다. 당연히 창조 역사도 3차원 수준에서 이루어진 것이 아니다. 그런데도 우리 는 초월적이며 전능한 존재인 하나님과 그분이 이룬 창조 역사를 3차원적인 생각 안에 가두어 두었다(진화론이 그러함)."- 「창조에 대한 과학적 접근의 분석과 비판」, 앞의 논문, p.109.

요인과는 거리가 있다. 그러니까 진화론은 현상계가 지닌 밑도 끝도 없는 변화의 늪에 발을 내딛고 말았다. 본질을 모르면 현상계의 변화는 정말 밑도 끝도 없어 방향도 목적도 알 수 없다. 창조는 무시간적인 본질에 근거한 것인데, 현상계의 다양한 변화와 모습만으로 종의 근원을 추적하니까 한정이 없다. 추적 불가 판정이다. 현상계적인 차원에서 구분할 때 진화는 밀가루를 반죽하여 빵을 만든 것과 같고, 창조는 밀가루란 존재 자체이다. 밀을 정미해서 밀가루를 만드는 것도 아니다. 無한 "본질로부터의 창조" 자체이다. 종은 유전자로부터 이어진 것인데, 진화론자들은 유전자의 돌연변이, DNA의 구조와 복제 기능, 형질 전달 법칙과 주체 등에 대해 관심을 가지지만, 창조는 유전 물질이 왜 어떻게 무슨 목적을 가지고 존재하게 되었는가를 말할 수 있다.

이 같은 차원적 차이성을 동양의 노자란 성현은 이미 꿰뚫었다. 단지 후세인들이 이해하지 못해 뒷전에 방치되었던 것일 뿐……. 그는 "無名은 천지의 시초이고 有名은 만물의 근원이다"라고 하였다.[19] 이것은 차원적인 본체 창조와 현상적인 존재의 생성 비밀을 명시한 것이다. 無→有 창조는 초월적 이행이고, 有→有 변화는 생성을 가능하게 한 창조 실현의 결정 시스템이다. 현상계가 이룬 有의 변화는 창조가 아니다. 태초에 하나님이 인간을 창조한 것과 어머니가 나를 태어나게 한 것은 다르다. 어머니가 나를 낳은 것은 창조로 인해 구축된 생식 시스템 탓이다. 그래서 無로부터 有를 있게 한 창조 역할은 아버지 하나님이 도맡았고, 有로부터 有를 있게 한 생성 활동은 육신의 어머니가 도맡았다. 無名天地之始이고 有名萬物

---

19) 『노자도덕경』 40장.

之母이다.[20] 진화는 생성으로서 창조와는 차원이 다른데, 진화론자들은 천지 간의 온갖 생성적 변화를 창조로 착각하였다. 이것은 서양적 사고가 지닌 세계관적 한계이다. 그들은 주로 有에서 有의 생성적 변화를 논하고, 그것을 진리의 근거 기준으로 삼았다. 그 대표적인 사례가 곧 진화론이다. 그들은 현상적 질서를 벗어나지 못하고 본체적 특성을 보지 못한 결과 천지 간에 연면한 창조성을 곡해하였다. 오직 하나님의 창조 본체만 창조 원리를 인출할 수 있고 삼라만상과 역사를 주재할 수 있는 권능을 가졌을 뿐, 현상계의 생성과 변화에는 이런 창조 권능이 없다. 無를 창조로, 有를 진화로 판별함에 있어서 결정적인 경계를 이루는 것이 바로 천지 창조 역사 실현이다. 그런데도 창조와 진화가 가진 차원적 차이를 모르고 혹은 무시한 결과로 파악한 현상적 특성을 통해서는 아무 진상도 밝힐 수 없다. 왜 씨와 열매는 무엇이 서로의 근원인지 분간할 수 없을 정도로 돌고 도는가? 닭이 달걀을 낳은 것인지, 달걀이 닭을 낳은 것인지……. 무엇 하나 관여되지 않은 것 같은데 환원 불가능한 복잡성이 존재하는가? 그 복잡성이 생물계가 존재하기 이전부터 구축될 수는 없는가? 씨와 열매가 현상계 속으로 한꺼번에 던져질 수는 없는가? 그럴 가능성을 창조가 지녔고 본체계가 갖추었다. 창조 이전과 창조 이후는 존재한 차원이 다른데, 창조 이전은 바탕된 본체가 무형의 본질적인 존재로서, 창조 이후는 유형인 형상으로서 존재한다. 이런 차원 안에서 사전에 시스템을 구축해 놓았기 때문에 현상계에서는 최초 출발이 원인과 결과가 맞물린 상태, 씨와 열매가 동시에 출발한 상태, 천지 만물이 한꺼번에 창조된 상태, 그리하여 창조된

---

20) 『노자도덕경』 1장.

세계가 영원히 有한 본질성을 지속할 수 있도록 순환적인 구조를 이루었다. 이 엄청난 창조 비밀을 누가 계시한 것인가? 천지 창조 역사를 주관한 하나님이라 선천에서는 본의를 밝힐 세계적 여건이 성숙되지 못해 선언한 데 그쳤지만, 이제는 때가 당도했고 하나님이 보혜사 진리의 성령으로서 인류를 직접 창조된 진리 세계로 인도하기 위해 이 땅에 강림하였다.

3. 창조론 대 진화론의 절충론 비판

서양철학에서 관념론 대 유물론이 대립한 것은 언제부터인가? 판가름은 날 것 같은가? 기약할 수 없는 것처럼 창조론 대 진화론과의 논쟁 역사도 마찬가지이다. 각자가 자기주장이 사실이고 완전하게 승리했다고 장담함과 동시에 상대 주장은 모순이라고 부정했다. 어느 영역, 어느 시대건 극단주의자는 있기 마련이다. 진화론을 신봉한 도킨스는 말하길, "다윈의 설명은 생명을 읽는 가장 정확한 설명일 뿐 아니라, 너무도 정확해서 논리적으로 어떤 신학적·섭리적 설명도 허용하지 않는 그런 설명이다. 열린 마음을 지닌 지성인이라면 다윈과 神 중에서 하나를 선택해야지 둘 다 취할 수는 없다. 다시 말해 다윈의 설명이 가장 적합한 설명이기 때문에 신학은 불필요한 것으로 폐기되어야 한다"라고 했다.[21] 그들의 신념은 아주 단호하다. 만일 진화가 승리한다면 성경은 파멸될 것이고, 계시종교도 무너질 것이며, 더불어 기독교도 사라지리라. 양립할 수 없는 입장은 창조

---

21) 『다윈 안의 신』, 존 호트 저, 김윤성 역, 지식의 숲, 2005, p.164.

론자들도 마찬가지이다. 하늘 위에는 두 개의 태양이 떠 있을 수 없고 하늘 아래는 두 개의 창조론이 공존할 수 없다. "진화론은 성서에 반한 새로운 창조이야기를 제공하는데, 다윈의 주장을 받아들이면서 어떻게 창세기를 사실로 받아들일 수 있겠는가? 그리고 神 개념에 관해서 진화론이 제기한 이해는 전통적인 神의 역할을 상당부문 감소시킨다. 특히 우연에 대한 강조는 神의 섭리에 대한 강력한 도전이다."22) 종이 진화한 것이라면 하나님은 존재할 수 없고, 하나님이 창조한 것이라면 진화론은 성립될 수 없다. 이런 대립 상태가 장기화되고 해결될 기미가 보이지 않으므로 양극단을 피한 절충론자들이 나타나게 되었다. 일종의 현실 타협주의자들이라고나 할까? 좋게 보면 절충이고 타협이지만 비판적으로 본다면 자기 합리주의이고 진리에 대해 믿음을 저버린 것이다. 대한민국 역사에서 일제 강점 35년 간은 반만 년 이래 가장 치욕적인 기간이다. 지금은 영욕의 세월을 회상하고 있는 처지이지만, 강점을 당한 백성들은 30년이 넘는 세월을 거치면서 과연 해방과 독립이 현실적으로 가능한 것인가에 대해 회의하였으리라. 그러니까 독립 운동가들을 제외한 대부분은 희망을 버렸고, 지성인들 중에는 일제 통치에 동조한 자들도 나타났다. 창조론 대 진화론의 대립 상황도 마찬가지이다. 창조론이면 창조론, 진화론이면 진화론에 대한 입장을 분명히 해야 하는데 창조론만으로는 도무지 진화론을 극복할 대책이 없으니까 나름대로 이론을 고안하여 창조론과 진화론의 엄격한 경계를 허문 절충론자들이 나타났다. 과학자로서 창조 신앙을 믿는다는 것은 얼마든지 가

---

22) 「지적설계를 통해 본 유신론적 진화론 비판」, 신화석 저, 장로회신학대학교신학대학원, 석사, 2009, p.6.

능하다. 하지만 창조주를 신앙하는 자가 생명의 진화를 공공연히 수용한다는 것은 분명히 이율배반이다. 결코 취해서는 안 될 태도이다. 그런데도 그런 행동이 있었다면 그것은 무지의 소치이고 믿음까지 저버린 배역이다. 베네딕토 16세는 교황이 되기 전인 2002년도의 한 인터뷰에서 "세계는 진화의 산물인 동시에 하나님으로부터 비롯된다"라고 하였다. 진화와 창조 중 하나를 선택할 것이 아니고, 진화와 창조가 동시에 다른 수준에서 이뤄지고 있다고 받아들여야 한다는 뜻이다. 천주교 신자들마저 진화론을 받아들이는 쪽으로 기울다니! 이것이 합리성을 표방한 신앙인가? 독립운동가의 믿음처럼 대한민국은 일제의 압박으로부터 해방되었고, 진리는 언젠가는 이루어지는 법이다. 비판컨대 창조 역사에 대해 진화론을 수용한다는 것은 일제시대의 변절 행위와 다름없다.[23] 결코 양립할 수 없는 사실 앞에서 지상 강림 역사가 실현된 것일진대, 진화론이 이 땅에서 존재할 이유는 더 이상 없다. 불교란 종교도 본체계를 근간으로 한 진리 종교라면 창조 문제에 대해서는 분명한 입장을 취해야 했고, 종교 전체에 대해 총 공격을 감행한 진화론에 대해서도 확실하게 저지하는 태도를 취해야 한다. 강 건너 불구경하듯 하며, 오히려 "불교의 이론은 진화론과 사뭇 닮았다는 동조 입장마저 보였다. 그래서 불교 신자들 중에는 진화론을 받아들이는 데 무리가 없다고 여기면서 실제조사에서도 불교신자의 68%는 진화론을 믿는다고 대답했다."[24] 끝까지 대책을 강구해야 했지만 신앙자들까지 이런 태도를 취할 만

---

23) "진화는 神이 세상을 만들고 유지시키는 창조의 한 방법이자 수단이라고 생각한 타협과 절충의 후예들. 그래서 한 여론 조사 결과에 따르면 천주교 신자의 83%가 진화론을 믿는다는 사실이다."-위의 책, p.95.
24) 위의 책, p.189.

큼 사실상 선천에서는 진화론을 수용하는 것 외는 다른 대안이 없었다고 할 수 있다.

해결 방법은 절충 밖에 없고, 절충하기 위해서는 타당한 이론이 뒤따라야 하는데, 창조의 과정은 생성성과 점진성이 맞물려 접점을 이루고 있으므로 여기에 초점을 맞추었다. 즉, 진화 자체가 창조의 과정이라는 입장이다. "정통 그리스도교 신앙을 서술한 결정판인 펀더멘털스(1909~1915)의 저자들은 神이 창조의 방법으로 진화론을 이용했다는 생각을 기꺼이 받아들였다."[25] 그런 절충과 혼용 이론을 대변한 것이 곧 '유신론적 진화론'이다. 양론이 공존할 수 있는 "가장 합리적인 양립 방법은 최초의 생명을 창조한 것은 神이고, 창조된 후의 생명은 진화에 의해 자동적으로 진화한다는 생각이다."[26] 자기 합리화 작업을 성공적으로 이룬 듯하다. 하나님이 인간의 역사 뒤에 숨어서 진화를 허락했다. 진화가 성서적 인간관을 훼손한 것이 아니고 오히려 뒷받침한다 등등 물론 이런 절충성은 사회의 각 영역에서 강력한 영향력을 끼친 진화론과 충돌하지 않으면서 대화하고 협력할 수 있는 제안이기는 하다.[27] 그러나 원점으로 돌아가 창조론 대 진화론이 왜 처음부터 격돌하게 되었는가 하는 원인을 되짚어 본다면 절충과 혼용은 절대 금기선이다. 신앙자들은 끝까지 믿음을 가지고 창조된 본의에 입각해서 진화론의 적나라한 허구성을 밝혀야 한다. "진화는 성서의 해석과 갈등의 소지가 충분한 완전히 새로운 창조이야기를 엮은 것이고, 자연선택 개념은 다양한 형태의 생명 창

---

25) 『21세기의 신과 과학 그리고 인간』, 앞의 책, p.73.
26) 『붓다와 아인슈타인』, 앞의 책, p.105.
27) "진화론적 유신론은 진화를 수용한 보다 포괄적인 신학적 틀로서 전통적 유신론 등과 대비되는 것이다. 신학 작업에서 일종의 패러다임 역할까지 포함한다는 주장임."-「창조에 대한 과학적 접근의 분석과 비판」, 앞의 논문, p.90.

조라는 점에서 神의 역할을 감소, 삭제시킨다."[28] 연속 창조론을 통해 진화론의 변이를 통한 새로운 종의 창조와 타협하고 순간 창조론의 결정성을 흐렸는데, 결단코 연속 창조는 있을 수 없다. 창조는 태초의 순간 단 한번 이루어졌고 모두 완성되었다. 연속 창조처럼 보인 것은 이미 창조된 것이 생성 과정을 통해 한꺼번에 드러날 수 없어서이다. 창조는 절대적인 것이고 나타난 것은 생성된 것이다. 이처럼 명확하므로 창조 사실에 대해 異論은 있을 수 없다. 지난날 혼란이 있었던 것은 본의를 알지 못했기 때문이므로, 본의를 밝힌 것이 곧 이 연구의 저술 과정이다. 능히 창조론과 진화론의 날선 대립각을 허물고 하나님의 본의 안에서 통일하리라.

4. 지적설계론 대 우연론

주지하였듯 "우주와 생명의 기원에 관한 현대의 학문적 견해는 창조론 대 진화론으로 양분된다. 창조론은 초월적인 존재가 목적을 갖고 의도적으로 처음부터 완전한 형태로 만들었다고 하는 유신론적 견해이고, 진화론은 우주 만물이 우연적으로 자연 발생하여 오랜 시간에 걸쳐 진화되어 온 것이라고 한 무신론적 사고이다."[29] 다윈이 『종의 기원』을 발표하면서부터 영국 사회에서는 창조론과 진화론 간의 엄청난 지적 공방이 있은 것처럼, 오늘날은 지적설계론과 우연론이 때와 장소를 달리해서 제2라운드 공방전을 펼치게 되었다. 첫 라운드는 진화론의 철저한 준비로 무방비 상태인 창조론에 대해

---

28) 『신과 진화에 관한 101가지 질문』, 앞의 책, p.20.
29) 『진화론과 과학』, 앞의 책, 역자서문.

일방적으로 승리한 공방전이었다면, 오늘날 맞이한 제2라운드는 창조론 쪽이 전열을 정비해서 진화론의 취약점을 공략한 추세이다. "지적설계운동은 과거에는 토마스 아퀴나스에 의해, 19세기 초에는 영국의 윌리엄 페일리의 '시계공 논증'으로, 최근에는 과학적 창조론 (Scientific Creationism) 운동에 의해 기독교 안에서 줄기차게 주장된 가장 기본적인 유신론적 논증의 연장선상에 있다. 예를 들어 정밀하고 복잡한 구조의 시계는 자연 상태에서 발생할 수 있는 것이 아니므로 이것은 설계된 것이 분명하며, 시계가 설계되었다면 이것을 설계한 설계자(지적 존재)도 존재해야 한다는 논리이다."30) 페일리는 저서인 『자연 신학: 자연의 모습으로부터 수집한 神의 속성 및 존재의 증거』에서 "우리가 들판에서 시계를 보았다면 목적에 대한 적합성은 그것이 지성의 산물이며, 단순히 방향성이 없는 자연적 과정의 결과가 아님을 보증한다. 따라서 유기체에서의 목적에 대한 놀라운 적합성은 전체 유기체의 수준에서든 여러 기관의 수준에서든 유기체가 지성의 산물임을 증명한다"고 주장하였다.31) 이런 지적설계론은 기존의 창조설과 무엇이 크게 다른가? "이 이론의 대표적 학자인 마이클 베히는 '지적설계론은 창조론과도 완전히 다른 학문'이라고 했다. 창조론은 기독교의 성서에 기초하고 있지만 지적설계론은 자연에서부터 시작된다. 즉, 자연이 어떻게 생겼는지 보고 또 무엇이 자연을 가장 잘 설명해주는지를 살펴보는 과정에서 생긴 것이다. 그래서 지적인 존재가 세상을 계획적으로 설계하고 만들었다고 말하는데, 그 지적인 존재가 구체적으로 누구인지는 말하지 않는다."32)

---

30) 『지적설계와 자연신학』, 네이버 블로그.
31) 『지적설계』, 위키백과.
32) 『신과 다윈의 시대』, EBS 다큐프라임 제작팀 저, 세계사, 2012, p.42.

지적설계론의 전통은 처음부터 끝까지 완성된 창조론이 아니다. 성숙될 때를 기다려야 했다. 그러면서도 보다 실질적인 지적설계의 증거 정보와 체계를 갖춘 것이 마이클 베히의 '환원불가능한 복잡성' 이론이다. "이것은 1900년대에 진화론을 반박하며 등장한 이론인데, 진화생물학을 제대로 반박한 첫 이론이다. 환원불가능한 복잡성이란 모든 생명체의 기원을 진화론으로 설명하기에는 그 구조가 너무 복잡하다. 즉, 생명의 복잡성은 우연적으로 생겨날 수 없다는 주장이다."[33) 지적한 대로 과학이 발달할수록 기대한 것처럼 생명계의 복잡성을 보고 사람들이 생명체의 설계를 인식할 때가 올 것도 같지만, 문제는 역시 지적설계론은 논거의 본질상 완벽한 증거 구조가 아니라 추론인 한계성을 벗어날 수 없다는 데 있다. 지적설계자를 어떻게 증명할 수 있겠는가? 그러니까 이것은 과학이 아니고 종교란 비판 입장이다. 진화론과 공방전을 치를 수밖에 없는 근거이다. 입체적인 설명이 부족한 결과이다.

하지만 과학의 발달로 생명체의 복잡성을 들여다보고 확인할 수 있게 된 오늘날은 지적설계론이 우연론보다 더 유리한 고지를 점령한 것이 사실이다. 그렇다고 공방전을 판가름하는 것은 과학이 더욱 발달하고 생명체의 복잡성을 더 많이 확인했다고 해서 해결되는 것이 아니다. 우연론을 무력화시킬 창조의 대본의 관점을 확보하는 것이 관건이다. 환원 불가능한 복잡성, 즉 "현재 지구상에 알려진 생물은 약 200만 종, 아직 알려지지 않은 것까지 합하면 그 종류가 천만 종을 훨씬 넘는데, 그렇게 많은 종이 살아 있다는 것도 놀랍지만, 더욱 놀라운 것은 그들 하나하나가 자신이 사는 환경에 가장 알맞도록

---

33) 위의 책, p.80.

생겨났다는 사실이다. 밥주걱 모양으로 생긴 '노랑부리저어새'의 부리, 단단한 나무에 구멍을 뚫어 벌레를 잡는 '딱따구리'의 부리는 사람이 만든 정과 망치를 생각나게 한다. 이렇듯 자연은 마치 특별한 목적에 맞게 의도적으로 만들어진 듯 보인다."34) 눈으로 관찰한 것만으로도 이러한데, 세부적으로 확인된 눈의 구조라든지 혈액 응고 작용 등에 대해 진화론자들은 이것마저 진화를 통해 생겨났다고 하지만, '어떻게'를 밝히지 못하는 한 수긍할 수 없다. 따라서 생명체의 복잡성이 진화론으로서는 설명이 불가능하다는 사실 확인은 제3라운드에서 창조론이 완승할 수 있는 교두보를 확보한 것이다. 이것을 이 연구가 지적설계론 대 우연론의 주장 개념을 대조하면서 확증하고자 한다. 서양의 기독교 사회에서 "전통적으로 이어진 목적론적 사상이 무너지고 진화론이 발전하게 된 것은 기독교 사회에 있어서 엄청난 충격이었다. 생명과 인류가 우연의 산물이라는 암시는 전능한 神의 창조 활동에 의해 만들어졌다는 성서의 주장과 조화를 이룰 수 없었다."35) 그런데 환원 불가능한 복잡성 이론의 등장은 지적설계론 대 우연론의 공방전은 물론이고, 창조론 대 진화론 간의 기나긴 논쟁 역사에 종지부를 찍을 수 있는 심판자로서의 근거를 제공한다. 즉, 우리는 엄연히 확인된 수많은 종들이 그렇게 존재한 사실에 대해서는 이론의 여지가 없다. 그런데도 동일한 사실에 대해 설계론과 우연론이 갈라진 것은 해석상의 차이이지 사실인 것 자체가 다를 수는 없다. "성경에서 말한 창조의 본뜻은 히브리말로 '바라'로서 無에서 有를 이루는 것(exnihilo)을 말한다. 창조란 말은 진화론의 우연

---

34) 위의 책, 제2부.
35) 『진화론과 과학』, 앞의 책, p.74.

이란 말에 대하여 창조주의 지혜나 의도적인 설계를 뜻한다."36) 하지만 문제는 이런 주장의 진위 여부가 아니라 설계했다는 것을 어떻게 증명할 수 있는가이다. 이것은 우연론도 마찬가지이다. 창조 이전부터 존재한 하나님의 존재 본체, 곧 본질을 보지 못한 탓이다. 왜 진화론자들은 종의 창조가 지극한 우연의 결과라고 했는가? 창조 이전인 無에는 인과가 없다. 그래서 우연이다. 창조론자들은 왜 창조가 無에서 有를 이룬 것이라고 했는가? 창조를 개입시키지 않으면 설명이 안 된다. 無는 창조 이전으로서 창조되지 않았기 때문에 無이고, 존재하기 않기 때문에 無이다. 창조되지 않아 無한 것일 뿐, 바탕된 본질이 존재하지 않은 것은 아니다. 無한 형태로 有했다. 그런데도 無를 창조와 연관 짓지 못하고 창조 역사를 제거해버려 無한 有를 보지 못하였다. 그러니까 창조론은 논리상 無로, 진화론은 우연이란 잘못된 창조관을 가지게 되었다. 차원적으로 단절된 無에 근거해서는 아무리 하나님의 사전 목적성과 설계 계획을 주장해도 확인할 수 없었다. 태초에 하나님이 수많은 생물들을 종류대로 창조하였다고 하였지만 無로서 단절되어 있어 인식이 불가능했다. 창조 이전에 이미 종류대로 창조한 본체가 있었지만 볼 수 없었다. 그래서 진화론은 이런 역할을 대행할 공통조상 가설을 세운 것인데, 이 조상은 사실상 창조 이전의 통합 본체 바탕 역할을 현상계적 질서 안에서 상정한 것이다. 그렇지만 세상 안에서는 어떤 경우에도 이런 역할을 할 통합적 본체가 실재할 수 없다. 그 불가능한 이유를 우리는 우연론 주장을 통해서도 확인할 수 있다. 지적설계의 사실성을 확인하기 이전에 우연론의 불가능성부터 먼저 지적한 것은 지적설

---

36) 「창조 대 진화 연구」, 앞의 논문, p.8.

계의 작용 실상을 확실하게 부각시키기 위한 방편이다. 우연론이 불가하다는 것이 지적설계를 입증하는 것은 아니지만, 대비시키면 지적설계를 통한 종의 창조 근거를 더 확실하게 드러낼 수 있다.

그래서 지적설계론 대 우연론은 다시 페일리의 '시계공 논증' 대 도킨스의 '눈먼 시계공' 논증을 통해 대비시켜 볼 수 있다. 상식적으로 정교한 시계는 인간의 뚜렷한 목적의식과 사전에 계획된 설계에 의해 제작된 것이다. 그런데 눈먼 시계공이란 전혀 이런 사전 작업 없이, 그것도 눈을 감은 채 시계를 제작할 수 있었다는 것은 정말 무엇을 의미하는가? 이미 자동화되었다는 것이고, 관여된 자연선택마저 눈이 먼 것이라면 창조되었다는 말이다.[37] 인간도 자연도 제작한 사실이 없는 마당에는 창조밖에 없다. 왜냐하면 눈이 먼 상태에서는 아무것도 제작될 수 없기 때문이다. 헤겔은 正과 反이 모순된 대립 과정을 거쳐 合이 된다고 했는데, 변증법적인 논리성으로서는 모순된 것이 맞지만, 결과적으로 合을 이루었다는 것은 내면의 본질이 생성했다는 뜻이다. 본질 안에서 모순은 있을 수 없다. 본질 작용을 보지 못해 우연이라고 했지만, 사실은 모종의 창조력이 작용한 상황이다. 결코 우연이 아니다. 우연은 본질의 작용력을 보지 못한 한계성 인식이다. 정말 우연으로 뭇 종이 창조된 것인가를 확인하기 위해서는 강가에 나뒹구는 조약돌을 보면 알 수 있다. 조약돌이 다양한 것은 강물의 선택 때문인가? 돌의 강도, 바위에서 떨어진 크기, 모양에 따른 차이가 아닌가? 오직 강물이 영향을 끼친 것은 강우량에 따른 흐름의 속도 정도이리라. 금강산 일만 이천 봉의 빼어난 경

---

37) 과학자는 가설을 설정하고 신념을 통해 무수한 실험 끝에 원하는 결과를 이끌어 낼 수 있지만 태초에는 이런 지적 개입이 전혀 없었다. 그런데도 뭇 생명체가 갖춘 구조 시스템은 너무 지적이다. 자연적, 절로, 우연이 개입될 수 없다는 사실에 하나님의 사전 창조 작업 역사가 있었다.

관은 오묘한 자연의 조화 때문인가, 神의 손길인가? 주 하나님이 이룬 섭리에 따라 자연이 순응한 것이다. 지적설계 관여와 우연, 자연적인 것과는 극명하게 대비된다.[38] 밀로의 비너스상은 명백하게 조각가의 손길을 거친 작품이지만, 수억 년 동안 자연에 노출된 기암괴석도 그 형상은 촛대도 닮고 거북이도 닮았지만 비너스상과 같은 조각품은 만들어낼 수 없었다. 자연적인 것과 지적설계의 흔적은 분명하다. 말 그대로 보면 알 수 있다. 그런데도 진화론자들이 이런 차이를 묵과한 것은 자연선택 메커니즘을 너무 신봉해서이고, 지적설계론도 확실한 이론적 근거를 제시하지 못한 상태이다. 낙숫물이 떨어져 돌에 구멍을 내기 위해서는 수많은 세월에 걸친 환경 조건이 일관되어야 한다. 진화도 마찬가지이다. 점진적인 변이를 말하지만, 변이가 점진적으로 일어나 새로운 종을 탄생시키기 위해서는 자연선택 조건이 지속되어야 한다. 우연은 이런 환경 조건을 보장할 수 없다. 의문을 가질 수밖에 없다. 유전물질의 갑작스런 재조합 기회가 최초의 세포나 새의 장기, 박테리아 편모의 회전기에서 우연히 일어날 수 있었을까? 어떤 상황에서도 생명은 너무 복잡하고 고안은 너무 우아하여 형태가 방향성 없이 점진적으로 일어난다고 한 진화 과정으로 이해하기에는 너무나 불연속적이다. 진화가 사실이라면 메커니즘 작용은 오히려 연속적으로 지속되어져야 한다. 파도에 깨지고 깎인 바윗돌이 모여서 몽돌 해변을 이루었듯……. 그런데도 "다윈의 학설에 의하면 생물의 모든 형태, 질서, 다양성, 그리고 생물계가 보여주는 대단한 완벽성 등은 자연선택이라고 하는 무작위적인

---

38) 지적설계란 아무리 수억 년의 세월에 걸쳐 이루어진 바위 형상이라도 그것이 자연적으로 이루어진 것과 인공적으로 다듬어진 것은 차이가 있듯, 지적설계론에 대한 근거도 이와 같은 것이다. 지적설계란 사전 창조 작업의 대흔적이다.

과정의 산물이라고 하였다. 다윈 이전시대 사람들은 창조주의 섭리적 지혜가 자연계에 여러 가지 형태로 반영된 것이라고 믿어왔는데, 이제는 우연에 의해서 자연계가 만들어진 것이라고 믿게 되어 주사위식 우연성이 神의 오묘한 섭리 작용을 대신하게 되었다."[39] 도대체 말이 되지 않는 억지 주장이지만 학계에서 통용된 것은 창조론과 지적설계론의 미비된 증거 체제에 이유가 있다. 지적설계 주장이 망상이라면 철저하게 구조화된 종들은 어떻게 존재한 것인가? 지적설계는 결코 우연적으로는 구축될 수 없다는 뜻일진대, 왜 지적설계가 타당한 것인지, 개입될 수밖에 없는 근거를 제시해야 했다.

"지적설계론이라는 용어가 처음 등장한 것은 1989년 미국에서 출간된 『판다와 사람에 관하여』라는 책이다. 여기서 지적설계론은 말 그대로 어떤 지적인 존재가 세상을 계획적으로 설계하고 만들었다는 이론이다. 이 말은 생명이 진화를 통해서가 아니라 모든 것을 계획한 누군가에 의해 설계되었다는 뜻이다. 여기서는 그 누군가가 정말 누구인가를 아는 것이 중요하지 않다. 생명을 만든 존재는 반드시 神이 아니더라도 분명한 의지와 지적인 능력을 가진 존재이고, 그 존재가 처음부터 생명을 디자인하고 계획적으로 만들었다는 것이다. 진화론이 가장 단순한 것에서 복잡한 것으로 진화하여 생명을 만들어 나갔다면, 지적설계론은 완전한 존재, 즉 지적 능력을 가진 그 무엇으로부터 생명체가 탄생했다는 것이다."[40] 따라서 이런 주장을 뒷받침하기 위해 요청되는 것이 바로 지적 설계를 가능하게 한 선재 통합 본질 내지 창조 본질을 확인하는 것이다. 즉, 사전 설계

---

39) 위의 책, 머리말.
40) 『신과 다윈의 시대』, 앞의 책, pp.36~37.

계획과 디자인과 완전한 창조를 뒷받침하는 것이 창조 본질의 선재성이다. 점진적 진화설을 일시에 분쇄한다. 창조는 무엇이든지 창조 이전에 존재한 하나님의 존재 본체를 이해하지 못하면 한계성을 면할 수 없다. 최고의 이론물리학자인 프리맨 다이슨은 "무신론자들은 우주가 아무런 목적도 없이 우연히 존재하면서도 정교한 논리적 구조를 갖고 있다고 주장하는데, 내가 보기에 이것은 어리석은 생각이다. 나는 인간이 우주의 이방인이라고 생각하지 않는다. 우주와 그 세부적인 구조를 연구할수록 인간의 단상을 어떤 의미에서 우주가 미리 알고 있었다는 증거가 속속 나타난다"라고 하였다.[41] 우주가 모든 것을 사전에 알고 있었으리란 심증, 그 비밀에 창조 본질의 선재성이 있다. 이것을 지성들이 볼 수 있는 눈을 가져야 한다. 한마디로 생물의 시스템 구조는 전체로서의 지적 통괄성이 작용했다. 전체를 모르면 개체적 구조가 구축될 수 없다. 생물이 생존을 위해 세계와 상통한 구조를 지녔다는 것은 사전 지적 개입이 있었다는 말이다. 생물이 공기 중의 산소를 취하기 위해 폐라는 기관을 가진 것은 생존경쟁과 자연선택만으로는 설계되고 구안될 수 없다. 앎, 즉 지적설계가 선행되어야 한다. 이런 지적 작용의 필연적 개입 정황을 지성들은 면밀하게 통찰해야 하고, 어떻게 구축된 것인지 알아야 한다. 지적세계는 그냥 이루어진 것이 아니다. 전체 세계를 모두 알아야 한다. 여기에 지적설계론을 밝힐 천상의 비밀 고리가 있고, 지적설계론으로 창조론까지 완성시킬 수 있는 선재 본질의 근거가 있다. 뭇 종은 태초의 창조 시 이미 전체를 알고 계획되고 설계되고 디자인 되었다는 것, 이것이 창조의 비밀이고 존재의 비밀이며 환원 불

---

41) 『21세기의 신과 과학 그리고 인간』, 앞의 책, p.255.

가능한 복잡성의 대비밀이다. 과거의 지적설계론은 생명이 자연적으로 이루어진 우연의 산물이라는 주장에 반박하면서도 심증에 머문 간접적 증거에 그쳤지만, 창조 역사가 통합성 본질에 근거해 사전에 계획된 하나님의 뜻(지적설계, 지혜, 의지)을 반영한 것이라고 한다면, 만물과 세계를 바라보는 눈이 확연히 달라진다. 창조 역사의 직접적인 증거는 오직 하나님의 선재 작업 과정을 확인할 때 이루어진다. 그것의 현실적인 확인이 세트화된 만물의 구조적 설계와 시스템, 그리고 전체 정보를 사전에 공유하지 않고서는 불가능한 생명체의 복잡성에 있다. 환원 불가능성이란 아무리 단순한 기능을 가진 조직 세포라도 동시에 갖추어졌고 동시에 작동함으로써 완벽하게 가동될 수 있었다는 것, "눈이 거리에 따라 초점을 조정하고, 들어오는 빛의 양을 조절하고, 구면수차와 색수차를 보정하는 등 이루 말할 수 없는 온갖 기능을 지녔는데, 이것을 자연선택이 형성했다?"[42] 자연선택은 여기에 대한 정보가 전무한 반면, 눈은 여기에 대한 사전 정보를 알고 적용하였다. 눈이 무슨 지각 기능이 있는가? 그런데도 눈은 몸의 구조도 알고, 자체 갖춘 기관으로서의 목적도 알고, 빛의 성질도 알아야 하는 등 사실상 우주 전체에 관한 정보를 모두 공유하였다. 알고 보면 눈은 개체이고 부분이지만 사실은 세계(전체)와 우주를 모두 알고 있었다. 그런 전체 정보를 장악하고 제공한 자가 누구인가? 천지를 창조한 하나님이다. 혹자는 수술로 수정체를 제거한 백내장 환자라도 안경이 없으면 선명한 상은 볼 수 없지만, 나무에 부딪히거나 낭떠러지에서 떨어지지 않을 만큼은 볼 수 있다고 궁색하게 변명한다. 그러나 사전설계론을 반박할 수 있는 이론적 근거는

---

42) 『만들어진 신』, 리처드 도킨스 저, 김영사, 2007, p.191.

아니다. 본질을 벗어났다. 정말 종이 우연으로 생긴 것이라면 뭇 종은 모두 제각각이어야 한다. 백보를 물러서 진화론의 주장처럼 공통 조상으로부터 수많은 종들이 갈라진 것이라면 그것은 오히려 다양한 생물 종들을 관통하는 생물계 전체의 통일성을 나타내는 것이므로 결코 우연이 아닌 근거 조건이다. 공통조상은 말미암은 일체 생명체의 정보와 유전인자를 보관한 메인 서버가 되어야 하는데, 자연도태 개념은 반대로 정보 제거 시스템이다. 정보가 삭제된 것인데도 새로운 종을 탄생시킬 정보를 생성시킨다는 것은 말이 안 된다. 반대로 아무리 뭇 종들이 무수하게 생멸을 거듭하더라도 메인 서버가 존재하고 본체로서 일체 정보를 공유하고 있다면 세계는 영원히 지속될 수 있다. 그래서 창조 본질의 선재성과 창조 역할을 확인할진대 지적설계론은 완전히 천지 창조 역사를 증거하는 제일의 판단 기준이 될 수 있고, 사전 설계 작업의 정점에 창조주 하나님이 있다. 환원 불가능한 복잡성을 근거로 만인은 선천 하늘에서 그림자 지워진 하나님의 존안을 선명하게 확인하리라. 직접 뵈옵게 되리라.

제16장 진화론 대 창조론의 진리성

1. 종의 진화 기원 대 창조 기원

진화론자들이 종의 기원을 추적하고 논거한 것은 철학자들이 세계의 궁극성을 알기 위해 추구한 노력과 다를 바 없다. 당연히 연관되고 연결되어 있다. 그것이 곧 그것이다. 결국은 일치되어야 하는데, 천지를 창조한 하나님은 유일하고 세계의 진리는 하나이며 종의 기원은 동일하다. 하지만 그들이 바라본 세계에 대한 관점과 판단은 달랐다. 유심론자들은 세계의 근원된 요소를 정신적인 데 두어 삼라만상이 절대적 근원(신성, 불성, 조물주, 하늘)에 의하여 만들어진 살아 있는 조화체로 보았고, 유물론자들은 우주의 참실재를 물질에 두어 세상은 우연히 생겨났다고 하면서 神, 진리, 정신, 영혼을 거부하였다. 정신도 일종의 물질이거나 아니면 물질에서 파생된 존재이고, 정신현상도 뇌세포의 물리 화학적 작용에 불과하다고 하였다. 철학자들이 궁극적인 실체에 대해 생각한 견해가 달랐던 것처럼 종의 기원 문제를 진화적으로 풀려고 한 것 역시 이들 견해 중 한 갈래에 속한다. 지적한바 진화론은 유물론적 세계관에 뿌리를 둔 관계로 종의 기원에 대한 추적과 근원 바탕도 물질로부터 첫 실마리를 풀고자 하였다. 진화론이 사실인가 아닌가 하는 것은 근거한 세계관부터 살펴보면 되겠지만, 세계관은 여전히 대립 상태에 있다. 그래서 이 연구는 앞서 정립한 본질론에 근거하여 종의 진화 기원과 창조 기원을 비교해서 궁극적인 근원을 창조된 본의에 입각해서 밝히고자 한다. 진화론자들이 종의 기원 실마리를 물질로부터 풀고자 한 것은 기원이 정말 물질에 있어서가 아니라 그들을 지배한 세계관이 유물론에 있었기 때문에 그것이 유일한 통로이고 근거였다고 할 수 있다. 혈관에는 맥이 있는 것처럼 진화론의 진위 여부를 판가름할 수 있는 진단 맥은 펼친 진화 메커니즘에 있는 것이 아니라 근거한 세계관에 있다. 곧 물질에 근거하여 물질이 생명을 탄생시킬 수 있다는 인식이 진화론을 성립시켰다. 따라서 물질이 생명으로 전환되고 물질을 통해 생명을 탄생시킬 수 있다는 것이 무엇을 의미하는 것인지 살펴볼 필요가 있다. 진화를 말하면서 혹시 창조와 같은 기적을 믿고 있었던 것은 아닌지? 예수가 가나의 혼인잔치에서 물로 포도주를 만들었다는 이야기는 비웃으면서(요한복음 2:1~11) 그보다(물→포도주) 더 난이도가 높은 기적(물질→생명)을 종의 기원이라고 믿은 것은 아닌지? 마술 같은 기적을 진화론자들은 과학이란 이름으로 내세웠다. 종의 기원을 추적한 상상의 나래 곳곳에는 유물론이란 그림자가 드리웠다. 생명의 기원은 아무도 추적한 사람이 없기 때문에 추측에 근거할 수밖에 없다고 전제하면서 "생명 탄생 이전의 지구에는 어떤 화학 원료가 풍부했을까? 확실하지는 않지만 타당성 있는 것들로는 물, 이산화탄소, 메탄, 암모니아 등 태양계 내 적어도 몇 개의 행성에 있다고 알려진 단순한 화합물이 있다. 이를 근거로 화학자들은 초기 지구의 화학적 상태를 재현하려는 많은 시도를 했다. 그리하여 가능성 있는 이들 단순한 물질들을 플라스크에 넣고(생명 탄생의 자궁), 자외선이나 전기 방전 등의 에너지원을 가하여 2~3주 지나고 보니 드디어 흥미로운 액체가 나타났는데, 그것이 곧 '아미노산'이다. 이것은 생물체를 구성한 대표 물질 두 가지 중 하나인 단백질을 구성하는 요소이다."[43] 실험을 통해 얻은 엄연한 결과 자체를 두고 뭐라고 할 수는 없다. 육신도 기본적으로는 그같은 물질로 구성되어 있다. 하지만 아미노산이 생명화되기 위해서는 넘어야 할 산이 태산보다 높다. 초점은 그런 가능성 타진보다 종의 기원을 철저하게 물질로부터 찾았다는 데 있다. 이것은 동양인들이 궁극적 기원을 道, 太極 등에 두었던 추적 노력과 대비된다. 진화론자들은 창조 역사의 초월성은 거부하면서 종의 진화에 초월적인 권능을 부여한 것은 아닌지? 물질로부터 생명의 최초 인자를 찾았다는 것은 초월성을 인정한 것이다. 진화론의 생명 기원 추적은 물질에 근거한 유물론적 세계관의 표현 외 아무것도 아니다. 도킨스가 구성한 종의 기원 스토리를 보면 기가 막힐 정도이다. 통합성에 바탕을 둔 동양의 覺者들과 달리 하나부터 끝까지 유물적 사고에 입각했다.

---

43) 『이기적 유전자』, 리처드 도킨스 저, 홍영남·이상임 역, 을유문화사, 2014, p.57.

"생존 기계는 유전자의 수동적 피난처로 처음 생겨났다. 처음에는 경쟁자들과의 화학전으로부터, 그리고 우연한 분자들의 폭격으로부터 유전자를 지키는 벽에 불과했다. 초기에는 수프 속에서 자유로이 떠다니는 유기 분자를 먹이로 하였다. 그러나 수백 년 동안 햇빛 에너지의 영향으로 수프 속에 천천히 축적된 유기물 먹이가 사라지기 시작하면서 이러한 편한 생활도 끝났다. 오늘날 식물이라 불리는 생존 기계의 한 갈래는 스스로 직접 햇빛을 사용해 단순한 분자에서 복잡한 분자를 만들어내기 시작했고, 초기 원시 수프에서 벌어졌던 유기물 합성 과정을 더 빠른 속도로 재현해냈다. 동물이라고 불리는 또 다른 갈래의 생존 기계는 식물을 먹든지 다른 동물을 먹든지 하여 식물의 화학적 노동을 가로채는 방법을 알아냈다. 이 두 갈래의 생존 기계들은 다양한 형태의 생활 방식에 효율을 높이기 위해 점점 더 교묘한 책략을 진화시켰고, 새로운 종류의 생활 방식이 계속해서 생겨났다. 곁갈래에 또 곁갈래가 생겨났다. 그리고 그 각각은 바다에서, 지상에서, 땅 속에서, 나무 위에서, 다른 생물체 내에서 점점 더 특수화된 생활방식을 진화시켰다. 이 곁가지들이 오늘날 우리를 감동시킬 정도로 다양한 동식물 세계를 만들어냈다."[44]

고대로부터 인류 문명은 진보했고 지성은 개오되었다고 하지만 도킨스의 종의 기원 스토리는 지성적 안목을 오히려 퇴화시킨 것이다. 정녕 명석한 통찰은 오히려 선조들이 이루었다. 도킨스의 진화 스토리는 일사천리로 아무런 걸림이 없다. 그가 이해한 '생존 기계'는 자연선택이 아니고 지극히 인공적이다. 종의 기원을 따지고 보면 생존 기계가 유전자를 낳은 것인가, 유전자가 생존 기계를 낳은 것인가? 유전자가 만들어낸 것이 그가 말한 생존 기계인 것 같은데, 그런 유전자보다 앞서 생존 기계가 처음 생겨났다니! 이 말은 어떤 근거도 없이 달걀보다 닭이 먼저 있었다는 주장과 같다. 최초를 말하면서 조연으로 경쟁자들을 등장시킨 것도 말이 안 되고, 화학전이란

---

44) 위의 책, pp.104~105.

그의 유물론적 시각을 단적으로 나타낸 것이다. 점진적 진화를 말하면서 갑자기 식물이란 생명체를 등장시키고는 스스로 직접 햇빛을 사용해 단순한 분자에서 복잡한 분자를 만들어내기 시작했다니! 이것은 순전히 현재 식물이 가진 광합성 작용을 염두에 두고 과정을 엮어낸 것이다. 식물이 어떻게 햇빛에 관한 정보를 알고 생명을 유지할 수 있는 복잡한 분자를 만들어내었는가? 유기물 합성 과정을 더 빠른 속도로 재현해내었다니! 이것은 쇠를 직접 깎아서 기계를 만든 것이 아니라 설계 도면을 그린 것과도 같다. 종의 창조 과정과 동떨어졌다. 또 다른 갈래의 등장이라고 한 동물은? 다양하고 새로운 형태의 생활 방식이 생겨난 사실을 교묘한 책략으로 얼버무렸다. 특수한 생활 방식이란? 말장난으로 오늘날 존재한 다양한 동식물의 기원 스토리를 구성해내었다. 기독교인은 인간이 하나님의 형상대로 지음을 받았다고 믿는데, 이것은 본받았다. 복제된 것이라고도 할 수 있다. 하나님은 볼 수 없지만 그래도 복제본에 대해 원본을 가정한 것은 지극히 합리적이다. 부모 없는 자식은 상상할 수 없는 것처럼 복제본은 원본이 있어, 원본 없는 복제본은 없다. 종의 기원은 온갖 복제본을 통해 최초에 존재한 원본을 찾는 과정이다. 그런데 만대에 걸친 불멸의 유전자에 대해 "40억 년 전 스스로 복제 사본을 만드는 힘을 가진 분자가 처음으로 원시 대양에 나타났다"라고 하였다.[45] 복제 시스템은 고도의 지적 창안물이다. 그런데 만대를 거친 뭇 생명체의 씨알인 유전자가 세상 위에 등장할 때부터 원본이 아니고 복제자로서 나타났다는 것은 무엇을 의미하는가? 창조 역사에 대한 역설적 시인이 아닌가? 스스로 복제하는 능력을 갖추었다니! 이

---

45) 위의 책, 옮긴이의 말.

것은 하나님을 내세운 창조 신앙보다 더한 억지 주장이다. 그것도 직접 확인한 것처럼 말하다니! 자기복제자=만능자=하나님. 처음부터 끝까지 가정이다. "어느 시점에 특히 주목할 만한 분자가 우연히 생겨났다. 이들을 자기 복제자(replicator)라고 부르자. 이 복제자는 가장 크지도 가장 복잡하지도 않을 수 있으나, 스스로의 복제물을 만든다는 놀라운 특성을 지녔다. 그 탄생은 전혀 우연히 발생할 수 없는 것처럼 보일 수도 있다. 확실히 그랬다. 그것은 매우 불가능한 일이다. 그런데도 스스로 복제하는 분자는 처음 생각했던 것처럼 상상하기 어려운 것은 아니다. 또한 그것은 단 한 번만 생기면 충분하다."46)47) 사실은 처음의 복제 능력을 밝히는 것이 종의 기원을 추적하는 중요한 과제인데, 설명할 수 없으니까 우연성으로 처리했다. 이 어려운 아킬레스 과정만 넘기면 진화란 메커니즘은 종에 대해 모든 것을 설명할 수 있는 날개를 달고 있다고 굳게 믿었다.48) 자기 복제자가 최초로 생겨났다면 그런 복제가가 어떻게 원본이 될 수 있는가 하는 자체 모순을 품에 안은 채……. 종의 기원에 관한 우연적 접근은 영원한 숙제일 뿐이다. 풀지 못한다면 인류 문명 역시 한 치 앞을 전진할 수 없다. 최초의 자기 복제자란 마치 뜨거운 얼음처럼 성립될 수 없는 말이다. 그 진정한 이유는 무엇인가? 진화론은 현상계의 질서 안에서 기원을 찾았기 때문에 알파와 오메가를 볼 수 없었다. 뿌리, 본질을 볼 수 없으니까 몸통, 과정을 첫 출발점으로 잡았다.

---

46) 위의 책, pp.58~59.
47) "도대체 유전자는 무엇이 그렇게 특별한가? 그 해답은 이들이 복제자라는데 있다."-위의 책, p.321.
48) "우주에서 자신의 사본을 만들 수 있는 것은 어떤 것이든 자기 복제자다. 최초의 자기 복제자는 작은 입자들이 우연히 마구 부딪쳐서 출현한다. 자기 복제자가 일단 존재하면 그것은 자신의 복사본을 한없이 만들어낼 수 있다."-위의 책, p.425.

그런데도 진화론은 견해나 짐작 같은 일상적 의미의 이론이 아니며, 그것을 뒷받침할 만한 근거가 있는 과학적 이론이라고 확신한 근거는 무엇인가? 종의 변이 상태에 국한된 것인데도 핵심인 종의 창조 영역까지 확대시킨 것은 심대한 착각이다. 직접 보지 않고 확인하지 않고서는 神의 존재를 인정할 수 없다고 하는 자들이 평생을 통해서 한 번도 경험하지 못한 새로운 종이 진화로 생겨났다고 믿는다는 것은 아이러니이다.[49] 애초에 어떻게 생명체가 이 땅에 태어나게 되었는가 하는 것은 매우 대답하기 어렵다. 그래서 변명하길, 진화생물학의 경우 우선 생명이 존재한다는 가정하에, 하나의 생명이 어떻게 다른 생명으로 변화하는지를 연구하는 학문이라고 하면서 난제를 회피했다. 그렇다면 하나의 생명이 다른 생명으로 변화한다는 것은 또 가능한 일인가? 쉬운 문제가 아니다. 첫 생명의 탄생 문제를 풀 수 없다면 무수한 종의 갈래 문제도 풀 수 없다. 종을 추적하는 방법과 근원이 잘못 설정되었기 때문에 주장을 보면 심대한 모순점을 여기저기서 찾을 수 있다. 중요한 것은 종의 기원 문제는 과정 상태에서의 변이가 아니라 최초 종의 바탕에 관한 문제이다. 종의 변이 근거를 추적하는 것과 새로운 종의 창조 근거를 추적하는 것은 다르다. 그래서 진화론자들이 제시한 종의 기원에 관한 다양한 추적 방법에 대해 그것이 정말 목적을 달성할 수 있는 방법인지 재고해볼 필요가 있다. "종의 기원을 해명하는 데 있어 박물학자들은 생물 상호 간의 유사성, 그 발생학적 관계, 지리적 분포, 지질학적 변천 등을 검토한 끝에 종은 개개의 독립성을 갖고 창조된 것이 아

---

49) 여러 가지 경험적 관찰과 실험을 선호한 방법 중 하나인 인위선택이란 노력을 통해서도 새로운 종을 탄생시키지는 못했다.

니고, 변종과 같이 다른 종에서 유래한 것이라는 결론에 도달하는 것은 충분히 예상할 수 있는 일이라고 했다."[50] 한 종이 다른 종에서 유래한 것이라면 이것은 한 종에 대한 기원의 추적은 될 수 있지만 궁극적 종의 기원 추적은 불가능하다. 가족으로 친다면 나의 아버지의 아버지 등등 한 성씨에 대한 족보 추적과도 같다. 과연 족보를 따져 끝까지 거슬러 올라가면 다른 종으로부터 갈라진 원천 씨할아버지를 확인할 수 있을까? 이것이 종의 기원을 추적하는 가장 현실적인 방법이 아닌가? 종의 지리적 분포와 종의 기원 추적과는 무슨 상관이 있는가? 이런 방식에 대해서는 이미 철학자들이 결론을 내렸다. 현상계 안에서의 원인 추적은 무한 소급되므로 이런 문제를 해결할 수 있는 분은 바로 제1원인자로 존재한 하나님이다. 하나님이 창조를 통해 원인 없는 無로부터 원인을 발생시킨 최초, 제1원인자, 곧 창조주가 되었다. 無에서 有를 있게 한 그것이 창조이다. 따라서 종의 기원을 다른 종의 변종에서 찾는 것은 추적 과정이 끝이 없다는 뜻이다. 사실 현상계 안에서는 그 무엇을 통해서도 세계의 첫 시원을 찾을 수 없다. 이 놀랍고도 충격적인 사실은 종의 기원을 추적하는 데도 그대로 적용된다. 여태껏 종의 기원을 찾아서 헤맸는데 이 시점에서 세상 가운데서는 종의 기원을 찾을 수 없다니! 나무의 기원은 어디에 있는가? 저 나무는 씨로부터 싹이 터 나무가 되었다. 그렇다면 씨가 나무의 기원인가? 아니다. 그 씨를 있게 한 것은 나무가 맺은 열매 때문이 아닌가? 도대체 무엇이 기원인가? 씨↔나무↔열매? 사실상 無始無終이다. 알파와 오메가는 천지를 창조한 본질이 지녔고, 드러난 현상적 몸통은 생성만 있다. 어디서도 시작점

---

50) 『종의 기원』, 다윈 저, 박종규 역, 삼성출판사, 1938, p.34.

과 끝점을 찾을 수 없고, 돌고 돈 순환만 있다. 창조의 시원 근거는 하나님이 지녔기 때문에 세상과 종을 통해서는 기원을 추적할 수 있는 실마리 흔적이 없다. 구조적, 본질적, 시스템적으로 천지 간에 종은 무수해도 기원은 찾을 수 없다. 이런 현상적 특성이 곧 천지가 본질로부터 창조된 것을 증거한다. 왜 세상 가운데서는 시작점을 찾을 수 없는가? 본래 有한 하나님의 존재 본체로부터 천지가 창조되어서이다. 無한 有에서 有한 有로의 대이행이다. 종의 기원 추적은 결코 종의 변이에 있지 않다. 닭은 어디서 부화했는가? 알이지 않는가? 그것이 곧 종의 기원을 시사한다. 그 비밀을 푸는 데 종의 창조 기원 실마리가 있다. 진화론자들은 인류의 기원마저 하등동물, 즉 아메바→어류→양서류→파충류→조류 및 원숭이를 비롯한 포유류로, 그리고 원숭이에서 인간이 진화되었다고 보고 치아의 배열 상태, 두개골의 안면 경사각 등에 기초한 화석을 증거로 제시했다.[51] 그냥 하등동물이 아니고 유물을 탐사하듯 정확한 족보 추적이 필요한데, 그것이 사실상 불가능하다. 종의 기원에 관한 추적 방법이 잘못된 것이다. 길을 잘못 들어섰다.

종의 기원과 창조의 기원에 관한 문제는 참으로 이율배반적인 면모가 농후하다. 천지가 존재하는 한 세계가 처음 출발한 시작의 시점은 반드시 있었다. 그런데 그 시원은 현상계 안에서는 종적을 감추고 있다. 아무도 찾을 수 없다. 그 이유는? 바로 창조 때문이다. 창조가 일체 이유를 발생시킨 진원지이다. "물유본말(物有本末)하고 사유시종(事有始終)하나니 어찌 우주에 시작이 없고 기원이 없을 것인가? 존재자는 반드시 무엇으로 인하여 생기는 것이며, 따라서 생

---

51) 「창조와 진화에 관한 연구」, 앞의 논문, p.36.

긴 때가 반드시 있기 마련이다."[52] 그런데도 우주의 첫 시점은 빅뱅 (Big Bang)이란 대폭발로부터이고, 종의 최초 기원은 복제자, 씨와 열매, 닭과 달걀이다. DNA, 자연선택, 종의 점진성, 생존경쟁, 자연 도태, 적자생존 등 진화 메커니즘의 어떤 요인을 통해 보아도 최초에 대한 근거는 없다. 모두 이미 존재한 것, 곧 몸통으로부터 출발되었다. 최초란 없다. 이것이 창조인데 진화론을 통해서는 설명할 수 없다. 그것은 차원이 다른 상위의 존재 영역, 곧 부동의 원동자이다.[53] 현상적 질서 이상의 상위 원인이 요구됨에, 원인 없는 원인자, 곧 제1원인이다. 그 자체에 원인이 없는 것은 없다. 모든 결과에는 그보다 앞선 원인이 있는데, 앞선 원인을 필요로 하는 존재자들은 최초 원인자 조건으로서 자격 상실이다. 그렇다면 어떤 존재보다도 앞서 어떤 원인도 없으면서 최초 원인을 유발할 수 있는 권능을 지닌 자, 그분은 능히 존재하지 않으면서도 존재할 수 있는 분이고, 창조를 실현하지 않은 상태에서도 존재하는 분이며, 창조 이전과 창조 이후를 구분하는 분. 이 같은 본질과 권능을 가진 분은 오직 천지 창조 역사를 실현한 하나님밖에 없다. 직접 실현했기 때문에 창조 이전의 존재 상태와 창조 이후의 존재 상태를 관장하고, 無한 원인과 有한 원인을 구분시킬 수 있다. 창조 이전과 이후를 한 본체 안에서 통괄할 수 없다면 원인 없는 원인은 존재할 수 없다. 無한 존재와 有한 존재를 연결시킬 수 없다. 한 본체 안에서 창조 이전과 창조 이후를 가르고, 창조 실현으로 無有란 경계선이 생겼기 때문에 원인 없

---

52) 『인과의 세계』, 김중묵 저, 동남풍, 1994, p.255.
53) 세계는 변화를 전제로 한다. 그런데 자신은 움직이지 않으면서 만물을 움직이게 하는 것, 자신은 변화하지 않으면서 만물은 변화하게 하는 것이 부동의 원동자이다(아리스토텔레스).-다음 사전.

는 제1원인이 無한 원인을 발생시킬 수 있다. 無와 有를 가르는 것이 창조임에, 종의 다양한 변화를 있게 한 것은 생성 시스템이고, 종의 다양한 창조를 있게 한 것은 본체 시스템이다. 종의 창조 근원은 4차원적이고, 종의 변화 근원은 3차원적이다. 그래서 종의 창조 근원을 3차원적으로 추적한 진화론적 방법과 시도는 끝내 결말을 볼 수 없는 헛된 노력이다. 종이 어떻게 변이되었는가 하는 것은 다윈이 제기한 진화론이 자리 잡을 수 있었지만, 어떻게 새로운 종이 탄생할 수 있었는가 하는 것은 전혀 다른 문제이다.[54] 창조는 4차원적인 본질이 비밀을 간직하고 있는데, 진화는 3차원적인 현상적 변화에 근거를 두고 있어 종의 기원 문제를 풀 수 없었다. 그렇다면 현상계 안에서의 종의 기원에 대한 정확한 초점은 어디서부터 잡아야 할 것인가? DNA를 가진 최초의 살아 있는 세포가 갑자기 나타났을 때를 최초로 잡아야 하는가? 최초 DNA의 구성조차도 진화에 의한 것인가? 자연 환경에 대한 적응과 선택에 의한 종의 변화는 창조가 아니다. 그렇다면 창조는? 마치 해그름녘 가로등이 갑자기 켜지는 것처럼 최초의 DNA는 전체 생명체의 설계도를 완비한 상태로 세상에 갑자기 나타났다. 순간적으로 창조되었다. 창조를 위한 모든 바탕이 사전에 마련된 상태, 그러면서도 마치 가로등이 켜지는 것처럼 갑자기 등장한 것 같지만 사실은 모든 것을 준비한 상태에서 완전하게 창조되었다. 창조 시 복제 시스템을 완비했다. 그렇지 못하다면 종이 존재하고 유지될 수 없다. 1세대의 삶만으로 끝난다. 이것은 종의 기원을 현상계 안에서 추적할 수 있는 근거 요인이다. 종이 지닌 온갖 특성은 변이를 근거로 한 진화적 관점으로서는 설명할 수 없다.

---

54) 종의 다양성은 주어진 본질의 분열성이 문제이고, 종의 창조는 주어진 본질의 이행이 문제이다.

"다윈과 동시대의 사람들에 있어서도 과학과 종교 사이의 갈등 같은 것은 별로 느끼지 못하였다. 19세기 초만 해도 과학자들은 성경의 창세기 내용이 세계의 기원을 역사적으로 기록한 것이라고 수용하였다. 세계의 기원을 설명함에 있어서 초자연적인 힘이 개입되고 있다는 창세기의 기록과 초자연적인 설명은 필요없다는 과학 측면 사이에서의 논쟁적인 요소가 있기는 했지만 크게 두드러지지는 않았다. 그런데 점차 심화된 것은 19세기 후반에 들어서였는데, 생물학과 지질학 분야에서의 발견들이 구약성경의 창세기 기록들과 부합되지 않는다고 일반적으로 인식되기 시작한 뒤였다."[55] 그 주된 이유는 무엇인가? 세계의 기원 문제는 본체적으로 풀어야 하는데 현상적으로 접근한 까닭이다. 서양 문명의 세계관적 한계성만 나타내었다. 초자연적인 힘이 개입된 창조의 기원 문제를 잘못 접근하였다. 초월적=본체적=통합적인데, 이런 등식을 서양 문명은 제공하지 못했다. 초월성은 본체가 뒷받침되었을 때만 성립되는데 이런 사실을 알지 못했다. 개체와 사물에만 안목을 고정시킨 분열적 인식밖에 없었다. 시종일관 동해 바다와 서해 바다를 구분하는 쪽으로 진리를 추구했다. 본질의 전체성, 바탕성, 선재성을 볼 수 없었다. 초월적인 본체 논리는 인출할 수도 이해하지도 못했다. 창조는 분명 초월적인 힘이 개입되었다고 하면서도 이해는 논리적으로만 풀었다. 초월성을 파악하지 못했다.

하지만 이곳에 집중해보라. 이 사례는 결코 관념적이지 않다. 실질적이다. 천지를 창조한 하나님이 세계 전체를 자체 몸으로 구성하고 있어서이다. 서해 바다와 동해 바다란 부분적으로 존재한 인간이

---

55) 『진화론과 과학』, 앞의 책, p.23.

구분한 방향성 인식이지 바다 자체에는 그런 구분이 아예 없다. 동해 바다가 곧 서해 바다이고 서해 바다가 곧 동해 바다이다. 개체인 나는 진주에서 출발해 서울까지 가는 데 있어 출발 시간과 도정과 도착하는 시간이 있지만 진주와 서울을 연결한 길 자체에는 아무런 구분이 없다. 출발 즉시 도착 시간이다. 우리가 인식하는 시차, 곧 시간이 아예 없다. 어떤 차이도 없다. 그것이 초월성이다. 진화론자들은 종의 진화 요인으로서 수억 년에 걸친 세월을 내세웠지만, 하나님은 천지를 창조하는 데 걸린 시간이 전무하다. 스피노자가 궁금하게 여겨 궁구하길, "神이 세상을 창조하기로 결의했다면 그 시점은 언제인가? 만일 神이 지속하는 시간 안에서 창조했다면 더 이상 완전한 존재일 수 없으므로 이는 부당하다. 또한 神이 영원에서부터 창조하기로 결의했다면 우리는 그 시점을 전혀 알 수 없다. 왜냐하면 영원 안에는 언제라는 것이 없으며, 마찬가지로 영원 안에는 이전과 이후도 있을 수 없다. 따라서 神이 창조를 결의했다는 주장은 성립될 수 없다"라고 하였다.[56] 왜 神의 창조 주장이 성립될 수 없다고 한 것인가? 이것이 神의 초월성을 이해하지 못한 서양 문명의 한계성이다. 그러나 본체 문명인 동양 문명은 능히 소화할 수 있다. 최초 창조의 시점은 창조를 결의(뜻)하기 이전에는 시간이 없으므로 점찍어 둘 시점도 없었다. 뜻한 순간(창조의 뜻 발의)이 최초의 시점이기는 하지만 그것마저 창조가 실현되기 이전이라 시간이 있기 이전이다. 그런데도 굳이 따지자면 발의된 창조의 제일 시점은 후일 그렇게 해서 창조가 실현된 제일 연후에 드러난다. 여기서 비로소

---

56) 「데카르트와 스피노자의 신개념」, 손기태 저, 연세대학교 연합신학대학원 이론신학과 조직신학, 석사, 2001, p.77.

창조의 첫 시점을 가늠해서 분간할 수 있는데, 그것은 창조 본체의 통합성 본질이 분열을 완료한 시점, 곧 먼 태초의 과거가 아닌 먼 미래에 창조 목적을 완성한 시점이다. 현상의 분열질서 인식과 정반대이다. 창조의 끝이 현상의 시작이다. 창조를 뜻한 시점은 창조 이전의 어느 깊숙한 시점에서 발의되었기 때문에, 그 결과 제일 처음은 제일 나중인 먼 미래의 깊숙한 어느 때에 파묻혀 있게 되었다. 시간이 전무한 창조 이전의 시점이라 창조 실현으로 현상계에 드러나서도 현상계 안에서 시간적으로 존재할 수 없다. 그런데도 그런 인식은 현상계적인 구분일 뿐이라, 억겁에 걸친 창조 시간은 아무런 구분이 없는 하나이다. 많은 세월을 보낸 인생적 경험도 지나고 보면 하나로 인식되며, 실질적으로도 내면의 의식 안에서 하나로 통합되어 있다. 창조는 완성을 이룬 시점이 오히려 최초의 시점이라, 이것을 현 질서 체제 안에서는 선재성으로 이해한다. 이런 인식을 성립시키는 것이 곧 창조의 통합성이다. 동양 문명을 일군 선현들이 이런 진리 세계를 파고든 주인공들인데, 동양 역시 펼친 세계의 궁극성 추구 특징은 한결같이 구족한 전체 道로부터의 창조 도식에 두었다. 거대한 인식의 전환이 불가피한 진화론의 개체적 출발을 불식시킨다. 道生一 一生二 二生三 三生萬物, 太極이 양의를 낳고 사상, 팔괘 …… 만물 등등 무어라 이름할 수 없고 형상할 수 없는 그 무엇[道]을 천차만별한 현상계의 시원으로 보았다. 그 道란 무엇인가? 일체를 구족한 통합성 본질이다. 진화론은 처음에 생명이랄 것도 없는 것이 무수한 세월을 거치는 동안 진화한 과정을 거쳐 고등동물까지 되었다고 하였지만, 道는 처음부터 일체를 갖춘 상태에서 만물을 생성시켰다. 창조 시원은 일체 인과를 끊은 無와 미래에 존재한 조건들을 동시에 충족시켜야 하는데, 道는 일체를 만족시켰다. 만물의 시원 실마리를 道가 간직하였다. 통합 시원=창조 출발=종의 기원이다. 동양의 본체 문명은 인류가 여태껏 바라본 대 세계적 관점을 전환시키고 대립된 고리를 풀어 영원성을 바라보고 영원성과 함께할 수 있는 초월 문명, 통합 문명, 영성 문명 세계로 인도할 수 있다. 차원을 달리한 문명, 곧 하나님과 함께한 지상 천국 문명을 건설하리라.

2. 진화의 변이성 대 창조의 불변성

진화적 관점과 대치된 성경의 기록에는 모세의 천지 창조 6일 과정설(6천 년설), 노아의 대홍수 멸종 사건, 종의 불변설 등 여러 가지가 있지만, 그중 종의 불변성은 다윈이 자연적인 사실과 불일치함을 발견하고 진화론을 세우게 된 결정적인 설이다. 예를 들어 지구의 역사가 6천 년이라고 주장된 배경은 성경에 있는데, 이것은 생물들이 각기 종류대로 창조되어 다음 세대를 이어간다고 하는 기록과 잘 부합된다고 생각하였다. 창세기의 기록을 문자대로 믿는 신앙인들이 있기는 하지만, 현대의 과학적인 사실과 견준다면 지나가던 소라도 웃을 일이리라. 하지만 이것은 창조론자, 진화론자를 막론하고 예외 없이 자신들이 내린 인간적인 해석 관점이지 하나님은 아무 말이 없다. 山下가 말을 하는가? 절묘한 조화에 감탄한 인간들이 자기 감정에 격해 읊은 것이 詩가 아니던가? 창조된 세계가 분열을 다하고, 주관자인 하나님이 본체를 드러내기까지는 누구도 단정할 수 없다. 하나님의 뜻, 의지, 모습이 드러나지 못한 선천에서는 어떤 영역도 진리 판단에 있어서는 한계성에 처해 있다. 이유는 분명하다. 분열을 다하지 못한 상태에서는 전모를 볼 수 없고, 전모를 보지 못하면 본의를 알 수 없기 때문이다. 성경과 천지 만상을 보는 눈이 모두 그러하다. 과학적 사실이 세계를 판단하는 완전한 잣대인 것 같지만, 알고 보면 존재와 현상에 대해 반만 본 세계관이다. 사물 현상과 본질을 별개로 보아 조화시키지 못한 반쪽짜리 진리관이다. 종의 불변성도 그러하다. 성경에서는 생물들이 각기 종류대로 창조되어 다음 세대를 이어간다고 했는데, 자신들이 본 안목 안에서 종은 그야말로 불변한 것으로 해석하였다. 사실은 종의 본질이 불변하기 때문에 다음 세대로 연면하게 이어진 것인데도 종의 겉모습이 불변한 것으로 곡해하였다. 본질을 보지 못한 선천 세계관 탓이다. 창조론자들이라고 해서 이 같은 관점에 대한 이해가 있었는가 하면 상황은 매한가지였다. 창조된 본의를 꿰뚫기 위해서는 천지가 본질에 근거한 사실을 알아야 하는데, 이것이 지난날에는 불가능했다. 그러니까 본질과 세계와 神을 연관 짓지 못했다. 따로 놀아 다윈이 종의 불변성을 부정했을 때도 동일한 관점에 있어 반박할 근거를 찾지 못했다.

익히 알려진바 "창조론은 중세부터 19세기까지 지배했던 전통적인 기독교 세계관을 바탕으로 한다. 창조론에 따르면 창조자인 神이 세계와 인간을 만들어냈고, 창조물들은 神의 지혜를 통해 만들어졌기 때문에 식물과 동물들은 환경에 완벽하게 적응한 상태이다. 오늘날 세계에 존재하는 모든 생명체는 창조로부터 어떠한 변화, 진화 없이 본래 모습 그대로 유지하고 있다는 것이 다름 아닌 창조론의 핵심된 내용이다."[57] 맞다고도 할 수 없고 그렇다고 틀렸다고도 할

---

57) 「진화론적 사고에서 바라본 헤겔의 자연관과 인간이해」, 최준열 저, 서강대학교신학대학원 철학과, 석사, 2012, p.1.

수 없는 이런 사상은 종의 창조를 해석한 진화론자들의 이해 관점과
도 일치한 것이었고, 기호에 꼭 들어맞는 주장이다. 일부분 진실과
맞물려 있음에도 불구하고 결과로서는 본의와 거리가 먼 해석이다.
진화론자로부터 도전받고 부정되기 마땅한 빌미를 창조론자들의 불
변성 관점이 제공했다고 할 수 있다. 창조론자들은 하나님이 지혜를
통해 동식물들이 주어진 환경에 완벽하게 적응할 수 있도록 창조하
였기 때문에 모든 생명체가 창조 이래 어떤 변화나 진화 없이 본래
모습을 유지하고 있다고 하였지만, 이것은 자기 세계관에 도취된 아
류적 해석이다. 하나님이 지혜를 동원하였다고 한 것은 종을 창조함
에 있어 자연 환경의 특성과 변화와 혹독함을 모두 고려하였다는 의
미이다. 그래서 하나님은 동식물들이 사실상 자연 환경에 완벽하게
적응된 상태로 창조한 것이 아니라 완벽하게 적응할 수 있는 능력과
생체적인 시스템을 구축해서 창조된 종들이 지속적으로 생존할 수
있도록 했다. 이것이 본의에 입각한 진정한 종의 불변성 이해이다.
끊임없이 변화하는 자연 속에서 종이 불변성을 유지하기 위해서는
정체될 수 없다. 일체 환경적 변화에 적응할 수 있는 시스템을 지혜
로 구안하고 적용하였다. 가장 실질적이고 현실적인 창조 역사이다.
하다못해 조그만 풍선도 자기 실체성을 유지하기 위해서는 부풀어
올랐다 오므라든다. 뭇 종이 가진 놀라운 환경 적응 체제는 하나님
이 자연과 세계의 법칙을 모두 알고 고려해서 구축한 전능한 지혜성
을 증거한다. 그런데도 창조론자들은 전지전능성을 고백만 하였을
뿐, 그런 지혜가 어떻게 종의 창조에 적용된 것인지는 몰랐다. 종의
불변성을 유지하기 위한 적응 체제에 대해서는 어떤 언급도 없었다.
미련할 정도로 불변성과 완벽성을 각론 없이 고집하였다. 그러니까

지성들은 도대체 창조가 무엇인지를 알 수 있는 창구가 없어 다윈이 진화론을 내세웠을 때는 모두 혹하여 너나 할 것 없이 동조하고 나섰다. 진화론자들의 창조에 대한 판단 기준은 아주 단순하면서도 무지한 것인데, 종의 고정불변설(종은 불변, 즉 변하지 않는다)과 종은 각기 독립적으로 창조되었다는 설에 대해 반박한 것이다. 다윈이 진화론을 세운 것은 진리를 추구하는 자, 종에 관한 당연한 문제 제기라고 할 수 있다. 오늘날 존재하는 무수한 생물은 처음부터 지금과 같은 형태로 창조된 것인가, 아니면 부단한 변화과정에서 진화한 것인가? 그 해답으로 진화론을 세웠다. 종은 영원히 옛날부터 동일성을 유지하여 왔는가, 부단하게 변화하여 왔는가? 변이(變異)에 관한 증거가 다소라도 있을 경우에는 진화를 인정하지 않을 수 없을 것이라고 전제하였다. 그런데 관찰한 바에 의하면 "야생 또는 재배·사육하는 동식물 사이에 변이의 현상을 뚜렷이 인정할 수 있어 원예가는 화초·야채, 사육가는 비둘기·닭이나 가축 등에서 다른 종을 만들고 있다. 따라서 동식물에 영향을 줄 수 있는 환경 또는 상태를 변화시키면 종에 변이를 일으킬 수 있다고 보았다."[58] 단지 단기간 안에서는 확인이 어렵기 때문에 오랜 세월의 비밀을 담고 있는 화석에서 증거를 찾았는데, 조건을 충족시키고 있는 지는 의문이다. 진화론은 연속적인 섬세함을 필요로 하는데 화석은 너무 끊어진 화면이 많다. 증거 자료로서 채택할 수 없을 정도이다. 억지로 스토리를 엮어 보지만 일관성이 없다. 그 이유는 단 한 가지, 가설로서 세운 이론은 사실과 일치하지 않기 때문이다. 왜 그러한가? 변이는 새로운 종을 창조할 수 있는 요인이 아닐 뿐더러, 다윈도 종의 외부적인 모

---

58) 『진화론과 창조론』, 장기홍 편자, 한길사, 1991, p.20.

습과 환경적인 조건만 고려한 탓이다. 종의 내면적인 본질, 나아가서는 세계의 보편적인 본질을 참고해야 했는데, 평생 외부적인 변이 현상과 변이를 일으킨 요인을 이론화하는 데만 골몰하였다. 하지만 변화의 진리성과 창조성을 확인하기 위해서는 세계의 불변성에 대해 선행된 통찰을 해야 했다. 불변성이 무엇인지, 불변한 것이 어떻게 존재하는지를 확인해야 했는데, 이런 절차적 사고를 다윈은 거치지 못했다. 종의 불변성에 영향을 끼친 불변설에 대한 전통적인 사고와 보편적인 진리 현상을 고려하지 못한 것이 결정적인 잘못이다. 매매자의 소유도 확인하지 않고 땅을 사 그 위에 집을 지었다면? 불변설의 진위를 확인하지도 않은 채 변화설을 세웠다면? 가설들은 때가 되면 모두 허물어진다. 진화론의 중심적인 테마는 종의 변화인데, 변화를 내세우기 위해서는 먼저 절대 변하지 않는 것으로서의 종의 개념부터 확립해야 했다. 여기에 대해 부족하나마 전통적으로 제공된 것이 바로 목적론이다. 아리스토텔레스는 말하길, "모든 생물의 종이 자기 고유의 종으로서 성립하는 이유는 자신의 본질(essence)을 가지고 있기 때문이다"라고 하였다.[59] 반면 "다윈의 진화론은 고대에서 중세에 이르기까지 지적설계자에 의해 창조된 세계가 불변하며, 또한 궁극적 목적을 향하고 있다는 목적론적인 질서에 대한 믿음을 전격 거부하고 해체하였다."[60] 이런 행위가 과연 타당한 것인지는 재검토되어야 한다. 사실 종의 변이성 대 불변성 문제는 이 세계에 과연 불변한 본체가 있는가 없는가에 대해 인류가 궁금하게 여긴 중요한 논의 대상이다. 신플라톤주의의 창시자인 플로티노스(3세

---

59) 「목적론과 다윈의 진화론」, 이성규 저, 성균관대학교대학원 사학과 서양사, 박사, 1992, p.48.
60) 「진화론적 사고에서 바라본 헤겔의 자연관과 인간이해」, 앞의 논문, p.14.

기경 활동)는 세계의 유출자로 삼은 一者의 근원성과 초월성을 강조하기 위해 세계를 이원적으로 구분하고 영혼의 불멸성을 주장하였다.

> "정신계는 영원히 존재하고 분할되지도 않으며 변화하지도 않고 오직 그 자체 안에서만 존재한다. 반면에 감각계는 불안정하고 변화하며 공간 안에서 연장을 갖고, 존재라기보다는 생성으로 간주되는 세계이다. 영혼 그 자체는 오직 자체의 빛 속에서만 존재하며, 결코 무엇으로 변화되어 자체가 소멸되는 것은 아니다. 그것 자체가 삶의 원리이며, 삶 속에서의 하나의 활동성이다."61)

세계를 불변한 정신계와 변화하는 감각계로 구분한 것은 명백히 천지가 창조되었기 때문이라 정신계, 영혼, 一者 등등 종의 변화설을 세우기 이전에 다윈은 절대 본체의 존재성을 확인하고 불멸설 주장에 대해 귀를 기울여야 했다. 고대 때부터 파르메니데스는 "태양 아래 새로운 것은 없다"라고 하였고, 헤라클레이토스는 "태양은 날로 새롭다"라고 하여 존재와 생성 사이에서 대립하였는데, 이런 갈등을 어떻게 풀고자 했는지 살펴야 했다. 한 관점만으로 보면 영원한 숙제인 것 같지만 본의에 입각하면 즉시 해결된다. 태양 아래 새로운 것이 없는 것은 이미 본질이 有하기 때문이고, 태양이 날로 새로운 것은 통합성이 분열함으로써 생성되기 때문이다. 오늘날 본질주의자로 분류된 철학자로서는 플라톤, 파르메니데스 등이 있다. 플라톤은 겉보기에는 변화하는 세계도 본질적으로는 불변적인 요소가 내재되었다고 보았고(이데아의 세계), 파르메니데스는 "기본 원리를 존재라 부르고 그것을 유일 불변한 것으로 파악하였다. 그는 변화란 있을 수 없는 것이라 생각하고, 세상에서 보는 변화는 단지 감각의

---

61) 「플로티노스의 절대자 개념에 대한 연구」, 조원준 저, 연세대학교대학원 철학과, 석사, 1999, p.6.

환상에 지나지 않을 따름이라고 하였다."62) 종의 불변설은 이 같은 철학 사상에 근거한 것이기도 한데, 다윈이 정말 완벽하게 불변설을 뒤엎으려고 했다면 선조들의 사유전통을 참고하여 그들이 왜 이 같은 설을 세운 것인지 살피는 것이 맬서스의 『인구론』을 더듬는 것보다 더 중요했다. 파르메니데스가 확신한 유일 불변한 본체는 천지 만물을 있게 한 본체이며, 환상에 지나지 않는다고 한 감각적 변화는 다름 아닌 창조된 피조체이다. 플로티노스는 말하길, "다양성을 가진 물질세계는 그것이 항상 변한다는 점 때문에 궁극적 실체가 아니다. 변하지 않는 존재만 참된 실체이고, 변함이 없는 실체는 비물질적이어야 하며, 따라서 실체는 세상을 초월한 실체, 곧 神만이 절대적으로 궁극적인 실체"라고 하였다.63) 다윈이 세상의 인식을 전환시켰다고 하지만 플로티노스를 기준으로 삼는다면 세상의 인식은 다시 전환되어야 한다. 변하지 않는 존재만 참된 실체라면 변화에 근거를 둔 진화론은 줄을 잘못 서고 만 것이다. 결코 궁극성에 도달할 수 없는 썩은 동아줄을 움켜 쥔 상태이다. 누가 세상은 변화하지 않는다고 했던가? 변화의 당위성은 누구도 부인할 수 없는데, 그 이유는 오직 천지가 창조되어서이다.64) 변화하는 것은 창조된 것이고, 창조를 있게 한 본체는 불변이다. 창조가 있기 때문에 불변도 있고, 창조되었기 때문에 변화와 불변 역시 구분, 인지되었다. 그러므로 불변한 것은 하나님의 절대 본체가 유일하다. 누가 종이 곧이곧대로 불변하다고 했는가? 창조된 일체는 생성하고 소멸하며 끊임없는 변

---

62) 『현대물리학과 동양사상』, F. 카프라 저, 이성범·김용정 역, 범양사출판부, 1987, p.25.
63) 『플로티노스와 어거스틴의 창조론에 관한 고찰』, 이상정 저, 신학논단, p.112.
64) 변화의 당위성: 창조가 없다면 변화도 없다. 창조도 변화이고 진화도 변화이지만 창조는 본체의 이행이고 진화는 본체의 생성임. 그래서 창조론은 일련의 분열 체제, 즉 변화와 이행 메커니즘의 차원성을 구분해서 밝히는 데 있다.

화 시스템으로 불변성을 유지한다. 본체가 존재해야 가능한 일인데, 형태적으로는 아무리 변화해도 시스템적으로는 불변하다. 변화의 주체는 어디까지나 본질이 지녔다. 따라서 변화만 알아서는 불변을 알 수 없다. 변화하지 않는 것부터 알아야 변화하는 것 일체도 안다. 다윈은 세계의 영원성과 불변성에 대한 전통적인 形而上學적 논거 문제를 넘어서야 했다. 당연히 진화론의 불합리성을 설명하기 위해서는 세계의 불멸적인 요인들을 확보하는 것이 우선이다. 물질, 존재, 종의 가변, 변이 문제에 대해 불변한 본질의 존재성을 확인하는 것은 진화론을 극복하는 길이다. 창조 원리와 진화 원리는 근본적으로 다르고, 종의 변화는 한계가 분명하다. 피조체인 종은 새로운 종을 창조할 본체적 뿌리가 없다. 종은 생존하기 위해 환경에 따라 변화할 수는 있지만 본질은 변할 수 없다. 육체가 멸하면 영혼도 멸하는가? 본체가 이것을 반박한다. 육체는 창조되었기 때문에 멸할 수 있지만 영혼은 본체와 함께하기 때문에 영원하다. 영혼불멸이 영혼사멸을 불식시킨다. 영혼의 불멸 메커니즘은 존재론의 백미이고 창조론의 알파, 오메가이다. 시간과 공간을 초월한 절대성이 있다는 것은 시간과 공간을 초월한 창조가 있다는 것이고, 불변한 본체가 이것을 뒷받침한다. 창조가 없었다면 초월성은 있을 수 없다. 불변성은 사실상 초월성 자체이다. 분열하는 변화 질서를 초월한 것이 불변성이다. 천지를 창조한 본체가 지닌 고유 권한이다. 온갖 생멸 현상은 현상계에서 일어난 단면이고, 아무리 생멸해도 하나인 본체가 변한 것은 없다. 본체는 영원하다. 神은 불멸이다. 세계는 영원히 有하다. "道는 모든 대립과 분별을 초월함과 동시에 모두를 포괄하는 궁극적 원리임에",65) 이 道가 변화하는 현상의 이면에 있는 불변한 본체이다. 창조를 있게 한 본체는 변할 수 없다. 반대로 창조로서 있게 된 만물은 변할 수밖에 없다. 둥근 지구 안에서는 내가 아무리 똑바로 앞을 보고 걸어 나가도 결국은 도는 것이 되고, 작은 곡선은 곡선인 것이 맞지만 큰 곡선은 결국 직선이 되는 것처럼, 불변한 본질을 바탕으로 한 세계 안에서는 세상의 부단한 변화도 결국 불변으로 귀속되며, 변화하는 목적도 불변하기 위해 변화한다. 작은 변화는 변화이지만 큰 변화는 돌고 돌아서 불변하다.

道는 도대체 무엇이기에 "고금의 시간성을 극복하고(변질되는 것이 아님. 道의 영원성) 고금을 관통하는가?"[66) 道는 온갖 변화와 상관없이 불변하고 영원하며 동질성을 본유하고 있다. 세상은 온통 변화하는 것뿐인데 불변한 것이 어디에 있는가? 생자필멸은 아무도 피할 수 없는데 어디에 영생이 있는가? 멸하는 가운데서도 불멸한 본체가 있기 때문에 영혼이 그곳으로 귀환할 수 있다. 불멸한 세계는 생자필멸 법칙을 초월해 있다. 우리가 멸하지 않을 수 있는 유일한 방법은 아예 처음부터 生하지 않는 것인데, 그것이 生한 자로서는 불가능하다. 하지만 『반야심경』에서는 생겨나지도 않고 사라지지도 않는다(不生不滅)고 하였다. 그런데도 존재하는 것이 곧 불멸한 창조주이다. 생자필멸인 세계만 있는 것이 아니다. 생자필멸인 세계는 가식화된 창조 세계이고, 不生不滅인 세계는 생자필멸을 있게 한 본체 세계이다. 창조된 것은 生하지 않으면 존재할 수 없지만, 창조를 이룬 것은 生하지 않고서도 존재할 수 있다. 우리가 죽음을 맞이해도 존재할 수 있는 불멸한 세계가 있다는 뜻이다.

---

65) 『노자철학의 연구』, 김항배 저, 사사연, 1991, 28.
66) 위의 책, p.57.

그러므로 "대덕들이여 착각하지 말라. 나는 그대들이 경과 논을 잘 알고 있는 것을 높이 사지 않는다. 설사 백 권의 경과 논을 이해한다 하더라도 일개 일 없는 사람만 못하다. 다른 사람을 경멸하여 승부를 다투는 아수라가 될 뿐이고, 나와 남을 분별하는 無明 번뇌로 지옥의 업을 기를 뿐이다. 차라리 아무 일없이 쉬어라. 배가 고프면 밥을 먹고 잠이 오면 눈을 감아라. 어리석은 사람은 비웃지만 지혜로운 사람은 알 것이다. 道를 배우는 벗들이여! 진리를 문자 속에서 찾지 말라. 마음이 움직이면 피곤하고 찬 기운을 마시면 좋을 것이 없다. 차라리 한 생각 인연으로 일어난 法이 본래 생멸이 없음을 깨달아 삼승의 방편 학설을 공부하는 보살들을 뛰어넘는 것만 같지 못하다(임제)."[67]

진화론은 한때 부흥하여 지성들을 혹했지만 세상에 남긴 것은 논쟁과 다툼뿐이다. 결단코 뭇 영혼들을 짐승만도 못한 아수라로 내몰았지 천국으로 인도하지 않았다. 진리는 그런 것이 아니다. 어떤 가설 설정도 도모하지 않았음만 같지 못하다. 그 이유가 어디에 있는가? 한 생각 인연으로 일어난 法이 가상이라, 본래 생멸이 없고 불멸한 본체로부터 잠시 일어난 현상이란 사실을 깨닫지 못한 것이다. 깨달아야 無明을 벗어나고 삼승의 방편 학설을 공부하는 보살들을 뛰어넘는다. 그리하면 세상 어디를 둘러보아도 본체의 불변성을 확인할 수 있다. 진화를 증거하는 수많은 화석의 발견 속에서도 2억 5천만 년 훨씬 전에 번성했고 공룡과 마찬가지로 멸종된 것으로 생각되었던 '실러캔스'란 물고기가 1938년, 남아프리카 해안에서 심해 조업을 하고 있던 소형 어선에 잡혀 동물학계를 깜짝 놀라게 하였다. 이 물고기는 화석이 된 선조가 살았던 수억 년 이전의 시대로부터 거의 변화하지 않은 '살아 있는 화석'으로서 유구함을 대변한

---

67) 『임제록 강설』, 덕산스님 역해, 비움과 소통, 2014, p.267.

다.[68] 이런 발견에 대해 진화에도 정체기가 있다는 등 변명을 늘어놓지만 처음부터 끝까지 일관된 원리 법칙 적용은 없었다. 땜질식 이론 투입이다. 수집된 화석적 자료들은 불확실하며 끼워 맞추기식이지만 실러캔스 물고기는 직접 살아 있는 생명체로서 종의 불변성을 단번에 입증했다. 진화론자들도 말하지 않았던가? 최초 생명의 탄생은 단 한 번 우연이면 된다고……. 『반야심경』에서는 空은 증가하지도 않고 감소하지도 않는다(不增不減)고 하였다. "우주에 있어서의 물질과 에너지의 총화는 일정하며 결코 더 이상 조성되거나 소멸되는 법이 없다. 변화하는 것은 형태뿐이고 본질은 변치 않는다(에너지 보존 법칙=열역학 제1법칙)."[69] 현상은 본체의 반영이고 그것의 나타남이다. 그래서 본체=현상이다. 현란한 현상계의 모습에도 불구하고 결국은 본체 안에 있다. 창조의 본질은 오직 有함이고 현상계의 본질은 化이다. 生한 만물은 멸해도 有한 본질은 온통 無함 속에 둘러 싸여 있어 어디서도 사라질 만한 퇴로가 없다. 본래 有한 것이 生했다가 다시 돌아가는 것이므로 우주의 총량은 일정한 것이며, 늘지도 줄지도 않는다. 천지를 창조한 본체는 무진본(無盡本)이고 부동본(不動本)이다(『천부경』). 온갖 것을 낳았지만 본체는 불변하다. "만물의 모든 변화를 일으키는 근본이지만, 형태만 변화하고 근본은 아무리 시간이 지나도 다할 수 없고 움직일 수 없다."[70] 그것이 바로 하나님이 갖춘 전능한 창조 본체이다. 정이는 性이 곧 理라고 하였다(性卽理). 性은 이미 결정된 영원하고 불변한 인간의 본성으로 여겼다.[71] 본성은 주어진 것이고 변할 수 없는 것임에, 그런 결

68) 『눈먼 시계공』, 리처드 도킨스 저, 이용철 역, 사이언스북스, 2010, p.400.
69) 『천부경』, 최동환 해설, 지혜의 나무, 2006, p.175.
70) 위의 책, p.130.

정을 창조, 곧 불변한 본체가 하였다. 인간이 가진 사덕(四德: 仁·義·禮·智)은 본래부터 갖춘 것이고 하늘로부터 주어진 것이라 영원토록 변함이 없다. 인간이 원숭이로부터 유래했다고 하는 진화론과 비교해보라. 겉모습의 유사성과 유전자 배열의 근사치에만 있다. 본성의 창조성과 불변성을 보지 못했다. 그러니까 진화론은 인류의 문명적 가치와 질을 떨어뜨린 것이다. 무진본, 본성, 이데아, 道, 太極, 空, 본질은 창조를 증거함과 동시에 불변한 본체를 증거한다. 무신론을 타파할 수 있는 제일의 방법은 살아 계신 하나님을 증명하는 것이듯, 진화론 대 창조론 간의 오랜 논쟁 역사에 종지부를 찍기 위해서는 만말을 거두고 세계 본질의 불변성을 증거하면 된다.[72] 감각적으로는 확인하기 어려우므로 불변한 본체를 직접 볼 수 있는 안목을 제시하였다. 눈이 있는 자는 보고 귀가 있는 자는 듣게 되었나니, 이것이 보혜사 하나님이 진리의 성령으로서 강림하여 이룬 위대한 역사이다.

3. 진화의 변화 대 창조의 생성

동서양의 지성들이 선천에서 존재란 무엇인가에 대해 쉽게 답하지 못했던 것은 존재한 근원을 제대로 추적할 수 없었고, 드러난 존재도 끊임없이 변화하고 생성하여 참모습을 규정할 수 없었기 때문이다. 그럼에도 불구하고 변화와 생성은 현상계를 이루는 중요한 특

---

71) 『송명성리학』, 진래 저, 안재호 역, 예문서원, 1997, p.157.
72) 영혼의 불멸성을 증명하기 위해서는 무엇보다도 먼저 영원한 불멸자로 존재한 하나님부터 증거해야 함.

성으로서, 변화→생성→창조→본체로까지 나아가야 현상계의 본질, 곧 변화의 본질을 파악할 수 있다. 변화만 보고서는 어떤 진상도 볼 수 없다. 생성하면 변화하는 것이고 변화는 생성으로 생긴 것이라, 생성의 원천 에너지가 어디서 공급되는 것인지를 모르면 생성을 진화로 착각한다. 착각은 세계를 오판한 온상이다. 존재는 무궁한 생성과 변화 가운데 있는데 종의 변이 문제도 여기에 속한다. 그동안 존재와 종의 본질을 정확하게 규정하지 못한 이유 역시 여기에 있다. 왜 존재는 생성하는가? 이것을 알아야 종의 변이 문제에 답할 수 있다. 존재는 한마디로 생성으로 인해 생겼다. 변화하여 생긴 것이 아니다. 생성이란 무엇인가? 생성은 항상 변화를 전제한다. "변화는 잠재적인 상태에서 새로운 차원의 완벽한 상태로 이행하는 것이다."73) 진화론은 작은 변이 요인이 축적된다고 했는데, 이것은 생성으로 잠재된 요인이 드러나는 것과 다르다. 잠재는 이미 존재한 것이 함축되어 있는 상태이다. 변이 요인의 축적은 그런 개념이 아니다. 자연선택이 촉매되었을 때만 발생된 요인이 비로소 축적된다. 그렇다면 생기는 의문은 왜 잠재될 수 있었는가? 잠재 요인을 보관할 수 있는 무언가가 존재해야 한다. 이것을 진화론은 설명할 수 없다. 잠재된 것이 드러나는 생성 루트란 이미 결정적이지만 축적된 변이 요인은 비결정적이다. 왜 잠재된 것이 존재하는 것과 함께하는가? 생성은 결정된 목적을 완성시키는 과정으로서 결코 다른 방향으로 나가지 않는다. 그래서 변화적 인식은 진화에 소속되고 생성적 인식은 창조에 소속된다. 변화의 뿌리는 생성에 있고 생성의 뿌리는 창조에 있

73) 『철학이 된 엉뚱한 생각들』, 마르흐레이트 데 헤이르 글·그림, 김기철 역, 안광복 감수, 원더박스, 2014, p.51.

다. 진화와 창조는 근본적으로 차원이 다른데 진화론자들은 생성을 창조로 착각하였다. 무엇을 착각한 것인가? 조직신학자 신재식은 '진화론적 유신론(?)'이란 이상한 개념을 제안하고 "전통적으로 기독교의 창조론을 태초의 창조, 계속적인 창조, 그리고 궁극적 창조란 3단계로 구분하였다. 여기서 태초의 창조는 우주가 처음 창조된 것을 말하고, 계속적인 창조는 하나님이 우주의 운용에 지속적으로 개입하면서 사물을 늘 새롭게 만들어가는 과정이며, 궁극적 창조는 기독교인이 말하는 종말에 새 하늘과 새 땅이 이루어지는 최후의 창조, 곧 완성된 창조를 의미한다."74) 이것은 창조의 단계 과정과 본의를 모른 상태에서 동원된 최선을 다한 가설이다. 하지만 본의에 입각할진대 태초의 창조 역사는 명확한 것이다. 천지 창조 역사는 이미 완성되고 완료되었다. 이런 사실과 기준에 따라 창조 단계를 초점 잡아 본다면, 본질 창조 단계→천지 창조 단계→본질 분열 단계→세계 통합 단계로 구분할 수 있다. 완료되고 완성된 창조 역사를 기점으로 이후 단계는 모두 완성된 통합성의 생성과 분열 과정이 된다. 계속적 창조, 궁극적 창조는 다시없다. 창조 이후에는 일체가 생성으로 드러난 것이다. 여전히 창조가 진행되는 과정이란 성립될 수 없다. 창조는 진행되는 것이 아니다. 하지만 "연속창조론은 창조를 단번에 완결된 사건으로 본 것이 아니다. 진화라는 과정을 사용한 하나님의 연속적인 활동으로 본 신학적 견해인바"75) 진화론과 타협한 변질된 관점이다. 신학적인 견해라고 할 것도 없다. 단번에 폐기처분되어 마땅한 의심창조론이다. 그 창조된 경계는 명백하다. 창조 역사는

---

74) 『종교전쟁, 종교에 미래가 있는가?』, 신재식 외 저, 사이언스북스, 2009, pp.424~425.
75) 「왕필의 무귀론 연구」, 정기원 저, 서울시립대학교 교육대학원 윤리교육, 석사, 2005, p.69.

이미 완료된 것이므로 세계에는 오직 생성만 있을 뿐 창조는 없다. 진화 역시 이런 범주 안이다. 그 무엇도 더 이상의 창조 능력은 없다. 세계 안에서 새롭게 생겨난 것은 창조된 것이 잠재되어 있다가 드러난 모습이고, 생성은 잠재된 것이 분열로서 드러난 시스템이다. 없었던 것을 새로 존재하게 한 창조 시스템이 아니다.76) 여기서 진화가 굳게 믿은 변화의 점진성이 창조의 생성성과 진행 방향에서 공통적인 것처럼 보이지만, 알고 보면 세계적인 진상을 거꾸로 본 착각이다. 무엇이 정확한 판단인가? 세계는 창조 능력이 없는데 새로운 것이 생겨났다면 그것은 바로 창조된 것이 잠재되어 있다가 생겨난 것이다. 왜 잠재된 것인가? 현상적인 질서의 순차적인 분열성 탓이다. 하나의 분열 공간에서는 하나의 인식밖에 존재할 수 없다는 것, 하지만 일체를 갖춘 창조 본질은 통합성이라 온갖 분열적 제한성을 초월한다. 이것은 주전자 속에 물이 가득 차 있는데 따르는 데는 시간이 걸리는 것과 같다. 이미 창조된 것이고 이미 완료되고 이미 완성되었지만 분열질서가 엄밀하기 때문에 점차적, 순차적이다. 그런데도 지성들이 여태껏 이런 본체적 실상을 모르고 진행적 우주, 생성적 우주로 착각하였다. 무엇을 결여하였는가? 창조 본체의 선재성과 통합성을 보지 못한 것이다.77) 통합성으로부터 생성한 것이 만물인데 생성으로부터 창조된 것으로 착각하였다. 분열 운동은 현실적으로는 개별화로 나아가지만 본질적으로는 통합으로 나아간다.

---

76) 하나님의 창조 세계 안에서는 그 무엇도 더 이상의 창조 요인이 없다. 세계 안에서 생겨난 것은 창조된 것이 잠재되어 있다가 생성으로 드러난 것임.
77) 완전한 우주, 결정적 우주 대 진행적 우주, 생성적 우주와의 대비에 있어 왜 전자의 우주가 현상계 안에서 인준되지 못했는가? 우주 창조의 선재성과 통합성을 보지 못함.

"네가 이미 들었으니 이것을 다 보라. 너희가 선전치 아니하겠느뇨. 이제부터 내가 새 일, 곧 네가 알지 못하던 은비한 일을 네게 보이노니, 이 일들은 이제 창조된 것이요 옛적 것이 아니라. 오늘 이전에는 네가 듣지 못하였느니라."[78]

천명된 새 일이 옛 것이 아니고 지금 창조된 것이라고 한 것은 하나님이 창조 목적을 이루기 위해 새 역사를 도모한다는 것이지 새로운 창조 역사가 아니다. 은비한 일을 네게 듣게 하기 위해 이룬 성령의 역사가 새 일이고, 지금 창조된 새 역사이다. 하나님은 살아계신 神이기 때문에 오늘도 내일도 새 일과 새 역사를 도모할 수 있다. 이런 새 역사를 이루기 위해 오랜 세월 동안 한 치의 쉼도 없이 분열 역사를 가속화시킨 것이나니, 진화론이 내세운 최고 무기인 지구 탄생과 점진적인 진화의 오랜 기간은 하나님이 창조 목적을 완수하기 위해 가진 생성 기간이지 진화 허용 세월이 아니다. 모든 것이 거대한 착각인데, 이것의 근본적인 원인은 바로 본질을 보지 못한 데 있다. 왜 동양의 覺者들은 천지의 시작을 초월적인 道와 본체적인 太極에 두었는가? 그 道, 그 太極이 바로 통합성이다. 생성하는 것은 본질을 지녔다. 그래서 "본질로부터의 창조"이고 하나님의 존재 본체에 근거한 천지 창조 역사이다. 그런데 이 같은 생성의 원천과 근원을 보지 못한 관계로 진화론자들은 종의 최초 기원을 개물인 단순한 인자로부터 출발시켰다. 최초 요인을 존재한 종 자체에서 구하였다. 뜨인 돌처럼 최초의 기원 문제는 묻어둔 채……. 상식적인 질서 안에서는 원인이 결과보다 앞서 있고, 그것은 당연한 법칙이다. 그러나 본체적인 질서 안에서는 결과가 이미 결정되어 있기 때문에 이

---

78) 이사야 48장 6~7절.

후부터 원인의 발생으로 결정된 결과를 이루게 된 필연적 경과가 있게 된다. 이것이 곧 생성된 인과법칙의 소이이다. 반드시 원인은 결과를 낳는 법칙 말이다. 원인보다 앞선 결과도 이해하기 어려운데 통합성 개념까지 보태면 더욱 복잡하다. 하지만 창조 이전에 본질 안에서의 창조 과정이 있었다는 사실만 인지할 수 있다면 억만 갈래로 헝클어진 창조 질서도 한꺼번에 꿰뚫는다. 그것이 무엇인가? 현상의 분열적인 질서 인식으로 창조의 통합적인 질서를 인식한 까닭으로 착각을 일으켰다. 진화는 하나로부터 열로의 분열적인 질서 체제이지만 창조는 열로부터 하나로서 생성적 질서 체제이다. 왜 그런가? 일체를 갖춘 통합 본체는 사실상 존재할 수도 없고 인식할 수도 없다. 無한 존재 상태이다. 그렇다고 존재하지 않는 것은 아니다. 이런 통합적인 본체는 현상계 안에서는 파악이 불가능하기 때문에 열을 갖춘 통합성 상태에서의 분열을 하나로부터의 출발로 본 것이다. 창조 실현 이전인 본질의 준비 과정을 보지 못한 상태이다. 이것이 결정적인 착각 요인이다. 창조 역사는 선재, 결정적이므로 하나로부터 새로운 것을 더해가는 진화는 있을 수 없다. 모든 변화, 생성, 진화(?)는 이미 일체를 구축한 창조 본질(통합성)로부터의 생성에 있다. 이것은 머릿속의 상상인 것 같지만 실질적으로 현상계에서 드러난 실상이고 현상의 본질, 존재의 본질, 창조의 본질을 밝히는 준엄한 판단 기준이다. 대상식의 전환, 대세계관의 전환을 넘어 대인류 문명을 전환시킬 보혜사 하나님의 위대한 지상 강림 족적이다. 변화와 생성은 어떤 창조물도 잉태시킬 수 없나니, 무궁한 생성과 변화의 깊은 곳에는 통합성이란 본체가 뿌리박고 있다. 이것을 자각하고 볼 수 있어야 우주적 실상과 종들의 진상을 판단할 수 있으리라.

4. 자연선택 메커니즘 대 창조 본체 메커니즘

중국을 통일한 진시황 때 골격을 갖추었고 인류 최대의 토목공사라는 별칭을 갖고 있는 만리장성(총 길이 21,196km)은 어떤 목적을 가지고 어떻게 축성되었는가? 수많은 노역자들이 평생을 바치고서도 목숨을 거두면 고향으로 돌아갈 수 없어 그 자리에 무덤을 만들었다고 하는 애환이 깃들어 있고 인공위성을 통해서도 관측되는 이 거대한 건축물은 그냥 이루어지지 않았다. 자연은 절로와 같은 뜻이므로 인공적으로 축성된 것과 자연적으로 이루어진 바위와 구릉은 육안으로도 구분된다. 만리장성은 먼저 그 길이에 대해 놀라고, 지각 있는 자라면 얼마나 수많은 사람들의 피와 땀과 세월이 바쳐졌는가에 대해 놀란다. 이런 점을 고려해서 진화론자들이 내세운 자연선택 메커니즘의 가당찮음과 창조 메커니즘의 실효성을 통각해야 한다. 만리장성을 쌓기 위해서 운반되고 다듬어진 돌과 생명의 각 기관들이 세포를 조직하고 구성하기 위해 DNA에 기록한 정보를 따진다면 결과가 어떠할까? 비교가 안 되는데, 만리장성은 거대한 인공물로 생각하고 생명은 우연에 의한 자연선택이라고 생각하는가? 여기서 자연력과 인력 간의 차이란? 인력으로 만리장성을 축성했듯 생명 구성도 버금간 작용력이 필요하다. 어떤 경우에도 우연, 절로 되었다는 것은 말이 안 된다. 만리장성을 비, 바람과 세월이 축성했다는 말과 같다. 이런 이유로 다윈은 자연이라는 말에 선택이라는 교묘한 작용 개념을 더했다. 하지만 자연에 선택이란 말을 합쳐도 결국은 그것이 그것이다. 찾고자 하는 선택의 주체자는 어디에도 없다. 절로 되었다는 말이다. 만리장성과는 비교할 수도 없는 생명체가 절로 구성되었다는 것이다. 그럼에도 자연선택에 대해 모종의 작용력이 부여된 것은 사실이다. 이 땅에 수많은 종들이 존재한 것은 이미 확인된 바인데, 창조를 부인한 마당에서 다윈이 구할 수 있는 종의 진화 메커니즘은 자연선택밖에 없었다. 논리는 간단하다. 사육재배를 통한 인위선택의 결과를 확인한 다윈은 그런 작용력의 대안을 자연 속에서 구했다. 인위선택은 다윈만 알고 있는 것이 아니다. "사람은 매력적인 장미, 해바라기 등을 의도적으로 선택해서 육종한다. 그리하여 그런 속성을 만드는 유전자를 보존한다. 이것이 인위선택으로서 다윈이 등장하기 한참 전부터 알고 있었던 내용이다. 하지만 다윈은 특별한 천재성을 발휘하여 자연이 그런 선택 행위자 역할을 할 수 있다는 사실을 꿰뚫어 보았다."79) 다윈을 신앙하는 자들에게는 그렇게 보였겠지만……. 육종 현장에서 인위선택은 가능한 것이지만 자연선택과의 유사성 해석은 재고되어야 했다. 인위선택은 있지만 자연선택에 대한 인위적 해석은 안 된다. 자연선택의 본래적인 작용력과 다윈이 내세운 진화론적인 논거와는 거리가 있다. 선택의 의도 목적과 자연의 우연, 절로성이 그러하다. 자연선택은 고도한 지적 작용력이라고 할 수 있는데(창조성), 이것을 단순하게 처리하였다. "유능한 농부는 농사일과 가축을 사용할 때 각 세대에서 좋은 개체를 선택함으로써 품종을 개량한다는 것을 알고 있었다(인위선택). 그렇다면 사육자가 없는 자연상태인 갈라파고스 제도의 핀치새들의 부리 모양은 먹이에 따라 적당하게 변화되어 있었다. 자연상태에서 환경에 적응한 이 다양한 모습에 대해 다윈은 사육자가 할 수 있는 선택을 무엇이 대행했는가를 질문한 것이다."80) 다윈은 어

---

79) 『지상최대의 쇼』, 앞의 책, p.93.

떤 놀라운 자연 속의 법칙을 발견한 것이 아니다. 최대한 지식을 동원해서 자연현상을 해석했다. 그렇게 생각하고 판단한 사고적 관점이다. 육종은 아무나 할 수 있는 것이 아니며, 고도의 전문적인 지식과 기술을 필요로 한다. 알아야 하고 유능하기도 해야 한다. 다윈이 이런 조건을 자연 속에서 찾고자 했을 때, 맬서스의『인구론』을 읽고 적용한 생존경쟁과 자연도태, 적자생존이 안성맞춤 격인 요인인가 하는 것은 다시 검토해야 한다.

　다윈이 자연 가운데서 육종 요인의 대안을 찾아 나선 것은 당시 만연된 창조 신앙 안에서는 합리적인 대답을 구하지 못해서이다. 신학계에서는 천지 창조 메커니즘을 제시하지 못했다. 다윈은 구하고자 한 종의 다양화 요인을 창조론을 통해서는 찾지 못했다. 그리하여 관점상의 문제인 생존경쟁에 의한 자연선택설을 채택하였다. 창조론을 부정했지만 하나님의 존재 실체에 대해서는 부정한 논거를 제시하지 못했다.『종의 기원』어디를 살펴보아도 神의 본성과 관련한 언급은 없다. 이것은 중요한 사실이다. 진화론은 자연선택으로 하나님의 본성까지 낱낱이 부정해야 한다. 왜냐하면 자연선택이 하나님의 창조 권능을 모조리 허물고 쟁취해버린 때문이다. 마르크스, 엥겔스가 헤겔의 관념론을 허물고 변증법적 유물론을 세운 것처럼……. 진화론은 神의 창조 권능을 허물고 그 위에 전혀 새로운 창조 메커니즘을 세운 것이 아니다. 神의 권능 역할을 대신한 자연선택 메커니즘을 세웠다. 천지 창조의 원동자를 인격적인 하나님으로, 진화론은 비인격적 작용인 자연선택에 둔 것일 뿐, 神의 권능 역할까지 폐기한 것은 아니다. 자연선택은 神의 창조 역할을 대신한 것

---

80)「현대 진화생물학의 신학적 고찰」, 정웅용 저, 한신대학신학대학원 조직신학, 석사, 1999, p.40.

이므로 존재한 형태와 이름만 바뀐 것일 뿐, 神은 여전히 존재한 상태이다. 神을 부정했다고 해서 神이 사라진 것은 아니다. 어떤 경우에도 神의 창조 권능은 필요하다. 니체가 神을 죽이고 그 자리에 초인을 다시 세운 것처럼……. 그렇다면 자연선택이 지닌 실상은 분명하다. 기독교가 금기한 교묘한 눈가림식 우상숭배이다. 우상을 세워 살아 역사한 하나님과 대적하려 들다니! 하나님은 역사 속에서 생명력을 갖추었지만 우상은 죽은 눈빛이고, 손은 차가우며, 심장은 뛰지 않는다. 우상을 대한 인간들의 맹신만 살아 있을 뿐이다. 자연선택이 그와 같다. 자연선택은 종을 창조할 어떤 작용력도 없는데, 가설을 세운 인간들이 신비한 권능을 부여하였다. 사실인지 아닌지는 시험을 해보면 안다. 과연 자연선택은 神을 대신하여 천지를 창조하기 위한 권능을 갖추었는가? 모방하기는 했지만 알고 보면 아무런 실효성이 없는 가설일 따름이다. 우리가 무엇을 이루고자 한다면 정신력이든 물리력이든 바치고 가미해야 한다. 자연선택은 무엇인가? 정신력인가, 물리력인가, 에너지인가? 아무것도 잡히는 것이 없다. 어떤 작용 요인도 없다. 단전된 전등처럼 변이 요인은 내세웠지만 작용력은 부재되었다. 생명 없는 우상처럼……. 선택은 지극히 지능적인 작용이다. 그런데 자연선택이라? 자연이 고도의 지능을 갖추고 선택이란 판단을 한 것인가? 선택을 이루기 위해서는 판단할 수 있는 기준과 정보가 있어야 한다. 그런데 자연적인 선택작용이 있다니! 이 말은 오히려 창조를 시사한 것이 아닌가? 진화론은 "인간의 의식이나 정신은 세상에서 먼저 있었던 것이 아니라 나중에 등장한 것이라고 했다. 즉, 정신은 진화를 통해서 생겨난 것이다. 플랜팅가는 이런 견해에 대해 반대하면서 우주가 탄생했을 때부터 시작된 가장 큰 특징은 바로 정신에 있었다. 그것이 세상의 다른 기본적인 것들에 영향을 미쳤다. 결국 처음부터 정신이 존재했다. 이런 정신을 부여한 것이 곧 神이라고 주장하였다."[81] 아무리 옳은 사실이라도 논리적인 증거력이 부족하면 인준될 수 없다. 단도직입적으로 일체 이유를 神에게로 귀결시켜 버리므로 비약이 있었다. 정신이 나중에 등장한 것이란 주장에 대해 즉시 반박하지 못한 것은 강 건너 사람이 보이는데도 배를 타지 못해 만나지 못하는 것과 같다. 자연선택은 어떤 형태로든 지적인 판단 작용인데 정신이 나중에 생긴 것이라면 자연선택은 어떻게 작용한 것인가? 지력이 미치지 못한 것인데도 자체 주장에 모순이 있다는 사실을 몰랐다. 하나만 알았고 둘은 모른 처사이다. 처음부터 정신이 존재했다는 것도 마찬가지이다. 어떻게 처음부터 정신이 존재할 수 있었는가? 정신은 모든 정보를 공유한 앎인데, 그 앎의 직접적인 원인 제공은 神이 아니라 창조 역사이다. 창조를 경험한 삼라만상은 티끌 하나도 우주에 관한 정보를 공유하였다. "위치타워바이블의 책을 펼치면 네덜란드인담뱃대(쥐방울덩굴류)라는 놀라운 식물을 보게 된다. 식물의 모든 부위는 곤충을 꽃 속에 가두어 꽃가루를 잔뜩 묻히게 한 뒤 내보냄으로써 다른 꽃에 꽃가루를 옮길 수 있도록 멋지게 설계되어 있는 것처럼 보인다. 그 꽃의 섬세하고 우아한 모습에 감동하여 워치타워바이블의 저자들은 이렇게 물었다. 이 모든 것이 우연일까, 아니면 지적설계를 통해 출현한 것일까? 다시 말하지만 그것은 결코 우연을 통해 출현한 것이 아니었다. 다시 말하지만 지적설계는 우연의 적절한 대안이 아니다. 자연선택은 경제적이고 설득력 있고 우아한 해답일 뿐 아니라 지금

---

81) 『신과 다윈의 시대』, 앞의 책, p.179.

까지 제시된 것들 중 제대로 작동하는 유일한 대안이다."[82] 진화론자 도킨스는 창조론의 오른팔 격인 지적설계를 옹호할 리 만무하다. 문장을 끝까지 읽지 않은 상태에서 본다면 네덜란드인담뱃대가 주변 곤충들과 이룬 놀라운 생태 모습의 조화를 보고, 그것이 결코 우연일 수 없는 지적설계의 결과물인 것처럼 이해된다. 그러나 그런 전제는 기대일 뿐이고 사실은 자연선택의 우아한 해답을 제시하기 위해 내세운 들러리에 불과하다. 이유는 아주 간단하다. 경제적인 것이 자연선택의 기준이 되었다는 것, 이것은 누가 정한 기준인가? 정말 자연선택이 세운 기준인가? 아니면 도킨스 자신이 이해한 아류적 판단인가? 꽃의 섬세하고 우아한 모습이 어떤 선택 작용으로 구성된 것인지에 대해서는 언급을 회피한 채……. 어떻게 작동했기 때문에 유일한 대안인가? 그렇다고 지적설계란 것이 네덜란드인담뱃대의 놀라운 생태 현상을 온전하게 설명할 수 있는 것은 아니다. 그렇다면? 네덜란드인담뱃대도 그렇고 몰려든 곤충들도 그렇고 주변을 둘러싼 자연 환경도 그렇고, 예외 없이 전체에 관한 정보를 공유하고 있다. 그래서 조화로운 생존 방식을 취하였다. 모두 하나인 본질로부터 창조된 탓이다. 자연선택은 전체를 앎에 따른 고도의 지적 작용 근거이다. 창조로서 이루어진 근거를 모른 상태에서 지적설계를 통해 출현한 것처럼 동조하다가 아무래도 초점이 안 맞으니까 얼렁뚱땅 진화 작용으로 선회해버렸다. 하지만 이치를 따진다면 진화론이 지닌 논거의 모순을 곧 바로 지적할 수 있다.

자연선택을 비판한 지성들은 대안으로서 지적설계라든지 환원 불가능한 복잡성을 통해 논박하였지만, 그것은 완벽한 것이 아니다.

82) 『만들어진 신』, 앞의 책, pp.186~187.

본의에 입각한 전체적 앎이 있어야 부분을 컨트롤할 수 있다는 것을 제시하는 것이 더욱 주효하다. 정말 각 개체는 존재하는 데 있어 충분할 만큼 자연, 즉 전체 우주에 대한 정보를 본유하였다. 그런데 이런 앎과 선재 사실을 부정한 진화론은 펼친 논거를 스스로 옭아 맨 족쇄 역할을 하고 있다. 진화론이 확보한 관점으로서는 전체에 관한 정보를 알 수 없다. 그런데도 자연선택 기능은 눈도 생각도 없는 상태인데 선택을 할 만큼 모든 것을 알았다는 뜻이다. 사실이라면 이것은 부분으로부터 전체로의 진화가 아니다. 이미 갖추고 이미 일체를 안 전체로부터 부분으로의 생성이고 드러남이다. 전체 안에 내가 존재하고 전체를 알아야 그 가운데서 존재한 종을 내세울 수 있다. 자연선택은 다름 아닌 전체자로서 갖춘 지성적 작용이다. 전체 정보와 차단된 개체적 종은 그 무엇도 도모할 수 없다. 납품업체인 중소기업은 완제품을 생산할 수 없다. 조립이라면 모를까? 무식하면 오히려 용감할 수 있듯 진화적 논거는 무모함 그 자체이다. 전체 정보를 공유하지 못한 상태에서는 무엇 하나 존재할 수 없고 도모될 수 없다. 그런데도 진화론은 반대로 일체 정보를 차단시켰다. 그렇게 아무것도 모르고 어떤 일도 관여하지 않았는데 우리가 존재하게 되었다면? 정말 그렇게 하여 우리가 이 세상에 태어났다. 우리는 의도해서 세상에 태어난 것이 아니다. 그렇다면 누가? 물론 부모님이지만 부모님이라고 해서 눈과 코를 설계하고 팔 다리를 만드는 데 관여한 것은 아니다. 생명 탄생 과정을 주도하고 시스템화시킨 창조 역사 때문이다. 요즘은 자율조정 시스템이 개발되어 운전을 하지 않아도 목적지에 도착할 수 있듯, 하나님은 천지를 그렇게 창조하여 출고시켰다. 하나님이 존재하고 역사하였기 때문에 사전에 지적인 설계가 가능했다. 그런데 왜 자신 있게 지혜를 제공한 설계의 주도 자가 하나님이란 사실은 떳떳하게 주장하지 못했는가? 본의를 깨닫지 못하고 창조 사실을 확인하지 못한 탓이다. 만약 자연선택이 정말 하나님의 창조 손길을 대신한 것이라면 미세한 입자 하나에도 복잡한 구조가 확인되는데, 이것이 어떻게 구축된 것인지 자연선택 요인과 연관해서 설명할 수 있어야 한다. 진화론의 진리성 여부를 판가름할 혹독한 통관 시험대이다. 만물은 만 가지 특성과 만 가지 이치를 가졌는데, 자연선택이 개입하여 그렇게 된 것인가? 아무리 살펴보아도 자연선택과는 연관성이 없다. 어떻게 자연선택이 세포의 구조를 복잡하게 설계하고 창조할 수 있었는가? 어떻게가 진위를 판가름하는 관건이다. 세포의 구조와 역할이 얼마나 큰 지적 작용인데 우연하게 만들어진 조직이라니! DNA의 복합나선구조는 어떻게 생겨난 것인가? 인간의 지력으로서는 가늠할 수도, 노력해도 관여될 수 없다. 자연선택으로 복잡한 구조 형성을 설명할 수 없다면 진화론은 더 이상 없다. 진화론은 자연 위에 펼쳐진 무수한 종들에 대하여 무언가를 내세워 애써 설명하고 싶은데, 자연선택 메커니즘은 너무 무기력하여 백전백패 상황이다. 로봇을 전투에 투입시켰다면 무적이 될 수 있도록 강력한 무기를 쥐어주어야 하는데, 진화론자들은 자연선택을 앞세워 놓고도 오히려 필요한 무기를 낱낱이 빼앗아 버렸다. "다윈의 자연선택 이론에서 문제가 되는 것은 진화의 무목적성이다. 자연선택이라는 의미는 개체 간의 변이가 무작위(random variation)로 일어나고, 이런 무작위성이 자연선택이 일어나게 하는 직접적 원인이라는 의미이다."[83] 의도된 목적을 가지고도 개체 간의

---

83) 「존 호트의 진화의 신학 이해」, 장애영 저, 이화여자대학교대학원 기독교학과, 석사, 2009, p.32.

변이를 일으키기가 쉽지 않은데, 무목적적이라니! 이것은 대역설이다. 覺者들이 空의 본체성을 부각시키기 위해 현상계의 상식적인 질서를 부정하였듯, 진화론도 알고 보면 상식적인 인식을 거부했다는 점에서는 동양의 覺者들과 비슷하다. 실질적으로도 자연선택의 무목적성 규정에는 그럴 수밖에 없는 이유를 내포하고 있다. 하나님이 거한 존엄한 땅에 들기 위해서는 신발을 벗어야 한다고 했듯, 종을 창조한 존엄한 진리 세계로 진입하기 위해서는 어떤 작위성도 허용되지 않는다. 이것을 진화론자들도 본능적으로 인정해서 감 잡지 않을 수 없다는 것이 종의 창조에 대한 진실이다. 자연선택이 어떤 도구도 없이 별처럼 수많은 종들을 생겨나게 하였다? 그 말의 진정한 의미는? 창조되었다는 뜻이다. 자연선택은 부족하나마 얼굴마담 역할을 하였고, 사실은 하나님이 이루었다. 이것이 자연선택의 무목적성이 지닌 역설이다. 자연선택은 눈먼 시계공이라고 했는데, 창조론적 인식에 대해서는 극대극이다. 하지만 아무리 극한 대립 상황도 궁극에 이르면 맞닥뜨려서 통한다. 정말 역설적이다. 종을 숙련된 시계공이 시계를 제작하듯 하나님이 치밀하게 설계해서 창조했다고 한다면 무엇으로 이런 사실을 확인해서 증명할 수 있겠는가? 설계도는 어디에 있고 창조자인 하나님은? 그러니까 오히려 눈먼 시계공이 시계를 만들 듯 종을 생겨나게 했다고 하는 것이 증거를 대신하여 일체 작위성을 근절시킨 순수 창조물인 것을 시사한다. "DNA를 서서히 가열하면 언젠가(약 85°에서) 이중 나선의 결합이 풀려 두 가닥이 분리된다. DNA를 다시 냉각시키면 단일 나선은 일반적인 이중 나선 염기쌍 규칙을 써서 짝지을 수 있는 다른 단일 나선을 찾아서 자발적으로 결합한다. 혹은 다른 나선의 일부와 결합한다. 언뜻 짐작하기로 나선이 방금 갈라졌던 짝을 항상 찾아내지 않을까 싶다. 그들은 완벽하게 서로 맞으니 말이다."84) 아니 자발적으로 결합하는데 완벽하게 맞다? 볼링 핀을 쓰러뜨려 스트라이크를 내기 위해서는 숙달이 필요하고, 던질 때마다 자세를 가다듬어야 한다. 그래도 완벽함은 가당찮다. 하지만 DNA는 수없이 분리되었다가 결합하는 데 항상 완벽하다. 아무리 성능 좋은 현미경으로 DNA를 관찰하고 실험해 보아도 그렇게 해서는 이유를 알 수 없다. DNA의 이중 나선 염기쌍 규칙 이면에는 눈으로 볼 수 없는 하나님의 창조 메커니즘이 작용하였기 때문이다. 창조를 실현한 하나님의 위대한 사전 창조 뜻, 의지, 계획, 통합 본체의 형성, 결정적인 命의 부여 역사 등등 이것을 알아야 종의 완벽한 창조 시스템을 이해할 수 있다. 때가 되면 밝힐 이 연구의 차후 저술 과제이다. 귀여운 아기는 자신을 잉태시킨 아빠 엄마의 애틋한 사랑의 역사를 모른다. 진화론자들도 마찬가지이다. 사실을 인지하고 자연선택에 대해 위대한 창조성을 요구해 보지만 잠든 아기(자연선택)가 무엇을 알겠는가? 모든 것은 하나님이 창조 이전에 이룬 창조 작업 결과이므로 생존경쟁 가운데서 자연선택으로 생체가 조직되고 변한다는 것은 있을 수 없다. 생존경쟁은 생태계가 지닌 그 이상도 그 이하도 아닌 조건 상황일 뿐이다. 세계가 경과적이면서 원인과 결과로 나뉠 수밖에 없는 이유? 세계가 단일하지 않고 복잡하게 펼쳐진 이유에 하나님이 존재한 사실과 사전 창조 작업 과정이 있다.

자연선택은 神의 손길과 섭리를 의도적으로 제거하고 사사건건 배제시켰지만, 정말 필요한 요소인데 거부하여 버리니까 기묘한 메

---

84) 『지상최대의 쇼』, 앞의 책, p.424.

커니즘이 되어버렸다. 용은 실재하지 않는 상상 속의 동물인 것처럼, 황금알을 낳는 거위처럼, 현실적으로서는 아무것도 작용할 수 없는 공회전 메커니즘이고, 역설적 메커니즘이다. 정말 생존경쟁과 자연선택 결과로 오늘날 수많은 종이 생긴 것이라면 그 영향력은 마치 중력이 사물에 영향을 미치듯, 혹은 투여된 약물이 몸 안에서 변화를 일으키듯, 지속적이고 쉼이 없어야 한다. 아울러 다양한 종을 탄생시킨 만큼 자연선택 요인과 생존경쟁 조건도 다양성을 갖추어야 한다. 그런데 진화 메커니즘을 통해서는 어떤 요인도 추출할 수 없다. 자연선택은 힘도 법칙도 아니다. 미술가가 물감을 한두 번 찍어 발라서는 작품을 완성할 수 없다. 한두 번 내린 비로서는 바위를 변화시킬 수 없다. 자연선택도 그와 같다. 선택은 정말 지속적, 의도적이어야 한다. 그런데도 진화론자들의 접근 방식은 정반대이다.[85] 희기한 단 한 번의 행운에 모든 것을 걸었다. 최초 1회 이후에 필요한 무수한 우연 작용 주장과 배치된다.[86] 생명 구조가 복잡한 만큼이나 자연선택 조건도 복잡해야 한다. 복잡한 생명체를 누가 만들었는가? 자연선택이 아닌가? 자신이 만들어놓고 자신이 설명하지 못한다는 것은 아이러니이다. 사실상 자연 현상은 거대한 창조성의 종합 메커니즘 작용인데, 이것을 진화로 이루었다고 믿는 자들에게 있어서 자연선택은 거의 만지 만능한 조물주적 손길로서 숭배할 대상이다. 어떤 생존경쟁 체제와 선택 상황이 작용하였기에 강아지와 토끼를 그토록 구분해서 창조한 것인가? 우리는 자연상태를 보고 무엇을 구분

---

85) "자연선택에 진화적인 변화를 위한 계속성이 있는지가 의문이다."-『신과 다원의 시대』, 앞의 책, p.121.
86) "우리 지구에서 진화가 시작된 그 경이적인 순간에 대해서는 우리가 갖고 있는 증거가 없다. 그것은 극도로 드문 사건이었을 것이다. 그것은 딱 한 번만 일어났어야 하고, 우리가 아는 한 실제로도 딱 한 번 일어났다."-『지상최대의 쇼』, 앞의 책, p.551.

할 수 있는가? 다윈의 눈에만 특별히 자연현상의 변화를 구분할 수 있는 눈이 있은 것인가? 갈라파고스 제도에는 핀치 새의 먹이만 달랐는가? 그것이 자연 환경의 대표격인가? 우리는 동일하게 계절의 변화를 맞이하고 한파가 닥치면 추위를 느낀다. 어디를 둘러보아도 동물원에 있는 원숭이와 인간, 그리고 코끼리를 구분해서 진화시킨 자연선택 요인과 생존경쟁 조건은 발견할 수 없다. 수백만 년 전에 일어난 일을 지금 찾는다고 할 수는 있지만, 그때나 지금이나 종에 대해 적용된 자연선택 조건은 일률적이다. 그런데도 정말 종은 자연선택이 이룬 작품인가? 자연의 손길로서 이룬 작품치고는 너무도 자연적이지 못하다. 의도적, 목적적, 창조적이다. 진화론은 神의 창조 역사를 거부한 무신 사상의 선두 주자이다. 그래서 神 대신 자연선택으로 뭇 생명체를 창조할 수 있다고 한 진화론이 세워졌다. 神을 거부하고 다시 새로운 神적 권능을 세운 것과 같은데, 천지 간에는 그 무엇도 새로운 종을 창조할 수 있는 권능과 작용력이 없다. 어떤 대상도 능동적인 창조력은 갖추지 못했다. 수동성, 피조성, 결정된 구조성뿐이다.

자연선택의 역설과 모순은 추적하면 할수록 끝이 없다. 자연선택은 참된 理이고 이치인가? 사물의 본질이란? 사물을 사물되게 한 理, 즉 결정적인 이치가 본질이다. 그렇다면 자연선택의 진정한 본질은? 이치는 본질에 근거했고, 理는 본질이 결정한다. 그러나 자연선택은 현상에 근거했다. 진화론은 진화를 일으킨 궁극적 원인을 찾으면서 원인을 변화 자체에서 찾아 본말을 전도시켰다. 종→종, 有→有 추적을 통해서는 답을 구할 수 없다. 무모한 시도를 비단 진화론에게만 탓할 수는 없다. 진화론을 배태한 서양의 문명, 서양의 사고방식,

서양의 논리, 서양의 진리 추구 방법이 이룬 합작품이다. 심층적인 분석 절차를 거쳐야 문제점을 찾아낼 수 있다. 본질을 보지 못해 세운 이론마다 천방지축이다. 안 부딪히는 데가 없다. 알다시피 생태계에서 일어나는 자연선택의 양대 추동 요인은 생존경쟁, 자연도태를 통한 적자생존 체제이다. 즉, "적자(適者)는 생존하고 부적자는 멸망하여 변이한다는 것이 다윈의 이른바 자연도태설이다. 환경에 가장 적응한 것만 살아남게 되는데, 살아남는 특수한 종류의 도태는 인간의 힘에 의해 이루어진 것이 아니고 자연계에서 스스로 일어난 현상이다. 사례로서는 맹금류 중에서 시력이 예민한 것만을 생존시킨 데 있다."[87] 알고 보면 목적한바 새로운 종의 탄생 메커니즘을 설명하기 위해 동원된 개념과 시스템 체제가 본래적인 의도와는 거리가 멀다. 잔디를 잘 자라게 하는 거름과 잔디를 깎는 기계는 사용 목적이 다르다. 자연도태는 존재한 수많은 종 가운데서 부적자를 솎아내는 제거 시스템이다. 결과로 보장되는 것이 남은 개체의 존속이다. 그래서 주어지는 타당한 인식은 환경에 가장 적응한 종만 살아남게 된다는 것이다. 이런 종을 자연이 선택해서 존속, 생존할 수 있게 하였다. 적응 체제는 살필바 진화 체제와는 다르다. 그것도 살아남는 특수한 종류의 도태가 자연계 안에서 스스로 일어난다고 했는데, 자연선택이 정말 보편적 법칙이라면 특별히 일어나는 현상이 되어서는 안 된다. 적자가 생존하는 것은 자연을 지배하고 있는 준엄한 생존 법칙이지 종을 변화시킨 법칙이 아니다. 자연 가운데서의 생존경쟁 체제는 같은 종끼리의 적응 경쟁이고 다툼일 수는 있다. 체급이 다른 선수들과는 아예 타이틀 매치가 성립될 수 없다. 리그

---

87) 『종의 기원』, 앞의 책, p.28.

전 방식이든 토너먼트 방식이든 경쟁이 있다면 그것은 같은 종 안에서이다. 그런데 느닷없이 맹금류 중에서 가장 시력이 예민한 것만 생존하였다니! 그렇다면 적자생존은 다생명체 중 유일한 강자를 가른 체제인가? 독수리와 사자만 끝까지 살아남을 것인가? 약자와 강자, 적자와 부적자, 하등동물과 고등동물의 구분 기준은? 맹금류만 적자가 되는 것이라면 그들은 끝까지 생존할 수 있을 것 같은가? 먹이 사슬 고리가 끊어진 생태계가 유지될 수 있겠는가? 진화의 정도는 누가 정한 기준인가? 생태계는 뭇 종들이 고유한 생존 영역을 지키면서 전체 생태계에 이바지하고 공생 공존한다. 일면만 보면 늑대가 토끼를 무참하게 잡아먹는 것 같지만, 전체적으로는 토끼와 늑대가 가진 오묘한 생존방식상의 성공이고 실패일 뿐이다. 이런 자연의 섭리 안에서 무슨 진화적인 법칙을 발견할 수 있는가? 준엄한 자연 법칙만 있을 뿐이다. 한 가지 원리를 설명하면 당장 다른 한 가지 원리가 허물어진다. 그런데도 이런 모순을 혹자는(도킨스) 도무지 인정할 줄 모른다.

"흔히 사람들은 자연선택의 도태 작용이 순전히 부정적인 힘에 지나지 않는다고 생각한다. 기형이나 실패작을 제거하는 능력은 있지만, 복잡하거나 아름답고 효율적인 설계를 구축할 능력은 없다는 것이다. 그렇다면 자연선택은 이미 존재하는 것에서 무언가를 제거하는 역할밖에 하지 못하는 것인가? 진정 창조적이라고 말할 수 있는 과정을 통해 무언가를 덧붙이지는 못하는가? 우리는 조각 작품의 예를 통해 이 물음에 대한 부분적인 답을 얻을 수 있다. 조각가는 대리석 덩어리에 아무것도 더하지 않는다. 조각가는 오직 떼 내기만 할 뿐이지만, 그래도 아름다운 조각 작품이 탄생한다."[88]

---

88) 『눈먼 시계공』, 앞의 책, p.277.

이것은 자연선택 메커니즘의 맨 모습을 그대로 노출시킨 인식이다. 자연도태가 무언가를 제거하는 역할밖에 하지 못하고 창조 사실을 부정하고자 하니까 조각가의 작품 조각 사례가 오히려 창조가 무엇인가를 시사하고 만다. 자연도태와 대리석 덩어리를 떼 내는 작업은 대리석을 화강암으로 만들고 돌의 종류를 수없이 늘리는 역사와는 상관이 없다. 어린아이도 더하기 식과 빼기 식은 구분할 줄 안다. 오히려 대리석에 아무것도 더하지 않고 떼 내기만 하는데 아름다운 조각품이 완성되는 것은 완료된 창조 역사에 대한 정제작업이고, 오랜 세월에 걸친 생성 과정이며, 목적을 완성하고자 한 역사이다. 자연선택은 자연도태를 통한 종의 유지 체제이자 에러 제거 시스템이다. 쌀을 정미하는 작업 시스템은 쌀을 생산하는 작업 시스템이 아니다. 도킨스는 그의 베스트셀러 저작에서 이렇게 말했다.

> "우리 주위는 너무나 아름답고 경이로운 생명들로 가득하다. 이것은 우연이 아니며, 무작위적이지 않은 자연선택에 의한 결과이다. 이것은 진화가 펼쳐낸 지상 최대의 쇼이다."[89]

神의 손길에 대해서는 우연과 무작위성을 방패로 하여 근접을 막아 놓고 진화란 성 안에서는 작위의 필연성을 강조했다. 우연과 무작위성은 자연선택이 지닌 전매특허가 아닌가? 일관성을 잃어버렸다. 왜냐하면 진화는 법칙이 아니며 주관적인 관점인 탓이다. 세계에는 요소도 있고 작용도 있다. 그리고 所以란 요소를 변화시키는 원동력이다. 그런데 소이는 누가 일으킨 것이며, 누가 결정한 것인가? 자연선택은 이에 대해 어떤 주관력도 결정력도 법칙성도 갖추지

---

89) 『지상최대의 쇼』, 앞의 책, p.5.

못했다. 왜 음양은 순환하는가? 진화에는 이런 순환 법칙이 없다. 만사의 원리를 꿰뚫지 못한다. 작용력만으로는 세계를 구성할 수 없는데 하물며 자연선택이랴? 세계는 절로 구성되고 이루어지고 존재한 것이 아니다. 필수조건, 필수요소, 필수 작용력을 갖추어야 한다. 작용력은 결코 무작위하지 않나니, 그것이 천지가 창조된 증거이다. 천지가 우연과 무작위로 존재하지 않았다는 것은 그렇게 해서 결성된 세계를 보면 안다. 감독이 무작위적으로 선수들을 선발했다면 선수들에게는 공정할 수 있지만 팀의 전력은 마이너스이다. 선별해서 뽑아야 전력을 강화할 수 있다. 공 바구니가 내팽개쳐졌다면 사방으로 흩어진 공 속에서는 어떤 질서도 찾을 수 없다. 결과를 놓고 보면 사건이 일어난 원인을 안다. 인과법칙은 유의미한 원인으로 상응한 유의미한 결과를 낳는 것이다. 그런데 우연의 일치로 그것도 엄청난 유의미한 과를 낳았다? 결과를 보면 원인을 알 수 있는데, 연관성을 벗어난 세계적 현상은 일어날 수 없다. 결국 인과 과는 동일하다. 결과물이 완벽하다면 원인도 완벽하다. 단지 드러나고 드러나지 않은 차이일 뿐. 이것이 창조 사실을 증거하는 메커니즘 근거이다. 종이 우연에 의해 점진적으로 진화했다는 것은 인과법칙을 어긴 사실의 반증이다. 결과는 지극히 지적이고 완벽한 시스템으로 구축된 체제인데, 원인이 정작 무작위적이고 우연적이라는 것은 심대한 모순이다. 정말 그렇게 해서 종이 자연에 의해 선택된 것이라면 현재의 종은 백종이 백가지로 제각각이어야 한다. 진화 메커니즘의 틀에 맞는 중간 화석의 존재, 그 연결고리가 확실한 진화 사실의 증거라면 현재는 진화를 이룬 자연선택 조건과 최종 단계에 도달한 결과 종만 존재해야 한다. 그런데 현 세계는 전체 진화 과정을 한눈으로 볼 수 있는 박물관 전시장도 아닌데, 하등동물부터 고등동물들이 무수한 세월의 차이에도 불구하고 동시에 존재하는가? 종의 단계 과정에 차이를 두니까 자연 환경 조건에 변별이 없어지고, 과거와 달라진 시공간에 차이를 두니까 전체 종에 변별이 없다. 자연 환경 조건이 동일해야 자연선택 조건도 동일하고, 양자 모두 동일하게 지속되어야 바위가 갈라져 조약돌이 될 가능성이 있다. 변별이 아니고 지속하기 위한 작용력이라 진화 작용과는 위배되더라도 종의 변화 한계와 시공간 안에서 수많은 종이 동시에 공존한 이유는 된다. 원칙 없는 적용도 천지 창조의 본의를 알면 가닥 잡을 수 있다. 도킨스는 독일의 탁월한 동물학자이자 훌륭한 동물화가였던 에른스트 헤켈이 그린 다양한 갑각류의 그림을 제시하면서, 갑각류의 몸이 세부적으로는 다양하게 변형되었지만 체제 자체는 전혀 변하지 않는다는 것을 잘 보여주는 아름다운 그림이라고 감탄하였다. 그는 도대체 진화론자인가 창조론자인가 의심스럽다. 종잡지 못한 주장이다. 모양은 변형되어도 체제가 전혀 변하지 않는다는 것은 종의 불변성을 옹호한 것이다. "시작은 단순해야만 했고, 단순한 시작이 복잡한 결과를 낳을 수 있는 과정으로 우리가 아는 것은 자연선택에 의한 진화뿐이다"라고 하는데,[90] 이것은 원인을 뺑튀기시킨 마술이다. 옛 말에 종과득과(腫果得果)요 종두득두(種豆得豆)란 말이 있다. 이 말은 외를 심으면 외를 얻고 콩을 심으면 콩을 얻는다는 뜻이다. 단순한 것은 단순한 것을 낳고 복잡한 것은 복잡한 것을 낳는다. 그런데 단순→복잡, 우연→확실은 인=과, 곧 인↔과 법칙과 배치된다.

다윈 이전의 기독교 문화권에서는 성경의 창조설을 믿고 있었다.

---

90) 위의 책, p.551.

그런데 다윈이 진화론을 세우고부터는 기존 창조설을 버렸다. 그리고 이 연구의 논거에 의해 다시 진화론이 모순투성이라는 것이 지적되었다고 할진대, 기존 창조론으로서는 대처될 수 없는 새로운 창조 메커니즘을 밝힐 수 있는가? 이런 문제를 "본질로부터의 창조"가 해결하리라. 과연 새로운 종은 어떻게 존재한 것인가? 진화론으로서는 도무지 풀 수 없다. 비록 논리적이기는 하지만 제논의 역설에서 아무리 빠른 아킬레우스라도 한 번 앞선 거북이는 영원히 앞지를 수 없는 것처럼, 진화론은 규정된 메커니즘상 정말 영원히 새로운 종을 태어나게 할 수 없다. 왜냐하면 진화론은 첫 출발점부터가 유전자의 복제 체제인 때문이다. 복제가 복제를 낳고, 그 복제가 다시 복제를 낳고……91) 이런 분열성 안에서 원인의 무한 소급 상태를 해결하기 위해 최초의 생명이 어떻게 태어났는지 궁리해보지만 진화론은 설명할 수 없다. 왜 그런가? 종의 기원과 창조 문제는 담당 영역이 따로 있었다. 지적설계론 역시 판단 근거는 현상계 안에 있기 때문에 조건은 동일하다. 자연선택은 창조와 무관하며, 새로운 종의 탄생은 오직 본질과 연관되어 있다. 진화생물학자들은 다윈의 개념과 유전학을 한데 융합시켜서 자연선택이 생물학적 형태와 다양성을 창조하는 가장 주요한 설계자를 확인시켜주는 이론을 확립하고(이른바 새로운 종합), 디옥시리보 핵산(DNA)은 거기에서 출발해 기관이 구성되는 청사진과 같은 구실을 한다고 하였다. 이런 인자와 구조 발견이 모든 생물이 유연(類緣)관계를 가지고, 공통조상의 후손이라는 다윈의 직관을 확인시켜주었다지만,92) 진화론자의 눈에는 진화적인

---

91) "원형적인 자기 복제자는 유전자다. 즉, 무한한 세대에 걸쳐 거의 언제나 정확하게 복제되는 DNA가다 말이다."-『만들어진 신』, 앞의 책, p.293.
92) 『과학의 종말』, 존 호건 저, 김동광 역, 까치, 1997, p.164.

근거만 보였다. DNA는 거기에서 출발해 일체의 기관이 구성되는 청사진 같은 역할을 하는데, 이것을 본질적인 측면에서 본다면 DNA에 함축된 청사진이란 이미 모든 것을 갖춘 통합성 본질의 구성 상태이다. 현상계 안에서의 최초 출발 상태가 종의 모든 청사진 정보를 담은 DNA라면 그것은 맞는 말이다. 창조 이전에 "본질로부터의 창조" 과정으로 통합 본체적인 청사진을 마련하였다. 볼 수 있는 현상계만을 통해 보면 진화론의 주장이 모순되지만, 모순에도 불구하고 본질적인 작용 측면에서 보면 맞다. 씨알 속에 일체 정보가 담겨 있다. 헤겔은 모순된 대립이[反] 결국 合으로 이끌어진다고 한 것처럼, 관점을 바꾸면 정확한 진리 상태를 인식한 것이다. 종의 다양성 문제를 주어진 종의 관찰과 특성을 가지고 풀려고 하면 끝이 없다. 창조된 종은 이미 결정적이다. 쇳물은 녹아 있을 때 솥뚜껑도 만들고 낫도 다듬을 수 있다. 굳어버리면 그 물건으로서 결정된다. 창조도 마찬가지이다. 결정되기 이전인 본질 상태에서만 다양한 종류의 창조 메커니즘을 구축할 수 있다. 실현 이후는 불가능하다. 다시 한 번 강조하지만 변화는 창조가 아니다. 결정된 종은 수정, 재조직, 전환될 수 없다. 결정성은 소이연과 소연과의 결합으로 확고하다. 만상은 존재와 본질로 구성되어 있으며, 이것은 존재가 존재할 수 있게 된 충족 조건이다. 존재하는 것과 존재하게 하는 것과의 결합은 현상계 안에서 존재할 수 있는 가장 견고한, 결코 어긋날 수 없는 창조물이다. 우연은 없다. 존재는 견고한 조건으로 구성된 창조 작품이다. 본질, 즉 만물이고 空卽色이나니, 이 도식 속에 창조의 대비밀이 있다. 본질, 즉 하나님의 본체로부터 천지 만물이 창조되었고, 하나님은 모든 역사를 주관하였다. 비밀 역사가 유구한 생성 과정 속에 파묻혀 있는데, 때가 되므로 이 땅에 강림한 보혜사 하나님이 밝혀주었다. 이것이 지상 강림 역사 실현이다. 이 연구의 저술 성과는 강림한 하나님이 진리의 성령으로서 이룬 성업 결과이고 계시된 천상의 지혜이다.

5. 진화의 원리성 대 창조의 원리성

"20세기는 위대한 과학의 세기였다. 그보다 앞선 수세기 동안의 과학이 인과율에 입각하여 모든 것을 완벽하게 예측할 수 있는 세계를 향해 이끌어 왔는데, 지금의 과학은 인간을 완전히 돌려세워 우연, 확률 같은 것들과 마주하게 했다. 이제는 과학이 입장을 수정해야 할 때가 된 것이다."[93] 우리가 감각으로 대하여 사실이라고 판단하는 세계는 인과가 철저하고 분열은 순차적으로 어김이 없으며 법칙은 결정적인 것으로 여긴다. 그것은 누구를 붙들고 다시 확인할 것도 없이 상식이고 당위이다. 이런 질서 기반과 인식 위에서 펼친 것이 선천의 세계관인데, 보지도 듣지도 못한 현상과 맞닥뜨린 것이라고 할까? 물리적인 세계에서 나타난 정체불명의 복병 현상에 대해 전전긍긍하고 있는데, 생물학 분야에서는 우연이 세계의 운명을 결정한 당연한 현상으로 간주하기에 이르렀다. 근거가 없고 확인할 수 없다면 합리적인 비판을 할 수 없다. 주장한 목소리가 클수록 우세한 위치를 선점할 따름이다. 다윈의 진화론에서는 두 개의 기본적인 과정, 즉 임의적인 돌연변이와 자연선택을 진화된 원인으로 본다.

---

93) 『21세기의 신과 과학 그리고 인간』, 앞의 책, p.9.

그런데 문제는 진화가 도달한 최종 도달점이 법칙적, 원리적, 규칙적으로 이루어진 것이 아니고 우발적인 사건의 연속으로 일어난 결과라고 본 데 있다. 자연선택이란 시행착오를 통해 문제를 해결하려는 것과 같고, 생태계에서 볼 수 있는 생물 형태는 궁극적으로 완전히 우연적인 과정의 사물로서 대규모의 복권과도 같은 것이라고 하였다. 이런 주장에 대해 자크 모노는 단지 우연에 의해서만 생태계의 모든 생물과 다양성이 생겨난 것이다. 완전히 자유롭고 맹목적이며 순전히 우연에 의해 진화론이라는 놀라운 사상의 건축물이 지어졌다고 하였다. 한때 생물의 형태는 神의 창조물로 여겨졌는데 지금은 우연의 산물로 바뀌었다고 장담할 만큼 진화론자들은 이런 주장이 혁명적이라고 자찬하였다. 인과법칙이 지배하는 세계 안에서 우연이란 과연 무엇인가? 결과는 분명한데 원인을 파악할 수 없는 때가 아닌가? 문제는 물리학에서는 판단을 유보한 실정인데, 진화론자들은 인과법칙을 전제한 결과에 대하여 아예 그런 전제 자체까지 허물었다. 원인은 있는데 파악이 불가능할 때를 일컬어 우연이라고 한 상식까지 무너뜨렸다. 인과법칙이 존재한 상태에서는 원인이 있으므로 때가 되면 파악할 가능성이 있지만 생명 발생의 인과성을 부정한 상태에서는 원인 파악이 오리무중이다. 이런 조건 안에서의 우연이란 정말 무엇인가? 곰곰이 생각해보라. 깨달음을 얻은 자 원인이 없는 상태가 무슨 뜻인가를……. 천지가 창조되기 이전이다. 본의에 입각하면 우연성에 대한 해명도 불가능하지 않다. 본체적, 창조적 사실에 근접했다. 설명할 수 없으므로 우연밖에 없다고 몰아세우면 논쟁을 불러일으키고, 그렇게 몰아세운 자는 타당한 이유를 설명해야 한다. 하지만 종의 기원이 정말 원인 없는 창조로부터 발원했기 때문에 우연인 것으로 파악한 것이라 만말이 필요 없다. 원인 없는 본질로부터 말미암게 된 것이 곧 종의 창조 기원이자 원리이다. 그래도 지구는 돈다고 독백한 갈릴레이처럼 석학 아인슈타인은 결단코 神은 주사위 놀음을 하지 않는다고 하였는데, 그 이유가 창조 속에 있다. 말미암은 세계에 대해 창조를 통해 설명할 수 없는 영역은 하나도 없다. 진화론자들이 어떤 확신 있는 논거를 세웠더라도 이유를 밝히고 답할 수 있다. 그들은 말하길 우연성에 근거할진대 神이 할 일은 거의 없으리라고 장담했지만 창조에 관한 한 그 말은 정말 옳다. 창조는 이미 완료된 역사이다. 출고된 차는 운전만 하면 되듯, 하나님도 그렇게 창조해서 우주를 운행하고 주관하고 있다. 그런데 도킨스는 神은 불필요하고 우연과 우발적 사건이 모든 것을 지배한다고 하였다.

> "다윈이 발견한, 모든 생명의 존재 및 목적이 있는 것처럼 보이는 생물 형태의 설명으로서의 자연선택은 맹목적이고 무의식적인 과정이며, 어떠한 마음의 눈이 없다. 미래에 대한 통찰력과 예지력이 없는 것은 물론이고 전혀 앞을 볼 수도 없다. 자연 속 시계공의 역할을 부여하고 싶다면 눈먼 시계공이다."[94]

"생명의 발생은 지구상에서 좀처럼 일어날 것 같지 않은 우연이 몇 개 거듭되어 단 한 번 일어난 초자연적, 또는 그것에 가까운, 있을 수 없는 우연한 사건이라는 것인데(우연발생설)",[95] 필연적인 인과설을 허물고 생명을 우연한 사건으로 내몬 것은 무엇을 탓할 문제

---

94) 『눈먼 시계공』, 앞의 책, p.27.
95) 「생명의 기원과 본질에 대한 창조론적 고찰」, 김정옥 저, 대구대학사회과학연구소, 4집 3호, 1998, p.342.

가 아니다. 생명의 기원은 사실상 우연으로 내몰 만큼 현상적인 근거와 질서 인식으로서는 파악할 수 없는 차원적인 영역 안에 속해 있다. 이런 추적 특성은 기독교의 창조론에서도 동일한 방법으로 해결하고자 하였다. 無로부터의 창조가 그것이다. 인과 고리를 끊고자 한 것도, 無에 바탕을 두고 있어 파악이 불가능한 것도 동일하다. 창조설을 부정하기 위해 우연설을 내세운 의도는 모르는 바 아니지만 부정의 부정은 오히려 긍정을 의미한다. 사실에 근거한 부정이 이면에 도사린 진실을 드러내고 말았다. 진화론은 사물과 현상에 대한 설명에서 神이 차지한 자리를 우연으로 대처하였고, 神이 모든 것을 시시콜콜 통제한다고 믿던 시대는 영원히 가버렸다고 하였다.[96] 하지만 정말 그러한가? 그들은 우연을 내세워 神과의 싸움에서 과학이 계속 승리하였다고 하지만, 확실한 원인 규명을 모토로 한 과학이 우연을 내세워 승리를 자찬한 것은 모순이다. 승리를 장담한 것은 결승전이 아니고 예선전일 뿐이다. 최후 승자는 과학이 아니라 진실이다. 무엇이 진실인가? 종의 기원을 우연으로 내세운 사실 자체에 있다. 해석은 달리할 수 있지만 본의를 깨닫고 보면 진의를 알 수 있다. 왜 진화론은 현상적인 인과 질서를 깨뜨리고 우연을 강조하였는가? 일체 인과 고리를 끊고 원인을 제거하면 도달하는 곳은 결국 창조를 발생시킨 원초 상태이다. 부처님은 만사가 연에서 생긴다고 했지만(연기설) 연기를 발생시킨 궁극적 발인처는 아이러니하게도 空이다. 현상계 안에서는 일체 제법이 다른 법에 조건 지어져 성립하지만, 온갖 法을 일으킨 본체계 자체는 고정적인 실체가 없다.[97] 곧

---

96) "생물학에서 진화 과정은 번식상 우발적 사건에 결정적으로 의존한다. 사실 神에 대한 믿음에 가장 큰 타격을 입힌 것은 진화에서 우연이 차지하는 비중이다."-『21세기의 신과 과학 그리고 인간』, 앞의 책, p.181.

연기=무아(無我)라고 하였는데, 이것은 창조된 현상계와 창조를 있게 한 본체계와의 극명한 대비 등식이다. 모든 사물의 自性은(그 사물을 연기적으로 형성시킨) 조건[緣]들 속에는 없다. 자성이 없어 그 외 다른 성품[他性]도 존재하지 않는다.[98] 종을 있게 한 궁극적 원인은 空이고 무자성이라, 본체공을 추적해서 존재감을 확인하기 위해서는 현상계의 연을 끊고 인과 법칙을 허물어야 한다. "사리불이여 모든 것은 空한데 그 모습은 다음과 같으니라. 발생하지도 않고 소멸하지도 않으며, 더럽지도 않고 깨끗하지도 않으며, …… 그러므로 空의 경지에는 물질도 없고, 느낌, 생각, 의지, 마음도 없으며, 눈도 귀도 코도 혀도 몸도 생각함도 없으며, 형상도 소리도 냄새도 맛도 촉감도 생각된 것도 없으며, …… 無明도 없고 무명의 소멸도 없으며, 내지 노사도 없고 노사의 소멸도 없으며, 고집멸도의 사성제도 없고 앎도 없고 도달도 없느니라(『반야심경』)." 인과와 연의 고리가 끊어진 곳이 바로 천지 만물을 있게 한 본체계이고, 하나님의 창조 세계란 사실을 이해한다면 진실로 불타가 설한 팔만사천법문은 한 코뚜레로 꿰뚫을 수 있다.

현실적인 안목으로 본다면 진화론의 우연설은 상식을 거부한 선문답이다. 말을 다시 바꾼다면 이룸을 이루게 한 아무런 작용 요소도 없이 종을 발생시켰다고 함에, 육조 혜능이 길가다가 듣고 깨달음을 얻었다고 하는 『금강경』의 "머무는 바 없이 그 마음을 내라"고 한 경문과 다를바 없다. 깨어 있는 자의 본의에 대한 역설적 선각이다. 우연은 종을 탄생시킨 진화 원리가 아니고 창조 원리이다. 覺者

---

97) "모든 사물[一切諸法]은 空이며, 각각의 사물에는 고정적인 실체가 없다[空觀]."-『용수의 삶과 사상』, 중촌 원 저, 이재호 역, 불교시대사, 1993, 머리말.
98) 네이버 블로그.

용수는 "우주에서는 어떤 것도 소멸하지 않고[不滅], 어떤 것도 새롭게 생기지 않고[不生], 어떤 것도 종말이 없고[不斷], …… 어떤 것도 오지 않고[不來], 가지 않고[不去], 희론[形而上學적 논의]의 소멸이라는 연기의 道를 설한 부처님께 귀의합니다"라고 설했다. 그 귀의처가 곧 만생과 만물을 있게 한 창조 세계이다. 천지만물이 하나님의 존재 본체에 근거하여 창조되었다고 함에 있어 이 연구는 충분히 "본질로부터의 창조"를 통해 증거한 바이다. 진화론이 생물이 시간의 흐름에 따라 서서히 환경에 적응하면서 변하기 때문에 변화 과정을 거꾸로 추적하면 종의 기원을 밝힐 수 있다는 주장에 대처할 수 있는 창조 원리를 동양본체론에 근거하여 인출하는 중이다. 궁극적 본질 작용에 대한 이해와 볼 수 있는 눈이 없으니까 종의 기원을 우연, 확률, 무작위성으로 합리화시킨 것인데, 하나님이 강림하여 창조된 본의를 밝힌 마당에서는 그런 진화론자들마저 깨우쳐 함께 창조 세계로 인도하리라. 거대한 우주 세계와 미세한 원자 세계에서 우연, 확률, 상대성과 맞닥뜨린 물리학자들은 과학의 입장을 수정해야 할 때가 되었다고 하였는데, 그때가 지금이다. 세계에는 인과법칙이 지배하는 결정적인 질서만 존재하지 않는다. 그런데도 서양 문명, 서양 사고, 서양의 학문적, 形而上學적 전통은 인과적 질서 인식에만 올인하였고, 이런 질서 체제에 합당한 진리 체제만 구축하였다. 그러니까 서양 문명은 神을 대하는 눈이나 자연현상을 대하는 눈이나 본질적인 영역과 접해서는 한계벽에 부딪혔다. 주된 사물 파악 능력인 이성적인 분석력이 무산되어 버렸다. 神에 접해서나 종의 기원에 접해서나 동일한 결과를 낳았다. 결국은 믿음과 우연으로 낙착되었다. 그 이유는 명백히 3차원적인 질서 인식 수단으로 4차원적인 본질 영역을 파악한 데 있다. 눈이 없으므로 볼 수 없고, 볼 수 없으므로 한계벽에 부딪혔다. 본질적인 작용력을 믿음으로 대처하였고 우연성으로 판단했다. 동양의 覺者들이 본성을 갈고닦아 파고 든 것과 대조적이다. 이것이 동양 道의 가치이고 본질이고 장차 이룰 지성사에서 기대된 동양 문명의 부활 역할이다. 지금 이 연구는 진화론이 왜 종의 기원을 우연성으로 보았는지 이유를 밝히고 있는 중이다. 정말 우연이라서가 아니라 본질의 창조 과정과 작용력을 볼 수 있는 눈이 없었다는 사실을……. 진화론의 한계 관점이 세운 메커니즘 원리의 곳곳에서 적나라하게 드러난다. 종의 궁극적인 기원은 초월적인 본질 영역, 차원적인 창조 영역인데, 이것을 파악하는 인식적 수단이 전무하니까 神을 보면 믿음 밖에 안 되고 종을 보면 우연 밖에 설명할 근거가 없다. 진화 원리의 맹목성, 무작위성, 무목적성, 무계획성, 절로성도 말만 다르지 처한 조건은 동일하다. 파악할 수 없으니까 의도된 가치들을 모두 허물었다. 천지 창조의 강력한 실현 의지인 "목적론은 고대 그리스로부터 다윈의 시대에 이르기까지 서양 과학의 중요한 개념적 틀이 되어 왔다. 물론 생물의 영역에서도 의심의 여지없이 전적으로 받아들였다. 그런데 진화론의 주창으로 인해 과학자들은 드디어 목적론이 얼마나 하찮은 것인가를 깨닫게 되었다"고 하였다.99) 다윈이 진화론을 통해 강조한 것은 의도적인 선택을 배제한 과정인 바, 이것은 종의 기원 문제도 그렇지만 종의 진화 요인에 있어서의 목적성과 작위성 배제는 오히려 창조된 종의 완비된 시스템을 인정한 것밖에 안 된다. 닐스 보어를 위시한 몇몇 물리학자들이 개발한 양자 이론, 즉 진리의 궁극적 본질이 무작위성이

---

99) 「목적론과 다윈의 진화론」, 앞의 논문, p.14.

란 주장을 거부한 아인슈타인은 양자 이론은 많은 것을 설명해주지만 절대자의 비밀을 이해하는 데는 거의 도움이 되지 않는다. 어떤 경우든 神은 주사위 놀이를 하지 않는다는 것이 나의 신념이라고 하였다. 이런 대립성 문제는 동일한 관점을 들이대서는 영원히 해결할 수 없다. 양면성과 역설성이 동시에 적용되었다. 해결책은 관점을 달리해야 하고 제3의 본의 관점을 확보해야 한다. 자연선택과 양자 이론의 무작위성은 궁극적 요인이 차원적이라는 뜻이다. 닐스 보어가 관찰한 양자 세계의 무작위성은 현상계의 엄밀한 질서성으로 이해한 것이고, 아인슈타인이 어떤 경우든 神은 주사위 놀이를 하지 않는다고 단호하게 말한 것은 현상계의 엄밀한 질서성을 결정하기 이전에 그 무언가가 있었다는 신념이다. 그것이 곧 이 연구가 밝힌 본체계이고 사전 창조 발현 역사이다. 진화론이 펼친 대립 관점도 예외는 없다. 적응하기에 유리한 미세한 이점들의 맹목적인 선택과 우연한 자기 복제자의 출현이 수많은 세월을 거치면서 온갖 종류의 생명체를 탄생시켰고, 오늘날 인류라는 종을 출현시켰다고 함에 결코 그럴 리 없다는 믿음은 아인슈타인과 같은 입장이다. 본의를 깨닫지 못하고 본질을 보지 못해 판단을 유보한 상태에서 보혜사 하나님이 인류의 역사 위에 등단하였다.

하나님은 전지하나니, 전지한 것은 통합자로서 이미 분열된 과거와 분열 이전인 미래의 창조 세계를 모두 보기 때문이다. 하나님은 전능하나니, 전능한 것은 창조주로서 창조 이전의 본체계와 창조 이후의 현상계를 모두 본유한 때문이다. 나는 부분자이고 인류 문명도 부분적인 세계관에 국한되어 있지만, 하나님은 전체자로서 삼라만상과 삼세 역사를 통괄한다. 2017년 1월 27일, TV 프로에서 7개 국어를 구사하는 한 강사가 영어를 배우는 한국인의 현실적인 어려움에 대해 강의하였는데, 서양 사람과 동양 사람이 가진 사고방식과 사물을 대하는 접근상의 근본적인 차이점에 대해 지적하였다. 서양의 한 학자가 실험한 사례를 들었는데, 어항 속의 모습을 잠시 보여주고 무엇이 기억나는가에 대해 물었는데, 동양 사람은 주로 어항 속의 전체적인 모습을 스캔하듯 기억한 반면 서양 사람은 어느 한 부분에만 관심을 쏟았다고 하였다. 이런 차이는 언어로 사물과 현상을 표현하는 데서도 나타나 동양 사람은 주로 전체적인 배경을 설명하고 나서 자신에게로 초점을 옮기지만, 서양 사람은 자신에 대해 묘사한 다음 점차 주위 배경으로 옮긴다고 했다. 주소 기재 방식을 보더라도 우리는 국가, 도시, 동네, 집, 개인 순서인데 서양은 반대로 배열한다. 이것은 언어를 구사하고 문장을 구성하는 어법에도 그대로 적용된다. 사고방식, 어법에서만 나타나는 차이일까? 아니다. 사물에 대해서 접근하는 방식과 세계의 기원을 추적하는 방식도 해당된다. 왜 진화론은 종의 진화 과정을 단순성에서 복잡성으로, 하등동물에서 고등동물로, 하나로부터 열로 나가는 점진성을 말했는가? 동양인이 첫 출발을 전체, 道, 太極으로부터라고 한 것과 대조된다. 그 이유는 도대체 어디에 있는가? 서양 문명은 본체를 보지 못한 문명이므로 그들이 확인할 수 있는 존재 영역은 一이 최초의 근거이고 출발의 첫 시원이다. 하지만 동양 문명은 본체 문명이므로 드러난 존재 영역의 이전에 본질의 분열과 통합 과정을 따로 두었다. 따라서 현상적인 질서 인식으로 一이 출발되기 이전에 열, 즉 道로부터(道生一 一生二 二生三) 三生萬物을 있게 한 창조 역사의 생성방정식을 적시할 수 있었다. 진화론이 一, 단순, 개개 사물로부터 다양화를 이루고 전체 세계를 구성한 것으로 여긴 것은 현상적인 질서 체제 안에서는 당연한 인식 방식이다. 통합성으로부터 분열했다는 것은 꿈에서도 생각할 수 없다. 본의로서 밝힌 이유, 이 기준만 확고하다면 자연선택의 메커니즘 원리, 곧 종은 공통조상으로부터 갈라져 무수한 세월을 거치면서 하등동물에서 고등동물로[100] 단순함에서 복잡함으로 진화했다는 점진적 진화 원리를 일시에 분쇄할 수 있다. 다윈을 추종한 진화론자들은 이구동성으로 "모든 생명체가 자연적으로 미생물에서부터 출생했고, 시간이 지남에 따라 점진적으로 고등의 생물로 진화하였다고 주장하였다."[101] 다윈 이론은 아주 단순한 것이라고도 했다. "첫째, 모든 형태의 생명체는 시간의 흐름 속에서 공통조상으로부터 점진적으로 변형되는 방식으로 전해 내려왔다. 둘째, 새로운 종의 출현을 포함해 점진적 변형을 설명하는 것은 자연선택이다."[102] 모든 출발을 一로 잡은 진화론은 자신들이 보기로 처음에는 아무것도 구성되거나 형성된 것이 없기 때문에 종의 구성 요인과 근거를 有한 종 안에서 찾을 수밖에 없었다. 그렇다면 진화 원리와 창조 원리의 차이는 정말 간단하다. 창조 원리는 모든 것을 갖추었다는 것이고, 진화 원리는 갖추어 간다는 것이다. 무엇이 옳은가? 관점상의 현격한 차이에도 불구하고 공통점도 있다. 진화가 한 순간에 일어나 하등동물이 갑자기 고등동물로 될 수는 없는 것이듯,[103] 완비된 통합 본체의 생성 과정도 단번의 세월로서는 목적을

---

100) 라마르크도 그의 저서 『동물철학』(1809)에서, "생물은 하등한 것에서부터 고등한 것으로 진화한다고 설명했다."- 『Newton(다윈 진화론)』, 뉴턴 코리아, 강금희 역, 2009, p.8.
101) 「창조와 진화에 관한 연구」, 앞의 논문, p.40.
102) 『신과 진화에 관한 101가지 질문』, 앞의 책, p.24.
103) "다윈주의는 사건 진행 속도가 너무나 느려서 완결되려면 몇 만 년, 몇 백만 년이 걸리는 작은 과정들의 누적에 관한 이론이다."- 『눈먼 시계공』, 앞의 책, p.13.

실현할 수 없다. 그럼에도 불구하고 진위 여부는 명백한데, 어느 한 쪽은 목적을 이루는 데 있어 썩은 동아줄을 붙잡고 있다. 그것을 분별할 수 있는 요인은? 진화 요인이 아니고 창조 요인이다. 창조 요인은 목적을 이루기 위해 끊임없이 에너지를 공급하고 있지만, 진화 요인은 공급된다고 착각을 일으킨 메커니즘이다. 창조 요인은 모든 것을 갖추고 있기 때문에 분열 과정을 통하여 공급할 수 있는 체제인데, 진화 요인은 없는 것을 하나하나 갖추어 가는 체제라 모든 면에서 불가능하다. 한마디로 無한 것으로부터는 아무것도 생성시킬 수 없다. 그런데 진화가 새로운 요인을 축적시켜서 변화시키고 있는 것으로 본 것은 통합성이 생성으로 보태어 가는 것을 아전인수격으로 본 것이다. 진정한 창조는 전체가 개체를, 상위 시스템이 하위 시스템을 本으로 하여 복제, 본뜬 것이다. 본뜸의 성공적인 실현이 천지 창조 역사이다. 본뜨고자 한 의지의 발현에 창조 뜻과 사랑이 개입되어 있다. 복제 능력을 갖춘 상태에서의 최초 유전자 출현은 이 본뜸의 창조 원리로서 설명할 수 있다. 본뜸을 통해 복제 능력을 갖춘 유전자의 결정을 생식 시스템을 통해 완성시켰다. 하나님이 本으로서 선재되었다. 창조는 하나님의 뜻으로 하나님과 닮은 복제 시스템을 갖추게 된 것이라고 해도 과언이 아니다. 종이 창조된 것은 차원이 다르다는 뜻으로 하위→상위=X이고, 상위(전체)→하위=O이다.

점진주의(gradualism)는 시간의 흐름, 곧 무수한 세월과도 연관이 깊은데, 창조는 말 그대로 모든 것을 구비한 통합성 바탕이 마련된 상태라 창조된 순간 전등이 켜지듯 지체 없이 만물이 출현되었다. 하나로부터 갖추어 간다고 생각한 진화론자들로서는 도무지 이해할 수 없는 마술이다. 생성된 과정을 진화로 착각한 상태에서는 더욱 그렇다. 사전에서도 진화의 의미를 생물이 오랜 시간에 걸쳐 조금씩 변화하여 보다 복잡하고 우수한 종류의 것으로 되어 가는 일, 혹은 사물이 보다 좋고 보다 고도(高度)의 것으로 발전하는 일이라고 하였다. 이것은 최초의 원천적 근원이 무엇인지를 고려하지 못한 분열적 질서 인식이다. 교육의 본질과 역할이 무엇인가 하는 것은 인간의 본성을 어떻게 규정하는가에 따라 접근 방식이 다르다. 교육의 바람직한 가치는 본래 갖추어진 것을 갈고 닦아 일구어내는 것인가? 경험 내지 의도된 조건 구성으로 인지시키는 것인가? 전자의 방법을 통해서는 짐승 같은 인간도 교육을 통해 성인이 될 가능성을 시사하지만, 후자는 성인 같은 인간도 의도한 목적과 주입시킬 프로그램 구성에 따라 짐승으로 탈바꿈시킬 수도 있다. 그런 적용이 당장 만유에 공통적인 엔트로피 법칙을 위배한 것이란 사실도 모른 채……. 그 이유는? 단순→복잡=불가역이란 공식이 그것이다. 최초의 출발을 어떻게 보고 무엇으로 잡았는가에 따른 결과이다. 하지만 그것은 오판에 따른 논쟁으로 끝나는 것이 아니고, 진실은 오직 하나뿐이라는 데 있다. 왜 불가역이고 엔트로피 법칙에 역행되는가? 단순함에서 출발시킨 인식이 그것이다. 창조는 단순함으로서의 一이 아니다. 모든 것을 갖춘 통합성 본질이 세분화되어 복잡해진 것이다. 이런 메커니즘 체제 안에서의 단순→복잡 루트는 역설이다. 첫 출발이 왜 진화론자들의 눈에서는 지극히 단순한 모습으로 비치는가? 분열되지 않았기 때문이다. 단순하지만 복잡할 수 있는 요인을 모두 갖추었다. 현상적으로는 단순→복잡 체제인 것 같지만 사실은 복잡→복잡 체제이다. 단지 앞의 복잡은 잠재된 복잡성이고 후자는 드러난 복잡성이다. 엔트로피 법칙은 우주가 태초에 어떻게 창조되었는가

하는 사실을 현상적 질서로 밝힌 명확한 인식이다. 우주의 최초가 완비된 상태에서 출발했다는 것을 입증하는 창조 법칙의 반영이다. 우리는 태어난 순간부터 늙어가는 것이고, 生이 있어 죽음을 향하고 있다. 여기서 최초 生의 의미는 무엇인가? 아무것도 갖추지 못한 一이고 단순함인가? 인생 삶은 갖춘 것을 푸는 과정이지 없는 것을 창조한 것이 아니다. 사전 갖춤은 바로 순간적인 창조를 뒷받침한다. 집단유전학의 창시자 중 한 사람인 J. B. S. 홀데인 교수에게 한 진화 회의론자 부인이 물었다. "교수님께서 비록 진화에 수십억 년이 주어졌다고 말씀하였지만 저는 단순한 세포가 복잡한 인간의 몸이 될 수 있다는 사실을 도무지 믿지 못하겠어요. 뼈와 근육과 신경으로 조직된 수조 개의 세포, 생각하고 말하고 느끼는 뇌를 가진 몸이 어떻게 만들어질 수 있었을까요?" "부인, 부인께서도 직접 그 일을 하였습니다. 그것도 아홉 달밖에 걸리지 않았어요."[104] 참으로 질문자의 의도를 벗어난 동문서답이다. 서로가 다른 질서 관점을 가지고 다른 세계를 말하였다. 아무리 수십억 년이 주어졌다고 해도 그들이 내세운 우연과 무작위적인 자연선택만으로서는 복잡한 몸의 구조를 염두에 둔 부인으로서는 도무지 불가능하리란 입장이고, 교수는 그런 일을 바로 당사자인 부인이 직접 아기를 잉태하고 낳음을 통해 경험했다는 말이다. 이런 대답에 대해 부인은 과연 수긍하였을까? 그것이 명답인가? 홀데인 교수는 정말 아이러니하게도 위에 난 구멍을 메우려고 아랫돌을 빼낸 순간 아래 구멍이 뚫려버린 상황이다. 수억 년에 걸친 인간 진화의 가능성을 인지시킨다는 것이 순간적인 창조를 시인하고 만 격이다. 왜 어머니들은 진화로서는 수억 년에

---

104) 『지상최대의 쇼』, 앞의 책, pp.286~287.

걸쳐 이룬 일을 9달 만에 거뜬히 할 수 있는가? 완벽한 창조 시스템의 구축 때문이다. 그것도 시스템이 목적을 이루기 위해 현상계에서 가동되는 데 걸린 시간이지 본질 바탕 안에서는 순식간에 이루어졌다. 부인은 현상적인 질서 안에서조차 수억 년에 걸친 인간 진화를 믿지 못하였는데, 창조는 전혀 그런 시간 속에서 이루어진 역사가 아니다. "본질로부터의 창조"이라 수억 년의 세월이 곧바로 한순간이다. 그래서 하나님은 하루를 천 년 같이, 천 년을 하루 같이 주재하였다. 본의를 밝혔는데 부인이 이해하지 못하겠는가? 부인은 미처 파악하지 못한 본체적인 진실에 근거해서 현상계적인 질서가 이룬 불가역성을 질문한 것이고, 교수는 본체적인 창조가 이룬 실현 근거를 가지고 현상계적인 질서가 이룬 가역성으로 대답하였다. 그러니까 문제는 해결되지 못하고 서로가 자신이 옳다고 생각한 세계만 바라보았다. 본의를 깨달을진대 만인은 진화론이 주장한 가장 기본적인 단순→복잡 원리의 불가역성을 지적할 수 있다.

"태초에는 단순함만이 존재했다. 그 단순한 세계도 어떻게 시작되었는지 설명하기란 매우 어렵다. 그런데도 자연선택을 앞세운 다윈의 학설이 납득할 만한 것인 이유는 어떻게 단순한 것이 복잡한 것으로 변할 수 있는지, 어떻게 무질서한 원자가 복잡한 패턴으로 모여 인간을 만들어내기에 이를 수 있는지 보여주기 때문이다."105)

다윈은 정말 무엇을 보았고 우리 역시 무엇을 보았는가? 진상을 볼 수 있는 눈을 인류는 다윈을 통해서가 아니라 스스로 가져야 한다. 다윈을 추종한 도킨스는 "과학이 그 어떤 계획의 인도도 받지

---

105) 『이기적 유전자』, 앞의 책, p.54.

않은 채 단순한 것에서 출발하여 고도로 조직화된 복잡한 것이 출현하는 과정을 설명할 힘을 지니고 있음을 일깨우는 역할도 한다고 주장하는데",106) DNA의 복합나선구조, 이것은 정말 어떻게 생긴 것인가? 어떤 계획도 없다는 단서를 달아 놓고 인간의 지력으로서는 가능할 수도, 노력으로서는 관여할 수도 없는 문제에 대해 과학이 과정을 설명할 수 있다니! 이것은 마치 독수리의 날개를 묶어 놓고 힘차게 날아 먹이를 낚아채라고 하는 것과 같다. 진화론 자찬은 하나부터 열까지가 모순투성이다. 그런데도 심대한 오판을 지적하지 못한 것은 타당한 본의 관점을 확립하지 못해서이다. 그러나 이제는 제시하였으므로 판단할 수 있다. 단순성, 하등동물, 점진성으로부터의 출발을 복잡성, 고등동물로부터 거꾸로 추적하면 최종 도달점에서 생명의 기원 문제를 해결할 수 있을까? 누가 해결하였는가? 길이 아예 나 있지도 않은데 어떻게 찾을 수 있는가? "진화론은 종은 끊임없이 분화하고 재분화하여 점점 더 구별되어 간다고 하는데",107) 이것은 새로움을 생산하는 진화적 분열의 반복이 아니라 있는 것의 생성적 분화, 재분화 과정이다. 통합성으로부터의 분열이다. 다이빙 선수가 다이빙대에서 실수로 떨어지는 것과 올림픽 결승전 무대의 마지막 시도에서 최고의 난이도에 도전하는 것과는 모습이 다르다. 진화가 무계획적이라니! 이것이 자연선택의 부족함을 채울 대안 메커니즘이 된다니! 돌연변이는 종의 질서가 흐트러지는 것이고 이탈되어 허물어진 것이다. 사방으로 물을 튀기며 자칫 다칠 수도 있는 다이빙의 실수처럼…… 물감에 물을 계속 타면 어떻게 되는가? 색

---

106) 「리처드 도킨스의 과학적 무신론에 대한 비판적 고찰」, 남상유 저, 베뢰아국제대학원대학교 신학과, 석사, 2009, p.8.
107) 「창조에 대한 과학적 접근의 분석과 비판」, 앞의 논문, p.28.

이 옅어지고 성분은 희석된다. 계속 물을 보탠다고 해서 파란색이 빨간색으로 변하는 법은 없다. 다른 색을 섞으면 모를까? 진화의 단순→복잡성 원리도 그러하다. 진화의 원리대로 진화가 수없이 반복된다면 새로운 요인의 보탬이 없는 조건(외적 요인은 유전이 안 됨) 속에서는 원본과 원인이 갈수록 희석되어 궁극적으로는 소멸되어 버린다. 종의 기원은 추적할 수 없기 때문에 오리무중이 아니라 진화 방식으로서는 공통조상의 원 요인이 종적을 감추어 버린 것이다. 변화에 변화를 거듭하는 것은 정체성을 허문 것이고, 온갖 변화에도 불구하고 본질이 불변성을 지켜 생성 에너지를 공급하는 것은 종의 영원한 정체성 유지 체제이다. 상수도에서 공급되는 식수는 수만 갈래로 갈라져 가정에 공급되는데, 그렇게 갈라졌다고 해서 물이 포도주로 변해 나오는 것은 아니다. 수도관의 노후화로 쇳물이 나올 수는 있겠지만! 그런데 자연선택은 외부 요인이 내부 요인에 무언가를 더한 것이 아닌데도 종에 새로운 요인이 나타난 것이라면 그것은 본래부터 잠재되어 있었던 것이 나타난 것이다. 물이 지구의 역사와 함께하였지만 어떤 경우에도 다른 물질로 변한 적은 없다. "다윈 이전의 진화론자들은 생물 진화의 패턴이 하등동물이 시간이 흐르면서 점차 고등동물로 진화해 간다는 '사다리 모형'을 제시했는데(사다리의 맨 위에 인간이 위치함), 다윈은 나무의 가지치기와 같다는 사실을 밝혀냈다고 하였다. 오늘날 지구상에 존재하는 생물들은 생명의 나무 맨 끝가지들에 해당하며, 인간 역시 수많은 가지들 중 하나임에 불과하다."[108] 사다리 모형은 무엇이고 또 가지치기 식은 무엇인가? 각 종이 각자가 진화한 곁가지에 열린 최종 열매라니! 각 종이

108) 『Newton(다윈 진화론)』, 앞의 책, p.10.

자체 종 안에서 독립적으로 진화한 결과의 최종 단계란 말인가? 각 종이 벽을 둘러치고 각자의 길을 걸었다는 뜻이 아닌가? 얼마나 황당무계한 주장인가? 우리는 지금 다윈이 기획하고 제작한 세상에서 가장 희귀하고도 화려한 상상 속의 생명나무를 보고 있다. 이 나무는 하나인 공통뿌리로부터 뽑아 올린 땅 속의 수분과 거름, 그리고 햇빛을 받아들여 수백만, 수천만에 이르는 열매들을 최종 곁가지에 주렁주렁 매달았다. 가을에 노랗게 물든 은행 잎 속에는 헤아릴 수 없는 열매들이 열려 있다. 아름드리나무는 몇 가마니로 쓸어 담아도 떨어지고 또 떨어진다. 헤아릴 수 없지만 열매의 종류는 오직 하나일 뿐이다. 하지만 생존경쟁, 자연도태, 적자생존이란 영양소를 흡수한 생명나무는 그런 것이 아니다. 한 뿌리, 한 나무 가지에 포도도 열리고 자두도 열리고 오미자도 동시에 열렸다. 헤아릴 수 없는 열매의 수가 아니고 각자 유전자 특성이 고유한 종의 수이다. 그래서 생명나무는 만지 만능한 신비술을 가진 神의 손, 神적 권능을 가진 창조나무이다. 차원이 다르므로 신도들은 침이 마르도록 신앙을 고백하였지만, 생명나무 神은 끝내 모습을 나타내지 않았다. 그 얼굴, 그 존재한 실상과 실체를 인류는 언제쯤 확인할 수 있을까? 바람과 함께 사라진 극중의 레트 버틀러(클라크 게이블) 선장이 스칼렛(비비안 리) 앞에 다시 나타날 수 있기를 바라는 것처럼……

6. 생존경쟁 체제 대 환경적응 체제

출간 당일 매진이란 이례적인 기록을 세운 『종의 기원』은 다윈이 젊음을 바쳐 이룬 저술이다. 20대 초반에 영국해군 조사선 '비글호'

에 승선한 이래 4년 10개월의 항해를 포함해 무려 28년간 끝없는 보완 과정을 거친 후 50세가 되던 해인 1859년에 세상에 내놓을 결심을 하게 된다. 책의 초판 제목은 『자연선택의 방법에 의한 종의 기원, 또는 생존경쟁에 있어서 유리한 종의 보존에 대하여』이다. 그는 살아생전에 이 책을 6판까지 찍었는데 개정판을 낼 때마다 내용을 상당히 고쳤고, 6판은 초판에 담긴 내용의 70% 이상이 달라졌다고 한다. 한 가지 재미있는 사실은 다윈은 『종의 기원』에서 진화라는 말을 쓰지 않았다. 대신 '변화를 동반한 계승'이라는 말을 줄곧 사용했다. 진화라는 말을 쓰기 시작한 것은 6판 인쇄 이후부터의 일이다. 그렇다면 변화를 동반한 계승으로서의 진화를 이끈 힘은? 바로 '자연선택'이다. 생명체가 자연에 적응하고 생존하는 과정에서 변화를 동반한 계승이 이루어졌다는 것이다.[109] 결국은 새로운 종의 탄생 내지 창조로까지 이어진다고 한 논리적, 이론적, 메커니즘적 논거이다. 여기서 우리는 다윈이 제조한 진화론이란 원석을 구성한 개념과 논리의 비약을 따져 보아야 한다. 초반의 긴 제목에서도 나타난바 자연선택 방법은 생존경쟁에서 유리한 종을 보존하는 데 기여했다는 것이 결론이다. 적용된 방법이 타당하든, 않든 그것이 어떤 유리한 무엇을 선택한 것이든, 그렇게 해서 이룬 결과는 '보존'이다. 창조가 아니다. 그런데 이후로 갈팡질팡 생각이 바뀌어 자연에 적응하고 생존하는 과정에서 변화를 동반한 계승을 이루고 새로운 종을 탄생시켰다고 하여 도를 넘어 버렸다. 진화=창조로 동일시될 만큼 인식을 보편화시켰다. 이 단계에서 우리는 본의에 입각한 분명한 판단 기준을 세워야 한다. 보존은 이미 창조 역사가 완료된 것이

---

109) 「진화론 특집」, 한겨레, 2009.9.18, 진보평론, 가을호.

므로 자연적인 세계를 이해하는 데 있어 하나님의 뜻과 부합하지만, 진화=창조로의 선회는 합리화시킨 일체 논리가 하나님의 뜻과 어긋난다. 변화를 통한 계승, 그리고 진화를 통한 창조가 그러하다. 그런데도 이런 주장을 인정한 것은 진실로 하나는 알았지만 나머지는 모른 처사이다. 진화는 귀가 솔깃하여 알았지만 정작 중요한 창조가 무엇인지에 대해서는 무지했다. 서양은 하나님이 천지를 창조했다는 믿음과 신앙이 있었는데도 불구하고 도대체 창조가 무엇인지 알지 못했다. 그러니까 존재가 무엇이고 불변이 무엇이며 영원한 것이 무엇인지도 몰랐다. 존재로부터 존재가 나오는 것을 통해 존재를 근거로 새로운 창조도 가능한 것으로 여겼다. 이것이 진화론자들이 곁길로 들어서게 된 이유이다. 그런데도 감추어진 진실을 거부할 수 없는 것은 본능이기도 하므로 종의 환경적응 인식은 종의 생존경쟁 체제와 맞물려 다윈을 고민하게 만든 문제이다.

다윈의 뒤를 이은 진화론자들도 진화와 적응 개념을 혼용하였다. 공룡이 끝까지 살아남지 못한 것은 세상에서 강한 자들에게만 유리한 것이 아니라 강한 자도 똑똑한 자도 아닌 가장 잘 적응한 자만 살아남았다는 것이다. 적응은 어디까지나 변화를, 변화는 창조를 전제한 것이기는 하지만……. 이런 이해는 언뜻 보기로 생존 법칙을 강조하는 것처럼 보이지만, 한편으로 보면 지구상에서 살아남은 종은 가장 강하거나 가장 지적인 종이 아니고 변화에 가장 잘 적응한 종이란 주장은 생존경쟁 체제에 대해 이율배반이다. 적응하기 위해서는 변해야 하는데, 변화를 일으킨 목적은 생존을 위해 적응한 것이란 뜻이다. 진화론이 적응이란 개념을 잘못(?) 적용하면 애써 세운 진화 체제와 배치되어 버리는데, 적응 체제로 돌아서면 새로운 종을 창조할 진화 메커니즘 동력이 희석되어 버린다. 변화란 생존을 위해 적응하는 것이지 아예 틀까지 바꾸는 것이 아니란 뜻이 된다. 다윈도 이런 문제를 두고 오랫동안 고민한 흔적이 보이는데, "19세기의 사상가들에게는 일반적으로 목적론적인 사고를 보유하였고, 다윈에게도 뿌리 깊은 영향을 미쳤다. 결과적으로는 부정했지만 그도 사실은 목적론적 전제의 하나인 환경에의 완벽한 적응으로부터 생물 현상을 설명하고자 노력하는 과정에서 자연선택에 의한 진화론에 도달했다는 사실이다."110) 처음에는 목적론적 환경 적응설을 긍정했지만 이후 입장을 바꾸었다.111) "일반적으로 다윈은 『인구론』을 읽고 자연선택이란 진화 메커니즘에 도달한 것으로 알고 있지만, 그가 남긴 방대한 노트를 면밀히 검토한 바에 의하면, 실제로는 1850년대에 이르기까지도 완전한 적응을 믿었다. 의외로 완벽한 적응이라는 개념을 『종의 기원』을 출판하기 얼마 전까지 버리지 못했다."112) 진화냐 적응이냐 하는 문제는 다윈이 결단을 내렸다고 해서 결정되는 것이 아니다. 자연 전체의 생태계에 대해 원초적인 입장에서 질문을 던져야 하는 유효한 진리 판단 문제이다. 진화를 환경의 변화에 적응하기 위해 살아남는 과정이라고 한다면 생존은 적응해야 살 수 있다는 뜻도 된다. 사실 자연선택이든 자연적응이든 이들은 모두 모종의 지적 작용이 개입된 상황이다. 선택은 정보를 앎을 전제하고 적응도 자연의 변화에 대해 정보를 알고 있다는 뜻이다. 갑자기 어두

---

110) 「목적론과 다윈의 진화론」, 앞의 논문, p.4.
111) "아리스토텔레스에 의해 확립된 후 19세기에 이르기까지 그 특성이 거의 흔들리지 않고 내려온 서양 생물학 전통이 보여주는 철학은 생물의 주어진 환경에 대한 완벽한 적응이라는 생각이었다. 그런데 다윈이 이 적응의 문제에 대해 새로운 접근을 시도하면서부터 진화론의 실마리는 풀리기 시작했다. 멸종된 생물의 화석 등을 근거로 과연 이제까지 강조된 생물이 주어진 환경에 완벽한 적응을 하고 있는가란 의문을 다윈이 제기하기에 이르렀다."-위의 논문, p.59.
112) 위의 논문, p.60.

운 동굴 속에 들어가면 동공이 확대되고 밝은 곳으로 나오면 줄어든다. 날씨가 더우면 땀을 흘려 열을 기화시키고 추우면 땀구멍을 축소시켜 열의 배출을 막는다. 환경에 따른 생체의 적응 체제이다. 생존경쟁을 통한 생체의 변화 요인보다는 환경 변화에 따른 생체의 적응 체제가 더 용이한 보편성을 지닌다. 다윈도 발견한 종의 변이 사실에 대해 생존경쟁이 아닌 생존을 위한 적응 시스템으로 접근했다면 더 광범위한 자연 현상적 적용과 원리적 뒷받침을 받았으리라. 이것은 예측이 아니고 사실이 그러하다. 왜냐하면 생존을 위한 적응은 종의 본질에 순응한 것이지만, 생존을 위해 종이 변화하여 새로운 분화로까지 이어진다는 것은 대역행이다. 이치상 전체에 관한 정보를 모르면 부품은 만들어질 수도 조립할 수도 없다. 종도 마찬가지이다. 적응은 순화이지만 변이를 통한 개조는 역행이다. 종은 창조된 완제품으로서 전체와 자연에 관한 정보를 본유하고 있다. 그래서 적응을 위해 변화 조절이 가능했다. 이것은 한 근본, 한 본질로서 창조되어서이다. 무엇이 종에 유리하다든지 불리한 차이 발생과 선택 작용은 있을 수 없다. 그것은 뒤늦은 자각이고, 천지는 처음부터 모든 것을 알고 창조되었다. 개선, 개조는 처음에는 몰랐고 계획되지 않은 것이고, 적응은 처음부터 일체를 알고 대비, 적용, 실현한 시스템이다. 이런 관점으로 생태계를 둘러보면 과연 진화 체제인지 적응 체제인지 판가름할 수 있다. 구조 개조는 미처 예측하지 못한 데서 기인된 것이다. 그리고 개조가 부분적인 정보만으로 가능한가 하는 점이다. 종은 완제품으로서 태어남과 동시에 일사분란하게 분열, 조립, 구성되어 생명체를 이룬다. 그런데 사전에 시스템화되어 있지도 않다면 누가 어떻게 일일이 부품을 만들어서 구성할 수 있겠는가? 왜 태아는 자궁 속에서 9달 만에 태어나는가? 명백히 창조된 조립 시스템이다. 부분을 개선하기 위해서는 전체 시스템을 알고, 시스템 전체를 바꾸어야 한다. 그렇게 진화는 진행 과정에서 후차적으로 발생한 자연선택 요인으로 인해 개조의 필요성이 발생한 것이고 예측하지 못한 돌발 상황으로서(특히 돌연변이의 경우), 변이를 통한 종의 개조와 창조는 사실상 불가능하다. 반면에 적응은 하나님이 창조 시 종의 생존과 존속을 위해 마련한 사전 예측 시스템으로서 충분하게 준비된 예비 가동 체제이다. 수많은 종들이 하나님의 본체에 근거해서 창조된 것인 한 견해를 달리한 진화론 주장에 대처할 수 있는 창조 메커니즘을 제시할 수 있어야 하는데, 그것이 곧 생존경쟁 체제에 대처한 환경적응 체제이다.

생각해보라. 종이 적응하기 위해 서서히 변화하여 종간이 둘러친 경계선까지 넘나든다면(진화) 그런 요인을 제공한 자연환경도 변화하고 진화해야 한다. 그런데 정작 다윈이 제시한 변화요인은 상식적으로 생각한 순수한 자연환경이 아니다. 먹이 쟁탈을 중심으로 한 보이지 않는 생존경쟁 상황 설정이다. 그것도 자연환경 대 종간은 부차적이고 종과 종 간, 혹은 종내의 경쟁 관계가 주된 요인이다. 획득 목적인 먹이조차 간접 요인으로서 밀려나 있다. 먹이 획득을 목적으로 한 종과 종 간, 혹은 종내에서의 생존경쟁이 主이고, 자연환경의 변화는 간접적이다. 결국 다윈의 자연선택 요인은 자연환경에 있지 않고 먹이 쟁탈을 목적으로 한 종 간의 생존경쟁 체제에 있다고 본 관계로 진화 요인 설정에 있어서 자연 환경적응 체제는 최종 단계에서 탈락하여 버렸다. 전쟁을 하면 수많은 백성들이 희생되고 나라까지 파멸되는 법인데, 먹이 쟁탈을 통한 생존경쟁 체제가 수많은 도태적 희생을 치르고도 수많은 종의 가짓수를 늘렸다는 논거를 어찌할 것인가? "생물학자들은 다윈이 내놓은 메커니즘이 어떻게 해서 새로운 생명을 창조해냈는지에 대해서는 설명하지 못하고 있다. 까마득한 옛날 무생물에서 생물로 넘어온 과정을 설명하지 못하므로 스티븐 제이 굴드 같은 과학자는 인간의 존재는 우주의 장난이며, 워낙 가능성이 희박한 사건이라 어떤 의미도 부여할 수 없다고 하였다."113) 제정신을 가진 사람이라면 생명이 환경에 적응하기 위해 변화를 겪는다는 사실에 대해 시비를 걸지는 않는다. 적응은 생명체가 스스로 호응하는 생존을 위한 체제이다. 그런데도 창조를 모르면 적응의 진리성을 알 수 없다. 나아가서는 창조를 알아야 진화도 안다. 생존경쟁과 자연도태를 통한 자연선택은 새로운 종의 탄생 메커니즘이 아니다. 종이란 존재가 생존하기 위해 적응한 과정이다. 창조 메커니즘은 전혀 차원이 다르며 따로 존재한다. 창조-존재-변화, 그리고 생성은 영원한 지속을 위한 운동이다. 그러나 그런 변화에도 한계는 있고, 그리해야 오히려 종의 고유성을 유지한다. 종의 다양성 창조는 존재한 종에 대해서만 관여된 문제가 아니다. 담당한 본질 영역은 따로 존재했다. 종의 변화 본질은 결국 환경의 변화에 대한 조절, 적응 시스템이다. 생존경쟁, 적자생존, 자연도태 현상은 종의 생존 특성과 맞물려 있는 것일 뿐 창조 특성과는 무관하다. 천지가 창조된 근거는 우리가 분간하지 못해 간과되었던 것인데, 알고 보니 주변을 항상 지배하고 있었다. 천지가 경과적이고 원인과 결과로 나뉜 이유? 세계가 단일하지 않은데 神이 존재한 사실과 창조된 결과가 있다. 생존경쟁과 투쟁 가운데서 살아남기 위해 생체 조직이

---

113) 『21세기의 신과 과학 그리고 인간』, 앞의 책, p.65.

변하고 개조된다는 것은 있을 수 없다. 생존경쟁은 생태계가 지닌 섭리이고 생존방식상의 특성이다. 같은 먹이를 취하고도 벌은 꿀을, 독사는 독을 분비시키는 것처럼, 동일한 자연 현상에 대해 다윈이 생존경쟁 방식으로 접근한 것은 그 이유가 창조를 알지 못한 데 있다. 진실로 생명체는 자연환경에 대한 놀라운 즉응체이며 경쟁체가 아니다. 자연환경과 종 간의 상호 교호체제이며, 하나님이 부여한 자체 조절 기능 시스템이다. "다윈이 비글호 항해를 통해 경험한바 세계의 모든 지역에는 그곳에만 고유한 종이 있었다. 그가 궁금하게 여긴 것은 이들 모든 동식물들이 자신들이 살고 있는 환경에 맞게 창조되었다면, 전 세계에 걸쳐 동일한 서식 환경에서 탄생한 종은 모두 동일해야 하리란 것이었다."[114] 지역만의 고유종이 존재할 수 없다는 지적이다. 이것은 진화를 전제하고 스스로 내건 종의 창조 조건과 어긋난 자가당착적 모순 지적이다. 종은 환경에 맞추어 변화된 것이 아니고 적응한 것이다. 세상의 무수한 종들은 환경과 무관할 수 없다. 마치 중력이 지구 어디에도 미치는 것처럼 세상 어디에도 존재했지만 생존경쟁과 환경적응 과정에서 도태될 것은 도태되고, 그렇게 환경에 적응한 최적자가 생존하였다. 그 종이 그 지역에서만 고유한 것은 그 종이 그 환경조건 속에서 생존하기 위해 최적의 능력을 발휘해 적응한 것이지 변화한 것은 없다. 적응은 종이 혹독한 자연 환경 속에서 존속할 수 있도록 창조된 생존 완비 체제이다. 현대의 첨단 인체 생리학이 발견한 거의 완벽하다고 볼 수 있는 생명체의 생리학적 복잡함과 적응 활동을 보라. "포유류의 신장은 물과 전해질의 항상성(호메오스타시스)을 유지하기 위한 정교한 적

---

114) 『진화를 잡아라』, 데이비드 버니 저, 김성한 역, 궁리, 2002, p.58.

응 기능을 갖고 있고, 혈압 조절의 역할도 할 뿐만 아니라 질소대사의 중요한 최종 산물인 요소의 농축과 배출을 동시에 수행하는 기능을 갖고 있다. 대사 과정에서 생성되는 유기산이 체내에 축적되는 것에 대한 신체 보호 작용으로 중탄산완충액계를 선택한 것도 또 다른 예가 된다. 산화대사의 주요대사 산물 중 탄산이온이 다량 생성되는데, 이 중탄산이온을 수소이온과 결합시켜 무독성의 물과 이산화탄소 가스를 만들어내고, 가스를 폐를 통해 배출시킴으로써 체내의 산 염기 평형을 효과적으로 유지하는 기능이야말로 놀랄 만한 것이다. 간혹 우연히 이런 정교한 적응 결과를 이룰 수 있다고 하더라도 하나의 결함도 없이 완벽성에 수없이 도달하였다고는 도저히 생각되지 않는다. 나아가 새로운 분자생물학이 보여주는 세포의 세계만큼 생물 적응의 복잡성과 정교함을 나타내는 분야는 아마도 다른 곳에는 없을 것이다."[115] 그런 적응 완비 시스템이 세상 어디에 있는가? 나 자신이 바로 그렇게 해서 존재하게 된 결과 대상이다.

직접 보고 직접 경험하고서도 왜곡된 판단과 관점과 해석관을 가진 것은 그들을 지배하는 운명적 본질과 구축된 세계관 탓이다. 서양의 지적 전통은 생존을 위한 적응을 생존경쟁으로, 상대성의 조화를 대립과 모순으로 보고 세계적인 현상을 왜곡하였는데, 주된 이유는 본질을 보지 못하고 전체를 볼 수 있는 안목이 없는 탓이다. 하지만 전체를 볼 수 있다면 지금까지 보지 못한 진상을 안다. "동양의학은 환자의 맥을 짚어보고 생명체적인 기능을 판단할 수 있다. 동양철학은 어떤 부분에도 반드시 전체가 반영되어 있다고 생각했다. 부분은 부분이 아니며 전체의 상태를 반영하는 존재로 여겼다."[116]

---

115) 『진화론과 과학』, 앞의 책, pp.367~369.

왜 부분이 전체를 반영하고 있는가는 본체의 창조적 권능 때문인데, 부분적 안목만 지닌 진화론자들로서는 이해하기 어렵다. 하지만 언젠가는 이해해서 받아들여야 그보다 더 큰 진실, 곧 종의 주축 원동력인 생존경쟁이 전체 생태계가 윈윈하기 위한 상호 공존, 공생 체제란 사실을 깨닫게 된다. 본질과 전체를 보지 못한 세계관적 한계성을 실인해야 한다. 젊은이는 인생을 논할 수 없다. 진화론이 생명 시스템을 경쟁과 투쟁으로 본 것은 지극히 부분적인 시각이다. 드러난 현상만으로는 그러한 측면도 있다. 하지만 그것은 일부 측면에 불과하다. 넓은 시야에서 본다면 식물도 동물도 공생으로 상호 의존하고 있으며, 그것이 균형 있는 질서를 만들어낸다. 생태계에는 결코 생존경쟁만이 지배적이지 않다. 흰개미나 꿀벌은 한 마리씩 단독으로 살 수 없다. 집합체로부터 고립되면 이내 죽고 말 운명에 처한다. 이것은 그들 집단이 유기체 시스템으로 되어 있기 때문이다. 집단이 하나의 생물과 같은 기능을 하고, 구성원이 생식기능, 간장, 근육 등에 해당한 역할을 맡고 있다. 벌의 집단은 특수한 정보전달 수단을 지녔는데, 이것은 감각기관 내지 중추신경에 상당한다.[117] 이처럼 부분적인 세계관에 근거한 생존경쟁 체제는 생태계에서 일어나는 현상을 모두 설명할 수 없고 예외가 발생하지만, 전체적인 세계관에 근거한 환경적응 체제는 생태계 전반을 수용해서 잘난 것은 잘난 대로, 못난 것은 못난 대로 조화로 질서화시킨다. 이런 공존 공생설을 뒷받침하는 전체적인 세계관이 곧 만물일체설이다. 만물이 나와 하나라면 어떻게 도려내고 가려내고 도태시킬 것이 있겠는가? 인류

---

116) 『동양적 사고로 돌아온 현대과학』, 이시카와 미츠오 저, 서상문 역, 인간사, 1990, p.34.
117) 위의 책, pp.35~36.

와 만생이 함께하는 꿈의 나라를 건설하는 데 있어 진화론을 배태한 서양 문명과 만물일체설을 배태한 동양 문명 중 어느 쪽이 더 가능성이 클까? 하나님이 새로운 통합 문명, 인류를 빠짐없이 구원할 공생 공영의 나라를 건설하고자 할진대, 어느 문명에 몸담을 것 같은가? 바로 하나님이 보혜사 진리의 성령으로서 동양의 하늘 아래 강림하였다. 동양 문명과 함께하기 때문에 동양 문명의 부활이 기대되고, 동양적 가치에 희망이 있다. 지상 나라의 기반을 이 땅에서 다지리라.

7. 계통수 대 통합성

"지금까지 지구상의 생물로서 밝혀진 동물과 식물 수는 합해서 알려져 있는 것만 해도 약 200만 종 이상 된다. 실제로는 곤충만도 3천만 종이 넘는다는 추산도 있어 줄잡아도 천만 종은 되리라. 이렇게 많은 종이 처음에 어떻게 시작되었는지, 그리고 어떤 과정을 밟아오면서 늘어났는지는 생명의 기원에 관해 의문을 가진 사람이라면, 또는 인간의 근원에 관해 과학적인 질문을 가져본 사람이라면 한 번쯤은 고민하였을 문제이다."[118] 그리고 사람들은 정말 종의 다양성에 대해 납득할 수 있는 설명을 듣고자 했다. 하나님이 태초에 처음부터 다양하고 완벽하게 천지를 창조하였다는 설이 있기는 하다. 하지만 이것으로서는 부족하다. 합리적인 설명 요구에 부응한 것이 진화론의 시발이다. 인류의 근원적인 문제가 크게는 창조 방식 대 진화 방식으로 대별되지만, 종의 다양화 방식에 있어서는 그야말로 다양한 방식을 추측할 수 있다. 지구상에는 정말 수많은 종들이

---

118) 「진화론의 현대적 이해」, 이병훈 저, 과학사상(7), 1993, pp.143~144.

생멸하는데 이들은 어떻게 존재한 것인가? 하나님이 처음부터 완벽하게 창조하였다고 해도 상호 교합으로 계속 새로운 종들을 늘려간 것인지, 아니면 창조는 하였지만 잠재되었다가 서서히 나타나게 된 것인지, 창조 이후부터 종들이 자체 적응력으로 삶의 방식을 강구한 것인지(진화) 판단할 수 있는 근거는 없다. 기존 창조론에 의탁해서 문제를 풀어보려고 해도 뚜렷한 묘책이 없다. 진화론에서는 유명한 다윈의 생명나무 이론, 일명 자연선택 요인을 통한 계통수 이론이 종이 다양화된 이유에 대해 과학적인 학설로서 자리 잡았다고 하지만 어떻게 최초의 종이, 그리고 기존 종으로부터 새로운 종이 나온 것인지는 여전히 의문이다. 우리는 분명 수많은 동식물이 우글거리는 땅 위에 살고 있는데, 이들은 정말 어떻게 존재한 것인가? 동양에서도 이에 대한 본체론적 답변이 있었다. 易에는 太極이 있고, 이것이 양의를 낳고, 양의가 사상을 낳고, 사상이 팔괘를 낳는다고 하였는데, 구체적으로 무엇을 상징한 것인지는 알 수 없다. 해석할 수 있는 본의가 뒷받침되어야 하는데, 여기에 근거하면 창조 이전, 곧 본질 단계에서의 통합성 본체 구축 과정이라, 극의 분열로서 통합된 힘이 수많은 종을 종류대로 있게 한 기폭제가 된 것은 사실이다. 천지가 본질로부터 창조되었다고 한 주장은 전제가 아니다. 사실성 여부를 하나하나 밝히고 있는 단계이다. 천지가 본질로부터 창조되었기 때문에 종의 다양화 원인도 본질을 통하면 찾을 수 있다. 본체론적 인식에 의문의 단초를 푸는 지혜가 함축되어 있다. 동양인들도 천지 창조에 대한 본체론적 고민이 있었다.

종의 다양화는 비단 생물이란 종 안에만 국한된 것이 아니다. 하나님은 삼라만상 일체를 창조하였다. 진화론은 생물이란 종에만 국한시켰지만 우주론 내지 창조론과도 깊은 연관이 있다. 그래서 설사 종의 문제에는 합당하다 해도 우주만상에 두루 적용될 수 없다면 옳은 이론일 수 없다. 천지를 구성한 원리와 법칙은 이치적으로 일관되어 있어 진화론=물질론=우주론이다. 고대 그리스의 철학자들이 한 고민은 세계의 물질적인 다양화 속에서 가장 기본적인 원소를 찾고자 한 것이다. 탈레스가 만물을 구성한 원리를 '물'이라고 한 것은 만물의 다양화 속에 물이 공통적으로 들어 있다는 뜻도 있지만 물이 어떻게 공기로, 불로, 흙으로 되었는가 하는 점도 풀고자 했다. 다윈과 탈레스는 이런 주장이 옳다고 확신했을까? 궁극적인 요인을 존재하는 것으로부터 구한 한계가 있었는데, 동양의 太極론은 근거를 본체에 둔 관계로 만사, 만물을 있게 한 본체 논리로서 승화되었다. 본체적인 창조방정식을 풀 수 있는 지혜를 통합성인 본질이 제공하리라.

종의 다양성을 넘어서 세계의 다양성에 접근함에 있어서는 진화론과 동양의 우주론에 일관된 공통점이 있다. 하나로부터 시작해 어떻게 다원이 발생하였는가에 대해 설명하였는데, 천지 만물이 하나인 본원으로부터 말미암은 것은 맞다. 그것이 무엇인가? 창조론에서는 유일한 하나님이고, 진화론은 공통조상이며, 동양은 太極, 道, 空이다. 문제는 하나로부터의 출발점은 동일한데 현상적인 결과를 통해 추적한 관점이 다르다. 기존 창조론의 경우 비롯된 것은 사실이지만 하나님의 창조 역할은 無로부터의 창조에 있어 어떤 근거의 제공자는 아니었다. 창조론은 세웠지만 사실상의 추적이 불가능했다. 그리고 진화론은 전적으로 창조주의 역할을 거부함으로써 창조 권능을 종 자체에 부여하였다. 종이 종을 낳고, 그 종이 변이를 일으켜 다시 다른 종을 낳고……. 하지만 이런 논거의 문제점은 무엇인가?

창조론은 하나님의 절대적인 권능을 드높이기 위해 無로부터의 창조 교리를 불가피하게 취하였고, 진화론자들은 계통수에서 파생된 가지마다 새로운 종을 창조할 수 있는 위대한 권능을 멋대로 부여하였다. 눈을 똑바로 뜨고 자연계를 살펴보라. 천지를 창조한 권능(능력)을 무엇이 지녔는가? 만물이 하나인 본원으로부터 창조된 것이라면 창조적인 권능도 오직 하나인 본원만 지닌 것이 아닌가? 정말 공통조상으로부터 수많은 종이 갈라진 것이라면 종의 창조 권능은 공통조상만 지녀야 한다. 또한 하나님은 지금도 불변한 본체로서 살아 있어 만생과 인류 역사를 주재하는 것처럼 공통조상도 살아 역사하여 수많은 종을 탄생시킨 족적을 분명히 해야 한다. 하지만 공통조상의 형체 추적은 오리무중이다. 우리가 공통조상으로부터 물려받은 비밀스런 유산은 창조력이 아니고 생식력이다. 복제 능력을 가진 유전자의 등장이 의미하는 것은 도대체 무엇인가? 반면에 동양의 우주론은 道, 즉 본체로부터 양의, 분화, 분열되는 과정을 거쳐 만물화되었고, 다시 만물화된 사물 내의 존재 속에서도 각구 태극(各具 太極) 형태로 존재한다고 하였는데, 이것은 놀라운 창조론적 인식이다. "본질로부터의 창조"를 증거하는 것은 물론이고(각구 태극으로서 존재와 함께함. 본질로부터 창조된 근거를 가짐), 만물이 확실히 존재할 수 있게 한 완벽한 창조 시스템 구축이다. 하나님이 창조된 세상 안에서 초월적인 동시에 내재하고, 함께한다고 하면서도 無로부터의 창조로 인해 세계 내에서 역사하고 임재한 존재 방식을 설명할 수 없는 모순을 안겼다. 또 진화론은 공통조상으로부터 수많은 종들이 갈라졌다고 하면서도 종 안에서는 공통조상에 대한 어떤 흔적도 찾을 수 없다(DNA 염기서열의 유사성과 상동기관 등은 또 다른 해석을 가능하게 함). 반면에 각구 태극은 천지가 본질로부터 창조된 사실을 확실하게 증거한다. 이것은 수많은 종을 창조한 권능을 창조론에서는 뿌리(하나님)만 지녔다고 한 것이고 진화론은 가지마다(종) 지녔다는 말이다. 이일분수론에서는 통체일태극이라, 근원되고 통일된 太極이 만물을 창조함과 동시에 완전한 太極이 개개의 사물 속에도 분여되어 사물이 사물다울 수 있게 하였고, 종이 불변한 체제를 유지할 수 있도록 하였다. 따라서 각 사물 속에 존재한 각구 태극은 진화론처럼 자체에서 창조력을 발휘할 수 있는 본질이 아니다. 통체일태극으로부터 태극의 결정성을 부여받았다.119) 이것은 사물이 사물만으로 존재하지 않고 본질과 함께했다는 뜻이다(창조 본체 갖춤).120) 진화론은 한 공통조상으로부터 갈라짐(계통수) 방식이고, 창조론은 한 본질로부터의 다양한 메커니즘 방식인데, 이일분수설이 양론의 진리성을 판가름했다. 하나로부터 말미암은 본질 태극이 만물 속에 존재함으로써 만상화의 확실한 근거를 "본질로부터의 창조"가 제시하였다. 만물 속에 완전한 太極, 곧 하나님이 함께한 사실을 인증하였다. 각구 태극이 창조 실현으로 사물이 존재한 목적과 특성을 氣의 국한성으로 결정했다. 종의 다양성 문제를 풀고자 한 접근 방식면에서 어느 정도 진리성을 가늠하기는 하였지만 어느 편도 확실하게 가부가 결정된 것은 없다. 진위를 가릴 판단 기준이 서 있어야 하는데 본의를 자각하지 못한 지난날은 온갖 주장이 난무하였다. 다윈은 이런 진리적 환경 속에서 종의 다양성 문제에 대해 종전의 창조

---

119) 통체일태극이 분수될 때(창조) 사물 각자가 太極을 부여받음. 분수됨이 바로 천지 창조 방식임.
120) "이일분수(理一分殊)설: 중국 송대의 정이와 주희가 확립한 이일분수(理一分殊)설은 개별적 理를 초월하는 보편적인 理, 즉 太極은 이일로서의 통체일태극(統體一太極)이며, 개개의 사물에 내재해 있는 개별적 理, 즉 성(性)은 분수로서의 각구일태극(各具一太極)이다."-다음백과.

주가 각기 모든 생물을 종류대로 창조했다는 창조론과 대립된 계통수 개념, 즉 생명나무 이론을 수립하였다. 그는 다년 간에 걸친 관찰과 연구 끝에 "생물체 내에서 변이의 한계는 있을 수 없다는 기본적인 원칙을 세우고, 오늘날 세계의 모든 동식물들은 모두 하나의 단세포 유기체에서 발전해 나왔다고 주장하였다. 이것이 바로 생물의 계통수(系統樹, Family tree)이다."[121] 단세포 유기체란 인간적인 의미에서 공통조상이라고 일컫는바, 종이 변한다는 생각은 다윈 당시에도 많은 사람들이 가지고 있었는데, 그의 공헌(?)은 종이 어떻게 변하는지를 독창적으로 설명한 데 있고, 그 성과가 곧 자연선택을 통해 그린 생명의 큰 나무 그림이다. 한두 개의 공통조상으로부터 시작한 생명나무가 가지를 뻗듯이 종분화해왔다는 것이 '생명의 나무' 이론이다. 이 나무에서는 인간, 원숭이, 들국화, 지렁이가 모두 하나의 잔가지에 속한다. 다윈이 상식적인 생각을 완전히 바꾸어 놓은 부분이다.[122] 관찰하고 확인한 바에 의하면 각 종들의 상동 현상, 자연의 계통구조적인 패턴, 그리고 여러 비교해부학적인 견해를 바탕으로 다윈은 지구에 사는 수많은 종, 속 및 과는 각 생물이 속하는 강 또는 문의 공통조상으로부터 유전되는 동안에 변화된 것이라는 사실을 분명하게 나타낸다고 말했다. 이런 논거가 사실이라면 우리는 단 하나의 공통된 선조를 가지고 있어서 서로가 연관되어 있다는 것을 유추하고, 현재의 종으로부터 추적해 들어가면 결국 공통조상에 도달한다. 즉, 모든 종의 기원을 거슬러 올라가면 하나의 공통조

---

121) 『성경적 창조론』, 존 휘트콤 저, 최치남 역, 생명의 말씀사, 1993, p.108.
122) "다윈은 지구상의 모든 생명체가 공통의 조상에서 나왔으며, 지구에 사는 생물 종들의 엄청난 다양성은 자연선택의 결과로 설명할 수 있다는 사실을 이론화했다." - 『다윈 안의 신』, 앞의 책, p.130.

상을 만난다는 것은 모든 생물은 각기 종류대로 창조했다는 창조론 주장과 대치된다. 하나님이 창조된 피조체와 단절된 마당에서는 그럴 만도 하다. 본체에 근거했다면 공통조상이나 하나님의 본체나 동일한 인식일 텐데 말이다.

여하튼 다윈이 내세운 공통조상은 만생의 근원 바탕을 한 근본에 두었다는 점에서는 설득력을 지녔지만, 문제는 공통조상이 만생을 가지치기해 늘릴 만큼 본질적인 바탕, 곧 뿌리를 지녔는가 하는 점이다. 책에 그려진 복잡한 가지치기식 생명나무를 보지만 뿌리가 그려진 생명나무는 본 적이 없다. 뿌리도 몸통도 없이(本이 없음) 가지만 뻗어나 엉성할진대, 결국 고사하여 땔감으로나 쓰임직한 나무이다. 道, 太極처럼 본질로서의 무궁한 생성력을 지니지 못했다. 수많은 종들이 공통조상으로부터 진화한 흔적으로서 중간 화석들의 존재와 현존하는 생물 중에서도 다른 계통의 생물 간에 보이는 상동성(相同性), 즉 서로 닮은 생물들은 모두 같은 조상에서 나온 자손들로 추론하였다. 하지만 이것은 외향적인 모습이고, 침팬지와 인간의 외향이 비슷하다고 해서 침팬지가 인간 종의 경계를 넘나들 수는 없다. 그 이유는 정작 다른 데 있다. 정말 인간과 침팬지가 공통조상으로부터 갈라진 것이라면 그 이유는 외향적 모습이 아니고 공통조상으로부터 찾아야 한다. 어떻게 해서 공통된 조상이 침팬지와 인간이란 종을 갈라놓은 것인지 대답할 수 있는가, 없는가? 공통조상이 맞다면 반드시 답할 수 있어야 한다. 그런데 이 역할을 본질은 능히 감당할 수 있다. 말할 수 없는 진화론은 가상된 추정이다. 조상은 씨할아버지이고 선대의 부모 역할이다. 특히 수많은 종들은 공통조상으로부터 예외 없이 유전자를 물려받은 입장이다. 그렇다면 상식적인 셈법으로 1(인간)과 2(침팬지)의 공통성을 가진 그 무엇은 1과 2보다 더 공통적인 것인가, 단일한 것인가? 고등한 것인가, 하등한 것인가? 더군다나 수만 종을 가지치기한 통합적인 공통조상이라면? 그런데도 진화론은 공통조상이란 거창한 통합체를 설정하고서도 파고들어가 보면 진화된 루트가 거꾸로이다. 지극히 미세한 하등동물로부터 고등동물로의 진행 방식이다. 그리고 기원을 거슬러 추적하면 공통조상의 형체는 종적을 감추어버린다. 종의 기원은 추적하지 못해서가 아니라 사라져버리고 없어서 無! 無이다. 분명 공통조상을 설정하고 무수한 현생적, 화석적 증거들이 즐비하다고 해놓고 본래 주인공으로 등장시킨 것은 "최초의 생명체가 무기물들의 화학반응을 통해서 생성되었다고 하고(진화의 첫 단계=화학 진화), 이후 단계부터는 생명 진화를 설정하여 다양한 생명체들이 처음부터 종류대로 만들어진 것이 아니라 한 종에서 보다 진보적인 종으로 점진적으로 진화했다는 데 초점을 맞추었다."[123] 아니 불교는 교주 석가모니를, 기독교는 예수 그리스도를 초월적인 절대자로서 신격화시키는데, 진화론자들은 신묘한 공통조상을 하잘 것 없는 것으로 격하시키다니! 이것은 도리상으로도 어긋났다. 지극한 신앙대상자로서 숭배해 마땅한 인류 공통의 조상 할아버지의 위상을 훼손하다니! 참으로 근본을 모르고 은혜를 망각한 배덕이다. 그들은 이런 행태를 인류의 공영을 위해 몸 바친 성현들 앞에서 자행하길 서슴지 않았다. 이런 배덕 행위도 근본적인 이유는 단순한 인식 차이에 있다. "본질로부터의 창조"는 무수한 종이 하나인 근본 바탕으로부터 하나의 본질을 가지고 창조되었다는 것인데, 진화론은 하나인 공통조상은 동일하지만 수많

---

123) 「창조와 진화에 관한 연구」, 앞의 논문, p.31.

은 종들이 점진적으로 갈라져 나왔다는 것이다. 따라서 만인은 이 시점에서 진위를 판가름할 수 있는 분명한 판단 기준과 본의 관점을 확보해야 한다. 앞에서 공통조상은 우상이므로 죽은 神이지만 하나님은 지금도 만생을 살리기 위해 역사하는 神이라고 하였는데, 정말 살아 있다면 지금 이 단계에서 인류가 궁금하게 여긴 문제에 대해 계시할 수 있어야 한다. 이전까지는 하나님이 창조주로서 말씀하고 싶어도 인류가 받들 그릇을 준비하지 못하였고 세계가 성숙하지 못한 문제가 있었지만, 이제는 때가 되었고 보혜사 하나님이 진리의 성령으로서 강림한 바이므로 이 시공간과 함께한 하나님은 온 우주의 주재자로서 어떤 방법을 통해서든 역사할 수 있다. 동서양의 지성들이 종의 다양화 문제에 대해 어떤 주장을 해도 하나님의 최종 판가름이 없다면 확증될 수 없다. 창조는 아무도 보거나 경험하지 못한 만큼 준비와 궁리를 끝낸 이 순간 하나님의 전에 나아가 뜻을 구했다.

하나님, 부족한 이 자식이 그동안 준비한 자료 탐색과 주제 목록 설정을 마무리 짓고 새해 벽두부터 집필할 준비를 갖추었나이다. 이에 가장 궁금한 문제를 두고 뜻을 구합니다. 하나님은 길을 인도하였고 말씀하였으며 계시하기 위하여 역사해줄 것을 믿습니다. 선천에서는 계시를 받들 그릇이 마련되지 못해 때를 기다린 것으로 압니다. 이제는 그릇이 준비되었으므로 품고 품은 창조 역사의 위대한 뜻을 밝혀주소서! 하나님은 천지를 창조하고 그 역사된 사실을 언젠가는 인류 앞에 계시할 것을 만세전부터 작정하였나이다. 그렇지 않다면 어찌 창조 역사가 진리로서 드러날 수 있겠습니까? 이 땅에 강림한 사실을 증거할 수 있나이까? 창조 목적을 실현할 수 있겠습니까? 성령이 함께 하여 천상의 지혜를 밝혀주소서! 지상에는 수백만에 달하는 종들이 은혜로운 손길로 아름다움을 뽐내고 있습니다. 그런데도 인류는 은혜를 망각하고 절대적인 단절을 선언한 지경이 되었습니다. 수많은 종이 정말 자연선택이란 작용으로 태어났습니까? 아니라면 하나님은 어떻게 하여 하나인 본체로부터 수많은 종을 창조한 것입니까? 정말 궁금한 것은 그 근거가 본체로부터인 것은 아는데, 핵심은 어떻게 해서 一로서 多를 창조할 수 있었는가 하는 데 있습니다. 왜 창조가 진화로 착각된 것입니까? 이치적인 근거는 확보하였으므로 남은 것은 이룬 뜻을 밝히면 됩니다. 창조 역사의 본질적인 메커니즘은 과연 무엇입니까? 수많은 종들이 멸종하였지만 여전히 헤아릴 수 없이 존재하는데 도대체 어떻게 나타난 것입니까? 처음부터 창조된 것입니까? 창조부터 완벽하였고 한꺼번에 창조된 것을 압니다. 끊임없는 생멸 현상은 이미 존재한 종들 간의 교합에 의한 것입니까? 잠재된 본체로부터의 나타남입니까? 이것을 알아야 창조의 실가닥을 풀어낼 수 있습니다. 지혜 구함이 쉽지 않다는 것을 알기 때문에 다시 한 번 의문점을 정리하면, 수많은 종의 생멸현상은 창조 때 완전함의 드러남입니까? 다윈의 주장처럼 점진적으로 진화한 것입니까? 전자가 맞다면 더욱 완비된 메커니즘 체제를 밝혀야 합니다. 종이 처음에는 존재하지 않았는데 창조된 하나의 종이 계속 변화된 것인가, 한꺼번에 다양화된 것인가? 진화된 것이 맞다면 그 같은 방식을 통해 종의 탄생 과정을 설명해야 합니다. 하지만 직접 창조된 것이라면 창조 이후에 또 새로운 종을 창조한 것인가? 멸종하고 다시 한꺼번에 존재한 것인가? 시대별로 서식한 종들이 다른데 이것은 어떻게 합리적으로 설명할 수 있는가? 이런 의문을 다시 도식적으로 표현한다면 종들은 처음 하나로부터 수만 가지 종으로 갈라진 것인가(통합성)? 처음 하나로부터 수많은 세월 동안 가지치기를 해 갈라진 것인가(계통수)? 가지치기라면 자연력의 개입이 유효해야 하고, 한꺼번에 갈라졌다면 神의 초월적인 권능이 필요합니다. 왜, 어떻게에 대해서도 장차 창조 메커니즘을 부언해야 합니다. 이것이 바로 하나님의 전에 나아가 구하고자 한 의문점의 요지입니다. 언젠가 때가 되면 묻고 싶었던 것입니다. 하나님, 계시하여 주면 정성을 바쳐 창조 진리를 완성하겠습니다. 진리로서 영광을 드러내겠습니다. 창조 역사를 증거하겠습니다. 임재하여 주소서!

　　2017년 1월 2일 04:00, CTS 기독교 TV, "생명의 말씀." "주 하나님이 가라사대 나는 알파요 오메가라. 이제도 있고 전에도 있었고 장차 올 자요 전능한 자라 하시더라." 설교 제목: 크리스천의 가치관(마태복음 13장 31~33절)

　　세계관이 운명을 결정하고 삶의 길을 결정한다. 이것은 가정, 학교, 교회 등에서 이루어진다. 바른 인생관을 체득해서 교회, 국가를 담당해야 한다. 설교와 예배로 바른 인생관이 전파된다. 한 교회의 목회초빙 자격.
　　1. 예레미야 3장 15절: "내가 또 내 마음에 합하는 목자를 너희에게 주리니 그들이 지식과 명철로 너희를 양육하리라." 하나님의 일꾼은 어떤 마음으로 일해야 하는가? 하나님의 마음에 합하는 목자.
　　2. 요한복음 10장 11절: "나는 선한 목자라 선한 목자는 양들을 위하여 목숨을 버리거니와……." 에스겔 34장은 목자장. 요한복음 10장 1~2절, 11절, 13절. 로마서 12장 2절: "너희는 이 세대를 본받지 말고 오직 마음을 새롭게 함으로 변화를 받아 하나님의 선하시고 기뻐하시고 온전하신 뜻이 무엇인지 분별하도록 하라." 이 시대에 원하는 하나님의 뜻이 무엇인가? 인간의 뜻이 아님. 미가 6장 8절: "사람아 주께서 선한 것이 무엇임을 네게 보이셨나니, 여호와께서 네게 구하시는 것이 오직 공의를 행하며 인자를 사랑하며 겸손히 네 하나님과 함께 행하는 것이 아니냐" 하나님이 우리에게 원하고 기뻐하시는 것.

3. 마태복음 13장 33절: "또 비유로 말씀하시되 천국은 마치 여자가 가루 서 말 속에 갖다 넣어 전부 부풀게 한 누룩과 같으니라." 가루에 누룩을 넣으면 크게 부푼다. 이런 사명을 가져야 한다. 작은 수의 크리스천이 밀가루 반죽 같은 역할을 한다. 가루 반죽 속에 누룩을 넣어 부풀게 하듯 세상 가운데 임하는 것이 사명이고 명령이다. 가루 속에 넣은 누룩처럼 살아라.

4. 마태복음 13장 31~32절: "또 비유를 베풀어 가라사대 천국은 마치 사람이 자기 밭에 갖다 심은 겨자씨 한 알과 같으니, 이는 모든 씨보다 작은 것이로되 자란 후에는 나물보다 커서 나무가 되매 공중의 새들이 와서 그 가지에 깃들이느니라."

하나님 감사합니다. 아버지의 뜻을 받들었습니다. 참으로 어려운 문제에 대하여 응답해주니 그 뜻을 간파하였습니다.

진화론 같은 세계관, 인생관, 가치관을 따르지 말고 바른 인생관을 가져 하나님의 일을 해야 한다고 하였다. 그러기 위해서는 항상 하나님의 선하고 기뻐하는 뜻이 무엇인지 분별하라. 이 연구를 저술함에 대한 명백한 지침이다. 하나님은 그 선함을 이미 보였다고 하였다. 하나님이 길을 통해 밝힌 온갖 지혜가 그것이다. 그리고는 계시하길, 천지 창조는 어떻게 이루어진 것인가? 어떻게 一이 多가 된 것인가? 가지를 친 것인가, 아니면 하나로부터인가? 창조는 누룩처럼 부풀어 오르게 한 것이다. 異論은 없다. 원본은 이미 존재한 것이고(하나님의 본체), 창조는 바로 부풀게 한 것이다. 확언컨대 천국은 마치 사람이 자기 밭에 갖다 심은 겨자씨 한 알과 같다고 하였다. 그것도 한 알이다. 어떤 씨보다도 작은 겨자씨 한 알로부터이지만 자란 후에는 나물보다 커서 나무가 되매 공중의 새들이 와서 가지에 깃들이느니라. 한 알의 씨로 세상 전부를 구성하였다. 천국은 하나님이 거한 곳인데, 이곳 갖추어진 밭에서 겨자씨를 심고 밀가루에 누룩을 넣어 천지를 구성하였다. 그래서 예수 가라사대, 겨자씨와 누룩의 비유는 바로 세상을 있게 한 천지 창조 역사의 비밀을 담아 둔 말씀이다. 창조 역사의 요인도 작용도 바탕도 모두 하나님이 준 것이고 가진 것이다. 요인은 겨자씨이고, 바탕은 천국이란 밭이고 밀가루이며, 작용은 성장이고 누룩이다. 三因은 모두 주어진 것이며, 변화를 일으킨 것은 그로써 말미암게 된 천지 만상이다. 창조의 3인은 각자 작용되었고, 이 3인이 말씀으로 실현되었다. 이에 성장하고 부풀게 한 것은 생성 작용이다. 하나님은 창조 역사에 대해 이미 전부를 보였나니, 아낌없이 지혜를 쏟아 부었다. 그로써 꺼낼 천국 열쇠고리가 바로 천국의 비유이고 3요인인 문고리이다. 계시 역사의 범상치 않음을 알린 새벽을 가른 첫 말씀이 "주 하나님이 가라사대 나는 알파요 오메가라. 이제도 있고 전에도 있었고 장차 올 자요 전능한 자라 하시더라." 이 임재된 말씀은 하나님이 창조주란 사실을 선언한 것을 넘어 직접 창조 원리로서 재구성한 말씀이다. 알파요 오메가라고 한 것은 하나님이 세상의 전부이고 한 몸이란 뜻이다. 삼세 간을 초월해 존재하고 임하며, 전능함은 창조된 우주의 생성 시공간을 온전히 장악, 주재, 역사함에 대한 강조이다. 이런 하나님이 계시함에 그 뜻을 받든 자는 뜻을 헤아리고 깨달아 통찰할 수 있어야 한다. 하나님이 직접 밝힌바 겨자씨 한 알로부터의 창조란 다름 아닌 사전 창조 역사(과정, 단계)를 시사한다. 창조 이전에 하나님은 이미 모든 잠재 인자를 함축한 통합 본체, 곧 씨알을 창조하였고, 완비된 상태로 세상(현상계) 가운데로 던졌다는 것이 겨자씨를 통한 천국의 비유 말씀이다. 계시 말씀에 위대한 창조 원리, 창조 지혜, 창조 비밀이 함축되어 있었으니, 이 말씀은 너도 접하고 나도 접한 2천 년 전에 선포된 예수님의 말씀이다. 만 말을 물리치고 창조 역사는 씨알을 통해 이미 완성되었다. 그리고 그 이후의 과정은 생성 역사로서 누룩을 부풀게 하고 씨알을 성장시켜 공중의 새들이 와서 깃들게 한 것이다. 밤하늘의 별들이 아무리 많고 이 땅에 넓고 헤아릴 수 없는 종들이 서식하고 있다 해도 그것은 오직 한 알의 씨알로부터 확대, 성장, 부풀어 오른 생성 작용의 일환이다. 누룩과 같은 역할로 부풀고 성장하여 창대하게 된 것일 뿐, 씨알과 원 바탕인 밀가루, 곧 하나님의 본체는 변한 것이 없다. 태초의 천지 창조 역사가 무엇인가에 대한 시사이다. 一, 단 하나에 모든 것을 부어 넣었다. 늘어진 것은 결국 같다. 하나임, 곧 하나님의 본체이다. 거듭 강조하길, 하나님의 온전하고 기뻐하는 뜻이 무엇인지 분별하라고 하였는데, 그것은 온갖 상상으로 늘어놓은 가설이 아니고 하나님이 직접 밝힌 계시 말씀이다. 너희는 이 세대의 온갖 이설들에 혹하지 말고 오직 영혼이 깨어 이 순간 계시한 하나님의 뜻을 받들 준비를 갖추라고 언명하였다.

계시를 받들어 합당한 뜻을 분별하라고 한 만큼, 수많은 종의 창조 문제에 있어서도 합당한 자각 역사, 곧 일깨움과 깨달음의 역사가 있어야 한다. 가능성을 펼친 온갖 이설들 중에서 하나님은 진실된 창조 뜻을 가릴 정오 빛 같은 기준을 세워 주었기 때문에 가능하다. 만물은 정말 어떻게 하여 하나인 본질로부터 창조되어 다양화되었는가? 그 비밀은 바로 하나가 무수하게 나뉘면서 氣의 제약과 목적 의지를 부여한 데 있다. 창조 뜻과 목적과 사전 계획이 있었다. 이것이 종의 창조에 대해 제일 궁금한 문제였다. 어떻게 한 근원이 다르게 되었는가? 결론을 내릴 수 있는 것은 하나님이 다양한 가능성에 대해 근본을 밝혀주고 가닥을 잡아 주었기 때문이다. 어느 쪽도 가능성은 생각할 수 있지만 그것이 아니라면 이것이다. 그럼에도 불구하고 一이 多를 이룬 구체적인 메커니즘 문제는 숙제로 남아 있었는데, 역시 정답은 본질이 쥐었다. 본줄기를 가닥 잡은 이상 다른 문제는 부차적이라, 하나님의 성업 역사를 면밀히 살피고 깨어서 구하면 지혜를 얻으리라. 믿은 대로 동양의 覺者들이 펼친 이일분수설 속에서 정답을 찾았다. 큰 가닥은 만물의 다양한 특성과 차이는 진화론처럼 종 안에서 종[有]을 근거로 한 것이 아니다. 본질적인 차원에서 이루어진 일이다. 공통된 본질, 즉 理는 두루 통하고 어떤 분별도 없으며 만사에 걸쳐 보편적인데, 만사를 어떻게 구분해서 무수하게 창조하였는가? 그 정답이 곧 창조에 있고 이행된 氣의 국한성에 있다. 창조 역사 때 하나님의 命이 작동하여 창조 뜻과 의지와 목적으로 理의 본질성을 결정지었다. 理로부터 이행된 氣의 결정성은 단순한 국한이 아니다. 존재한 일체 특성과 요인과 디자인과 시스템 구축이 사전에 뜻을 구성한 계획에 의해 이루어졌다. 최종 命에 따른 의지의 부여로 뭇 존재자의 본질을 결정지은 것이 곧 氣의 국한성이다. 창조 본체가 존재 본체로 이행됨으로써 만상이 차별화되었다. 이것을 이일분수설에 비추어 다시 조명한다면, "만물이 太極으로부터 분유 받은 것이 理라, 구체적 사물들은 모두 理와 氣의 합성으로 되어 있다. 만물은 理에 의해 공통적인 보편성을 지녔지만 품부 받은 氣가 다르다. 이 기질적 차이가 만물의 차이를 빚어내었다. 만물은 太極으로부터 품부받아 氣가 제각기 다르다."124) 太極으로부터 理가 분여됨에, 理는 하나님이 뜻한 목적과 계획의 이치화이

---

124) 『주자학과 토미즘의 철학적 협연』, 소병선 저, 동과서, 2006, p.110.

다. 그래서 존재가 理와 氣의 합성체로 구성될 수 있다. 여기서 理는 이법이고 氣는 존재화된 본질이다. 그렇다고 理氣가 실체로서 양분되었다는 뜻은 아니다. 理가 창조로 인해 이행된 것이 氣이므로 결국은 이기일원론이다. 理氣는 다시 결정된 이치로서 양의(음양)되어 존재의 운동과 생성을 주도하였다. 理는 동일하지만 理를 품수할 때 차이가 생긴 것이므로 理상 간에서 理는 다 같은 理인데, 事상 간에서 理는 기즉기(氣即器)의 제약에 의해 만물 간의 차이를 빚으면서 달라졌다. 이런 까닭으로 세계에 존재하는 만물 간에 다양한 세계가 펼쳐졌다. 차등적인 위계적 세계질서를 주자학에서는 한 마디로 '이일분수'라고 하였다. 理는 동일하지만 본질 제약의 차이, 곧 氣의 국한성이 세계의 다양성을 결정하였다. 만사는 동일한 본질인데 하나님의 뜻과 계획과 목적 부여로 삼라만상화 되었다.

이이(율곡)는 보편적·초월적인 理와 개별적·제한적인 氣의 성격을 각각 이통(理通)과 기국(氣局)으로 설명한 이통기국론을 제시한바, 이것은 종의 다양성을 있게 한 핵심 실마리이다. 어떻게 一이 多를 이룬 것인가? 하나님이 근본을 밝혔기 때문에 가닥 잡을 수 있었다. 이행으로 化되었기 때문에 一은 원본질로서 존재한 것이고, 존재하면서 多를 성립시켰다. 만물과 사람과 강아지가 "하나인 본체로부터 창조된 것은 동일하지만, 현상계에 드러나서는 천차만별한데, 이런 차별성은 性이 氣와 합쳐진 이후에 발생된 것이다(성리학)."125) 본질의 제약과 국한을 통한 氣化 과정에서의 변화가 개개 사물을 차별화시켰다.126) 氣에 제약이 생긴 것은 곧 창조된 증거이

---

125) 『세계관과 영적전쟁』, 안점식 저, 죠이선교회출판부, 2011, p.150.
126) "존재자들은 본질의 제약에 의해서 만물과 모든 존재자들이 각각 서로 다르게 존재하게 된 것임."-『주자학과 토미즘의 철학적 협연』, 앞의 책, p.106.

다. 하나님의 命으로 본질에 국한이 생긴 것이 氣化된 존재 본질이다. "道는 원래 만물의 시원으로서 절대인 것이 맞다. 그러면서도 만물에 퍼져 나타나고 영원하게 활동함에, 그 차이 경계를 창조 역사가 갈라놓았다. 창조 이전에 절대 본체로서 볼 수 없었던 道가 창조로 인해 만물에 드러나고 쪼개졌으며, 초월했던 道가 시간과 공간의 제약을 받는 만물 가운데 있게 되었다."127) 창조 없이는 이해할 수 없다. 절대적인 道가 창조 이전과 창조 이후로 나뉘어 변화하였다. 하지만 창조는 化임에 종국에는 달라진 것이 하나도 없다. 본질 상태인 理상 간(절대리)과 현상계에 드러난 事상 간(국한기)의 理가 그러하다. 창조 이전의 존재 상태와 이후의 존재 상태를 구분하고 창조 이전에도 본질 상태에서 엄연히 사전 역사가 있었다는 것을 알아야 종의 다양화 요인을 본질적인 차원에서 알 수 있다. 일찍이 왕필이 일갈한 이간어번(以簡御繁)과 숭본식말(崇本息末) 사상은 無를 本으로 삼고 有를 末로 삼는 귀무론(貴無論)의 형태로 나타났는데(『노자주』), 無를 本으로 삼은 것은 명백히 창조 이전의 본체계를 말하고, 有를 末로 삼은 것은 창조 역사 이후의 결과 세계, 곧 현상계를 말한다. 따라서 이유는 분명하다. 창조론이나 진화론이나 一者로부터의 존재설은 같다. 하지만 창조론은 一者로부터의 다양화가 모두 하나인 근본으로부터 말미암았다는 주장인 반면(근본 본체 불변), 진화론은 모든 출발이 하나인 종(공통조상)으로부터 가지를 쳤다는 주장이다. 왜 이 같은 관점상에 차이가 생긴 것인가 하면 一者로부터의 다양화는 창조 이전의 본질적인 차원이고, 有한 종으로부터의 출발은 창조 이후에 파악한 생성 과정이기 때문이다. 창조 역사를

---

127) 『노자』, 노자 저, 장기근 역, 삼성출판사, 1990, p.17.

기준으로 창조 이전에는 본질적인 차원에서의 작업이라 창조와 동시에 곧 바로 통합성(太極)을 갖춘 一者로부터의 다양화 인식이 가능하지만, 진화론은 이런 사전 창조 작업을 파악할 수 없으므로 현상계에 드러난 一을 일체 진화의 출발점으로 하여 가지치기를 하였다. 창조선을 기준으로 본체 창조는 이미 출발된 상태이고 진화 창조는 창조 이후 생성으로 드러난 유한 존재를 근거로 그것을 제일 기준선으로 삼았다. 어떻게 뭇 생명체가 처음부터 각각 종류대로 창조될 수 있었는가? 하나님이 비밀을 남김없이 밝혔나니, 그 이유를 아직도 모르겠는가? 본체 상태에서의 사전 창조 작업 때문이다. 본질, 본체 단계에서 작업이 이루어져 현상계에 드러날 때는 이미 완전하게 종류대로 창조되었다. 그런데 진화 관점에서 본 첫 통합 출발점은 미묘하다. 사전 작업 과정을 볼 수 없어 미세하고 단순해 보이지만 사실은 본체적인 역할을 고스란히 수행했다.

다시 한 번 묻나니, "어떻게 온통 하나인 것으로부터 다수가 생겨날 수 있었는가?"128) 플로티노스는 一者를 통해 一과 多의 문제를 어떤 방식으로든 一로부터 多가 유출되어야 한다고 하였지만 아무도 그 뜻을 이해하지 못했다. 어떻게 一者로부터 다수가 나타날 수 있는가? 一者로부터의 유출은 동시 다발적인 순차적 흘러내림과도 같다고 하는데, 이런 설명은 입체적인 세상을 그림으로 보는 것과도 같다. 一者=통합성이라고 해도 이해가 부족하다. 그럼에도 불구하고 一, 一者의 본의를 파악하는 것은 창조 역사의 대비밀을 아는 것이고 정답을 아는 것이다. 그것이 무엇인가? 一者는 본체 존재 방식이고 다

---

128) 「세계기원에 관한 플로티노스의 창조설과 아우구스티누스의 창조설의 비교연구」, 이한올 저, 협성대학교대학원 신학과 역사신학, 석사, 2011, p.27.

수는 생성 존재 방식이다. 핵심은 一者가 지닌 사전 창조 과정을 보아야 한다. 보아야 一者로부터 유출된 다수의 비밀을 풀 수 있다. "아리스토텔레스는 질적으로는 동일하나 양적으로는 차이가 있는 무수히 많은 원자가 결합하는 탓에 우주에는 다양한 세계가 성립한다고 하였는데",[129] 이것은 창조 결과로 드러난 현상계 안에서 다양성 문제를 해결하고자 한 창조 이후의 생성 방식이다. 본체 단계에서는 원자의 나뉨과 결합 작용이 없다. 一者는 결정 이전, 작용 이전, 창조 이전이라 현상계 안에서는 단순한 一者로 인식하였다.[130] 진화론자들이 주장했듯 "동식물은 모든 유전자의 완전한 복사본이 세포에 들어 있는 다세포 생물로 진화했다고 함에"[131] 최초의 출발에 모든 유전자의 완전한 복사본이 어떻게 세상 위로 출현한 것인지를 설명할 수 없었지만, 본질 안에서의 사전 창조 작업은 그런 문제에 답할 수 있다. 완전한 복사본→다세포 생물로의 진화는 모순되면서도 일면 타당성을 지녔다. "코끼리 한 마리의 몸에 얼마나 많은 세포가 있는가와 상관없이 코끼리는 어떻게 단일 세포인 수정란에서 시작했는가?"[132] 단일 세포인 수정란의 비밀을 현미경으로 보아서는 파악할 수 없다. 수정란은 통합성으로서 사전 창조 작업에 의해 마련되었다. 사전에 창조 과정이 있었다. 시야를 우주로 돌려 보자. "은하에는 10억~300억 개의 행성이 있고, 우주에는 약 1,000억 개의 은하가 있다고 추정되어 왔다."[133] 이런 우주가 약 130억 년

---

129) 『생각하고 토론하는 서양철학이야기(1)』, 이강서 저, 최남진 그림, 책세상, 2006, p.75.
130) "세계는 一者로부터의 유출(Emanation)로 이루어졌다. 유출이란 단일한 一者의 발현이다."-「세계기원에 관한 플로티노스의 창조설과 아우구스티누스의 창조설의 비교연구」, 앞의 논문, p.26.
131) 『이기적 유전자』, 앞의 책, p.105.
132) 위의 책, p.417.
133) 『만들어진 신』, 앞의 책, pp.214~215.

전에 대폭발(big bang)로 시작되었다고 하는데, 여기서 대폭발이란? 창조 이전에 구축된 통합 본체가 에너지를 축적시킨 것이다. 노자는 도생일 …… 삼생만물로서 천지만물의 다양성을 설명하였는데, 어떻게 道가 만물을 낳았는가? 道, 그곳에 사전 창조 비밀이 함축되어 있다. 이로써 만인이 一이 다양화를 낳은 근원이란 사실을 확인하였다면 만인은 동양의 覺者들이 일갈한 一卽多에 대한 진의를 즉시 깨닫게 된다. 一은 생성 이전으로서 하나이고 多는 생성으로서 무수하다. 하지만 아무리 무수하더라도 一은 변한 것이 없다. 흔히 진화론은 뭇 종이 공통조상으로 갈라졌기 때문에 서로 유사점을 지녔다고 하는데, 그 이유 역시 하나인 一, 즉 본체로부터 창조되었기 때문에 공통된 본질과 구조와 유전자 배열을 본유했다. 각구 태극을 분여받았고 보편적인 理를 간직하였는데, 단지 창조 목적의 차이로 기질이 달라졌다. 바탕은 공통적인데 기질성에 차이가 있었다. 진화론은 생물 간의 상동성이 진화의 흔적이라고 보고, "물고기의 가슴지느러미, 새와 박쥐의 날개, 말의 앞발, 인간의 팔, 고래의 가슴지느러미는 모두 기원이 같다"고 하는데,[134] 이것이 의미하는 것은 오히려 겉모양과 역할은 달라도 기본적인 구조가 같은 多卽一이란 뜻이다. 상동 구조는 진화를 증거하지 않는다. 하나인 본체로부터의 창조를 증거한다. "유전과학은 생명이 공통혈통을 지니고 있다는 것을 시사하는 세포의 유사성과 분자의 유사성에 대한 증거를 제공함으로써 진화를 지지한다고 하지만"[135] 이제는 해석 관점을 달리해야 한다. 세계의 다양성은 한 본질의 기질적인 차이에서 비롯되었다.

---

134) 『Newton(다윈 진화론)』, 앞의 책, p.10.
135) 『신과 진화에 관한 101가지 질문』, 앞의 책, p.39.

그러므로 一로부터 多가 된 것은 창조 문제가 아니며, 창조 이후인 생성상의 문제이다. 이것을 인류는 확실히 구분해야 한다. 어떻게 하나가 곧 多일 수 있는가? 일체를 구유한 空[통합성]이 多를 있게 한 생성력을 제공했다. 一이 사전 창조 준비 작업으로 多를 산출, 생성, 존재할 수 있게 하였다. 왜 삼위일체론의 三位는 각자가 하나님인데 동시에 한 분 하나님인가? 본체로부터의 一卽多, 현상으로부터의 多卽一이 정답이다. 一者와 다자와의 관계는 존재의 근원을 파고든 문제와 연관되고, 一者와 다자와의 관계성에 천지 창조 역사가 있다. 一卽多 多卽一은 우주 창조 원리의 지극한 도식화이다. 一卽多 이해는 결국 우주론적, 창조론적 고민을 해결한다. 一과 多로서 풀지 못할 세상 문제, 진리 문제, 창조 문제는 다시없다. 一은 지상에서 가장 단순한 인식의 근거인 동시에 우주만상의 존재 실마리를 함축하였다. 에너지, 지혜, 원리, 법칙, 창조 지혜를 간직했다. 그것이 곧 통합성, 창조성, 하나님의 본체이다. 一과 多는 일체이다.

Chapter 05

결론

창조를 이룬 본체가 아니면 어떤 경우도 조화, 통일, 회통, 구원은 불가능하다. 아울러 창조 역사를 증거하면 하나님이 주도한 본체 의지를 규명할 수 있게 되어 하나님의 모습을 드러내고 판단할 수 있다. 지상 강림 역사의 증거 일환으로서 하나님과 함께 할 수 있는 지상 강림 시대를 연다. 분열→증거→통합→구원에 하나님의 천지 창조 권능과 역사의 재현과 확인이 있고, 구원 역사로 인류의 죄악 본성을 회복하고 본질을 업그레이드시켜 하나님과 동일한 차원에서 선 지상 천국 건설의 실질적인 기반을 이루리라.

-본문 중에서

제17장 천지 창조 역사 증거 목적

요한복음 1장에서는 "태초에 말씀이 계시니라. 이 말씀이 하나님과 함께 계셨으니 이 말씀은 곧 하나님이시니라. 그가 태초에 하나님과 함께 계셨고, 만물이 그로 말미암아 지은 바 되었으니 지은 것이 하나도 그가 없이는 된 것이 없느니라"라고 기록되었다. 창세기 1장에서 "태초에 하나님이 천지를 창조하시니라"라고 하여 창조 역사의 첫 행위적 문을 열었다면 요한복음 1장은 창조 진리의 첫 원리적 문을 열었다. 창조 역사가 실현되므로 창조 진리에 대해서도 원리성을 정립해야 할 것은 당연하다. 그래서 태초에 말씀이 계시고 말씀이 하나님이고 만물이 말씀 없이는 된 것이 없게 되었다. 곧 말씀을 주체로 하여 천지 창조 역사를 이루었다. 이 연구는 하나님의 천지 창조 역사를 창조 이전의 단계와 창조 이후의 단계로 나누었다. 태초에 말씀이 있었다고 선언한 것으로 볼 때, 창조 역사의 최초 알파, 곧 一은 하나님의 말씀에 있다. 말씀이 관여하지 않은 천지 창조 역사는 하나도 없다. 말씀은 천지 창조 역사를 있게 한 주체자이다. 천지 창조 역사는 그냥 하나님이 命하니까 빛이 있었고, 궁창(궁창-높고 푸른 하늘)이 있어 물과 물로 나뉘며, 땅이 풀과 씨 맺는 채소와 각기 종류대로 씨 가진 열매 맺는 과목을 낸 것이 아니었다. 분명한 창조 의지와 의도와 목적이 있었는데, 그것이 곧 하나님의 창조 뜻이다. 태초에 말씀이 있었고, 이 말씀이 하나님과 함께했다는 것은 창조 역사를 주도한 주체자를 명백히 밝힌 것이다. 즉, 말씀 없이는 천지 창조 역사가 실현될 수 없었다. 하나님과 말씀이 분리된 이유 역시 여기에 있다. 그렇다고 하나님과 말씀이 이원적이라는 뜻은 아니다. 말씀과 하나님은 떨어질 수 없다. 함께한 한 몸 자체이다. 그런데도 하나님과 말씀을 분리시킨 이유는? 이것을 밝히는 데 창조 목적의 필연적인 뜻이 있고, 이것이 곧 천지 창조 역사의 첫 시발이다. 왜 하나님과 말씀을 분리시켰는가? 창조 이전부터 하나님은 존재하였고 뜻을 발하기 이전에는 존재와 말씀이 하나였다. 무한 본체자로서 상존하였는데 발현된 뜻으로 인해 구분되었다. 창조 역사의 공로가 말씀에 주어지고 말씀에게로 집중된다. 그래서 하나님의 본체는 만물의 근원된 본질의 제공자가 되고 말씀은 의지적, 목적적 이룸의 주체자가 된다. 이것이 창조 이전에 이루어진 천지 창조 역사의 알파이고 오메가이다. 창조 역사는 하나님의 말씀이 관여한 증거가 삼라만상 곳곳에 편재해 있나니, 천지 창조가 어떻게 이루어진 것인지를 알면 창조 역사를 증거하고 창조 목적을 밝힐 수 있다. 창조 역사는 말씀이 이루었고 말씀으로 이루어졌다. 말씀이 창조 역사의 원인이라면 이루어진 삼라만상은 그 결과이다. 만상 가운데는 뜻이 관여한 창조 원리, 계획, 이치, 법칙, 지혜가 있고, 말씀이 주도한 창조 섭리, 의지 역사가 있으며, 제공된 본체로서는 결정된 질료가 있다. 그래서 이 연구는 천지 창조 역사를 증거할 대상을 세 영역으로 나누었는데 첫째, 바탕체로 제공된 하나님 자체의 존재 본체, 곧 창조성이고, 둘째, 말씀으로 관여한 천지 창조의 주재성(조물의 원동력)이며, 셋째, 창조된 만상을 통하여 하나님이 이룬 命의 결정성이다. 하나님이 주도한 창조 역사 작인(3요인)은 분명한데, 기존 창조론은 이것을 분별하지 못하여 창조 본의와 어긋났고 목적을 이루지 못했다. 의도적이든 비의도적이든 인류 역사가 하나님의 뜻과 배치된 것이라면 그것은 모든 면에서 중대한 사항이다. 반드시 깨달아야 하고 바로잡아야 하므로, 여기에 이 연구가 완수해야 할 천지 창조 역사의 증거 목적이 있다. 필경 태초의 천지 창조 역사 목적을 실현하기 위한 단계적 일환이다.

지상 강림 역사 시대를 맞이한 오늘날은 하나님이 주관한 창조 역사의 본의를 밝힌 시점이기 때문에 창조된 역사를 증거하고자 함에 있어서도 만세전부터 예비한 목적이 있다. 그것이 무엇인가? 창조 역사를 이루는데 그치지 않고, 애써 본의까지 밝히고 증거하고자 하였는가? 증거하지 못하면 인류가 창조 역사를 주관한 자를 알지 못하고, 배덕과 죄악으로 천지가 가득 찰 것이기 때문이다. 근본을 모르니까 사상, 진리, 영혼이 뿔뿔이 흩어져 대립하였다. 고통이 가중되고 정당한 가치를 잃어버려 더 이상 방치되면 본래 의도한 천지 창조 목적 실현이 무산될 지경이다. 그래서 하나님이 직접 등단하여 본의를 밝히고 진리적 고뇌를 해결하여 만생과 만영혼을 구원하고자 한다. 이런 뜻이 있는데도 하나님이 역사의 이면에서 손을 떼고 있은 것처럼 보인 것은 본의를 밝힐 만큼 세상적인 여건이 조성되지 못한 때문인데, 강림 역사를 완수한 지금은 낱낱의 섭리 발자취를 확인할 수 있다. 철학이 形而上學적인 영역을 탐구한 목적도 창조의 근원적인 실재성을 추적하고자 한 것이었고, 수도승들이 평생 동안 수행을 쌓아 법을 일군 것도 우주의 근원성인 창조 진리를 구한 것이다. 하나님은 항상 진리와 함께하였는데, 그 의도는 바로 창조 목적을 밝히기 위해서이다. 하나님이 진리의 성령으로서 역사한 것은 태초에 말씀으로 역사한 때부터이다. 하나님은 말씀으로 천지를 창조하였고 말씀으로 본체를 드러내었기 때문에 그렇게 해서 이룬 진리는 하나님을 표현한 전부라고 해도 과언이 아니다. 진리 탐구 역사는 그대로 창조 역사 탐구인 동시에 하나님의 몸된 본체 탐구 역사라고 할 수 있다. 그래서 주재 역사의 완결로서 확증된 것이 하나님의 본체가 바로 진리의 성령이란 규정이다. 하나님이 진리로서 모습을 완성시킨 보혜사로 등단함으로써 인류는 바야흐로 진리로 인해 헝클어진 세계관적 문제를 해결하고 인류 사회를 통합할 수 있게 되었다. 창조 본원과 주재한 구심점이 없었던 선천에서는 불가능한 일인데, 밝히고 증거할 수 있게 된 지금은 차원이 다른 문명 역사를 펼칠 수 있게 되었다. 세계 통합은 오직 천지를 창조한 하나님의 본체에 근거할 때만 실현되며, 통합의 근거는 드러난 본체가 제공한다. 분열이 인류 불행의 씨앗이라면 통합은 인류 구원의 모티브이다. 선천 종교, 선천 문명, 선천 진리가 자체 세계관으로서는 부족한 것이 없는 문명 체제인 것처럼 보이지만, 인류 사회는 통합되지 않으면 분열과 대립이 그치지 않고 구원될 수 없다는 점에서 한계성이 역력하다. 진단하건대 그 정도가 극에 이르러 인류 문명이 종말을 맞이

하였다. 창조 역사를 증거하지 못해 실감하지 못했지만 이제는 확실
해졌다. 종말 사실이 확인되므로 인류를 구원하고자 한 하나님의 대
의도 명백해졌다. 인류가 구원되기 위해서는 인류가 하나되어야 하
는 것이 대전제이고 필연적인 조건인데 기독교, 불교, 유교, 힌두교,
이슬람교 등등 선천 문명, 선천 종교, 선천 진리 안에서는 한계성이
역력하다. 인류 사회를 한 하늘, 한 질서, 한 신념 안에 둔 통합 세계
관을 펼쳐야 한다. 하나님의 본체가 등단하지 않고서는 어떤 경우도
조화, 통일, 회통, 구원이 불가능하다. 창조 역사를 증거해야 하나님
이 주도한 본체 의지를 규명하고 하나님의 모습도 완성할 수 있다.
지상 강림 역사를 완수하여 하나님과 함께하는 시대를 연다. 분열→
증거→통합→구원에 천지 창조 권능과 역사 재현이 있고, 구원 역사
는 인류의 죄악 본성을 회복하고 본질을 업그레이드시킴으로써 지
상 천국을 건설할 수 있는 기반을 이룬다. 그래서 이 연구가 천지 창
조 역사를 본격적으로 증거하고자 하나니, 이것은 인류를 빠짐없이
구원하기 위해 예비한 하나님의 단계적 역사 일환이다. 세상 가운데
는 하나님의 뜻에 순종하는 백성도 있겠고 방관하는 백성도 있겠고
의도적으로 저항하는 백성들도 있겠지만, 그들은 모두 하나님이 사
랑하는 백성들이다. 하나님이 이 땅에 강림한 이상, 천지 창조 역사
를 확실하게 증거해서 인류를 한 영혼도 빠짐없이 구원하고 영생복
락 세계로 이끌리라.

제18장 신관, 신론 정립

　정립(正立)은 바로 세우는 것이고, 정하여 세우는 것이다. 여기서 신관, 신론을 정립한다는 것은 물건을 세우고 사람과의 관계나 위상, 나아갈 방향과 목표를 정하여 세우는 것이 아니고 神에 관한 관점과 주장을 바로 세운다는 뜻이다. 사람마다 가진 생각이 다른 만큼 세상에는 다양한 사상이 있는데, 사상이 다양하다고 해서 다양한 신관이 난무한다는 것은 재고되어야 한다. 각양각색이라는 말처럼 현실적으로 점유한 세계관에 따라 神에 대한 관점이 제각각이다. 순서는 분명한 것이므로 다양한 신관 분파의 이유와 원인을 밝혀야 신론을 정립할 수 있다. 물건이 흐트러졌다면 정리를 해야 하는데, 신관은 각자가 자기주장만 하고 좌충우돌하여 세계적인 종말을 가속화시킨 실정이므로 대립된 관점 문제를 풀어야 할 필요성이 증대된다. 神은 상대성을 허용하지 않으며(절대적) 온갖 장애를 뛰어넘는 초월주이고 만생을 창조한 근원된 하나님인데, 이런 神이 세상 가운데서 여 럿 있을 수는 없다. 그런데도 이런저런 주장을 비교하면 神의 이름 과 神의 모습과 神의 본성이 제각각이다. 이것은 정말 큰 모순이라 세계의 온갖 대립과 갈등을 불러일으킨 온상이다. 神이 존재한 이유 는 인류를 구원하고자 한 것이 목적인데, 불행을 조장한 원흉이어서 야 되겠는가? 결자해지라, 神으로 인해 일어난 문제는 神이 나서서 해결해야 하므로 오늘날 보혜사 하나님이 진리의 성령으로서 강림 하였다. 그리고 강림한 성령이 이룬 우선적인 성업 역사가 바로 창 조론의 정립이다. 세계의 근원적인 문제는 세계의 기원이 모호하기 때문에 그것을 추론하는 과정에서 온갖 주장이 난무한 것이다. 이에 창조론은 인류가 정립해야 할 최종적인 세계관이다. 그래서 이런 세 계관적 틀을 확정지어야 파생된 주장을 종합하고 잘잘못을 가려 관 점을 정립할 수 있다. 지난날 궁극적인 세계관의 표현인 신관이 각 자 처한 다양한 세계관의 표현에 불과했다는 것은 실망감을 금할 수 없다. 각자의 주장이 따로 국밥이고, 아무리 주장해도 정당한 세계 관의 뒷받침을 받지 못해 실효성이 없었다. 이에 이 연구는 갈팡질 팡한 신관 틀을 고정시키고 본의에 입각한 세계관으로 神의 존재 방 식을 결정하고 신관을 확정하며 신론을 정립하리라.

살펴보면 세상에는 정말 다양한 신관들이 두서없이 펼쳐져 있다. 그래도 神이 초월적이라는 사실 만큼은 인식을 같이한 듯한데, 이런 "초월로 주장된 것들 중에는 유신론과 범신론 외도 다양한 형태의 이론들이 있다. 불교의 열반에 들어간 상태, 도교의 道에 이른 상태, 오토(Otto)의 누멘(Numen), 틸리히의 존재 넘어 존재 등등 특히 범 신론적 사상은 근래 들어 뉴에이지 운동 등에 의해 전 세계로 확산되었다."1) "인도의 간디는 힌두교의 神과 이슬람의 알라, 기독교의 여호와가 다 같은 神이라고 하였다."2) 이런 사상 유를 통상 범신론적 사상이라고 하지만, 한 인간이 평생 그런 신념으로 살았고, 많은 문화권의 사람들이 공통적으로 가진 생각을 갑자기 특정한 기준으로 옳고 그른 것이라고 편가름할 수는 없다. 그중 기독교는 "성경적 신관을 재정립하기 위해 현대 종교계를 휩쓸고 있는 범신론과 종교다원주의 사상의 문제점을 지적하고 기독교 신학을 성경 중심적으로 재확립하려고 노력하였다."3) 그렇다면 도대체 성경적 신관은 무엇이고, 기독교 신학은 성경적 신관을 세계관적으로 온전히 뒷받침한 것인가? 다른 신관이 지닌 문제점을 지적하기 이전에 왜 성경적 신관이 세계의 다양한 신관과 사사건건 대립되었으며 절대적 기준이 될 수 없는 이유를 밝혀야 한다. 개신교 신학의 정설에 의하면, 하나님은 유일신인 동시에 三位의 하나님이다. 하나님은 임재함과 동시에 초월한 분이라고 하였다. 왜 그렇게 주장한 것인지에 대한 명확한 설명은 없다. 선언하고 믿은 것이 전부이다. 기독교 교리서를 다 뒤져보아도 신관을 규정한 세계관의 뒷받침 노력은 없다. 왜 神은 유일하다고 하면서 三位로 나누어 부정하고, 그러면서도 느닷없이 일체라고 했는가? 현상계의 분열질서로서 설명할 수 있을 것 같은가? 하나님이 초월적이라면 본체적인 초월 논리로서 뒷받침해야 하는데, 이해는 여전히 현상계 안에 머물고 있어 삼위일체론이 보편적인 신관이 될 수 없었다.4) 왜 하나님은 임재한 동시에 초월한

<hr>

1) 「범신론적 신관에 대한 성경적 비판」, 신춘기 저, 웨스트민스터신학대학원대학교 신학과 조직신학, 박사, 2004, p.8.
2) 위의 논문, p.37.
3) 위의 논문, p.8.
4) "空은 불교의 가장 핵심적인 사상으로 실체나 自性이 없다는 의미이다(위의 논문, p.51)." 그러나 이 해석은 결정적이지 않다. 현상계적 질서 기준으로서는 空=無自性이지만, 본체적으로 空

분인가?5) 이것은 神 자체만으로는 설명할 수 없다. 어떤 경우도 神은 神 자체만으로는 주장될 수도 드러날 수도 없다. 그렇다면? 창조와 함께해야 했다. 창조를 배경으로 해야 한다. 창조는 神이 세상 위로 존재성을 부각시키는 유일한 창구이다. 신관이든 神의 본성이든 창조가 뒷받침되어야 한다. 그리하면 범신론이 배척할 신관이 아니고 수용해 마땅하다는 사실을 깨닫게 된다. 神의 존재 방식은 창조 방식에 의해 결정된다. 神의 존재 방식뿐만인가? 세계의 존재 방식까지도 결정된다. 神의 존재 방식=천지 창조 방식=세계의 존재 방식[三而一體]이다. 왜 하나님의 초월적인 존재 방식이 세상 가운데서는 임재하는 방식을 창출했는가? 임재와 동시에 초월이란 도대체 무슨 말인가? 神의 존재 방식만 생각한 때문이다. 창조 역사를 무시했다. 천지가 창조되었기 때문에 神의 초월성이 성립되었고, 그것은 세상과 무관한 절대적 초월이 아니다. 창조된 세계 안에서의 초월인데, 그 이유는 창조가 존재 방식을 대변한다. "본질로부터의 창조"가 그것이다. 본질로부터인 관계로 전체 세계는 다름 아닌 하나님의 몸된 본체이다. 그래서 개개 사물과 우리는 부분자로서 초월될 수 없지만 하나님은 전체자로서 초월될 수 있다. 우리는 현 시점의 시공간에서 사고하고 행동하는 제한성을 지녔지만, 하나님은 어제도 계시고 오늘도 계시고 내일도 계시는 분으로 삼세를 초월한다. 곧 세상 가운데 임재함과 동시에 세상 전체를 초월한다. 일체의 形而上學적인 판단 근거는 천지가 창조된 사실적인 역사에 의해 가늠되고, 形而上學성=본질성=창조성이며, 이것이 세계를 판단하는 제일 기준

은 만상을 있게 한 창조 본체, 바탕 본체이다.

5) "하나님의 초월성(transcendence)과 임재성(presence)은 하나님께서 세상에 어떻게 관계하시는지를 나타낸다. 즉, 그분이 우주 안에서 활동하시는 정도를 내재성이라고 하며, 우주로부터 미리 계시며 거기에 부재하는 정도를 초월성이라고 한다."-위의 논문, p.118.

이다. 무형의 형상 없는 神도 마찬가지이다. 神 자체로서는 파악할 방법이 없지만 창조와 세트화시키면 가능하다. 창조 역사 없이는 神이 드러날 수 없으므로 현실적으로는 창조가 神과 모든 존재를 뒷받침하는 기반이다. 神을 모든 존재의 기반이 될 수 있도록 하는 데 창조가 있다. 많은 지성인(철학자, 신학자, 과학자……)들은 자연과 연관하여 神의 존재를 밝히려고 하였지만, 자연과 神을 연관시킬 연결고리가 세상 가운데는 없다. 神은 오직 창조 역사를 통해서만 드러나고 표현되고 존재성을 구성할 수 있다. 神은 무엇인가? 神의 존재 조건은? 세계, 존재, 우주의 존재 조건이고, 나아가서는 창조를 성립시키고 증거하는 필연적인 요구 조건이다. 그래서 절대적인 神은 누구도 볼 수 없고 인식할 수 없고 경험할 수 없었지만, 천지를 창조한 하나님은 가능하다. 세계 안에서 임재하고 역사하고 함께한다. 안에 있고 직접 역사하므로 연결고리를 튼 동양창조론의 완비와 함께 이전과는 차원이 다른 지상 강림 역사, 그리고 신론 완성 시대를 열어 젖히게 되었다. 또한 하나님은 그 임한 형태가 진리성이고, 진리를 통해 초월적, 본질적, 창조적 본성을 나타낸 바로 인류는 진리를 통해서 하나님과 함께한 시대를 맞이하였다. 모든 진리는 하나님 안에 있고 모든 진리는 하나님과 연결되어 있으므로 이 연결고리를 인류가 창조를 통해 찾아야 한다. 神과 연관이 있으므로 이것을 찾으면 된다. 진리가 창조와 神과 연관된 것은 세계가 성립된 필수조건으로서 피할 수 없는 전제이다. 확실한 결론이므로 신념을 가지고 구하면 반드시 神과 진리가 어떻게 연관된 것인지 실마리를 찾을 수 있다. 인류가 취해야 할 보편적인 진리 탐구 목적이다. 존재 문제에 관여되지 않은 창조 없고 神의 문제에 관여되지 않은 진리는 없으니,

진리의 성령이 강림하여 펼친 신론 완성 시대는 진리를 몸된 본체로한 보혜사 하나님이 전지한 지혜성을 구축했다는 뜻이다. 신론 정립으로 선천의 진리적 대립과 모순을 해소할 수 있게 되었다. 진리의문제, 존재의 문제, 세계의 문제에 대해 답할 수 있다. 이것은 존재,진리, 세계, 神 사이에 빠진 창조란 매개 역사를 메웠기 때문에 가능하다. 진화론자들은 창조 역사를 모르고 종의 기원을 존재한 종 자체에서만 찾았지만, 이 연구는 종이 생존경쟁을 통한 자연선택으로무수하게 갈라진 것이 아니고 神이 자체 본체를 이행시켜 창조되었다는 것을 명백히 할 수 있다.

이 연구는 성경에서도 하나님이 세계 안에서 거한 범신성과 재신성에 대해 지속적으로 표현하였는데, 기독교 신학이 이해할 세계관적 틀을 가지지 못해 전능한 창조성과 초월적인 존재 방식을 증거하지 못한 한계성을 지적하고, 창조론적 인식에 근거해 난무한 신관들을 비판하는 방식으로 지상 강림 역사 시대에 부합한 신론을 정립하고자 한다. 성경에 기록되길, "사람이 내게 보이지 아니하려고 누가자기를 은밀한 곳에 숨길 수 있겠느냐? 나 여호와가 말하노라. 나는천지에 충만하지 아니하냐?"[6] 사도바울은 말하길, 하나님은 "우리각 사람에게서 멀리 떠나 계시지 아니하도다. 우리가 그를 힘입어살며 기동(起動)하며 있느니라"라고 하였다.[7] 이것은 하나님이 우리안에 내주한 재신, 곧 범신성과 창조성이 아닌가? 그런데도 기독교는 지속적으로 이런 범신성을 배척하였다. 그 이유는 창조를 몰랐기때문인데 하나님이 창조와 함께 세상 가운데서 어떤 방식으로 존재하는지 알지 못했다. 그러므로 神의 내재성과 초월성 문제는 창조

---

6) 예레미야 23장 24절.
7) 사도행전 17장 27~28절.

본의에 입각해서 원리적으로 해결해야 할 문제이다. 이것은 비단 神에게만 국한될 수 없다. 神의 문제는 곧 존재의 문제이고 진리, 창조와 연관된 문제로 확대된다. 동양의 주자학에서도 理의 초월성과 내재성 문제에 대해 논란을 벌였는데, 이것 역시 천지가 하나님의 본체에 근거해서 창조된 사실에 대한 진리적 확인 절차이다. 理, 곧 神이 초월적인 동시에 내재적이라는 것은 神이 절대적인 동시에 창조주란 말과 같다. 천지는 하나님의 본체에 근거한 관계로 초월적인 존재 방식과 내재한 존재 방식은 존재적 방식이 아닌 본질적 방식이다. 이 인식적 차이는 중요하다. 초월적인 방식, 배경, 특성이 완전히 달라진다. 이것을 알면 하나님이 어떻게 해서 나의 몸 안과 마음과 영혼 속에 내주하고 역사할 수 있는지 안다. 성경 속에서 역사한 하나님도 역사한 존재 방식을 실감 있게 이해한다. "너희가 애굽에서 나올 때에 내가 너희와 언약한 말과 나의 神이 오히려 너희 중에 머물러 있나니, 너희는 두려워하지 말지어다."8) 하나님이 이스라엘 백성들이 어려움에 처할 것을 알고 몰래 수행비서처럼 따라다닌 것이 아니고, 백성들의 영혼 안에 이미 함께하였다. 어떻게 거룩한 하나님이 홀로 더럽힘 없이 초월적으로 존재할 수는 있어도 직접 존재 안에 거한단 말인가? 하나님과 피조 세계와 절대적인 분리 인식 때문에 기독교 신관이 범신론과 함께할 수 없다. 선행된 문제, 곧 "본질로부터의 창조"가 증거되어야 했다. 통상 "창조 교리는 하나님과 세상과 올바른 관계를 설정해야 한다고 전제는 하였지만, 정작 기준은 세속적, 종교적 사상사에서 하나님과 세상이 동일한 실재라고 여긴 철학자와, 세상이 하나님으로부터 필연적으로 유출된 실재"라고

---

8) 학개 2장 5절.

본 사상들을 배격하는 데 두었다.[9] 神과 피조체는 차원적인 차이를 지녔다는 것이 일관된 관점이다. 전통적으로 인준된 無로부터의 창조가 神의 존재 방식을 고착화시켜 기독교를 역사상 가장 배타적인 종교로 만들었다. 헤겔은 "세상이 없으면 하나님은 하나님이 아니라고 할 정도로 세상을 있게 한 창조와 神의 존재 방식을 연관 지었는데, 창조관이 신관을 결정하는 데도 양향을 끼쳤다. 임재성이란 자연과 인간 본성과 역사 안에서 임재하고 그 안에서 역사하는 하나님에 대해서 말하는데",[10] 본질에 근거한 창조가 정답을 제시하였다. 이것은 神의 존재 방식을 확증한다. 천지가 어떻게 창조된 것인지를 알면 두서없이 믿음만으로 선언된 신관 문제에 대해 정확한 해석을 내릴 수 있다. 예수 그리스도는 창조의 시작이자 목적이라고 하였을 때, 이것을 뒷받침하는 것도 역시 "본질로부터의 창조"이다. 삼위일체론을 확정지은 아타나시우스 신조는 아들(예수)은 아버지로부터만 태어났다. 만들어진 것도 창조된 것도 아니다. 다만 태어났다(22조)라고 하지만, 그렇게 해서 신성이 충족될 리 없다. 예수 그리스도는 다름 아닌 하나님의 본체에 근거한 창조 원리 내지 자기 현현 원리로서 하나님을 드러냄과 동시에 창조 원리를 완성하였기 때문에 창조의 첫 시작이고 목적이고 완성이다. 예수는 하나님을 향한 절대적 믿음과 희생으로 거룩한 신성과 완전하게 합일되었고 하나되었다. 그래서 예수 그리스도는 하나님의 아들인 동시에 세상 가운데 임한 하나님 자체이다. 또 다른 형태로 역사된 성령과 더불어 절대적인 하나님이 세상 가운데 임재한 형태로 三位가 일체된다.[11] 이런 하나

---

9) 『창조론』, 호세 모랄레스 저, 윤주현 역, 가톨릭출판사, 2015, p.185.
10) 위의 논문, p.119.
11) "성경의 하나님은 삼위일체로 존재하는데 이것은 三位가 존재한다는 것이며, 이 三位의 각자가 바로 완전한 하나님이고, 그러면서도 하나님은 여러 분이 아니고 한 분이다."-위의 논문, p.101.

님이 "우주를 초월해 있음과 동시에 우주에 편재해 있고 무소부재한데, 오직 걸림돌은 세계 자체가 하나님이 아니란 부정에 있다."[12] 그렇다면 하나님과 관련하여 세계는 도대체 무엇인가? 어디서 온 것인가? 어떤 방향으로 나가야 전제한 초월, 편재, 무소부재한 하나님의 존재 본성을 충족시킬 수 있는가? 세계가 神이 아니라면 神의 존재 조건은 곧 바로 무산되어 버리는 것이 아닌가? 세계 안에서 神은 부재된다. "神이 세계 자체로 내재한다는 것은 神이 세계를 초월하지 않는다는 것이고, 神이 세계를 초월한다는 것은 神이 세계 자체로 내재할 수 없다는 것을 전제로 하기 때문에 모순이다"라고 하지만,[13] 그 이유는 오직 하나, 창조가 빠져 있다. 이런 문제를 선천 신관은 도무지 해결할 수 없었다. 나가야 하는데 걸림돌이 생겼다면 제거해야 하고, 그러고 나면 하나님의 무소부재성으로 미치지 못할 창조 대상이 하나도 없다. 神과 피조체를 격리시켜서는 어떤 신관으로도 하나님의 절대적인 본성을 증거하고 확인할 수 없다.

또 한 가지 신관을 정립하는 데 있어서의 걸림돌은 기독교의 인격적 신관이다. 플로티노스는 "一者는 무한한 힘을 지녔기 때문에 넘치는 풍부함의 원리로 만물을 있게 한 유출이라는 현상이 나타났다(유출설)"고 하였는데,[14] 이것을 기독교인들은 인격적인 창조신과 대치된다고 여기고 수용하길 거부하였다. 어차피 본체가 드러나지 못한 선천에서는 인격적 신관도 神의 모습을 완성하지 못한 과도기적 신관이다. 이런 조건 속에서는 얼마든지 神의 절대적인 창조 본성을 도식화시켜 표현할 수 있다. 즉, 一者의 무한한 창조적 파워,

---

12) 위의 논문, p.95.
13) 위의 논문, p.95.
14) 위의 논문, p.29.

그 넘치는 풍부함으로 만물이 직접 유출되었다는 주장은 "본질로부터의 창조"에 근접된 인식이다. 왜 一者란 제1원인자가 넘치는 풍부함을 지녔지만 一者로밖에 인식할 수 없었는가 하는 것은 창조 이전에 마련된 창조 본체의 통합성이 이유를 대신한다. 그런데도 선천에서는 인격적인 신관 잣대가 적용되지 않은 데가 없다. "힌두교의 신관은 고대의 다신론적 자연신관에서 우파니샤드의 철학적 범아일여(梵我一如) 사상을 거쳐 有無를 통일하는 불이(不二)론, 곧 일원(一元)론에까지 다다른 후 마지막으로 현대에 와서 인격적 최고신 사상에 이르렀지만, 여러 가지의 최고신을 말하게 되는 다원사회의 한계는 극복하지 못하였다. 결국 범신론적 일원론을 넘어서 인격적 창조신관에 이르지 못한 것이다."15) 인격적 신관이 진화 단계의 최고 정점인 것처럼 착각했는데, 신관은 하나님의 온전한 모습을 대변하는 것이 목적인 만큼 단계적인 도달보다는 제반 신관을 종합해야 神의 본성을 나타내고 전체적인 모습을 볼 수 있다. 이것이 신관을 통해 신론을 정립할 수 있는 방법이고 관건이다. 우주 가운데 편만한 하나님을 보기 위해서는 전체를 대관해야지 관점을 국한시켜서는 안 된다. 신론 시리즈 저술에서도 밝혔듯이 하나님의 인격적 속성 주장은 이율배반이다. 인격적 존재는 절대적인 神의 본성과 배치된 형상이다. 현상적 존재자를 강조하면서 神의 불변성과 영원성을 내세운 것은 모순이다. 이것은 본체적 특성을 모른 무지의 소치이다. 그럼에도 불구하고 인격적인 창조신이 유효했던 것은 창조로 인해 드러난 화신된 神이었기 때문이다. 화신된 관계로 인격성은 절대적인 신관 판단 기준이 될 수 없다. 다양한 모습과 형태로서 현현할 수 있고

---

15) 위의 논문, p.38.

또 그렇게 임재하였던 것이 사실일진대, 고답화된 신관 틀을 깨뜨려야 인류가 하나님이 진리의 성령으로서 역사 위에 임한 모습을 실감할 수 있다. 지난 역사 위에 임한 하나님은 완성된 모습이 아니다. 완성을 지향한 과도기적 모습이다. 다양한 모습으로 현현한 것이므로 신론 정립은 이런 신관들을 종합해야 달성된다. 절대 정신 운운한 독일의 철학자 헤겔은 神을 비인격적인 우주적 본질로서 이해했는데,16) 후세인들은 그의 이런 신관을 범신론적인 형태의 틀 속으로 몰아넣었다. 그런 틀로서밖에 이해하지 못했다는 뜻이다. 인격성을 허물고자 한 추세가 어쩌면 神의 모습을 나타내고 종국에는 이 땅에 본체자로 강림하기 위한 섭리적 대세였다는 것도 모른 채……. 이런 관점이라면 오늘날 대두된 종교다원주의 현상은 기독교의 전통적인 유일신관 신앙에 대한 도전이 아니다. 종교다원주의는 성경이 제시한 유일신 개념을 부정하지 않는다. 기존 신관으로서는 답보상태를 면할 수 없으므로 초경험적인 실재, 혹은 궁극적 실재가 어떻게 존재하고 있는가를 설명하고자 한 노력이다. 도전이 아니고 다함께 머리를 맞대고 해결해야 하는 과제이다. "최근 종교다원주의는 현대인의 사상으로서 급속히 번져가고 있는데, 이것은 동양 사상의 영향을 받은 것으로 종교를 상대화시키고 종교적 혼합주의를 선양하는 결과를 가져왔다. 이와 같은 사상운동의 배후에는 神과 자연의 경계를 제거하고, 모든 것을 神으로 보려는 범신론적 사상과 모든 것을 하나의 전체로 보려는 유기적 우주관이 있다."17) 그렇다고 이런 신관으로 신론을 완성할 수 있다는 뜻은 아니다. 어디까지나 신관은 합

---

16) "헤겔의 신관은 절대정신으로서 절대정신을 중심으로 神과 세계를 동일시하고, 사변이성 속에 내재하는 하나님으로 이성적 논리 구조를 가지는 내재적 형태임을 확인했다."-위의 논문, p.3.
17) 위의 논문, p.1.

당한 세계관이 뒷받침되어야 하는데, 이 연구는 완비한 창조론적 인식에 근거하여 종교다원주의를 수용하고자 한다. 창조는 일체 신관을 뒷받침하므로 종교다원주의라고 예외는 없다. 왜 신관은 유일신관을 허물고 종교다원주의를 수용할 수밖에 없는가? 유일신 개념인 一을 곰곰이 살펴보라. 一 속에 천지 창조의 비밀이 숨어 있다. 무엇이 一인가? 多를 있게 한 것이다. 一은 곧 多이므로 사실은 유일이 아니다. 결론적으로는 一即多인 동시에 多即一이다. 多를 있게 한 것이 창조신인 一이다. 一인데 多를 있게 했으므로 一은 창조주일 수 있다. 一은 창조주이므로 필연적으로 多를 포용한다. 이것은 천지[多]가 一[神]로부터 직접 창조되었기 때문에 성립되는 신관이다. 一이 多의 벽을 허문데 창조론적 세계관으로서의 역할이 있다. 一이 하나로서 유일한 것이나 多로서 유일한 것이나 본체로서 지닌 본질이 변한 것은 없다. 그래서 多即一이다. 一과 多 사이에는 어떤 경계도 없다. 일당백(一當百)이란 말이 있듯, 세계에 편만된 신관 비율이 그러하다. 유일신관이 一이라면 범신론은 百이다. 힘겨운 싸움인데도 오직 믿음 하나로 버텼지만, 이제는 상황과 조건이 달라진 만큼 대립된 관점을 허물고 범신론을 수용하는 것이 신앙인의 자세이고 해결해야 할 지상 과제이다. 유일신관을 고수하면 배타적인 신관으로 인하여 종말을 맞이하고 말지만, 범신론을 수용하면 새로운 종교로 거듭나 모든 인류를 빠짐없이 구원할 수 있다. 지금까지 지켜온 신앙관을 그대로 둔 채 역사를 도모할 수는 없다. 그렇다고 그것이 크게 어려운 것은 아니다. 일체는 창조된 본의를 자각하지 못한데서 초래된 결과인 만큼, 진의를 살핀다면 가능성을 수긍할 수 있다. 창조를 모르면 유일신관을 제외한 일체 신관이 범신론이 되고, 창조를 알면 제외된 일체 신관이 하나님의 창조성, 곧 神적 본질 속에 포함된다. 이것이 불가능할 것 같은가? 가능한 곳에 보혜사 하나님이 만생을 창조한 본체자로서 지닌 통합 권능이 있다.

혹자는 말하길, "성경적 창조신관을 제외한 현존하는 동서의 모든 신관은 일반적으로 범신론적 요소를 내포하고 있다"라고 결론지었다.[18] 하나는 알았지만 둘은 몰랐다고나 할까? 창조신관은 천지를 창조한 분이 하나님이라고 본 신관인데도 이런 신관이 배타성을 가진 것은 창조관을 정립하지 못한 탓이다. 그래서 하나님이 창조한 세계 내의 신적 본질 요소(창조성)를 모두 내쳐버렸다. 수용할 수 있어야 인류를 빠짐없이 구원한다. 세계관은 일종의 그릇과 같은 역할이다. 신관이 다양한 만큼 다양한 神을 믿는 인류를 구원하기 위해서는 세계관적 그릇에 한정이 없어야 한다. 왜 "동양의 종교 내지 신관 형태는 철학적이고 종교적인 면에서는 범신론적인가? 무교는 신령을, 힌두교는 자연신, 범신(梵神), 불이(不二)론, 불교는 부처, 보살, 空 사상 등등"[19] 특히 불교의 一心 사상은 三界[天·空·地]가 다 一心이라는 범신론적 특성을 나타낸 것인데, 이것은 三界가 모두 一心을 본질로 했다. 一卽多이다. 一心이 三界를 창조했다는 뜻이다. 三界가 一心으로 편만되었다. 본질적인 신관을 대변하는데 그렇다면 되묻길, 神은 오직 의지성, 인격성, 초월성만으로 구성된 것인가? 인간은 신체적인 요소와 함께 정신적인 요소도 갖춘 것처럼 神도 마찬가지이다. 서양이 神을 인격적인 측면에서 보았다면 동양은 본질적인 측면에서 보았다. 그래서 선천 신관은 양의 동서를 막론하고 온전한

---

18) 위의 논문, 논문개요.
19) 위의 논문, p.17.

신관일 수 없다. 神을 부분적으로 나타낸 반쪽짜리 신관이다. 따라서 선천 신관은 서로가 반목할 것이 아니고 잃어버린 서로의 반쪽을 인정해서 먼저 되찾는 쪽에서 신론을 완성하리라. 예측컨대 서양은 어렵다. 서양이 할 수 없다면 동양은 떠밀려서라도 시도해야 하는데, 신관을 정립할 가능성을 동양은 정말 충분히 지녔다. 미래의 인류 구원 역사를 주도할 새로운 기독교의 탄생, 곧 순수한 동양식 기독교를 등장시킬 가능성 말이다. 그나마 서양이 일군 신관 중 유일신관의 경계를 허물고 이론적으로도 타당하게 근접한 것은 만유재신론이다. "만유재신론(Panentheism)은 문자적으로 모든 것이 하나님 안에 있고, 하나님 안에 모든 것이 있다는 뜻이다(all-in-God, 또는 God-in-all). 만유재신론은 만물과 하나님을 동일시하여, 그것의 일부마다 하나님의 다른 모습이 있음을 강조하는 범신론(Pantheism)과는 구별된다. 범신론이 만유와 동일시되는 점과 달리 만유재신론(범재신론)은 만유가 神 안에 내재하고 있으며, 神은 만유를 포괄하면서도 초월한다는 데 있다."[20] "이 용어는 크라우제(1781~1832)에 의해 도입된 이후로 1953년 하트숀에 의해 사용되었으며, 보다 최근에는 다양한 신학자들에 의해서 채택되었다."[21] 사색적인 차원에서 유신론과 범신론 간의 조화를 시도한바, 이론적으로는 근접했지만 창조와 연관 짓지 못하고, 창조성의 신학적 뒷받침이 없었던 관계로 신론을 완성시키지 못했다. 틸리히는 세계의 위치를 神 안에 두고, 동시에 피조된 존재자의 독립성을 인정하고 하나님과 세계가 서로에 대하여 깊은 영향력을 끼친다고 주장하여 현대 만유재신론의 다양한 흐름을 대

---

20) 만유재신론, 다음 블로그.
21) 「틸리히의 실존론적 만유재신론에 관한 연구」, 유승현 저, 장로회신학대학교대학원 조직신학, 석사, 2009, p.8.

변했지만, 그 하나하나의 인식에는 창조관을 백그라운드로 깔아야 했다. 세계의 위치를 神 안에 위치시키는 것도 그렇고, 피조된 존재자의 독립성 인정 문제, 하나님과 세계가 서로에 대하여 깊은 영향력을 가진다는 사실에 대한 인증 문제 등등 하나님과 세계가 떼려야 뗄 수 없다는 것을 밝히기 위해서는 하나님이 천지를 창조했다는 선언과 하나님이 창조주라고 믿는 신앙 만으로서는 안 된다. 그런데도 더 이상 진척이 없었기 때문에 서양 신학, 더 나아가 서양 문명 전체는 神을 증명하고자 한 노력에도 불구하고 실패하였고, 다된 신관 그릇은 마련했어도 적용성을 찾지 못해 폐기처분되어 버렸다. 난무한 신관을 종합해서 신론을 정립하고자 함에 무엇이 문제이고 무엇을 해결해야 한다는 것은 모두 지적하였다. 남은 것은 타당한 이론적 정립보다는 영혼을 깨치는 것이고, 행동으로 받드는 것이다. 신관을 종합하고 신론을 정립하는 최고 정점에 이 땅에 강림한 보혜사 하나님이 거한 것이나니, 이 하나님이 난무한 신관을 아우르고 창조론적 세계관을 뒷받침하여 인류를 빠짐없이 구원하리라.

예수 그리스도가 역사 위에 등단했을 때 신앙인들은 삼위일체론이란 신관을 정립했다. 그리고 오늘날 보혜사 하나님이 등단한 마당에서도 역시 새로운 신관 정립은 필수이다. 이 하나님이 선천과 후천의 하늘 질서를 구분 짓고 문명 역사를 전환시켜 인류의 영혼을 얽매인 신관 형틀로부터 해방시키리라. 대자유를 보장하리라.

제19장 창조와 심판

　학생이 신학기에 반장 선거에 출마하였는데 뽑혔다면 자신이 해야 할 역할에 대해서 고민할 것이다. 하나님이 창조주로서 천지를 창조했다면 그것만으로 끝나지 않는다. 창조한 역사를 주관, 보살펴야 하고, 차후의 잘잘못에 대한 평가, 곧 심판을 단행해야 한다. 잘못한 것은 징벌하고 잘한 것은 보상과 병행한 구원 역사를 이루어야 한다. 이런 창조주로서의 역할을 대별한다면 창조→주관→심판→구원 역사가 중심적인 가닥이다. 이런 절차 중에서도 창조와 주관 역사는 어느 정도 면모가 드러났지만 심판과 구원 역사는 아직 완수되지 못한 일이라 때를 가늠하기가 쉽지 않다. 분명한 사실 한 가지는 하나님은 천지를 창조하고 인류 역사를 주관한 것 못지않게 심판과 구원 역사도 필수적인 성업 절차이다. 그래서 하나님은 기회 있을 때마다 부름을 입은 선지자를 통해 대심판의 날이 있을 것을 각인시

컸다. 기독교도 神이 천지를 창조했고 종말 때에 심판자로 온다는 신앙을 견지하였다. "서방교회 최대의 교부로 알려진 아우구스티누스(354~430)는 『신국론』에서 인류 역사가 창조로부터 보편사를 관통하면서 최후 심판과 神의 나라를 완성하기까지의 과정을 웅대한 스케일로 펼쳤다."[22] 특히 예수 그리스도는 실상을 말하리라고 다짐하면서 자신이 가는 대신 보혜사를 보내리라고 약속하고 "그가 와서 죄에 대하여, 의에 대하여, 심판에 대하여 세상을 책망하시리라"라고 예언하였다.[23] 그런데 이 연구가 때가 되므로 강림한 하나님을 어떻게 규정하였던가? 진리의 성령으로서 본체를 드러낸 보혜사 하나님이라고 하지 않았던가? 약속한 성령이 강림한 만큼 인류 역사의 잘잘못을 가릴 심판주다운 역할을 본격적으로 수행하리라. 세속적인 재판도 시기와 절차를 정하는 것처럼 하나님의 심판도 마찬가지이다. 먼저 소정의 과정을 거쳐야 하고, 심판할 대상을 명시하여 판단할 기준을 세워야 한다. 그러기 위해서는 먼저 하나님이 이 땅에 거룩하고도 원대한 뜻을 심는 것이 우선된 작업이었다. 씨를 뿌려야 그것이 어떻게 자란 것인지 가늠할 수 있다. 그래서 하나님은 창조 역사와 함께 이 땅에서 이루어내고자 한 창조 목적을 설정하였다. 창조 자체가 하나님이 이루고자 한 뜻을 만물 위에 두고 새긴 작업이다. 하나님의 뜻이 온 누리에 골고루 미쳤다. 이것이 창조 역사의 바탕이고 향후 심판하기 위한 기초 작업이다. 하늘의 뜻이 땅에 미치고 형상화된 것이다. 하늘과 땅이 다르지 않다.[24] 다르지 않게 창조하였는데 다르게 되었다면 이것이 곧 심판해야 할 대상이고, 심판

---

22) 『성서와 역사관』, 위거찬 저, 지민, 2011, p.195.
23) 요한복음 16장 8절.
24) 천지 창조 역사 자체가 하나님이 일체의 뜻을 땅에 둔 것임.

을 단행해야 할 근거이다. 그래서 그동안 이룬 역사가 창조된 그대로 하늘과 땅과 인간이 온전하게 합치된 세계관, 가치관, 창조관을 건설하는데 있었다(天·地·人 합일). 이런 의미에서 볼 때 창세기는 인류 역사의 시작인 동시에 하나님 역사의 제일 출발점이다. "만일 창세기가 없었다면 기독교적 신앙이 과연 성립될 수 있었을까?"[25] 기독교인들은 그들의 신앙 모태를 걱정하였지만, 정말 창세기가 창조 역사를 알려주지 않았다면 인류는 존재한 시원을 알지 못한 참담한 상황에 빠졌으리라. 창세기는 기독교란 종교의 신앙만 성립시킨 것이 아니다. 이런 틀을 벗어나야 모든 인류를 심판할 수 있다. 곧 창조론이 보편적인 세계관으로 확대되어야 했다. 하나님은 창조 역사를 시발로 원대한 계획을 시공간 속에서 구체화시키게 되었고, 심판과 구원 역사가 맞물려서 돌아가게 되었다. 때가 되면 언젠가는 맞닥뜨리게 될 역사였다는 뜻이다.

그래서 오늘날은 지상 강림 역사 완수와 함께 본격적인 심판 역사 모드에 진입하였다. 지난날 이스라엘 민족의 신앙사에서는 국지적인 심판 역사가 빈번했다. 당시는 선지자들이 활동한 시대이라 이들이 심판 의지를 대언한 형태로 시행되었다. 하지만 오늘날 단행될 문명적 대심판 역사는 다르다. 선천의 문명 역사를 결실 짓고 차원이 다른 세계로 전환시킬 것이기 때문에 심판을 준비하는 데도 시간이 걸렸다. 그동안 인류가 참담한 심판 역사를 경험하지 못한 것은 어쩌면 하나님 자체가 심판을 단행하는 데 있어 준비를 갖추지 못한 것이라고 할 수 있다. 하나님이 전권을 동원하면 되지 무엇이 더 필요한가 할지 모르지만, 아무런 심판 기준도 없다면 그것은 전횡(專橫)

---

25) 『성서와 한국 민담의 비교연구』, 박정세 저, 연세대학교출판부, 1996, p.10.

이지 심판이 아니다. 심판은 항상 만인이 수긍할 수 있도록 공정하고 공의로워야 이후로 의로운 영혼을 보상하는 구원 역사로까지 연결시킬 수 있다. 공의로운 심판 과정을 주도하기 위해 하나님은 먼저 창조 목적과 본의를 천명하였고, 만인 앞에서 확인하고 증거하는 과정을 통하여 심판을 위한 기준을 철저하게 세웠다. 이것이 보혜사 하나님이 강림하여 대인류를 심판하기 위해 역사한 사전 준비 절차이다. 따라서 지상 강림 역사로 갈라진 선·후천 역사 기준은 인류를 심판할 수 있는 기준이 있는가 없는가의 여부에 따라서도 달라진다. 선천에서는 세상 어디를 둘러보아도 세계를 판단할 수 있는 객관적인 판단 기준이 없었다. 그러나 지금은 본의에 입각하여 세상의 죄와 의와 역사를 책망할 수 있다. 누구라도 자신의 사상, 자신이 믿은 종교, 자신이 일군 진리가 최고이고 절대적이라고 주장할 수는 있다. 그러나 선천에서는 그것을 판가름할 수 있는 기준이 없었다. 불트만은 나름대로의 연구 끝에 구약성서는 물론 신약성서의 많은 본문들은 고대인들이 가지고 있던 신화적 표상에 기초하고 있으며, 이 표상들은 자연과학에 익숙한 현대인들이 받아들일 수 없는 것들이라고 비판했다. 하지만 이런 인식은 창조론적 본의를 벗어났다. 비신화화적 지향 관점은 기독교의 모든 것을 심판할 수 있는 기준이 아니다. 기독교 신학이 지닌 자체의 한계성을 드러낸 것일 뿐……. 창조관을 정립하는 것이 곧 학문과 종교와 철학, 신학을 판단할 수 있는 바로미터이다. 슐라이어마허는 모든 종교 속에는 절대 의존의 감정이 들어 있다고 하였는데, 이런 기준으로 기독교와 세상의 종교와 인류의 영혼과 문명 역사를 판단할 수는 없다. 하지만 지금은 여건이 전환되었다. 천지가 창조된 이상 일체 사상, 진리, 역사, 문명은 창조(근원)와 연관되어 있다. 세계관을 벗어날 수 없다. 그래서 본의 규명은 그대로 세계를 심판할 수 있는 기준과 역할까지 감당한다. 창조는 일체 세계를 뒷받침함과 동시에 창조 뜻과 어긋난 모든 세계를 심판할 수 있다. 다윈이 갈라파고스 제도에서 핀치 새의 부리를 보고 진화론을 판단한 근거로 삼은 것처럼, 이 연구는 "본질로부터의 창조"를 통해 세상의 진리와 문명 역사를 판단할 수 있는 기준을 마련하였다. 창조된 기원과 원리성을 밝히는 것은 하나님의 제일 본성인 창조 권능을 입증하는 것이기도 하므로, 이것을 밝힌 성과는 고스란히 세상을 심판하는 기준이 된다. 창조관에 입각한 본의가 문제를 해결하여 절대적인 진리관을 고집한 선천의 사상, 가치, 제도, 역사, 세계관, 문명 역사를 심판하리라. 선수가 출발선에서 스타트도 하지 않았는데 심판이 등위를 결정할 수는 없다. 오늘날 인류 역사가 심판 모드로 들어섰다는 것은 잘잘못을 가릴 수 있는 역사가 충분하게 진행되어 결과를 도출할 시점이 되었다는 뜻이다. 지난날 인류가 진리란 무엇인가에 대해 정의를 내리지 못한 것은 진리성 여부를 판가름할 기준을 세우지 못한 탓이다. 하지만 이제는 창조가 진리성을 대변하기 때문에 진리에 대한 논란을 잠재울 수 있다. 플라톤과 아리스토텔레스는 서양 철학을 대표하는 두 기둥이다. 이중 플라톤은 저 너머에 이데아의 세계가 있고, 이데아는 모든 사물의 원형이기 때문에 현실 세계는 복제품에 불과하다는 설을 세웠다. 반면 플라톤의 제자이기도 한 아리스토텔레스는 자연으로 관심을 돌려 현실적인 가치를 중시하였고, 그곳에서 진정한 행복을 구하고자 하였다. 이것은 결국 창조 문제를 어떻게 보았는가에 따른 세계관적 차이이라, 창조를 인정한다면 원형인 이데아 세계도 인정되고, 무시한다면 아리스토텔레스의 진리관이 옳다. 어떻게 판가름할 것인가? 선천의 진리관 갈래가 모두 이런 유에 속한 문제이므로 창조된 본의를 배경으로 하면 판가름할 수 있다. 누구의 판단이 옳았는가? 일리는 있지만 선천 진리관으로서 지닌 한계성을 분명히 한 것이다. 그들은 서양의 진리관을 이루는 데 있어 근간을 이룬 철학자로서 창조를 보지 못한 진리적 추구 형태를 전수받아 급기야 神까지 버리고만 결과를 낳았다. 이런 진리적 환경이 각종 무신론 사상을 배태시킨 온상이 되었고, 결국은 피어나다 만 꽃봉오리처럼 서양 문명은 이상적인 신권 문명을 건설하는 데 실패하였다. 앞서 논거했던 진화론의 한계성 유가 그대로 과학의 한계, 문명의 한계로까지 이어져 무엇을 논해도 한계성에 직면하였다. 비정상적인 세계관을 난발하여 인류의 미래를 어둡게 하고 종말성을 가중시켰다. 종말성을 선고하는 것만큼 더한 하나님의 심판은 없다. 하나님은 이제 더 이상 서양 문명과 함께하지 않으리라. 편협하기 때문에 전체를 조화시키고 하나되게 할 수 없다는 측면에서는 한계성이 분명하지만, 그래도 전체적인 입장에서는 유효한 진리이다. 그러니까 나름대로 특성을 발휘한 서양 문명이 "과학을 발달시켜 자연을 이해하는데 커다란 진보를 이루었다는 것은 상식적인 이야기이다."[26] 이런 기반은 드디어 창조냐 진화냐를 판가름할 블랙박스를 열어젖혔다. 박스를 열기 전에는 온갖 추측이 가능했다. 그러나 오늘날 열려진 블랙박스는 무엇을 말하고 있었는가? 그것은 결코 다윈이 고대한 진화 블랙박스가 아니고 하나님이 만세전부터 비장한 창조 블랙박스였다. 다윈이 세운 진화론은 전체를 보지 못한 오류이고 추측에 불과했다. 과학의 발달은 주먹구

---

26) 『다윈의 블랙박스』, 마이클 베히 저, 김창환외 역, 풀빛, 2001, p.7.

구식이었던 진화론의 종에 대한 판단에 정확성을 기하였다. 진화가 아닌 천지가 창조된 사실을…….27) 무엇이 창조인지를 판단할 기준이 없었기 때문에 진화론이 활개를 쳤지만, 이제는 판단할 수 있는 메커니즘을 체계 지음으로써 진화론을 심판할 수 있다. 본의에 입각한 진리적 심판은 이런 것이다. 창조의 문이 활짝 열렸고, 천상의 지혜가 쏟아져 내렸다. 심봉사가 눈을 번쩍 뜨듯 창조 세계를 판단할 수 있는 안목이 개안되었다. 하나님의 대진리 심판 역사가 그것이다.

종교 영역에 있어서도 하나님의 심판 기준은 동일하게 적용된다. 종교 영역은 오히려 진리와 세계관 구축에 있어서 창조 진리를 인출하고 체계 짓는 선도 역할을 해야 하는데, 얼마나 선험성을 발휘하여 길을 예비했는가가 섭리 뜻을 대변한 종교로서의 판가름 기준이다. 철학자 헤겔이 인정한 지상에서의 가장 완전한 종교인 기독교는 그러나 창조 문제를 해결하는 데 실패한 선천 종교일 따름이다. 궁극적으로 창조 문제를 해결한 종교가 만인이 공인할 수 있는 완전한 종교일진대, 창조 진리의 획득 여부가 심판을 가름한다. 문명적으로 완벽한 세계를 위해 종교가 존재하는 것이 아니라 창조 문제를 해결한 종교가 인류 문명을 종국에 완성시킨다. 종교의 성쇠란 창조관의 완성 여부가 선결 조건이다. 불트만은 신학을 인간학으로 기술한다고 하였는데, 이런 인식 유는 신학 영역의 한계 요인만 가중시킬 뿐이다. 왜 그들은 끝까지 본질을 회피하였는가? 신학을 창조 역사를 증거하는 안목으로 전환시켜야 했다. 명색이 인류를 구원한다고 한 종교인이 "적자생존, 이것이 자연의 법칙이며, 神의 법칙"이라고 두

---

27) "진화 연구를 돕는데 가장 큰 진보는 유전의 상세한 메커니즘이 밝혀진 점이다. 20세기 후반의 분자생물학 발전은 RNA를 매개로 단백질을 합성함으로써 DNA에 새겨져 있는 유전 정보가 발현되는 점을 밝혀냈다."-『Newton(다윈 진화론)』, 뉴턴 코리아, 강금희 역, 2009, p.24.

둔한 것은 무슨 신앙에 근거한 것인가?[28] 아무리 인간의 지식이 탁월하다 해도 하나님의 창조 지혜와 견줄 것은 없다. 교주가 인류가 본래부터 신앙해 온 주신이고(상제님), 각 민족들이 섬겨온 창조신은 사실상 그 지역을 맡아 다스린 지방신에 불과하였다니! 유대민족에게는 야훼란 神이 있는데, 그 神을 그 민족의 창세기 시원 역사를 연 神으로 격하시키다니![29] 그런데도 이전에는 진위여부를 분간할 기준이 없었지만 이제는 가당찮음을 즉각 밝혀낼 수 있다. 이것이 하나님이 때가 되어 빼어든 날선 종교 심판 칼날이다. 지구상에서 명멸한 다양한 종교들은 이름은 달라도 절대적인 神의 존재를 내세우고 절대성과 근원성을 강조하였는데, 神이 절대자로서 갖추어야 할 제일 조건은 결국 창조주적 자격이다. 그런데도 정작 다른 속성은 강조하면서도 창조 영역은 수박 겉핥기식으로 짚고 넘어갔다. 이런 문제점은 세계적인 역사를 점유한 고등 종교나 신흥 종교할 것 없이 마찬가지이다. 결국 창조 문제를 풀지 못한 종교는 한계성을 면치 못한 선천 종교일 따름이다. 그 기준은 명백하다. 선천에서는 어떤 종교도 하나님이 보기에 좋았을 만큼 긍정적인 진리를 일구지 못했다. 하나님의 심판은 양면의 칼날이다. 치켜세운 칼날은 동일하지만 창조 뜻에 부합하는가 어긋나는가에 따라 한편은 심판의 칼날이 되고 다른 한편은 보상의 은혜가 된다. 서양 문명이 심판받아 마땅한 문명이라면 동양 문명은? 본체 문명으로서 창조 진리를 본유한 관계로 언젠가는 부활할 문명이다. "서방의 학자들은 물론 동방의 학자들도 동양의 원리와 사고와 사상(존재관·인간관·가치관)은 근

---

28) 『개벽 실제상황』, 안경전 저, 대원출판, 2005, p.9.
29) 『천지성공』, 안경전 저, 대원출판, 2010, p.201.

대화 과정에서 노쇠하고 진부해서 다시 회복될 수 없다는 것이 압도적이다."30) 도대체 무엇을 근거로 한 것인가? 본말을 전도시킨 오판이다. 동양 문명은 본질 영역을 진리로서 일군 세계관인바, 동양본체론은 가장 근접해서 창조된 본의를 대변하고 창조론을 완성할 수 있는 기반을 터 닦았다. 이런 본질성 자각이 재인식될 때 인류 역사는 서양의 원리와 정신이 피 흘려 이루어낸 현대의 외재적 문명과 조화를 이루면서 인류 문명을 한 차원 높은 세계로 이끌리라. 아놀드 토인비가 바로 그 같은 가능성을 엿본 학자이데, 그는 깊은 문명 역사에 대한 통찰로서 예측하길, "정확히 기독교가 로마 제국하에서 이 이외의 다양한 동양 종교로부터 정수를 이어받은 것처럼, 지금의 인도 종교나 극동의 불교, 유교, 도교 등으로부터 새로운 요소가 더해져 장래 기독교라는 거목에 접목됨도 가능하다. 그리하여 기독교가 그 이외의 모든 고등종교 및 철학의 정신적 후계자로 남을지 모른다."31)

그의 통찰을 좀 더 자세하게 초점 잡는다면, 미래의 인류 역사에서 동양 문명을 기반으로 창립될 새로운 기독교의 탄생 가능성을 예지한 것이다. 기독교는 현재까지의 역사로 하나님의 섭리 역사를 완성시킨 종교가 아니다. 그토록 고대한 재림 역사를 남겨둔 만큼 그런 위대한 약속의 역사가 동서 문명이 하나된 통합 문명 건설을 통하여 실현될 역사 형태를 지성들은 인지하지 못하였다. 이런 일체 가능성을 열어젖히는데 동양의 道가 창조 본질을 각성한 것이란 시각은 동양 문명을 부활시켜 인류 사회를 새로운 신권 질서 체제로

---

30) 『기로에 선 인류의 철학적 상찰』, 유성동 저, 문예운동사, 2009, p.393.
31) 『성서와 역사관』, 앞의 책, p.316.

전환시킬 수 있는 거대 해석 체계를 이루리라. 동서양의 지성들이 함께 참여해야 할 인류문화의 대부흥 역사이다. 심판 역사를 희망의 역사로 전환시켜야 하는데, 그것이 바로 심판 역사와 맞물린 인류의 구원 역사 펼침이다. 인류 역사는 이미 종말 국면을 지나쳤고, 심판 역사에 직면한 것은 하나님이 그동안 이룬 성업 역사로 판가름할 수 있다. 하나님이 지난날은 역사의 이면에 있었지만 이제는 지상 강림 역사 완수로 전면에 등단하여 인류 역사에 대한 심판 의지를 분명하게 밝혔다. 그래서 인류가 분명하게 알아차릴 수 있도록 한 의도적인 계시 역사 물음이 곧 하나님이 에덴동산에서 잘못을 저지른 아담을 찾아 물었던 "네가 어디 있느냐?"이다. 하나님의 형상대로 창조된 첫 창조 작품이고 인류의 첫 조상인 아담은 하나님이 마련해준 에덴동산이란 낙원에서 꿈 같은 생활을 하면서 항상 하나님의 말씀에 귀 기울이고 있었다. 그런데 그만 하와의 유혹에 빠져 금한 일에 대해 잘못을 저지른 이후부터는 하나님과의 대면을 피하였다. 그래도 하나님은 용서와 회복을 원하였고, 아담의 목소리를 듣고 귀 기울이길 원하였다. 그러므로 우리도 역시 하나님이 부를 때는 대답해야 한다. "여호와 하나님이 아담을 부르시며 그에게 이르시되, 네가 어디 있느냐?"32) 몰라서 묻는 것이 아니었다. 보면서 물었다. 하지만 아담은 이전의 아담이 아니었다. 말씀을 어겼다. 잘못이 있었다. 인류가 죄악을 저질렀다. 그럼에도 불구하고 하나님은 나무라기 위함이 아니라 끝까지 용서와 회복을 원했다. 하나님은 인류를 손수 창조하였고 사랑하고 있다. 그래서 하나님은 대답하길 원한 것이므로 숨어서 될 일이 아니다. 스스로 잘못과 죄악을 들여다보고 회개로

---

32) 창세기 3장 9절.

변화를 일으켜 하나님과 다시 대면하면서 말씀에 귀 기울일 수 있는 기회를 얻어야 한다. 하나님의 부르심에 응하는 자 하나님과 함께하는 자이고, 회개하고 용서받는 자이며, 하나님과의 관계를 회복한 자, 하나님의 사랑을 받을 수 있는 자이다. 그래서 다시 묻나니, "네가 어디 있느냐?" 네가 어떻게 존재하는가? 네가 어떻게 창조되었는가? 하나님이 인류에게 물었다. 하나님이 모든 것을 보이므로 인류도 일어나 여기에 대해 답해야 한다. 그것이 곧 창조이고 모든 기준을 세운 바탕 위에서 펼칠 인류의 대심판 역사이다. 구원 역사와 병행될 역사이라, 심판의 때가 도래한 것은 곧 구원의 날도 가까웠다는 말이다. 모든 준비 절차가 완료된 만큼, 때가 되면 이루리라.

제20장 만법귀일론

인류가 진리를 추구한 것은 다양한 조건과 관점에 근거했다. 처음에는 본질성을 추구했던 서양 문명이 나중에는 그들이 지닌 사유방식의 특성상 내쳐버렸고, 처음에는 神을 수용해서 신앙한 문명이 나중에는 버렸다. 그럼에도 불구하고 서양 문명은 성세하여 현대 역사를 주름잡고 있는 것처럼 보이지만, 알고 보면 순수 본질을 보지 못한 문제로 각처에서 한계성을 드러내었다. 이런 때를 대비해 순수 본질성을 각성하는데 치중한 동양의 覺者들이 도래한 종말성을 극복할 미래 문명을 예비하였다. 처음에는 산은 산이요 물은 물이라고 생각했는데, 한순간 깨달음을 얻고 보니 산은 산이 아니요 물은 물이 아니다. 만법이 生한 도리와 근원처를 알고 보니까 산은 산이요 물은 물이라고 한 온갖 경계가 허물어지고, 산은 곧 물이요 물은 곧 산인 것이 확연해졌다. 그동안 유물론과 관념론과의 투쟁 역사, 창조론과 진화론과의 대립 역사, 서양의 물질문명과 동양의 정신문명과의 대비 상황 등이 모두 그러하다. 세계를 바라본 관점의 차이가 주된 원인인 것 같지만, 거기에는 진리관을 형성시킨 보다 근원된 본질의 단계적인 생성 패턴이 있었다는 것을 알 수 있다. 표면적으로는 관점상의 차이인 것 같지만 관점 형성에 영향을 끼친 것은 근원을 파고든 본질성의 파악 유무라, 본질이 생성하는 과정에서는 세계적인 본질이 성숙되어야 한 단계적인 규명 절차 내지 법칙적인 질서가 있었다. 우리는 처음부터 본질을 파악하고 근원을 안 것이 아니다. 근원과 본질은 태초로부터 상존하였지만 한꺼번에 드러날 수 없기 때문에 근거한 인식과 관점도 순차적인 질서를 따랐다. 산은 변함없지만 정상으로 올라가는 과정에서 모습이 다른 것과 같다. 처음에는 산은 산이요 물은 물이었는데[正], 다시 보니까 산은 산이 아니요 물은 물이 아니었다[反]. 하지만 종합하고 보니까 산은 물이요 물은 산이다[合]로 결론이 났다. 철학자 헤겔은 이것을 변증법적 법칙이라고 하였다. 그는 현상적 질서 입장에 섰기 때문에 모순과 대립을 통해 合의 단계에 도달하는 것으로 설명하였지만, 그런 변증 과정을 일으킨 본질 자체는 어떤 변화도 없다. 산(본체 본질)이 변한 것은 없는데 등산객이 처한 관점이 변한 것이라, 현상계에서 연출된 正·反·合 과정은 사실상 허상인 모순이 맞다. 하지만 본질상으로는 反이 合이란 결론을 도출하고야 만다. 선천에서 대립된 일체 진리관, 가치관, 세계관이 모두 그러하다. 관점상으로 대치된 것일 뿐, 본질적으로는 본래 하나이다. 하나님은 하나님이고 부처님은 부처님인데, 하나님은 부처님이고 부처님은 하나님인 사실을 자각하는 것이 불가능할 것 같은가? 이 같은 인류의 분별 의식과 차별상, 그로 인해 파생된 인류 문명의 대립상을 타파하기 위해 이 연구가 동양창조론을 전개하여 만인류가 만생이 지닌 창조의 근원을 똑바로 보고 진리 간의 대립 문제를 해소하리라. 이 연구가 세계의 진리 판단에 끼친 영향은 무형의 본질 영역에 속한 神, 창조, 形而上學, 동양의 道적 진리를 본의에 입각하여 해명한 데 있다. 이전까지는 동양의 道는 道만으로 서양의 학문, 철학, 역사는 그들만의 지적 전통 안에서 진리와 세계와 우주의 기원 문제를 판단하였지만, 이제는 동양의 道적 작용 원리와 추출된 법칙을 근거로 세계를 판단할 수 있다. 즉, 동양의 覺者들이 일군 본체 논리와 원리를 근거로 만물이 지닌 진리성 여부를 가름했던 것이 앞선 진화 메커니즘의 극복 성과이다. 태초의 하나님은 창조주이기 때문에 세계에 대해 전지한 神이며, 강림한 하나님은 진리의 성령이기 때문에 만물은 그분이 이룬 성업을 통해 거의 전능한 창조 지혜를 확인할 수 있다. 동양창조론을 통하여 창조 역사를 판단할 수 있는 바탕 근거와 기준을 세웠고, 더 나아가서는 진리 문제를 해결하여 지상 강림 역사를 증거하였다.

선천에서는 불가능한 문제를 지상 강림 역사로 푼 것은 다름 아닌 세계 본질의 생성적인 본의 규명 절차를 따른 것이다. 관점상의 문제로 인해 지난날 불가능했던 것은 본의를 확보하지 못한 데 전적인 원인이 있다. 이런 문제로 인해 正·反·合 논리를 펼친 서양변증법은 세계의 일체 진행 과정을 모순과 대립이란 변증적 칼날로 본 반면, 동양의 합일론은 생성하는 운동의 과정이므로 조화와 균형과 상생을 지향한다고 보았다. 이것은 서양 논리가 분열성에 바탕한 현상 질서에 근거한 것과 달리 동양 논리는 통합적인 본체 질서에 근거한 현격한 차이 때문이다. 동일한 현상에 대해 대립이냐 상보냐 한 갈림길이 근원을 향한 관점의 확보 여부에 있었다. 그런 의미에서 본다면 창조론 대 진화론 간의 대립 원인도 분명하게 나타난다. 현상적인 논리로 칼날을 들이대면 갈라지기 마련이고, 본체적인 논리로 접착제를 바르면 통합되고 일치된다. 창조론[正]과 진화론[反]은 결코 대립된 요소들로서 대치된 상황이 아니다. 본의에 입각한 관점상의 문제를 해소하면 즉각 장벽이 허물어진다. 오히려 생성 과정을 거쳐 상대성이 부각될 대로 부각된 상태이라 合의 과정에서는 反으로 인해 正이 완전한 진리로서 확증된다. 하나님의 창조 권능을 확증하고 창조론을 진리로서 정립시키기 위해 진화론이 한시적으로 反으로서 변증된 역할을 감당했던 것인지도 모른다. 제반 변증법적 분열이 현상적으로는 개별화로 나가는 것처럼 보이지만 본질적으로는 통합으로 나아간다. 하나님을 바라보는 신관도 마찬가지이다. "여호와 하나님은 창조하고 보존하고 자연 만물을 운행하시는 초월적 창조주이다. 그런데 이런 하나님이 동양의 종교들과 서양의 근대 신학자들이 주장한 범신론적 신관과는 분명히 구분된다고 할진대, 이런 범신론을 훼파할 때 진정한 창조 신관이 확립된다란 주장은"[33] 하나님을 세계와 만영혼으로부터 고립시키는 관점이다. 전체 본의를 알지 못한 판단이다. 훼파할 것이 아니고 통합해야 하나님이 하나님다운 권능을 발휘하고 본성에 걸맞은 진리성, 본질성, 주재성을 확보한다. 神이 모습을 드러내고 본의를 완성하며 창조된 세계 영역을 통합할 수 있다. 하나님이 천지를 창조하고 주재한 목적은 그렇게 해서 존재한 세계로부터 고유한 독립성을 확립하는 것이 아니라 온전히 하나되고 합일하여 함께하는 것이다. 왜 만상은 각자로 나뉘어 독립을 선언하고 반목, 투쟁하길 서슴지 않았는가? 창조로 인해 일

---

33) 『범신론적 신관에 대한 성경적 비판』, 앞의 논문, p.6.

정한 기간 동안 분열 과정을 거침으로써 산은 산답게 되고 물은 물 답게 되기 위한 절차였다. 전체가 드러나기까지의 어쩔 수 없는 본체 분리 현상이다. 하지만 일련의 과정은 하나도 빠짐없이 전체 모습을 완성하기 위한 철저한 본질의 생성 과정이었나니, 그것은 본체를 완성하기 위한 필수 절차이다. 표면화된 관점상의 대립과 달리 만법, 만상은 통합성인 본체로부터 생성하여 분열을 완료함과 함께 다시 하나인 본체 상태로 귀일한다. 生한 것이 모두 한곳으로 돌아 가나니, 이것이 곧 동양의 선현들이 통달한 만법귀일(萬法歸一)론이 다. "불교를 세운 석가모니의 만법귀일은 천지의 모든 것이 하나밖에 없는 하나의 이치로 귀일된다는 것이요, 유교를 세운 공자의 대동(大同) 세계는 전 세계의 인류가 한 가족이 되는 하나님의 한 힘 원리이며, 기독교를 세운 예수의 삼위일체는 천지를 창조한 하나님께로 하나되는 원리이다."34) 만법귀일은 만법이 하나인 본체로부터 生한 제2의 창조 역사 증거 원리이다. 만물이 하나인 하나님으로부터 창조되었기 때문에 가능한 일이다. 모든 것은 창조 역사가 필연성을 귀결 짓는다. 창조의 시원과 인류의 시원과 문명의 시원이 하나로 꿰뚫어진다. 천지 창조 원리가 만법귀일 법칙 속에 고스란히 녹아 있다. 하나님은 창조주이라, 그것의 원리적 표현에 "나는 알파요 오메가"란 선언이 있다. 세상의 모든 것, 곧 창조주란 뜻이다. 이런 생과 멸을 관장한 주체가 본질이다. 본질은 창조 본체로서의 조건을 모두 갖추었다. "太極으로부터 만물이 生한다는 측면에서는 발원을 말할 수 있고, 太極이 만물의 귀결처라는 측면에서는 귀환을 말할 수 있다."35) 太極이 만물의 발원과 귀환을 도맡은 것은 창조

---

34) 『한 사상의 세계통일 선언』, 김효곤 저, 동신출판사, 1991, p.27.
35) 『주자학과 토미즘의 철학적 협연』, 소병선 저, 동과서, 2006, p.104.

역사의 전부라고 해도 과언이 아니다. 만물의 가고 옴을 관장한 본체, 이것이 창조주 하나님이 지닌 역할이고 절대적 권능이다. 천지 창조의 귀결과 세계 분열의 궁극성이 하나님에게서 나왔고 하나님에게로 돌아간다. 근본을 모른 선천에서는 인류가 生한 곳과 돌아가야 할 귀결처를 몰라 각자가 개별로서 존재하였지만, 만법귀일의 진리성을 확인한 지금은 근원된 하나님의 모습을 뵈올 수 있다. 만법이 귀일함에 창조론과 진화론이 하나 되고, 유물론과 관념론이 일치되고, 부처님과 하나님이 서로의 존재 특성을 지님과 동시에 동일성을 이루고, 동양 문명과 서양 문명이 통합된다. 만법귀일 일귀하처(萬法歸一 一歸何處). 온갖 것들이 하나로 돌아가는데 하나는 어디로 돌아가는가? 만법으로 돌아간다. 만물도 진리도 분파된 온갖 사상들도 모두 하나님에게로 돌아간다. 창조론[正]도 진화론[反]도 동양창조론으로 통합되리라[合]. 창조 본질의 궁극은 하나님에게로 돌아감이 원칙이며, 天·地·人 합일 경지는 천지 창조의 완성 극치이다. 틸리히는 만유재신론의 궁극적 비전에 대해 일갈하길, "모든 것이 하나님께로부터 나오고 그를 통하여 이루어지고 그에게 돌아간다."36) 이 말은 하나님이 바로 창조주란 뜻이다. 생성시키고 이루고 귀의시키는 것이 창조 역사의 전부이다. 만법이 하나님으로부터 나왔고, 하나님을 통해 이루어 하나님을 통하여 완성되리라. 만영혼이 영원토록 받들어 새겨야 하나니, "만물이 주에게서 나오고 주로 말미암고 주에게로 돌아감이라. 영광이 그에게 세세에 있으리로다."37) 하늘에도 영광이고 땅에도 영광이고 만인류의 영혼 위에도 하나님의 창조 영광이 충만하리로다.

---

36) 「틸리히의 실존론적 만유재신론에 관한 연구」, 앞의 논문, p.88.
37) 로마서 11장 36절.

염기식(廉基植)

1957년 경남 진주 출생. 진주고등학교 졸업(47회). 경상대학교 사범대학 체육교육과 졸업. ROTC(19기) 임관. 서남대학교 교육대학원 졸업. 1984년 교직에 첫발을 내디딤(현 교사). 자아와 세계에 대해 눈떴을 때부터 세상의 분파된 진리에 대해 의문을 품고 '길은 어디에 있는가'란 명제 하나로 탐구의 길에 나서 현재까지 다수의 책을 저술함(총 34권).

『길을 위하여(Ⅰ)』(1985), 『길을 위하여(Ⅱ)』(1986), 『벗』(1987), 『길을 위하여(Ⅲ)』(1990), 『세계통합론』(1995), 『세계본질론』(1997), 『세계창조론 서설』(1998), 『세계유신론』(2000), 『작은 날개를 펴고』(2000), 『환경은 언제나 목마르다』(2002), 『자연이 살아가는 동안』(2003), 『세계섭리론』(2004), 『세계수행론』(2006), 「중학생의 진로의사 결정유형과 발달 수준과의 관계」(2006), 『가르침』(2008), 『세계도덕론』(2008), 『통합가치론』(2008), 『인간의 본성 탐구』(2009), 『선재우주론』(2009), 『수행의 완성도론』(2009), 『세계의 종말 선언』(2010), 『미륵탄강론』(2010), 『용화설법론』(2010), 『성령의 시대 개막』(2011), 『역사의 본질 탐구』(2012), 『세계의 섭리 역사』(2012), 『문명 역사의 본말』(2012), 『세계의 신적 본질』(2013), 『지상 강림 역사』(2014), 『인식적 신론』(2014), 『관념적 신론』(2015), 『존재적 신론』(2016), 『본질로부터의 창조』(2017), 『창조성론』(2017).

동양창조론 대 진화 메커니즘

창조성론

초판인쇄 2017년 12월 11일
초판발행 2017년 12월 11일

지은이 염기식
펴낸이 채종준
펴낸곳 한국학술정보㈜
주소 경기도 파주시 회동길 230(문발동)
전화 031) 908-3181(대표)
팩스 031) 908-3189
홈페이지 http://ebook.kstudy.com
전자우편 출판사업부 publish@kstudy.com
등록 제일산-115호(2000. 6. 19)

ISBN 978-89-268-8180-4 93150